总顾问：中国首届管理学杰出贡献奖一等奖获得者
国务院学位委员会学科评议组成员 中国物流学会副会长 **朱道立**

顾　问：教育部高教司高职两年制物流专业教育指导方案研究项目负责人
教育部高职教育物流管理专业紧缺人才培养指导方案组组长 **黄中鼎**

复旦卓越·**21世纪物流管理系列教材**

# 物流设施与设备

Wuliu Sheshi Yu Shebei

张　弦 主　编
沈　雁
朱　丹 副主编

邬星根 主　审

復旦大學出版社

## 内 容 简 介

物流产业是高科技集成和整合传统产业而形成的一个发展迅速的新兴产业。物流产业已成为全球经济发展的主要热点和新的经济增长点，物流革命将是21世纪全球经济领域变革的基本内容之一，也是衡量一个国家生产力发展水平的重要标志。

现代物流通常是由运输、物料搬运、仓储、配送、包装和流通加工、信息等环节组成。为实现高效、快捷、准确、安全的物流服务，要求各个环节必须实现高度的机械化、自动化和信息化。因此，没有现代物流设施与设备的支撑，就没有现代物流的实施和运作。

现代物流设施与设备在现代物流实施中具有重要的地位和不可替代的基础性作用。

这本《物流设施与设备》教材主要是面向实践型本科和职业技术教育的物流管理、物流设备专业的学生。在教材编写上，着重介绍了运输、装卸搬运、仓储、配送、包装和流通加工，信息技术设施与设备的作用、类型、功能、技术性能参数和发展趋势等，内容比较全面翔实。同时在教材内附有案例分析和一定量的习题，以满足实践型本科和职业技术教育教学的需要。

随着经济全球化和信息技术的迅速发展,企业生产、物资流通、商品交易、信息交换等的理念、方式和方法正在并将继续发生深刻的变革。与此相适应,作为企业降低生产成本、提高核心竞争能力、增加经济效益的"第三利润源"、被彼得·德鲁克描述为最后一块"经济的黑暗大陆"的现代物流业正在世界范围内广泛兴起,并将成为 21 世纪中国的黄金产业之一。

现代物流泛指原材料、产成品从起点至终点及相关信息有效流动的全过程。它将运输、仓储、装卸、加工、整理、配送、信息等方面有机结合,形成完整的供应链,为用户提供多功能、一体化的综合性服务。"物流"这一概念是在 20 世纪 50 年代开始形成、60 年代初才完善的。在此后的几十年间,随着世界经济贸易的高速发展,物流服务很快便从萌芽状态成长为国际生产、流通运输业中一种最为经济合理的综合服务模式。物流一词最早起源于美国,当初被称作"physical distribution"(PD),即"实物分配"或"货物配送",后来,物流通常被称为"logistics"。我国自 20 世纪 80 年代初系统引进现代物流理论以来,特别是近几年,随着社会主义市场经济体制的初步建立,科学技术的迅速发展以及加入世贸组织,我国的物流业得到了快速发展,政府和企业也都逐渐意识到发展物流在优化资源配置中的重大作用和意义。现代物流作为推动经济发展的新的利润源和竞争资源,其所蕴涵的巨大潜力正在得到政府、企业和学术研究领域越来越多的重视。近几年的资料表明,物流业已成为我国经济领域中发展最快、最活跃、最具热点的一个行业。物流管理也成为当前理论研究、企业实践的热点,各高校的热门专业。

高素质人才是现代物流发展的关键因素。但是物流作为一项新兴的产业和一门新兴的学科,一方面由于其所涉及的产业活动的多样性和复杂性,另一方面由于国内对物流人才的培养还不完善和成熟,所以,物流人才匮乏与物流业的蓬勃发展不相称。人才的短缺严重制约了我国物流产业整体水平的提高,尤其大量从业人员无论是在理念、思维方式方面,还是在知识结构、创新能力方面,都与国际先进水平有不小的差距,这些直接影响到我国物流业现代化的速度。

物流,作为一门实践性很强的产业,需要许多应用型技术专门人才,而高职高专及实践型本科教育的根本任务正是培养生产、建设、管理和服务第一线所需要的,德、智、体、美全面发展的高等技术应用型专门人才。高职高专及实践型本科教育的学生应在掌握必要的基础理论和专门知识的基础上,重点掌握从事本专业领域实际工作所必需的基本知识和职业技能,因而对应这种形式的高职高专及实践型本科教材也应有自己的体系和特色。

为了从根本上提高我国物流从业人员的整体业务能力与管理水平,满足国内市场对物流应用型技术专门人才的需求,培养适应我国物流业飞速发展需要的物流专业人才;为了适应我国高职高专及实践型本科教育在教学改革和教材建设上的需要,复旦大学出版社组织上海第二工业大学、上海外贸大学、苏州工业园区职业技术学院等在物流专业中办学特色鲜明、办学实力强的高校成立了"物流教学研究与教材出版编委会",编撰了该套"物流管理系列教材"。该系列教材包括《物流管理学》、《物流设施与设备》、《供应链管理》、《商品学》、《运输管理学》、《物料与库存管理》、《仓储与配送管理》、《物流管理信息系统》、《第三方物流教程》,该教材丛书的编者均来自于教学研究与实践工作第一线的优秀教师和专家。

本系列教材紧密结合当今物流领域的实践,从强化与培养操作技能角度出发,较好地体现了本职业当前最新的实用知识与操作技术,对提高从业人员基本素质和基本能力有直接的帮助和指导作用。本系列教材内容丰富,几乎涵盖了现代物流管理中方方面面的理论和实践问题,书中既有先进理念的阐述,又有生动案例的分析,理论与实践紧密结合,相得益彰。

本系列教材编写体例的设计比较合理,以引导案例、正文、练习、案例讨论等作为每一章的内容安排,给读者带来学习上的方便性与直观性。同时,本教材的案例,基本上取材于国内公司在物流管理各个领域的实践与成功案例,尽量使西方的物流管理理论与中国的实践相结合。

国务院学位委员会学科评议组成员
中国物流学会副会长
复旦大学管理科学系主任
复旦大学现代物流管理研究中心主任

随着经济全球化的发展和科学技术的突飞猛进,涌现出了一批适应时代发展的新兴产业。物流产业是高科技集成和整合传统产业而形成的一个发展迅速的新兴产业。物流产业已成为全球经济发展的主要热点和新的经济增长点,物流革命将是21世纪全球经济领域变革的基本内容之一,也是衡量一个国家生产力发展水平的重要标志。

现代物流通常是由运输、物料搬运、仓储、配送、包装和流通加工、信息等环节组成。为实现高效、快捷、准确、安全的物流服务,要求各个环节必须实现高度的机械化、自动化和信息化。因此,没有现代物流设施与设备的支撑,就没有现代物流的实施和运作。现代物流设施与设备在现代物流实施中具有重要的地位和不可替代的基础性作用。

这本《物流设施与设备》教材主要是面向实践型本科和职业技术教育的物流管理、物流设备专业的学生。在教材编写上,着重介绍了运输、装卸搬运、仓储、配送、包装和流通加工,信息技术设施与设备的作用、类型、功能、技术性能参数和发展趋势等,内容比较全面翔实。同时在教材内附有案例分析和一定量的习题,以满足实践型本科和职业技术教育教学的需要。

全书共分五篇。第一篇物流设施与设备概述主要介绍了物流设施与设备的地位、分类、应用、作用和发展趋势等。第二篇物流运输设施与设备主要介绍了公路、水路、铁路、航空和管道五种运输设施和运输设备的特点、类型等。第三篇物流装卸与搬运设备主要介绍了起重机、集装箱专用装卸搬运设备、连续输送设备和搬运车辆等。第四篇物流中心设施与设备主要介绍了储存设备、提升机械、分拣机械、流通加工设备、公用设施等。第五篇物流信息技术设备主要介绍了条形码技术设备、射频技术设备、GPS和GIS设施与设备、通信与网络技术设备等。

本书由上海第二工业大学张弦担任主编,负责对全书框架结构的策划、案例收集整理以及全书的修改统稿,上海对外贸易学院沈雁和苏州工业园区职业技术学院朱丹担任副主编。其中张弦编写了本书第一、二、三、四、五、十五、十六章,并参与编写了第九章;沈雁编写了本书第六、八、九、十七章;朱丹编写了本书第七、十、十一、十二、十三、十四章。

  本书由上海第二工业大学邱星根担任主审,对全书进行了审阅,提出了许多宝贵意见和建议。在编写过程中,编者参考了大量专家学者的文献、著作等资料,上海第二工业大学黄中鼎教授对本书提出了许多建设性的修改意见,在此表示深深的感谢。由于物流设施与设备涉及的知识面很广,编者经验水平有限,故本书存在错误和疏漏在所难免,望广大读者批评指正。

编 者

2006 年 7 月

# 第一篇　物流设施与设备概述

## 第一章　物流设施与设备概述 ……………………………………………… 3
### 第一节　物流设施与设备的分类和应用 ……………………………… 3
### 第二节　物流设施与设备的作用和发展趋势 ………………………… 7
### 第三节　物流设备的配置与管理 ……………………………………… 12

# 第二篇　物流运输设施与设备

## 第二章　公路运输设施与设备 …………………………………………… 25
### 第一节　公路运输概述 ………………………………………………… 25
### 第二节　公路运输设施 ………………………………………………… 28
### 第三节　公路运输车辆 ………………………………………………… 37
### 第四节　公路运输设施与设备的运用与管理 ………………………… 41

## 第三章　铁路运输设施与设备 …………………………………………… 54
### 第一节　铁路运输概述 ………………………………………………… 54
### 第二节　铁路运输技术设施 …………………………………………… 57
### 第三节　铁路运载设备 ………………………………………………… 68

## 第四章　水路运输设施与设备 …………………………………………… 78
### 第一节　水路运输概述 ………………………………………………… 78
### 第二节　水路运输技术设施 …………………………………………… 82
### 第三节　水路运输运载工具 …………………………………………… 90

## 第五章　航空运输设施与设备 …………………………………………… 104

第一节　航空运输概述 ………………………………………… 104
第二节　航空运输技术设施 ……………………………………… 107
第三节　航空运输运载工具 ……………………………………… 111
第四节　航空集装箱运输设备 …………………………………… 119

第六章　管道运输设施 …………………………………………… 126
第一节　管道运输概述 …………………………………………… 126
第二节　管道输送设施 …………………………………………… 129

# 第三篇　物流装卸与搬运设备

第七章　物流装卸与搬运设备概述 ……………………………… 143
第一节　物流装卸与搬运的基本内容与特点 …………………… 143
第二节　物流装卸与搬运设备的分类 …………………………… 146
第三节　物流装卸与搬运设备的选型 …………………………… 147

第八章　起重机械 ………………………………………………… 155
第一节　起重机械概述 …………………………………………… 155
第二节　轻小型起重设备 ………………………………………… 160
第三节　桥式起重机 ……………………………………………… 162
第四节　门式起重机 ……………………………………………… 165
第五节　臂架类起重机 …………………………………………… 167
第六节　起重机械的主要属具 …………………………………… 170
第七节　起重机械的配置与选择 ………………………………… 173

第九章　集装箱装卸搬运设备 …………………………………… 182
第一节　集装箱装卸搬运设备概述 ……………………………… 182
第二节　集装箱基本知识 ………………………………………… 186
第三节　集装箱装卸搬运吊具 …………………………………… 191
第四节　集装箱装卸搬运设备 …………………………………… 196
第五节　集装箱前沿码头机械的主要技术参数 ………………… 201
第六节　集装单元装卸搬运机械的配置 ………………………… 203

第十章　连续输送设备 …………………………………………… 211
第一节　连续输送设备概述 ……………………………………… 211

| 第二节 | 带式输送机 | 213 |
| 第三节 | 链式输送机 | 220 |
| 第四节 | 辊道式输送机 | 223 |
| 第五节 | 螺旋输送机 | 225 |
| 第六节 | 斗式提升机 | 228 |
| 第七节 | 其他连续输送设备 | 230 |
| 第八节 | 连续输送设备的选择与管理 | 233 |

**第十一章 搬运车辆** 237

| 第一节 | 搬运车辆概述 | 237 |
| 第二节 | 手推车 | 239 |
| 第三节 | 搬运车 | 239 |
| 第四节 | 叉车 | 241 |
| 第五节 | 自动导引小车 | 254 |
| 第六节 | 搬运车辆的配置、选择与管理 | 259 |

# 第四篇 物流中心设施与设备

**第十二章 储存设备** 267

| 第一节 | 储存设备概述 | 267 |
| 第二节 | 物流容器与物流容器标准化 | 268 |
| 第三节 | 托盘与托盘标准化 | 271 |
| 第四节 | 仓储货物的集装单元化 | 275 |
| 第五节 | 仓储货架技术 | 279 |
| 第六节 | 储存设备的选用 | 292 |

**第十三章 垂直提升机械** 297

| 第一节 | 载货电梯 | 297 |
| 第二节 | 液压升降机 | 298 |
| 第三节 | 板条式提升机 | 299 |
| 第四节 | 堆垛机械 | 300 |
| 第五节 | 装卸堆垛机器人 | 304 |

**第十四章 分拣机械** 312

| 第一节 | 分拣机械概述 | 312 |

第二节　分拣机械的基本构成与工作过程 ……………………… 314
　　第三节　分拣机械的主要类型 …………………………………… 316
　　第四节　分拣机械的选型 ………………………………………… 322

第十五章　流通加工设备 …………………………………………………… 326
　　第一节　流通加工概述 …………………………………………… 326
　　第二节　包装机械 ………………………………………………… 329
　　第三节　其他流通加工机械 ……………………………………… 338

第十六章　配送中心的公用设施规划 ……………………………………… 347
　　第一节　物流配送中心的基建设施 ……………………………… 347
　　第二节　安全及监控系统 ………………………………………… 349
　　第三节　消防系统 ………………………………………………… 353
　　第四节　供电及照明系统 ………………………………………… 356
　　第五节　通风及采暖系统 ………………………………………… 359
　　第六节　其他公用设施 …………………………………………… 360

# 第五篇　物流信息技术设备

第十七章　物流信息技术设备 ……………………………………………… 369
　　第一节　条形码技术设备 ………………………………………… 369
　　第二节　射频技术设备 …………………………………………… 375
　　第三节　GPS 和 GIS 设施与设备 ………………………………… 379
　　第四节　通信与网络技术设备 …………………………………… 386

**参考文献** ………………………………………………………………………… 397

# 第一篇 物流设施与设备

物流设施与设备概述

# 第一章 物流设施与设备概述

■ **学习目标** ■

学习完本章,你应该能够:
1. 熟悉物流设施与设备的分类及其应用范围;
2. 了解物流设施与设备在物流系统中的作用;
3. 了解物流设备与设施的发展趋势;
4. 掌握物流设施与设备配置和管理的原则和一般方法。

■ **基本概念** ■

物流设施与设备　物流设施与设备的分类和应用　物流设施与设备的作用
物流设施与设备配置与管理的原则　物流设备的管理

## 第一节　物流设施与设备的分类和应用

现代物流通常是由运输、物料搬运、仓储、配送、包装、流通加工、信息等基本环节组成。随着全球经济的一体化,现代物流正在发展成为能覆盖全球任何角落的基于企业动态联盟的集成化网络体系,实现高效、快捷、准确、安全的物流服务。物流设施与设备是指进行各项物流活动和物流作业所需要的设施与设备的总称。它既包括各种机械设备、器具等可供长期使用,并在使用中基本保持原有实物形态的物质资料,也包括运输通道、货运站场和仓库等基础设施。物流设备与设施是组织物流活动和物流作业的物质技术基础,是物流服务水平的重要体现。现代物流网络体系中的任何节点、任何环节必须实现高度的机械化、自动化和信息化。因此,没有现代物流设施和设备的支撑,就没有现代物流的实施与运作,所以物流设施与设备在现代物流实施中具有重要的地位和不可替代的作用。

## 一、物流基础设施概述

物流基础设施一般是指铁路、公路、港口、机场、管道等规模庞大的建设工程，其中铁路、公路还是跨省、跨地区甚至跨国界的。现代物流跨地区、跨国界的特点以及全球化的发展趋势决定了基础设施在物流中的重要地位。

1. 公路运输设施

公路运输是指使用公路设备和设施运送物品的一种运输方式。其特点是机动、灵活，投资少，受自然条件限制小，能够实现"门到门"的运输。公路运输设施主要包括公路及其交通服务设施、桥梁、隧道、公路站场等。

2. 铁路运输设施

铁路运输是一种大运量、现代化的陆上运输方式，它是利用机车、车辆等技术设备沿铺设轨道上运行，运送旅客和货物的一种运输方式。铁路运输设施主要由铁路、铁路通信信号设施、车站及其辅助设施等组成。

3. 水路运输设施

水路运输是指利用船舶，在江、河、湖、海上运送旅客和货物的一种运输方式。水路运输生产过程相当繁琐复杂，具有点多、线长、面广、分散流动、波动大等特点。水路运输设施主要包括港口设施、码头设施、港口导航设施及其他辅助设施等。

4. 航空运输设施

航空运输由于其突出的高速直达性，在整个交通大系统中具有特殊地位并且拥有很大的发展潜力。航空运输设施主要是指航空港及其附属设施。通常，航空港内配有以下设施：跑道、滑行道、停机坪、指挥塔（管制塔）、导航系统、公共辅助设施等。

5. 管道运输设施

管道运输多用来运输流体（货物），如原油、成品油、天然气及固体煤浆等。它与其他运输方式相比，主要区别在于驱动流体的运输工具是静止不动的泵机组、压缩机组和管道。泵机组和压缩机组给流体以压力能，使其沿管道不断地向前流动，直到输到指定地点。管道运输设施由管道线路设施、管道站库设施和管道附属设施三部分组成。

6. 仓库/配送中心公用设施

仓库/配送中心的公用设施主要包括各类建筑物、安全及监控、消防、照明、通风及采暖、动力等系统。它们为保证仓库/配送中心正常运营起到了重要作用。

## 二、物流设备概述

由于物流过程具有运输、装卸搬运、仓储、分拣配送、包装与流通加工、信息获取与处理等多个环节,图1-1表示支撑各物流环节所涉及的主要物流设备。

图1-1 支撑物流各环节的主要物流技术设备

如图1-1所示,货物运输要依靠铁路、公路、水路、航空和管道等多种运输方式或多式联运,其中包括货物列车、公路货车、船舶、飞机、长距离输送管道等输送设备,还包括铁路、公路、港口、机场、管道工程等基础设施;货物的中转、移位要依靠机械化、自动化的物料装卸搬运输送设备;货物的存取要依靠仓储技术和自动化仓库;货物的配送要依靠分拣技术、车辆调度技术、卫星定位技术(GPS)和地理信息技术(GIS);货物的高效、安全流通要依靠流通加工与包装技术及设备。所有上述各物流环节涉及的技术设备又都离不开信息技术和物料装卸搬运技术,它们是更为基础的技术,而信息技术的应用更是现代物流的最主要特征。

**1. 物流信息技术设备**

现代物流系统广泛应用了现代信息技术设备。如在自动化立体仓库中广泛应用的是条码信息系统,条码信息系统是指由条码生成及扫描识读等信息设备组成的自动识别系统。它利用商品或货物存储单元上的条形码信息,通过条形码阅读器可以迅速、准确地把条码信息自动地输入计算机,实现信息的自动登录、自动控制、自动处理。现代物流系统中,常用的物流信息技术设备主要有条形码技术设备、射频识别(RFID)技术设备、电子数据交换(EDI)技术设备、卫星定位系统(GPS)技术设备和地理信息系统(GIS)技术设备等。

2. 物流装卸搬运设备

装卸是指物品在指定地点以人力或机械装入运输设备和卸下；搬运是指在同一场所内,对物品进行水平移动为主的物流作业。装卸搬运设备主要是指用于搬移、升降、装卸和短距离输送物料的机械。它是物流系统中使用频度最大、使用数量最多的一类机械设备,是物流机械设备的重要组成部分。在物流系统中,装卸搬运作业是各环节相互连接的必不可少的作业。产品从出厂到用户手中,往往要经过多次周转,每经过一个流通终端,每转换一次运输方式都必须进行一次装卸搬运作业。装卸搬运的工作量和所花费的时间,耗费的人力、物力在整个物流过程中都占有很大的比重。因此,合理配置装卸搬运设备对物流效率和物流成本均有很大的影响。装卸搬运设备主要配置在工厂、中转仓库、配送中心、物流中心以及车站货场和港口码头等,涉及面非常广泛。按照其用途和结构特征,可分为起重机械、连续输送机械、装卸搬运机械(或车辆)；按照装卸搬运物料的种类,可分为单元物料装卸搬运机械、散装物料装卸搬运机械和集装物料装卸搬运机械。装卸搬运设备配以适当的取货属具和索具,由现代通信手段支持,在物流中心控制系统的统一协调指挥下,就能形成高效的装卸搬运系统,从而缩短货物在车站、港口、货场、仓库及其他场所的装卸搬运时间,加快车、船周转,增加车站、港口的吞吐能力,降低装卸成本,提高运输效率。同时,装卸搬运机械化和自动化程度的提高,能够大大改善装卸搬运条件,节约人力,保证安全生产。

3. 物流运输设备

运输是用设备和工具,将物品从一地点向另一地点运送的物流活动。"运输是整个物流链的主体,贯穿物流始终。"物流运输设备与物流搬运设备的区别是：前者为跨地区、长距离、大范围的运输,后者是就近、短距离、小范围的搬运。货物运输的基本类型有公路运输、铁路运输、水路运输、航空运输和管道运输等5种运输方式,它们在运载工具、线路、设施、设备等方面各不相同,其技术经济特征也有较大差别,因而有不同的使用范围,如表1-1所示。

表1-1 各种运输方式的比较

| 运输方式 | 运输路线 | 运输工具 | 运价 | 运量 | 时速 |
| --- | --- | --- | --- | --- | --- |
| 水陆运输 | 河道航海线 | 船舶 | 最低 | 最大 | 最慢 |
| 陆地运输 | 公　路<br>铁　路<br>管　线 | 汽　车<br>火　车<br>管　道 | 居中 | 居中 | 居中 |
| 航空运输 | 航线 | 飞机 | 最高 | 最低 | 最快 |

**4. 仓储技术设备**

仓储技术设备是指在储存区进行作业活动所需要的设备器具。主要包括各种类型的货架、托盘、起重堆垛机、商品质量检验器具和商品保管维护工具等。仓储在物流系统中起着缓冲、调节、集散和平衡的作用,是物流系统的另一个中心环节。

**5. 包装与流通加工设备**

在物流过程中为了便于物料的装卸搬运、存储和运输,往往需要对物料进行"化整为零"或"化零为整"的加工,这就是所谓的流通加工。包装既是一种保护物品在流通过程中不受损伤,实现物流安全性的重要措施,又是美化商品以利于销售的有效手段,同时包装也是流通加工领域的重要加工方式。包装和流通加工设备的种类繁多,涉及各行各业的众多专业技术领域。包装技术包括包装材料和包装设备。包装材料有纸、木材、玻璃、金属材料、塑料以及复合材料等,将这些材料做成包装容器(袋、盒、箱、罐、瓶等)来包装物品。包装材料的性能,一方面决定于包装材料本身的性能,另一面还取决于各种材料的加工技术。随着科学技术的发展,新材料新技术的不断出现,包装材料满足商品包装的性能会不断地完善。包装设备有打包机、封口机、捆扎机、装箱机、灌装机、充填机等,这些设备大多实现了自动化或半自动化。其他主要的流通加工设备还有各类切割机械、印贴标记条形码设备、拆箱设备、混凝土加工设备等。

## 第二节 物流设施与设备的作用和发展趋势

### 一、物流设施与设备在现代物流中的地位和作用

物流设施与设备在现代物流中的地位和作用可概括为如下几方面:

1. 物流设施与设备是物流系统的物质技术基础

不同的物流系统必须有不同的物流设施和设备来支持,才能正常运行。因此,物流设施和设备是实现物流功能的技术保证,是实现物流现代化、科学化、自动化的重要手段。物流系统的正常运转离不开物流设施和设备,正确、合理地配置和运用物流设施与设备是提高物流效率的根本途径,也是降低物流成本、提高经济效益的关键。

2. 物流设施与设备是物流系统的重要资产

在物流系统中,物流设施与设备的投资比较大,随着物流设备技术含量和技术水平的日益提高,现代物流技术装备既是技术密集型的生产工具,也是资金密集型的社会财富,配置和维护这些设备与设施需要大量的资金和相应的专业知

识。现代化物流设备与设施的正确使用和维护,对物流系统的运行效益是至关重要的,一旦设备出现故障,将会使物流系统处于瘫痪状态。

3. 物流设施与设备涉及物流活动的各个环节

在整个物流过程中,从物流功能看,物料或商品要经过包装、运输、装卸、储存等作业环节,并且还有许多辅助作业环节,而各个环节的实现,都离不开相应的设施与设备。因此,这些设施与设备的性能好坏和配置是否合理直接影响各环节的作业效率。

4. 物流设施与设备是物流技术水平的主要标志

一个高效的物流系统离不开先进的物流技术和先进的物流管理。先进的物流技术是通过物流设施与设备体现的,而先进的物流管理也必须依靠现代高科技手段来实现。如在现代化的物流系统中,自动化仓库技术综合运用了自动控制技术、计算机技术、现代通信技术(包括计算机网络和无线射频技术等)等高科技手段,使仓储作业实现了半自动化、自动化。物流管理过程中,从信息的自动采集、处理到信息的发布完全可以实现智能化,依靠功能完善的高水平监控管理软件可以实现对物流各环节的自动监控,依靠专家系统可以对物流系统的运行情况进行及时诊断,对系统的优化提出合理化建议。因此,物流设施与设备的现代化水平是物流技术水平高低的主要标志。

## 二、物流设施与设备的现状及发展趋势

1. 物流基础设施情况

改革开放以来,我国的各种物流基础设施建设得到快速发展。以铁路、公路和港口基础设施建设为例,"十五"期间,我国铁路投资 3 500 亿元,到 2005 年底,我国铁路营运里程达到 7.5 万 km 左右(其中西部路网规模新增 2 000 多 km),复线铁路里程约 2.5 万 km,电气化铁路里程约 2 万 km。我国公路交通事业发展迅速,到 2005 年底,全国公路通车总里程达 193.05 万 km,其中高速公路里程达 41 005 km,位居世界第二。全国公路"五纵七横"的交通主框架系统已基本形成,全国的公路运输网络已初具规模,路网结构和布局进一步优化,使路网逐步发挥出自身的规模效益,为公路客货运向网络化和纵深方向发展奠定了良好的基础。我国港口业发展迅速,在国民经济和对外贸易发展中发挥着不可替代的重要作用。2005 年全国港口吞吐量达到近 50 亿 t,集装箱吞吐量达到7 500万 TEU。中国港口吞吐量和集装箱吞吐量已经连续三年位居世界第一,共有十个港口跻身世界亿吨大港行列。其中上海港 2005 年的货物吞吐量达 4.43 亿 t,首次超过新加坡港成为世界第一大港。2006 年上半年,我国主要港口集装箱吞吐量依然保持着较高增长态势,全国主要港口完成集装箱吞吐量 4 212.11 万

TEU,中国已由港口大国转变为港口强国。今后的中国海运和港口业仍将保持强劲发展势头,建设海运强国。

2. 物流设备制造业情况

物流现代化的发展形成了物流设备市场的需求旺盛。我国的物流装备生产制造业在技术水平和生产数量方面都取得了很大进步。物流设备制造企业如昆明船舶公司等积极引进国外技术消化吸收,提高技术水平,已能够承担大型物流系统项目。以生产滚子输送机及其元器件为主的企业湖州德玛公司的产品已远销日本和欧美。我国的集装箱生产能力和国际市场份额都已居世界首位。国外物流技术设备厂商也纷纷进入中国市场,日本大福公司在上海建立了分公司,日本鬼头公司和中国机械工程学会合作在北京建立了合资公司。欧美的跨国物流装备公司在市场上也很活跃,一个物流中心的建设项目或其他大型物流项目经常有国内外多家企业竞标。

由于物流装备企业类型极为复杂,以下就具有代表性的输送机企业作一介绍。目前中国内地输送机企业一般规模较小、分布较为分散。目前,给汽车专业配套各种输送设备的厂商达1 000多家,但专业化的厂商较少,仅有200余家;而年销售收入在千万元以上的仅10家左右,销售收入在5 000万元以上的企业仅3家。全国各个省市基本上都有这类企业,但较多集中在江苏、河北、浙江、广东等地。

目前,国外知名企业仍然占据物流总体方案设计、物流输送系统高端产品的一定市场份额,但近几年国内企业生产的物流输送系统产品无论在质量上还是在品种上都有很大的进步,特别是高技术产品的制造能力在不断提高,在项目实施、技术支持等领域占有优势。

3. 物流设施与设备的发展趋势

随着现代物流的发展,物流设施与设备作为其物质基础表现出了以下几个方面的发展趋势:

(1) 物流基础设施。在完成大规模的交通基础设施建设以后,物流基础设施将向现代化管理方向发展。如充分利用现代化的网络技术、通信技术、智能交通系统(ITS)等技术手段,提高服务水平,为物流服务构建一个现代化的基础服务平台。

(2) 物流机械设备。① 大型化和高速化。大型化指设备的容量、规模、能力越来越大。大型化是实现物流规模效应的基本手段。一是弥补自身速度很难提高的缺陷而逐渐大型化,包括海运、铁路运输、公路运输。油轮最大载重量达到56.3万t,集装箱船为8 500 TEU,在铁路货运中出现了装载716 000 t矿石的列车。管道运输的大型化体现在大口径管道的建设,目前最大的口径为1 220 mm。这些运输方式的大型化基本满足了基础性物流需求量大、连续、平稳

第一章 物流设施与设备概述

的特点;二是航空货机的大型化。正在研制的货机最多可载 300 t,一次可装载 30 个 40 ftTEU,比现在的货机运输能力(包括载重量和载箱量)高出 50%～100%。高速化指设备的运转速度、运行速度、识别速度、运算速度大大加快。提高运输速度一直是各种运输方式努力的方向,主要体现在对"常速"极限的突破。正在发展的高速铁路有三种类型:一是传统的高速铁路,以日本和法国的技术最具商业价值,目前营运的高速列车最大商业时速已达 270～275 km/h;二是摆式列车,以瑞典为代表,商业时速已达 200～250 km/h;三是磁悬浮铁路,1998 年在日本实现了时速为 539 km/h 的实验速度。德国、法国在高速铁路上开行的高速货运列车最高速度已达到 200 km/h。随着各项技术的逐步成熟和经济发展,普通铁路最终将会被高速铁路所取代。在公路运输中高速一般是指高速公路,目前各国都在努力建设高速公路网,作为公路运输的骨架。航空运输中,高速是指超音速,客运的超音速已由英、法联合研制的协和飞机实现。货运方面双音速(亚音速和超音速)民用飞机正在研制中。无论如何,超音速化将是民用货机的发展方向。在水运中,水翼船的时速已达 70 km/h,气垫船时速更高,而飞翼船的时速则可达到 170 km/h。在管道运输中,高速体现在高压力,美国阿拉斯加原油管道的最大工作压力达到 8.2 MPa。
② 实用化和轻型化。以仓储设备为例,由于仓储物流设备是在通用的场合使用,工作并不很繁重,因此应好使用、易维护、操作,具有耐久性、无故障性和良好的经济性,以及较高的安全性、可靠性和环保性。这类设备批量较大、用途广,考虑综合效益,可降低外形高度、简化结构、降低造价,同时也可减少设备的运行成本。③ 专用化和通用化。随着物流的多样性,物流设备的品种越来越多且不断更新。物流活动的系统性、一致性、经济性、机动性、快速化,要求一些设备向专门化方向发展,另一些设备向通用化、标准化方向发展。物流设备专门化是提高物流效率的基础,主要体现在两个方面:一是物流设备专门化;二是物流方式专门化。物流设备专门化是以物流工具为主体的物流对象专门化,如从客货混载到客货分载,出现了专门运输货物的飞机、轮船、汽车以及专用车辆等设备和设施。运输方式专门化中比较典型的是海运,几乎在世界范围内放弃了客运,主要从事货运。管道运输就是为输送特殊货物而发展起来的一种专用运输方式。通用化主要以集装箱运输的发展为代表。国外研制的公路、铁路两用车辆与机车,可直接实现公路铁路运输方式的转换,公路运输用大型集装箱拖车可运载海运、空运、铁运的所有尺寸的集装箱,还有客货两用飞机、水空两用飞机及正在研究的载客管道运输等。通用化的运输工具为物流系统供应链保持高效率提供了基本保证。通用化设备还可以实现物流作业的快速转换,可极大提高物流作业效率。④ 自动化和智能化。将机械技术和电子技术相结合,将先进的微电子技术、电力电子技术、光缆技术、液压技术、

模糊控制技术隐蔽功能用到机械的驱动和控制系统,实现物流设备的自动化和智能化将是今后的发展方向。例如,大型高效起重机的新一代电气控制装置将发展为全自动数字化控制系统,可使起重机具有更高的柔性,以提高单机综合自动化水平,自动化仓库中的送取货小车、智能式搬运车 AHV、公路运输智能交通系统(ITS)的开发和应用已引起各国的广泛重视。此外,卫星通信技术及计算机、网络等多项高新技术结合起来的物流车辆管理技术正在逐渐被应用。⑤ 成套化和系统化。只有当组成物流系统的设备成套、匹配时,物流系统才是最有效、最经济的。在物流设备单机自动化的基础上,通过计算机把各种物流设备组成一个集成系统,通过中央控制室的控制,与物流系统协调配合,形成不同机种的最佳匹配和组合,可以取长补短,发挥最佳效用。为此,成套化和系统化物流设备具有广阔发展前景,以后将重点发展的有工厂生产搬运自动化系统、货物配送集散系统、集装箱装卸搬运系统、货物自动分拣与搬运系统等。⑥ "绿色化"。"绿色"就是要达到环保要求,这涉及两个方面:一是与牵引动力的发展以及制造、辅助材料等有关;二是与使用有关。对于牵引力的发展,一要提高牵引动力,二要有效利用能源,减少污染排放,使用清洁能源及新型动力。对于使用因素,包括对各物流的维护、合理调度、恰当使用等。

4. 推进我国物流设备发展的应对措施

借鉴国外物流设备发展的先进经验,结合我国物流发展的实际情况及存在的主要问题,可以采取如下措施来加快我国物流设备的发展。

(1) 加快物流设备标准化制定工作。物流设备标准化对于提高物流运作效率有至关重要的作用,统一的标准有利于各种设备之间的相互衔接配套,有利于物流企业之间的业务合作,从而缩短物流作业时间,提高生产效率,改善物流服务质量,近而减少物流成本在生产总成本中所占的比重。

(2) 加大对物流设备的投资力度,注重多元化投资。对物流设备的实际应用情况进行调查研究,注重发展技术含量高的物流设备,有意识地淘汰陈旧落后、效率差、安全性能低的物流设备,配置先进物流机械设备,如运输系统中的新型机车、车辆、大型汽车、特种专用车辆,仓储系统中的自动化立体仓库、高层货架,搬运系统中的起重机、叉车、集装箱搬运设备、自动分拣和监测设备等。

(3) 物流设备供应商的经营行为,鼓励其扩大经营规模,提高技术水平和设计能力,从而为物流企业提供更好的物流设备。

(4) 引导物流企业在选择物流设备时,不仅注重设备的价格,还要注重设备的质量、安全性能以及对整个系统的作用,结合自身实际需要选择合适的物流设备,使整个系统效益最优。

(5) 提高物流企业以及各级政府对物流设备在物流发展中的认识,使他们在进行物流设备系统规划、设计时能通盘考虑，避免使用不便和资源浪费。

（6）无论是物流企业还是各级政府都要把物流设备管理纳入物流管理的内容。物流设备是物流成本的一部分，应重视物流设备的管理和研究，提高物流设备的使用效率，尽量减少物流设备的闲置时间。同时应注重对物流设备安全性能的检测和维修，减缓设备磨损速度，延长其使用寿命，防止设备非正常损坏，保障其正常运行。

## 第三节 物流设备的配置与管理

物流设备一般投资较大，使用周期较长。在配置和选择时，一定要进行科学决策和统一规划，正确地配置和选择物流设备，可以为物流作业选择出最优的技术设备，使有限的投资发挥最大的技术经济效益。

### 一、物流设备配置的总体原则

配置和选择物流机械设备应遵循技术上先进、经济上合理、生产作业上安全适用、无污染的原则。

1. 系统化原则

系统化就是在物流设备配置、选择中用系统论的观点和方法，对物流设备运行所涉及的各个环节进行系统分析，把各个物流设备与物流系统总目标、物流设备之间、物流设备与操作人员之间、物流设备与作业任务等有机严密地结合起来，发挥各个环节的机能，使物流设备的配置、选择最佳，使物流设备能发挥最大的效能，并使物流系统整体效益最优。

2. 适用性原则

适用性是指物流设备满足使用要求的能力，包括适应性和实用性，在配置和选择物流设备时，应充分注意到与物流作业的实际需要和发展规划相适应；应符合货物的特征、货运量的需要；适应不同的工作条件和多种作业性能要求，操作使用灵活方便。因此，首先应根据物流作业特点，找到必要功能，再选择相应的物流设备。这样的物流设备才有针对性，才能充分发挥其功能。

3. 技术先进性原则

技术先进性是指配置与选择物流设备能反映当前科学技术的先进成果，在主要技术性能、自动化程度、结构优化、环境保护、操作条件、现代新技术的应用等方面具有技术上的先进性，并在时效性方面能满足技术发展的要求。物流设备的技术先进性是实现物流现代化所必备的技术基础。但先进性是以物流作业适用为前提，以获得最大经济效益为目的，绝不是不顾现实条件和脱离物流作业的实际需要而片面追求技术上的先进。

4. 低成本原则

低成本是指物流设备的寿命周期成本低。它不仅是一次购置费用低,更重要的是物流设备的使用费用低。任何先进的物流设备的使用都受到经济条件的制约,低成本是衡量机械设备技术可行性的重要标志和依据之一。在多数情况下,物流设备的技术先进性与低成本可能会发生矛盾。但在满足使用的前提下应对技术先进与经济上的耗费进行全面考虑和权衡,做出合理的判断,这就需要进一步做好成本分析。全面考查物流设备的价格和运行成本,选择整个寿命周期费用低的物流设备,才能取得良好的经济效益。

5. 可靠性和安全性原则

可靠性是指物流设备在规定的使用时间和条件下,完成规定功能的能力。它是物流设备的一项基本性能指标,是物流设备功能在时间上的稳定性和保持性。如果可靠性不高,无法保持稳定的物流作业能力,也就失去了物流设备的基本功能。物流设备的可靠性与物流设备的经济性是密切相关的。从经济上看,物流设备的可靠性高就可以减少或避免因发生故障而造成的停机损失与维修费用的支出。但可靠性并非越高越好,这是因为提高物流设备的可靠性需要在物流设备研发制造中投入更多的资金。因此,应全面权衡提高可靠性所需的费用开支与物流设备不可靠造成的费用损失,从而确定最佳的可靠度。

安全性是指物流设备在使用过程中保证人身和货物安全以及环境免遭危害的能力。它主要包括设备的自动控制性能、自动保护性能以及对错误操作的防护和警示装置等。

随着物流作业现代化水平的提高,可靠性和安全性日益成为衡量设备好坏的重要因素。在配置与选择物流设备时,应充分考虑物流设备的可靠性和安全性,以提高物流设备利用率,防止人身事故,保证物流作业顺利进行。

6. 一机多用原则

一机多用是指物流设备具有多种功能,能适应多种作业的能力。配置用途单一的物流设备,既不方便使用,又不利于管理。因此,应发展一机多用的物流设备。配置和选择一机多用的物流设备,可以实现一机同时适宜多种作业环境的连续作业,有利于减少作业环节,提高作业效率,并减少物流设备的台数,便于物流设备的管理,从而充分发挥物流设备的潜能,确保以最低投入获得最大的效益。如叉车具有装卸和搬运两种功能,因此应用极为广泛。

此外,还有环保性原则,要求物流设备噪声低,污染小,具有较好的环保性。

## 二、制定物流设备配置、选择的前期准备工作

1. 了解设备规划的要求

设备规划是企业根据生产经营发展总体规划和本企业设备结构的现状而制定的用于提高企业设备结构合理化程度和机械化作业水平的指导性计划。科学的设备规划能减少购置设备的盲目性，使企业的有限投资满足重点需要，从而提高投资效益。

设备规划主要包括设备更新规划、设备现代化改造规划、新增设备规划等。

设备规划的编制依据主要有：企业经营发展的需求；现有设备的技术状况；有关安全、环节保护、节能等方面法规的要求；国内外新型设备的发展和科技信息；可筹集用于设备投资的资金。

在确定配置方案之前，要根据设备规划确定需更新的物流设备，然后再根据其进行物流设备的配置。

2. 收集有关资料，并进行详细分析比较

（1）经济资料。货物的种类及其特性、货运量、作业能力、货物流向等是最主要的经济资料，它们直接影响着物流设备的配置与选择。因此，必须多渠道、正确地收集这些资料。在收集有关经济资料时，不仅要掌握目前和近期的情况，而且还需要摸清远景的发展或变化趋势。调查所得的资料应加以必要的整理、审查、核实、分析研究，并做出有关的统计分析表。

（2）技术资料。包括物流设备技术性能现状及发展趋势；主要生产厂家技术水平状况；使用单位对设备的技术评价等。这些是从整体上把握物流设备技术状况的重要数据和资料。

（3）自然条件资料。主要包括货场仓库条件、地基的承受能力、地基基础、作业空间等资料。

3. 拟定物流设备配置的初步方案

对于同一类货物、同一作业线、同一作业过程，可以选用不同的物流机械设备。因而在拟定初步方案时，就可能提出几个甚至更多具有不同程度优缺点的配置方案。然后，按照配置原则和作业要求确定配置物流设备的主要性能，分析各个初步方案的优缺点，并进行初步选择，最后保留2~3个较为可行的、各具优缺点的初步方案，并估算它们的投资，计算出物流设备生产率或作业能力以及初步的需要数量。

4. 物流设备配置方案的技术经济评价与方案的确定

为了比较各种配置方案，从经济上分析哪些方案较为有利，必须进行技术经济评价，以便选择一个有利方案。在确定配置方案时，具体方案中如出现不可比

因素，就要求将不可比因素作一些换算，尽量使比较项目有可比性。

5. 物流设备的选型步骤

物流设备的配置方案确定后，接下来就是全面衡量各项技术经济指标，选择合理的机型，选型的步骤如下：

（1）预选。在广泛收集物流机械设备市场供货情报的基础上进行。供货情报的来源主要包括产品样本、产品目录、产品广告、展销会以及销售人员收集的其他情报等，并进行分类汇编，从中筛选出可供选择的机型和厂家。

（2）细选。对预选出来的机型和厂家进行调查、联系和询问，详细了解物流设备的各项技术性能参数、质量指标、作业能力和效率；生产厂商的服务质量和信誉，使用单位对其设备的反映和评价；货源及供货时间；订货渠道、价格、随机附件及售后服务等情况。将调查结果填写在"设备货源调查表"上，并分析比较，从中选择符合要求的厂家作为联系目标。

（3）选定。对选出的厂家进行联系，必要时派专人做专题调查和深入了解，针对有关问题，如物流设备的力学性能状况、价格及优惠条件、交货期、售后服务条件、附件、图纸资料、配件的供应等同厂家进行协商谈判，并做出详细的记录。然后由企业有关部门进行可行性论证，选出最优的机型和厂家作为第一方案，同时准备第二、第三方案以应付订货情况变化的需要，经主管领导及部门批准后定案。

## 三、物流设备管理

现代物流设备管理是以物流设备的一生为研究对象，以追求设备寿命周期费用最经济和设备综合效率最高为目标，动员全员参加的综合管理。

在现代设备管理中，出现了一些概念，如设备寿命周期、设备寿命周期费用等。其中设备寿命周期是指从最初的调查研究开始直到设备报废为止的整个过程。设备寿命周期费用指设备一生的总费用，包括设备的研究、设计、制造、安装、调试、使用、维修、改造直至报废为止所产生的费用的总和。将设备管理的范围扩大到设备的一生是现代设备管理的重要观点，把设备管理的各个环节当作一个整体来管理以求得整体效益最优。这种对设备实行全过程管理是按照系统论的观点组织设备管理的基本方法。对设备实行全过程管理，是避免设备积压、浪费的重要措施，有利于从整体上保证和提高设备的可靠性、维修性和经济性。实行全过程管理是有效提高企业和国家技术装备水平、实现技术装备现代化的重要保证。

现代设备管理中的综合效率包括六个方面，即设备管理要完成六个方面的任务和目标，可以归纳为六个英文字母：

P——产量，要完成产品产量的任务，设备的效率要高；

Q——质量,保证生产高质量的产品;

C——成本,生产成本最低;

D——交货期,保证按合同规定的时间交货;

S——安全,保证生产安全;

M——有两方面的含义,一是要减少环境污染,保证环境卫生,文明生产;二是人机匹配关系较好,使工人保持旺盛的干劲和劳动情绪,这是行为科学的理念在设备管理中的应用。

1. 设备的前期管理

设备的前期管理的基本内容是从规划到投产这一阶段的全部工作,包括参与设备方案的构思、调研、论证和决策;设备市场货源的情报收集、整理和分析;标书的编制、费用预算、实施程序;设备选型、采购、订货、合同管理;设备安装、调整和试运转;设备初期使用的效果分析和信息反馈等。

在前期管理中,关键在于选型或设计这一环节,普遍认为这是前期管理的决策点。决定设备选用何种机型或方案后,85%左右的设备寿命周期费用被决定,如果此时决策有误,今后的损失很难挽回,因此前期管理是非常重要的。

我国机械工业部颁发的《机械工业加强设备管理和维修工作要点》之中的第一、第六点明确指出:"设备管理工作要抓前期管理,设备部门要参与外购设备的合理选型、择优购置、检查验收和自制设备的设计、制造等工作,把买、造、用、修结合起来。"其次是设备投产后的管理,在设备试运转及初期投产阶段,最好由设计、制造和使用部门参加的集成化工作小组来负责进行。这样可以较快地排除初期故障,确定合理的操作规程,使设备早日投入正常生产。

2. 设备使用阶段管理

设备使用阶段的管理主要需做好以下两方面的工作:

(1) 采用合理的维修方式。对各种设备的不同故障,采用不同的维修方式,可以降低维修费用,提高设备的有效利用率,减少停机时间和停机损失。

(2) 完善维修所需的技术文件。在采购设备时,必须重视维修所需的技术文件及资料。对关键设备,更需要对设计和操作情况作更深的了解。有了齐全的技术文件和资料将大大有利于维修工作,有利于维修工作的安排。有了详细的技术档案资料,将使维修工作不依赖某个个人,即使是新工人也能比较容易地熟悉这项工作。因此,在向制造商订货时,所有维修所需的资料必须齐全。

## 四、物流设备的保养与维护

1. 设备的正确使用

设备的使用过程同时也是设备工作能力下降的过程,影响这一过程的有使用方法、工作规范、连续工作时间和环境条件等因素。控制这一阶段的设备技术状态就是要掌握正确的使用方法,选用设计允许的工作规范,不允许超出容许范围的连续不停机工作,创造适合设备工作的环境条件(温度、湿度、含尘量、振动等)。在这一阶段最重要的是重视人的因素,因为是使用设备的人在操作设备、确定工作规范,并且操作者最先接触到设备工作能力的耗损情况。设备效能的发挥以及能否持久工作而不出或少出故障与人的素质(熟练程度、责任感、劳动兴趣和生理状况等)有直接关系。因此,正确使用是控制设备技术状态变化和故障的重要步骤,不仅是企业连续生产的需要,也是开展计划修理的前提,因为不正确使用所造成的设备损坏将导致计划外的紧急修理,这会打乱正常的修理计划。

2. 保证设备正确使用的措施

(1) 严格按规程操作设备。设备操作规程规定了设备的正确使用方法和注意事项,对异常情况应采取的行动和报告制度。

(2) 实现使用设备的各级技术经济责任制。操作者按规程操作,按规定交接班,按规定进行维护保养。班组、车间、生产调度部门和企业领导都应对设备正确使用承担责任,不允许安排不合设备规范和操作规程的工作。

(3) 严格使用程序的管理。对重要设备采取定人定机、教育培训、操作考试和持证上岗、交接班制度以及严肃处理设备事故等措施。

(4) 实行设备维护的奖励办法。把提高使用人的积极性同物质奖励结合起来。

## 五、物流设备的检查和修理

1. 物流设备的点检制度

检查设备的目的是判断和确定设备的技术状态是否在规定范围内,据此作出继续使用、采取预防措施或停机修理的结论。设备点检是指对预先规定的设备关键部位或薄弱环节,通过人的五官或运用检测的手段进行检查,及时准确地获取设备部位(点)的技术状况或劣化的信息,及早预防维修。进行设备点检能够减少设备维修工作的盲目性和被动性,及时掌握故障隐患并予以消除,从而掌握主动权,提高设备完好率和利用率,提高设备维修质量,并节约各种费用,提高总体效益。

(1) 设备点检的类别。设备点检可以分为三类。① 日常点检:每日通过感官检查设备运行中的关键部位的声响、振动、温度、油压等,并将检查结果记录在点检卡中。② 定期点检:时间周期长短按设备具体情况划分,有一周、半月、一月、数月不等。定期点检除凭感官外还要使用专用检测仪表工具。定期点检主要是针对重要设备,要检查设备的性能状况、设备的缺陷、隐患以及设备的劣化程度,为设备的大修、项修方案提供依据。③ 专项点检:是有针对性地对设备某特定项目的检测。使用专用仪器工具,在设备运行中进行。

(2) 设备点检的方法。设备点检的方法主要有:① 运行中检查;② 停机检查,其中包括停机解体检查和停机不解体检查;③ 凭感官和经验检查;④ 使用仪器检查。

设备的点检方法一经确定,点检人员不能随意自行改变。

(3) 设备点检的步骤。① 确定设备的检查点:设备的检查点往往是设备的关键部位或薄弱环节,检查点一经确定,不要轻易变动,并要长期积累历次检查的数据和资料。② 确定点检路线:检查点确定后,要根据设备的分布和类型等具体情况组成一条点检路线,并明确点检前后顺序。点检路线一旦确定后,也不允许轻易变动。③ 确定点检标准:设备的点检标准要根据设备的各种资料并结合实际经验来制定,其标准要定量化,便于检查。④ 确定点检周期:设备的性能、特点、寿命各不相同,点检周期也不同。因此需根据实际情况,分别制定各设备的点检周期,以保证设备按时接受检查。

设备点检人员必须有高度的责任心和技术水平,切实做好点检工作,点检人员对检查信息记录要准确、简明、全面、规范,设备点检工作完成后,必须妥善保存、归档,以便今后工作所用。

(4) 设备点检工作的检查和考核。做好设备的点检工作,对今后设备的修理工作会起到重要作用,因此要加强领导,定期检查、考核,杜绝不负责任的点检,使点检工作真正起到成效。

2. 物流设备的修理

修理的作用是恢复物流设备已失去的工作能力,使设备恢复到良好的技术状态。设备工作能力的下降和设备技术状态的劣化是逐渐发生的过程,而设备的修理却是间断发生的过程。根据修理内容和工作量的不同,修理作业可以划分为不同类别:

(1) 大修。设备的大修是旨在全面恢复设备工作能力的修理工作。其特征为全部或大部分拆卸分解,修理基准件,更换或修理所有不宜继续使用的零件,整新外观,使设备精度、性能等达到或接近原来出厂水平。对原有设备的现代化改装,也可以结合大修同时进行。

(2) 项目修理。项目修理简称项修或中修,这里的项目是指设备部件、装置或某一项设备输出参数,项目修理是在设备技术状态管理的基础上,针对设备技术状态的劣化程度,特别是在已判明故障的情况下,所采取的有针对性的修理活动。项目修理的特点是修理内容明确,针对性强,可节省修理时间、人力、物力和费用,效果较好。

(3) 小修。是指工作量较小的修理。小修的工作内容除日常保养和定期保养的全部内容外,还要根据物流设备的磨损规律,进行机、电检修,对需要修理的部分进行分解检查、修理,更换磨损件,对磨损部位进行加工等。小修属于局部修理,目的在于排除故障,恢复局部功能。

物流机械设备的大修、项修和小修都是以技术状态监测为基础的,从而提高了修理的计划性、准确性和经济性,减少了不必要的拆卸或过剩修理。大修、项修、小修三者都具有恢复物流设备技术性能和使用性能的功用,但具体的工作内容和范围各不相同。大修是整机全面性恢复修理,项修是局部性调整与恢复修理,小修是排除故障性的局部修理。

## 六、物流设备的保养

设备的故障规律就是设备从投入使用直到报废为止的故障的发展变化规律。设备故障的典型曲线如图1-2所示,其形状似浴盆,故又称浴盆曲线。

浴盆曲线可以分为三个阶段。第一阶段叫初期故障期,这一阶段的故障率较高,发生的故障一般是由于设计上的疏忽、制造质量欠佳和操作不协调引起的。第二阶段叫偶发故障期,这一阶段设备已进入正常运转阶段,故障率较低,基本上为一常数,大部分故障属于维护不好和操作失误而引起的偶发性故障。第三阶段称作磨损故障期,在这一阶段,设备的某些零件已经老化,因而故障率剧增。维护保养的作用就在于使设备技术状态缓慢变化,使浴盆曲线更趋水平,并使磨损故障期尽可能晚点出现,即无故障工作时间尽可能长些。在设备维修中,经过长期实践,以预防为主的观点已为世界各国普遍接受,我国亦一贯强调这一观点,以维护保养为基础就是这一观点的体现。

图1-2 设备故障曲线

物流设备的维护保养可以采用"日常保养"和"定期保养"的二级保养制度。

1. 物流设备的日常保养

物流设备的日常保养是全部维护工作的基础。它的特点是经常化、制度化。一般日常保养包括班前、班后和运行中维护保养。

参加日常维护保养的人员主要是操作个人。应严格按操作规程操作,集中精力工作,注意观察设备运转情况和仪器、仪表,通过声音、气味等发现异常情况。设备不能带病运行,如有故障,应停机及时排除,并做好故障排除记录。

日常保养的内容大部分在设备外部。其具体内容有:搞好清洁卫生;检查设备的润滑情况,定时、定点加油;紧固易松动的螺丝和零部件;检查设备是否有漏油、漏气、漏电等情况;检查各防护、保险装置及操纵机构;变速机构是否灵敏可靠,零部件是否完整。

2. 物流设备的定期保养

物流设备的定期保养是指物流设备运行一定间隔时间后,由操作人员和保养人员按规范有计划地强制性保养,是对物流设备的全面性的维护工作。定期保养是物流设备运行管理和状态维修管理的重要组成部分,是使物流设备能经常保持良好技术状态的预防性措施。

(1)定期保养的特点。定期保养具有三大特点:① 强调定期保养是状态维修的基础:物流搬运装卸机械在使用过程中,由于存在运动、摩擦、内部应力等物理变化过程,必然会导致技术状态的不断劣化,并且通过机械零部件松动、温升异常、异响等现象表现出来。简单地讲,通过点检、保养、检测等手段把上述现象信息及时采集起来,通过分析后作出维修决策,实施有针对性的维修,这就是以状态为基础的维修管理模式,所采用的就是状态维修方式。定期对设备进行保养,使设备运转状况得到及时改善。消除可以避免的磨损和损坏,取得保持和减缓设备的劣化趋势,也就是延长设备修理周期,减少修理工作量。所以说执行定期保养是推行状态维修的基础,没有保养的基础保证,也就无法推行状态维修。② 定期保养具有强制性:定期保养贯穿于设备运行的全部过程中,使设备运转状态得到及时改善,消除可以避免的磨损和损坏,所以说保养伴随着设备运行的全过程,不是可有可无的作业行为,而是对设备必须进行的强制性行为。③ 定期保养应有全面性:物流设备是由各个零部件组合而成的,各部件运转状态的正常与否直接对整机的技术状态产生影响,整机的技术状态如何也是通过部件反映出来的,所以对物流设备必须实施全面性的定期保养。实施全面性定期保养的项目不宜过多,应根据具体设备的复杂程度和结构特点,抓相互关联的部件及影响安全的部件装置为重点,以重点兼顾全面,达到对设备全面保养的目的。

(2)定期保养的基本内容。① 对设备进行清洁和擦洗。② 检查、调整、紧固各操纵、传动、连接机构的零部件。③ 对各润滑点进行检查、注油或清洗换油。④ 更换已磨损的零部件。⑤ 使用相应的检测仪器和工具,按规范对主要测试点进行检测,并做好检测记录。

## 小结和学习重点

- 物流设施与设备的分类、作用和应用
- 物流设施与设备的发展趋势
- 物流设施与设备配置的原则
- 物流设施与设备管理、保养与维护

通过对本章的学习,掌握物流设施与设备的分类、作用、配置原则等,了解物流设施和设备的发展趋势,为本课程其他内容的学习打下了基础。物流设施与设备是组织物流活动和物流作业的物质技术基础,是物流服务水平的重要体现。现代物流网络体系中的任何节点、任何环节都必须实现高度的机械化、自动化和信息化,因此可以说,没有现代物流设施和设备的支撑,就没有现代物流的实施与运作。

## 练习与思考

(一) 名词解释

物流设施与设备　物流设备管理

(二) 填空题

1. 现代物流通常是由_____、_____、_____、_____、包装、流通加工、信息等基本环节组成。
2. 物流机械设备的发展趋势是_____、_____、_____、_____、_____和"绿色化"。
3. 物流设备配置的原则包括_____、_____、_____、_____、_____、_____和环保性原则。
4. 物流设备的修理可以分为_____、_____和_____三个类别。
5. 物流设备的维护保养可以采用_____和_____的二级保养制度。

(三) 简答题

1. 现代物流系统中的物流技术装备主要有哪些?
2. 简述物流设施与设备在现代物流中的地位和作用。
3. 简述物流设备配置选型的一般流程。
4. 简述物流设备管理的任务和目标。

## 部分参考答案

### (二) 填空题

1. 运输　物料搬运　仓储　配送
2. 大型化和高速化　实用化和轻型化　专用化和通用化　自动化和智能化　成套化和系统化
3. 系统化原则　适用性原则　技术先进性原则　低成本原则　可靠性和安全性原则　一机多用原则
4. 大修　项目修理　小修
5. 日常保养　定期保养

# 第二篇 物流设施与设备

物流运输设施与设备

# 第二章 公路运输设施与设备

## 学习目标

学习完本章,你应该能够:
1. 明确公路运输的概念、特点和功能;
2. 了解公路运输的发展前景和国家干线公路(国道)网规划;
3. 掌握我国公路的分级方法;
4. 掌握汽车的分类方法、类别代号和主要的性能指标;
5. 明确公路运输车辆的选型和维护管理方法。

## 基本概念

公路运输  公路运输的特点和功能  我国道路的分级  汽车  汽车类别代号  厢式货车  牵引车  挂车  汽车保养

## 第一节 公路运输概述

随着我国城乡交通设施的改善和高等级公路的迅速发展,公路运输已经成为我国物流活动的主要渠道之一,也是实现"门到门"运输中唯一不可替代的现代化运输方式,在国民经济和综合运输体系中占有重要地位。公路运输是指主要使用汽车或者其他车辆(如人力、畜力车)在公路上进行客、货运输的一种方式。由于汽车已经成为公路运输的主要运载工具,因此现代公路运输主要指的是汽车运输。

### 一、公路运输的特点和功能

1. 公路运输的特点

公路运输在所有运输方式中是影响最为广泛的一种运输方式,它的主要优

点如下:

(1) 灵活、方便。汽车运输具有机动灵活、运输货物方便的特点。汽车运输既可以成为其他运输方式的衔接手段,又可以自成体系。由于我国公路网的分布广,尤其城市道路的密度更大,因而汽车可去的地方很多,运输方便。汽车运输在运输时间方面的机动性也比较大。各运输环节之间衔接时间较短。再次,汽车的载重量可大可小,可装载从几百千克货物直至上千吨的货物。汽车运输对货物批量的大小具有很强的适应性,既可以单车运输,又可以拖挂运输。

(2) 快速。汽车运输的运送速度比较快,据资料统计,一般中短途运输中汽车运输的平均运送速度要比铁路快 4~6 倍,比水路运输约快 10 倍。运送速度快,不仅可以加快资金周转、提高货币的时间价值,而且还有利于保持货物质量不变和提高客、货的时间价值。这一点对于运输贵重物品、鲜货及需要紧急运输的物资和人员等特别重要。

(3) 可实现"门到门"的直达运输。汽车运输可以把旅客从居住地门口直接运送到目的地门口,也可以将货物从发货人仓库门口直接运送到收货人仓库门口,实现了"门到门"的运输形式。其他运输方式一般需要中途倒运、转乘才能将客、货运达目的地,而汽车运输途中不需要中转,因此汽车运输在直达性方面有明显的优势。

(4) 投资少、效益高。汽车运输不像铁路运输那样需要铺设铁轨、设置信号设备及其他投资昂贵的固定设施,而且车辆的购置费用也比较低,原始投资回收期短。据资料介绍,一般公路运输的投资每年可以周转 1~2 次,铁路运输 3~4 年才周转一次,而飞机、轮船运输的周转速度更慢。由于汽车运输资金周转快,因而汽车运输服务容易实现扩大再生产。

(5) 操作人员容易培训。汽车驾驶技术比较容易掌握,培训汽车驾驶员一般需要 3~6 个月的时间,而培养火车、轮船和飞机的驾驶员至少需要几年的时间,并且需要花费大量的费用。

正因为汽车运输具有上述优点,因此汽车运输得以迅速发展。但是,汽车运输也存在一些问题,主要是装载量少、运输成本高、安全性差、污染环境等。在地形复杂的地区,公路运输的通达性仍受到限制。

**2. 公路运输的功能**

基于上述特点,汽车运输的主要功能是:

(1) 主要承担中、短途运输。我国规定 50 km 以内的为短途运输,50~200 km 的为中途运输。由于我国高速公路网的逐步形成,汽车运输将会形成短、中、远程运输并举的局面。长途运输也将会有更广阔的市场。

(2) 补充和衔接其他运输方式。是指当其他运输方式担负主要运输时,由汽车担负其起点和终点的短途集散运输,完成其他运输方式到达不了的地区的运输任务。

## 二、公路运输的发展前景

综观西方发达国家公路运输业的发展,以及汽车技术的不断更新,公路运输表现出了发展的广阔前景:

(1) 快捷运输发展潜力巨大。高速公路网的迅速发展,为快捷运输提供了广阔的发展空间。高速公路里程的不断延伸,拉开了快捷运输的序幕。实际上,高速公路运输、干线公路运输和一般公路运输作为大交通构架的组成部分,直接成为参与重要物资的运输和城市间客、货运输主力。可以预计,随着各地公路网建设规划的完成,汽车运输将显现出巨大的功能和实力。

(2) 大吨位汽车运输将得到加强。汽车运输有着向大型化和小型化两端发展、中型车比重下降的趋势。资料表明,在运距大于120 km的条件下,载重量为16 t以上的汽车和载重量为4 t的汽车相比,运输效率提高了3～4倍,运输成本可下降80%～85%,随着运距的增加,大吨位汽车的优越性更加明显。因此合理调整车辆构成,提高汽车载重量,是汽车运输企业提高车辆运输经济效益的有效途径。

(3) 专用汽车货运发展迅速。为了有效地发挥高等级公路的效益和功能,高等级公路专用车辆的发展很快,特别是专用车辆朝着大型化、专用化方向发展,如汽车列车、集装箱运输车、大型罐式车、大型厢式车、大型冷藏车、轿车运输车等。

(4) 拖挂运输将迅速普及。汽车拖挂运输可以提高载重量,节约燃料和降低运输成本,因此得以广泛应用。近年来,汽车列车不断向大吨位方向发展,目前,一车一挂的汽车列车总重一般为32～42 t,一车二挂或三挂以上的汽车列车总重达60 t以上。

(5) 环保货运的意识大大加强。汽车运行过程中将会产生大气污染和噪声污染。在城市大气环境污染中,汽车的分担率已达75%以上。因此,注重环境保护,推动环保型汽车的发展普遍受到各国的重视。如采用柴油机的共轨喷射技术、涡轮增压器、后处理装置、高品质燃油、混合动力等,在一定程度上解决了汽车运输自身的环境问题。

(6) 智能交通系统(ITS)蓬勃发展。智能交通系统是利用先进的信息通信技术,形成人、车、路三位一体,从而大大提高了汽车运输的安全性、运输效率、行车舒适性且有利于环保。智能交通系统在美国、日本和欧洲正处于开发试验阶段,其功能和规模在不断扩大。ITS的相关技术也已在有关领域得到了应用,如电子自动收费(ETC),它无需停车即可实现收费功能,大大提高了道路的通行效率。

## 第二节 公路运输设施

公路运输设施主要指的是道路及其附属设施,它是汽车运输的物质基础。道路(公路和城市道路)是指主要供车辆行驶的工程结构物,由路基、路面、桥梁、涵洞和隧道以及沿线附属设施等组成。路基、路面、桥梁、涵洞和隧道是道路工程的主体构造物,其设计、修筑和养护需保证在设计使用期内安全而耐久地承受行车载荷。沿线附属设施包括交通安全管理设施、服务设施、绿化、照明、道路管理设施等。

### 一、道路

在我国,根据公路的作用及使用的性质划分为国家干线公路(国道)、省级干线公路(省道)、县级干线公路(县道)、乡级公路(乡道)以及专用公路。不同类型和等级的道路组成了整个道路网,各种道路在道路网中担负不同的使命,起着不同的作用。

根据我国公路技术标准规定,将公路划分为五个等级。

(1) 高速公路。高速公路为专供汽车分向、分道行驶,并全线控制出入的干线公路。四车道高速公路一般能适应按照各种汽车折合成小客车的远景设计年限的平均昼夜交通流量为 25 000~55 000 辆;六车道高速公路一般能适应按照各种汽车折合成小客车的远景设计年限的平均昼夜交通流量为 45 000~80 000 辆;八车道高速公路一般能适应按照各种汽车折合成小客车的远景设计年限的平均昼夜交通流量为 60 000~100 000 辆。

(2) 一级公路。一般能适应按照各种汽车折合成小客车的远景设计年限的平均昼夜交通流量为 15 000~30 000 辆,为连接高速公路、大城市结合部、开发区经济带以及边远地区干线公路,可供汽车分向、分道行驶,并部分控制出入的公路。

(3) 二级公路。一般能适应按照各种汽车折合成中型载货车的远景设计年限的平均昼夜交通流量为 3 000~7 500 辆,为连接中等城市的干线公路或通往大工矿区、港口的公路,或运输繁忙的城郊公路。

(4) 三级公路。一般能适应按照各种汽车折合成中型载货车的远景设计年限的平均昼夜交通流量为 1 000~4 000 辆,为沟通县及城镇的集散公路。

(5) 四级公路。一般能适应按照各种汽车折合成中型载货车的远景设计年限的平均昼夜交通流量为 1 500 辆以下,为沟通乡、村等地的地方公路。

公路等级不同,对路线的行车道宽度、停车视距、最小平面曲线半径、最大纵坡、凸形及凹形竖曲线半径等参数要求也不同。这些路线参数的取值是在保证设计车速的前提下,考虑到汽车行驶的安全性、舒适性、驾驶员的视觉和心理反应等因素进行选取。公路等级越高,条件就越优越,汽车的运用性能和运用效率也就得到充分的发挥和提高。

我国的城市道路相应地分为四类:快速路、主干路、次干路和支路。快速路为仅供汽车行驶的道路;主干路采用机动车和非机动车分隔行驶的形式;对于后三类道路,按照城市的规模、交通量和地形等因素分为Ⅰ、Ⅱ、Ⅲ三级,大城市采用Ⅰ级,中等城市采用Ⅱ级,小城市采用Ⅲ级设计标准。

道路的等级应该根据路网规划、道路功能、使用任务和要求以及远景交通流量的大小,综合论证后确定。

道路路面按道路等级可以分为高级、次高级、中级和低级路面4级,如表2-1所示。

表2-1 路面分级

| 公路等级 | 路面等级 | 面层类型 | 设计使用年限(年) |
|---|---|---|---|
| 高速公路 | 高级 | 沥青、混凝土 | 15 |
| 一级公路 | 高级 | 沥青、混凝土 | 12 |
| 二级公路 | 次高级 | 热拌沥青碎石混合料<br>沥青灌入式 | 10 |
| 三级公路 | 次高级 | 乳化沥青碎石混合料<br>沥青表面处置 | 8 |
| 四级公路 | 中级 | 水结碎石、泥结碎石 | 5 |
| | 低级 | 半整齐石块路面<br>粒粒改善土 | |

## 二、公路客、货运站

公路运输站场是公路运输办理客、货运输业务及仓储保管、车辆保养修理及为用户提供相关服务的场所,是汽车运输产业的生产与技术基地。根据其经营主体和经营方式的不同,可分为公用型站场和运输企业自用型站场。

1. 公路客运站的类型

公路客运站是客运车辆和旅客集散的场所。在旅客运输过程中,客运站起着组织、协调、指挥、服务的重要作用。公路客运站的主要功能是旅客运输的组织和管理。我国公路客运站的分类方法有两种。

第一种是按人、财、物三权隶属关系,公路客运站可以分为:

(1) 公用型车站。又称开放型车站,这类车站一般由国家投资或所在交通管理部门筹措资金建设而成。它具有法人地位,自主经营,独立核算。本身无从事营运的自备车辆,专门为各种经济成分的营运者提供站务服务。

(2) 自用型车站。它又可以分为自办站和代办站。自办站由汽车运输企业自筹资金兴建,专门为自有车辆或与本企业有协议对开的经营者提供站务服务的客运站。代办站一般是业务量不大、任务单一、尚不具备建站条件的旅客集散地。其设站一般采用协商条件、委托代办的方式。

第二种是按业务经营范围,公路客运站可以分为:

① 客运站。是专门经营旅客运输业务的车站,主要设置在客流密集的大、中城市。

② 客货兼营站。是指既办理旅客运输业务,又办理公路零担货运业务的车站。主要设置在县城或乡镇。

③ 停靠站(招呼站)。是供客运班车往来停靠、上下旅客的站点,一般没有站房,只设有站牌标志。主要设置在路口附近。

2. 公路货运站场

货运站场指货物集结、待装运、转运的场所。

公路货运站按其功能可以分为:

(1) 集装箱货运站。是拼箱货物拆箱、装箱、办理交接业务的场所。

(2) 配载中心。是为空车和轻载车寻找合适货物的场所。

(3) 零担货运站。是经营零担货物运输的服务单位和零担货物的集散场所。

随着市场的需要,公路货运站场的功能从简单的货物集结、转运拓展到配送、流通加工和信息服务,有的配载中心、零担货运站已经成为了配送中心。作为物流过程的连接点,公路货运站场是连接长途运输和短途配送的中转基地,必须有接单、拣货、分装、倒装、运输配送的综合功能。其次作为生产厂家、批发商和零售商之间的连接点,有的公路货运站场还具有保管、库存调节、流通加工等功能。

## 三、道路交通控制设施

道路上行驶的车辆,在类型、性能和速度上有较大的差别,行驶时可以变换车道,并且在低等级道路上还受到非机动车和行人的干扰,在平面交叉路口处可能与其他方向的车辆发生冲突。因此,道路上容易发生交通事故,影响车辆的行驶速度和道路的通行能力,因而需要加强对交通的控制和管理。

道路交通管理是用一定的交通法规或交通规则,规定车辆、驾驶员和行人在道路上的行为准则,以保证有秩序的交通流,确保行车和行人的安全,主要包括道路、车辆、驾驶员和行人四个要素。

除了采用行政手段来加强对交通的控制和管理之外,还需要采用一些道路交通控制设施。它们主要有交通标志、道路交通标线、交通信号和交通隔离设施四类。其主要功能是对车辆、驾驶员和行人起限制、警告和引导作用。

1. 交通标志

交通标志是指用图形符号和文字传递特定信息,用以指挥和管理交通的安全设施。其作用可分为管制、警告、引导和信息四种。

(1) 管制标志。为强迫执行标志。它所包含的内容要求驾驶员必须遵守。管制标志包括限速、不准停车、不准转弯等,如图 2-1 所示。

图 2-1　交通管制标志

(2) 警告标志。是为了唤起驾驶员对前方道路或交通条件的注意。警告标志包括陡坡、急转弯、铁路平交等,如图 2-2 所示。

图 2-2　交通警告标志

(3) 引导标志。是向驾驶员提供行驶的方向。引导标志主要有绕道标志、目的地和距离标志等,如图 2-3 所示。

图 2-3　交通引导和信息标志

(4) 信息标志。是为驾驶员提供一些服务信息,如加油站、服务区、风景点等,如图2-3所示。

交通标志的设计主要考虑其形状、颜色、尺寸和材料等。我国交通标志规定采用三种形状。圆形代表管制,等边三角形表示警告,矩形表示引导和信息。交通标志的颜色主要是指标志的背景颜色、符号文字颜色和边框线颜色。我国的管制标志采用白底红字,警告标志采用黄底白字,引导和信息标志采用蓝底白字。交通标志的尺寸包括两个方面,一是标志牌的外形尺寸,二是牌上文字和符号的尺寸及其间隔。标志牌上的涂料应采用反光材料,使驾驶员夜间行驶时能在灯光的照射下看清标志上的内容。

标志牌一般设置在道路的右侧,或者在道路中的上方。标志牌的方向应与行车方向垂直。设置的位置应提前于标志内容所指的地点,以保证驾驶员有足够的时间识别、看明白和调整驾驶操作。同时,标志牌应突出于周围背景,有别于周围地物,高出道路一定高度。

2. 道路交通标线

道路交通标线是由路面上的各种标线、箭头、文字、立面标记、突出路标和路边线轮廓标等所构成的交通安全设施。可以单独使用或与标志配合使用。道路交通标线可以用涂料漆画,也可以由固定栏杆组成。

按照《道路交通标志和标线》(GB5768—86)规定,道路交通标线可以分为车行道中心线、车道分界线、车行道边缘线、停止线、减速让行线、人行横道线等。主要用于引导车辆行驶方向或实施交通管制。道路交通标线的颜色有白色和黄色两种。白色一般用于车辆准许超越的标线,如人行横道线、车道分界线、停止线等。黄色表示具有交通管制或必须强迫执行的标线,车辆不许超过这些标线,如禁止通行区、不准超车的双中心线等。

箭头表示车辆的行驶方向,主要用于交叉路口的导向车道内或设在车道合并处,颜色为白色。

路面文字标记是用以指示或限制车辆行驶的标记。如最高车速限制标记、大小机动车道标记等。路面文字标记的颜色为黄色。

立面标记是提醒驾驶员注意,在车行道内或近旁有高出路面的构造物,以防止发生碰撞的标记。立面标记可设在墩柱、侧墙、隧道洞口、人行道、安全岛的壁面上。标记颜色为红、白相间。

突出路标是固定于路面上的突起标记块,一般做成定向反射型。一般路段的反光玻璃球为白色,危险路段的反光玻璃球为红色或黄色。

路边线轮廓标用以指示道路方向、车行道的边界及危险路段的位置和长度,设置在道路两侧。路边线轮廓标柱体颜色为白色,上涂黑色标记,黑色标记中间为矩形色块,红色色块表示道路右侧,黄色色块表示道路左侧。

3. 道路交通信号

交通信号是为控制和引导交通流,保障交通安全畅通而发出的通行、停止或停靠的具有法律效力的信息。根据《中华人民共和国道路交通安全法》的规定,交通信号分为指挥灯信号、车道灯信号、人行横道灯信号、交通指挥棒信号和手势信号等五种。信号灯为红、黄、绿三种色灯。

随着科学技术的发展,在交通信号控制中,应用了计算机技术,出现了自动信号灯。下面介绍目前我国采取的几种常用的自动信号控制方式。

(1) 单点控制。即点控制,是以一个交叉路口为控制对象,把事先调整好的信息,储存在控制器中,以指挥交通流。单点控制,分为定周期式控制和感应式控制两大类。定周期式自动控制信号又分为单时段定周期式和多时段定周期式两种。感应式控制又分为半感应式和全感应式信号控制两种。

(2) 线控制。线控制是将道路上若干个交叉路口的信号显示有机地联系起来,按照计算好的间距和车速,使车辆按一定时速不停顿地通过路口,以减少延误时间的一种控制方式。线控制按照控制机的功能不同,可分为联动式线控制、无电缆线控制和程序线控制三种。

(3) 区域控制。又称面控制,它是指对一个区域内形成的道路网络交通,运用计算机进行综合全面控制的控制方式。区域控制是交通信号控制的高级阶段,能使整个区域的交通信号组成一个最佳网络,以确保车辆在某一区域畅通行驶。

4. 交通隔离设施

在城市道路的对向车道之间,车行道和人行道之间或者机动车道和非机动车道之间,以及高等级公路的对向车道之间,设置隔离设施,以防止车辆或行人越界,保证行车和行人安全。交通隔离设施有临时性和永久性两种。

临时性隔离设施可由便于装卸和搬运的移动式墩座、链条和栏杆组成,设在临时需要分隔开车辆或车辆和行人的地点。

永久性隔离设施采用铁隔栅、钢管护栏、波纹钢板护栏、混凝土墩座和链条等。固定在分隔线位置上,长期使用。有些永久性隔离设施还种植了绿化带,用以美化环境,并可防止夜间行车时对向车辆的灯光直接照射。

5. 交通监控系统

交通监控系统是一个监视和收集交通和道路状况的信息并进行集中处理的综合系统。通常设置在城市道路交通繁忙、事故多发地段以及高速公路的全线或部分路段上。它一般由以下几个子系统组成:

(1) 信息收集和处理子系统。设置车辆检测器,收集交通流量、车速、车辆通过时间等信号,并将它们传送到交通指挥控制中心,进行分析和处理。

(2) 道路情报子系统。设置可变情报显示板,为驾驶员提供道路情报,如交通情况、交通限制信息等。

(3) 紧急电话子系统。在高速公路沿线每隔 2 km 左右,设置一对紧急电话分机,以供驾驶员向公路管理机构报告事故、故障或求援等。

(4) 闭路电视子系统。在道路交通繁忙和易发生交通事故的路段上安置摄像机,所收集的信息直接反映到交通指挥控制中心的电视监视器上,供管理人员分析和指挥使用。

(5) 通信子系统。由勤务电话、无线电话、无线对讲机及通信传输等部分组成。

(6) 控制中心系统。通过传输设备、人机对话设备和中心计算机等,记录、分析各子系统收集到的信息,向各子系统发布指示或指令,控制道路沿线有关设备工作。

## 四、我国道路交通网的现状和前景展望

至 2005 年底,全国公路总里程达到 193.05 万 km。全国公路总里程中,国道 132 674 km、省道 233 783 km、县道 494 276 km、乡道 981 430 km、专用公路 88 380 km,分别占公路总里程的 6.9%、12.1%、25.6%、50.8%和 4.6%;按公路技术等级分组,各等级公路里程分别为高速公路 41 005 km、一级公路 38 381 km、二级公路 246 442 km、三级公路 344 671 km、四级公路 921 293 km 和等外公路 338 752 km。

公路运输能力增长较快。2005 年底,全国公路营运汽车达 733.22 万辆,其中载客汽车 128.40 万辆、1 859.28 万客位;载货汽车 604.82 万辆、2 537.75 万吨位。公路运力结构进一步优化。2005 年底,全国拥有大型营运客车 13.81 万辆;大型营运货车 190.65 万辆;专用载货汽车 24.54 万辆,其中集装箱车 5.87 万辆。公路运输总量在各种运输方式中稳居首位。公路交通运输在沟通城乡间的客货交流、繁荣地区经济、提高人民物质和文化水平、促进市场经济发展和开发西部地区等方面发挥了巨大作用。2005 年全社会完成公路客运量 169.74 亿人,旅客周转量 9 292.08 亿人 km。公路货运增势强劲,2005 年全社会完成公路货运量 134.18 亿 t,货物周转量 8 693.19 亿 t·km。

自 20 世纪 90 年代以来,我国公路交通运输有了较快的增长,但由于以往较长时期内对公路的作用和认识不足,重视不够,因而出现了经济上升过程中运输资源紧张的矛盾,对国民经济的发展存在制约,主要表现在以下五个方面。

(1) 公路里程少,路网密度低,东西部发展不平衡。

(2) 公路整体状况较差,高等级公路比例较低。

(3) 汽车保有量低,性能差,配置结构不合理。

(4) 一般公路上混合交通严重,车速低,事故多。

(5) 技术水平、管理水平和服务水平等有待提高。

为适应经济发展的需要,国家交通部在组织各方面专家论证的基础上,研究制

定了我国公路、水路交通实现现代化的三个发展阶段目标：第一阶段从"瓶颈"制约、全面紧张走向"两个明显"，即交通运输紧张状况有明显缓解，对国民经济发展的制约状况有明显改善。第二个阶段目标从"两个明显"到基本适应国民经济和社会发展需要。第三个阶段从基本适应国民经济和社会发展需要到基本实现交通运输现代化，达到中等发达国家水平。第三个阶段的目标将在 21 世纪中叶全面实现。实现我国公路、水路交通现代化的目标，关键是在 2020 年前后，要努力完成公路主骨架、水运主航道、港站主枢纽和交通运输支持保障系统的建设。

公路主骨架是根据国家干线公路（国道）网规划，包括首都放射线、南北纵线、东西横线，并考虑其他相关因素确定的。公路主骨架总长约为 3.53 万 km，总体布局为"五纵七横"共 12 条线路。将人口在 100 万以上的所有特大型城市和人口在 50 万以上的大城市的 93% 连接在一起，贯通和连接城市超过 200 个，覆盖人口约 6 亿。其分布见图 2-4 所示。

"五纵"国道主干线为：

（1）同江——三亚线。自同江经哈尔滨、长春、沈阳、大连，跨渤海湾，经烟台、青岛、连云港、上海，跨杭州湾，经宁波、福州、深圳、广州、湛江、海安，跨琼州海峡，经海口至三亚，总长约 5 700 km。

（2）北京——珠海线。自北京经石家庄、郑州、武汉、长沙、广州至珠海，总长约 2 310 km。

（3）北京——福州线。自北京经天津、济南、徐州、合肥、南昌至福州，总长约 2 540 km。

（4）重庆——湛江线。自重庆经贵阳、南宁至湛江，总长约 1 280 km。

（5）二连浩特——河口线。自二连浩特经集宁、大同、太原、西安、成都、昆明至河口，总长约 3 610 km。

"七横"国道主干线为：

（1）上海——成都线。自上海经南京、合肥、武汉、重庆至成都，总长约 2 970 km。

（2）上海——瑞丽线。自上海经杭州、南昌、长沙、贵阳、昆明至瑞丽，总长约 4 090 km。

（3）青岛——银川线。自青岛经济南、石家庄、太原至银川，总长约 1 610 km。

（4）丹东——拉萨线。自丹东经沈阳、唐山、北京、集宁、呼和浩特、银川、兰州、西宁至拉萨，总长约 4 590 km。

（5）绥芬河——满洲里线。自绥芬河经哈尔滨至满洲里，总长约 1 280 km。

（6）连云港——霍尔果斯线。自连云港经徐州、郑州、西安、兰州、乌鲁木齐至霍尔果斯，总长约 3 980 km。

（7）衡阳——昆明线。自衡阳经南宁至昆明，总长约 1 980 km。

21 世纪前十年，加快建设"五纵七横"国道主干线系统，根据国家交通部的部署，力争在 2007 年全面建成。

第二章　公路运输设施与设备

图 2-4 国家高速公路网布局方案（2020）

## 第三节　公路运输车辆

汽车是公路运输的主要运载工具,指由本身的动力驱动(不包括人力、畜力),装有驾驶存在装置的在固定轨道以外的道路或自然地域上运输客、货或牵引其他车辆的车辆。

### 一、汽车的分类

我国于 2001 年制定了有关汽车分类的标准(GB/3730.1—2001),依据国际标准(ISO3833)制定,与国际通行标准衔接。标准将汽车分为两大类:乘用车和商用车。

乘用车(不超过 9 座)分为普通乘用车、活顶乘用车、高级乘用车、小型乘用车、敞篷车、仓背乘用车、旅行车、多用途乘用车、短头乘用车、越野乘用车、专用乘用车等 11 类。

商用车分为客车、货车和半挂牵引车等 3 类。客车细分为小型客车、城市客车、长途客车、旅游客车、铰接客车、无轨客车、越野客车、专用客车。货车细分为普通货车、多用途货车、全挂牵引车、越野货车、专用作业车、专用货车。

汽车的分类方法还有多种不同的形式,可以按照用途分类,或按照动力装置类型分类(如内燃机汽车、电动汽车、燃气轮机汽车等),或按照行驶道路条件分类(如公路用车,包括越野汽车和机场、矿山等场地用车在内的非公路用车等)。

这里主要介绍一下按用途分类的汽车情况。按照用途分类,汽车有运输汽车和特种用途汽车两大类。

1. 运输汽车

运输汽车可以分为轿车、客车、载货车和牵引汽车等,并可按照汽车的主要特征参数分级,即轿车按照发动机工作容积(发动机排量)、客车按照车辆总长度、载货车按照汽车总质量分级。

(1) 轿车。乘坐 2~9 个乘员(包括驾驶员)的汽车。轿车又可以根据发动机工作容积分为:① 微型轿车,发动机工作容积 1 L 以下的轿车;② 普及型轿车,发动机工作容积 1.0~1.6 L 的轿车;③ 中级轿车,发动机工作容积 1.6~2.5 L 的轿车。上述三种级别的轿车的主要特点是尺寸较小、机构紧凑,前排座椅是较舒适的乘坐位置,而后排座椅通常供辅助使用。因此,这些轿车宜作为车主自己驾驶的家庭用车。④ 中高级轿车,发动机工作容积为 2.5~4 L 的轿车;⑤ 高级轿车,发动机工作容积为 4 L 以上的轿车。上述两种级别的轿车的主要特点是尺寸大、装备齐全考究、性能优良,较舒适的座位设置在后排。因此,这些轿车适于商务活动使用。

(2) 客车。乘坐9个以上乘员,主要供公共服务使用的汽车。按照服务方式不同,客车又可以分为城市公共客车、长途客车、团体客车、游览客车等类型。

客车可以按照车辆长度分级:① 微型客车,长度3.5 m以下的客车;② 轻型客车,长度3.5~7 m的客车;③ 中型客车,长度7~10 m的客车;④ 大型客车,长度10~12 m的客车;⑤ 特大型客车,包括铰接式客车(车辆长度大于12 m)和双层客车(长度10~12 m)两种。

(3) 载货车。用于运载各种货物,驾驶室内还可以容纳2~6个乘员的汽车。由于所运载货物的种类繁多,载货车又可以分为普通货车和专用货车两大类型。

载货车还可以按其总质量分级:① 微型载货车,总质量小于1.8 t的货车;② 轻型载货车,总质量为1.8~6 t的货车;③ 中型载货车,总质量为6~14 t的货车;④ 重型载货车,总质量大于14 t的货车。

(4) 牵引汽车。专门和主要用于牵引挂车的汽车,通常可分为半挂牵引汽车和全挂牵引汽车等类型。半挂牵引汽车后部设有牵引座,用来牵引和支承半挂车前端。全挂牵引汽车本身带有车厢,其外形虽与货车相似,但其车辆长度和轴距较短,而且尾部设有拖钩。

2. 特种用途汽车

这种汽车根据特殊的使用要求设计和改装而成,主要是执行运输以外的任务。具有装甲和武器的军用作战车辆不属于此类。

(1) 娱乐汽车。随着人民物质生活水平的不断提高,要求汽车不仅要满足运输需要,而且还要满足精神生活的需要,设计师们推出了专供假日娱乐消遣的汽车,运输已不是此种汽车的主要任务。娱乐汽车的例子如高尔夫球场专用汽车、海滩游玩汽车以及装备卧具和炊具、并具有流动住房功能的旅游汽车等。

(2) 竞赛汽车。是按照特定的竞赛规范而设计的汽车。著名的竞赛规范有一级方程式竞赛(F1)、拉力赛(WRC)等。由于竞赛过程中汽车的各种零部件及其性能都需要经受极其严峻的考验,往往在竞赛汽车上集中使用了大量的高新技术。因此,举办汽车竞赛对促进汽车科技发展具有重要的作用,也是汽车制造厂商及其赞助者相互竞争和进行广告宣传的好时机。

(3) 特种作业汽车。是指在汽车上安装各种专用设备,可以进行特种作业的汽车,如商业售货车、环卫环保作业车、市政建设工程作业车、农牧副渔作业车、石油地质作业车、医疗救护车、公安消防车、机场作业车、冷藏货物运输车等类型。

## 二、我国国产汽车产品型号编码规则

我国汽车的产品型号由企业名称代号、车辆类别代号、主参数代号、产品序号组成。代号排列顺序如下所示：

车辆类别代号和主要参数代号的数字意义，见表2-2：

表2-2 车辆类别代号和主要参数代号

| 车辆类别代号和它表示的车辆种类 | | 主参数代号数字表示的意义 |
|---|---|---|
| 1 | 载货汽车 | 数字表示以吨位为单位的汽车的总质量 |
| 2 | 越野汽车 | |
| 3 | 自卸汽车 | |
| 4 | 牵引汽车 | |
| 5 | 专用汽车 | |
| 6 | 客车 | 数字×0.1m表示汽车的总长度 |
| 7 | 轿车 | 数字×0.1L表示汽车发动机工作容积 |
| 8 | （暂空） | |
| 9 | 半挂车及专用半挂车 | 数字表示以吨位为单位的汽车的总质量 |

例如：我国第一汽车集团公司的企业名称代号为CA。型号CA1092则表示第一汽车集团公司生产的总质量为9t的载货汽车，产品序号2表示是在原车型CA1091的基础上改进的新车型。

此外对于专用汽车，在产品序号后还有专用汽车分类代号，分为三格。第一格为类型代号：X，代表厢式汽车；G，代表罐式汽车；C，代表仓栅式汽车；T，代表特种结构汽车等。第二、三格为表示其用途的两个汉字的第一个拼音字母。

### 三、汽车的主要性能

汽车的使用条件一般较为复杂，运输任务和运输性质又各不相同。为适应各种使用条件,使运输工作高效率、低成本,要求汽车的结构特性和使用性能也各不相同。汽车的使用性能是指车辆在一定使用条件下以最高效率工作的能力。为了评价汽车结构特性能否满足使用要求,即评价车辆在给定使用条件下的有效利用的可能性,必须制定汽车使用性能的量标。

目前我国较为广泛采用的汽车使用性能量标,见表2-3。

表2-3 汽车使用性能量标

| 使用性能 | | 量标和评价参数 | 使用性能 | 量标和评价参数 |
|---|---|---|---|---|
| 使用方便性 | 容量 | 额定装载质量/(t)<br>单位装载质量/(t/m³)<br>货厢单位有效容积/(m³/t)<br>货厢单位面积/(m²/t)<br>座位数/可站人数 | 速度性能 | 动力性(输出功率、最大扭矩)<br>平均技术速度/(km/h) |
| | 操纵方便性 | 每百km平均操纵作业次数<br>操作力/N<br>驾驶员座位可调程度<br>照明、灯光、视野、信号完好 | 越野性和机动性 | 汽车最低离地间隙<br>接近角<br>离去角<br>纵向通过半径<br>前后轴载荷分配<br>轮胎花纹和尺寸<br>轮胎对地面单位压力<br>前后轮辙重合度<br>低速挡的动力性<br>驱动轴数<br>最小转弯半径 |
| | 出车迅速性 | 汽车启动暖车时间 | | |
| | 乘客上下车和货物装卸的方便性 | 车门和踏板尺寸及位置<br>货厢地板高度<br>货厢拦板可倾翻数<br>有无随车装卸机具 | | |
| | 可靠性和耐久性 | 大修间隔里程/km<br>主要总成的更换里程/km<br>可靠度、故障率<br>故障停车时间/h | 安全性 | 稳定性 | 纵向倾覆条件<br>横向倾覆条件 |
| | 维修性 | 维修和修理工时<br>每千km维修费用<br>对维修设备的要求 | | 制动性 | 制动效能<br>制动效能恒定性<br>制动时方向稳定性 |
| | 防公害性 | 噪声级<br>$CO$、$HC$、$NO_x$、颗粒物排放量 | | 平顺性 | 振动频率<br>振动加速度及变化率<br>振幅 |
| 燃料经济性 | | 最低燃料消耗量/(L/100 km)<br>平均最低燃料消耗量/(L/100 km) | | 设备完备 | 车身类型<br>空气调节指标<br>车内噪声指标<br>座椅结构<br>其他安全装置 |

对于表2-3列出的使用性能,对于各种不同型号、不同用途的汽车具有不

同意义。汽车的用途不同对汽车使用性能要求的侧重点也不相同。各类不同用途的汽车的主要使用性能,见表2-4。

表2-4 各类型汽车要求的主要使用性能

| 汽车类型 | 主要使用性能 |
|---|---|
| 轿车 | 速度性能、乘坐舒适性、安全性、使用方便性、可靠性 |
| 载货车 | 容量、经济性、可靠性、维修方便性、安全性、动力性 |
| 公共汽车 | 容量、使用方便性、耐久性、可靠性、维修方便性、安全性、经济性 |
| 大型客车 | 容量、使用方便性、乘坐舒适性、速度性能、安全性、可靠性、维修方便性 |
| 越野车与特种车 | 使用方便性、安全性、速度性能、可靠性、维修方便性、越野性 |

# 第四节 公路运输设施与设备的运用与管理

## 一、公路运输设施的维护与管理

公路运输设施的维护和管理的主要内容是道路的养护。一般来讲,道路的等级越高,路面的质量就越好。汽车在良好的道路上行驶可以获得较高的平均技术速度和较低的运行消耗。这不仅可以提高汽车的运用效率,同时也有助于汽车使用寿命的延长。但如果道路的养护工作不及时,养护质量不好,道路的路面质量就会越来越差。即使是高等级公路,由于养护不及时,也会使路面的质量变得很差。当汽车在路面质量较差的道路上行驶时,不仅平均技术速度低,运行消耗大,而且凹凸不平的路面对车辆产生的冲击振动将会影响车辆行驶的平顺性和乘坐的舒适性,加剧了车辆行驶机构的损伤和轮胎的磨损。同时由于行驶中换挡、制动的次数增加,将使离合器、变速器和制动装置等磨损加剧,造成车辆过早损坏。

道路的养护可以分为以下几种类型:

(1)日常路况巡察。目的在于及时发现、上报和处治路况病害。

(2)预防性养护。预防性养护是对公路及其附属设施进行预防性保养和修补其轻微损坏部分,使之经常性保持完好状态。

(3)养护专项。养护专项工程是对公路及其附属设施的一般性磨损、局部损坏及不可抗拒的异常情况进行的修理、加固、更新和完善。

（4）大修。养护大修工程是对公路及其附属设施已达到服务周期而必须进行的应急性、预防性、周期性的综合修理，以全面恢复到或接近原设计标准。

道路养护的主要工作目标为：① 路面平整无明显凹凸，病害处治及时、快捷、优质；② 路容路貌整洁、美观，绿化状况良好；③ 沿线设施规范、齐全，恢复及时；④ 路基边坡稳定，排水设施完善、畅通；⑤ 桥梁、隧道等构造物保持完好状态；⑥ 抢险、除雪防滑预案完善，措施到位，效果明显；⑦ 养护作业规范，现场管理有序；⑧ 尽可能采用机械化作业，提高养护质量和工作效率；⑨ 应用公路养护管理系统，建立规范的养护管理档案和科学的评价、决策系统。

## 二、公路运输车辆的配置

### 1. 普通货运车辆的配置

汽车货运企业所承运的货物，大多数为普通货物，因此其车辆配置也以普通车辆为主。在汽车货运企业配置普通载货车时，多数货运企业的车种是依据车辆制造厂家所提供的车辆说明书所示的规格来选定。

为了选择符合企业使用条件的车种，汽车货运企业首先要全面了解汽车市场上该类型车辆的基本信息，如品牌、销售价格、配件价格、服务网点等。汽车货运企业一般选用的车型多是轻型载货车和中型载货车两种。在考虑具体样式时，要特别重视企业自身必要的项目，如车厢底板的尺寸、高度、载重量，发动机的性能（功率、扭矩、油耗），车厢板的结构等。

汽车货运企业车辆配置的重点在于车辆台数的配置。货运企业拥有车辆台数过少、运量多时，会出现车辆不足的现象。反之，又会出现车辆闲置现象。因此，对汽车货运企业来说，应配置多少台车辆是十分重要的决策。通常由于每日的运输量是变化的，不能完全实行计划管理，需根据运量的多少进行配置。

随着城市物流的发展，厢式货车的应用越来越受到重视，有替代普通货车的趋势。厢式车的发展缘于我国货物运输的防雨、防潮、防尘及防盗的现代物流要求，特别是近几年，高速公路通车里程快速增加，以及高速公路和大城市对敞开式货物运输的限制，有力推进了厢式车的发展。可以这么说，封闭式厢式运输车的出现，是汽车工业发展史上的一个划时代变革。从裸露运输到封闭运输的转变，标志着世界公路运输业开始步入现代、文明的时代。运输中，厢式车如图2-5所示，

图2-5 厢式货车

有着一般载货车不可比拟的特点：① 运输安全、可靠；② 对货物的包装要求低，防护条件好，不污染环境；③ 可以降低运输成本；④ 可以针对货物的不同类别及货物的性质对其进行特殊处理，如冷藏、保鲜、隔离等；⑤ 在其他如无线电发射、维修服务、邮电、电信等行业中，厢式车的优点更是得到了淋漓尽致的体现。

2. 牵引车的配置

牵引车是集装箱运输的主要工具，它本身一般不具备载货平台，必须与挂车连接在一起使用。挂车本身没有发动机驱动，它是通过拖挂装置，由牵引车或其他车辆牵引，且只有与牵引车或其他车辆一起组成汽车列车才能构成一个完整的运输工具。

（1）牵引车的选择。牵引车有多种分类方法，主要有以下几类：

① 按牵引车头部的形式可以分为平头式和长头式两种。

平头式牵引车，如图 2-6 所示。其优点是车头短，司机的视野好；轴距短，转弯半径小。缺点是发动机布置在驾驶室下部，司机易受到发动机振动的影响，舒适性较差。

图 2-6　平头式牵引车

长头式牵引车，如图 2-7 所示。其优点是发动机室位于驾驶室前部，司机的舒适性较好，发动机维修方便，碰撞安全性较高。缺点是车身较长，回转半径较大。

由于各国对道路、桥梁、涵洞和隧道的尺寸都有严格的规定，因此，车身短的平头式牵引车的装备数量较多。但在北美，长头式牵引车的装备较为

图 2-7　长头式牵引车

广泛。

② 按牵引车驱动形式可以分为4×2与6×4两种类型,也有少量4×4与6×6形式的。

牵引车驱动形式的表示方法为:车轮数×驱动轮数。牵引车的驱动形式不同,其鞍座允许的载重量有较大区别。对于后轴允许载重量为10 t级的4×2牵引车,鞍座允许载重量为12～12.5 t;对于后轴允许载重量为10 t级的6×4牵引车,鞍座允许载重量为18 t左右。

③ 按牵引车的用途可以分为高速牵引车、重型货物牵引车和场地牵引车等。

高速牵引车主要用以牵引厢式半挂车、平板式半挂车和集装箱半挂车,适用于高速长距离运输,一般配置了大功率发动机;重型货物牵引车主要用以牵引阶梯式半挂车、凹梁式半挂车,适用于牵引重型货物;场地牵引车主要用以码头堆场和其他集装箱集散地的短距离运输,行驶速度较低,牵引力大,摘挂车较为方便。

此外,牵引车还可以按照其车轴的数量分类,有单轴、两轴、多轴驱动的不等。按照牵引方式可以分为全挂牵引车和半挂牵引车两种。

牵引车不是独立的运输工具,其传动系统和悬架系统基本与载货车相同。牵引车拖挂后所需的发动机输出功率要大,传动系统所传递的扭矩也相应增加。有的牵引车为了能适应更严酷的使用条件,采用了独立悬架或更宽更厚的钢板弹簧。在选择牵引车时,应注重牵引车的发动机功率、传动系统数和速比、车轴比的载荷以及其他主要尺寸参数等。目前国内牵引车的生产厂家和品牌很多,主要有一汽的解放系列、二汽的东风系列、中国重汽集团的斯太尔系列等。

(2) 挂车的配置。挂车有全挂车、半挂车、拖架挂车以及重载挂车等类型。

① 全挂车,如图2-8所示。由全挂式牵引车或一般汽车牵引。

图2-8 全挂车　　　　　图2-9 半挂车

② 半挂车,如图2-9所示。与半挂式牵引车配合使用,其部分质量由牵引

车的底盘承受。具有较好的整体性,广泛地应用于各种货物的运输中。

近年来,半挂车发展很快,主要是因为半挂车的运输经济效益好。另外,半挂汽车列车是"甩挂运输"(用一辆牵引车轮流牵引多辆半挂车,以达到高效率运输)、"区段运输"(半挂汽车列车到达指定区段站,半挂车换上另外的牵引车继续向目的地行驶,原牵引车牵引其他半挂车返回)、"滚装运输"(集装箱半挂车直接装船及卸下运输)的最好车型。

半挂车的装载质量主要取决于轮胎、轴、架的允许负荷,所以车轮部分的变化决定了挂车的装载质量。按车轴的配置及数量变化,由轻到重,从一轴到四轴排列分类,如图 2-10 所示。

两轴半挂车　　　　　　　三轴半挂车

图 2-10　半挂车车轴配置

除了通用型的半挂车外,还有平板车、厢式车、自卸车、冷藏车、集装箱专用车、液罐车、汽车运输专用和木材运输专用半挂车等,如图 2-11 所示。

厢式半挂车　　　　　　　罐式半挂车

图 2-11　专用半挂车

③ 拖架挂车,如图 2-12 所示,主要用于运输长、大货物。

④ 重载挂车,如图 2-13 所示,主要用于运输特重、特大货物,它可以是全挂车,也可以是半挂车。

图 2-12　拖架挂车

图 2-13　重载挂车

3. 专用运输车辆的配置

普通型货物运输车辆对货物品种适应性较强，但对特殊的货物，如鲜活货、流体、粉粒状及易燃、易爆、易腐蚀、有毒的物资，只能使用专用汽车运输，才能满足物流对运输服务"质"的要求，即保证货物的物理状态、质量及安全性，同时缩短装卸时间、降低工人劳动强度、提高劳动生产率和企业的经济效益。专用汽车是指装有专用设备、具备专用功能，用于承担专门运输任务或专项作业的汽车或汽车列车。

专用运输车辆主要包括液罐运输车、粉罐运输车、冷藏车、轿车运输车、自卸车等，如图 2-14 所示。专用汽车由于要满足特殊要求，且生产批量较小，与普通载货汽车相比价格较高。由于专用汽车大多只能装载规定货物，汽车的里程利用率也不高。因此在选购时需综合考虑相关影响因素。

我国专用汽车的生产是从 20 世纪 60 年代开始，在军用、消防改装汽车的基础上逐步发展起来的。进入新世纪，我国的专用汽车得到了较大的发展，主要表现在：

(1) 专用汽车厂家增多、产量增长、品种增加；

(2) 重点企业进行技术改造、技术引进，具备了一定的产品开发能力和测试手段；

(3) 各大汽车集团都很重视专用汽车的发展。

随着公路运输的迅速发展，世界各国专用汽车的生产也在逐渐发展，现已成为世界汽车工业中不可缺少的组成部分。资料表明，国外专用汽车的出现和发展是汽车保有量增大到一定程度后的必然产物，也是公路运输朝着高效率、高效益发展的必由之路。从国外汽车工业的发展来看，载货汽车专用化的发展趋势比较明显。20 世纪七八十年代，主要发达国家的专用车保有量占载货汽车保有量的 50% 左右，如今已增至 80%，而我国目前低于 40%。

油罐车

自卸车

冷藏车

轿车运输车

图2-14 专用运输车

## 三、公路运输车辆的维护管理

汽车是由许多总成和部件组成的,它们的工作条件各不相同。在使用过程中,汽车的各项技术状况将随着行驶里程的增加而逐渐变坏,导致汽车运输的生产率下降,运输成本增加。因此,在汽车技术状况发生变化后,应通过对车辆的技术维护,尽可能地恢复其原有的技术状况。

1. 影响汽车技术状况的主要因素

汽车零件的磨损和老化是汽车运行过程中技术状况变化的主要原因。影响汽车零件磨损和老化的因素很多,主要有以下几种:

(1)汽车的结构。汽车的结构设计与制造工艺的合理和零件材料选择的合理,是提高汽车技术性能和使用寿命的重要途径。如果汽车的设计、制造工艺不合理或零件材料选择不当,就会造成故障的出现,严重时将危及行车安全。

(2)气候条件。汽车各个总成在工作中,都有一个最佳热工况区。如发动机的最佳热工况区的冷却水温度为70～90℃。发动机在这一温度区域工作,零件磨损最小。汽车的故障率也与环境温度有关,环境温度高会导致汽车故障率增加。反之在气温较低的条件下,润滑油的黏度大,流动性差,又会造成零件的磨损增加。

(3) 道路状况。在良好的道路上行驶,汽车的平均技术速度较高,燃料的经济性好,零件的磨损也较小,汽车的使用寿命长。而经常在不平整路面上行驶的汽车,其平均技术速度低,发动机转速大,因而气缸、活塞组件磨损严重。同时由于行驶中换挡、制动的次数增加,将使离合器、变速器和制动装置等磨损加剧,汽车的技术状况很快变坏。

(4) 交通环境。受交通环境的影响,在市区道路上运行的车辆,频繁起步、制动,低速挡使用的比例较高,车速低,动力的利用率不高,燃油的经济性差。汽车难以以最佳工况运行,也加速了汽车技术状况的恶化。

此外,汽车的合理使用和维护、燃油的选择等均对汽车技术状况的好坏产生影响。

2. 汽车维护的原则和目的

我国交通部于 1990 年颁布了《汽车运输业车辆技术管理规定》(简称《规定》)。在《规定》中明确"车辆维护应贯彻预防为主,强制维护的原则"。"强制"就是汽车一经行驶到规定的维护周期,必须按期强制执行,并在维护作业时,保证维护质量。

汽车维护的目的在于保持车容整洁,及时发现和消除故障隐患,防止车辆早期损坏,使车辆达到以下要求:

① 车辆经常处于良好的技术状况,随时可以出车;② 在合理使用的条件下,不致因中途损坏而停车,以及因机件事故而影响行车安全;③ 在运行过程中,较低燃料、润滑油、配件和轮胎的消耗;④ 各总成和部件的技术状况尽量保持均衡,以延长汽车大修间隔里程;⑤ 减少车辆噪声和排放污染物对环境的污染。

3. 汽车维护的分级和主要作业内容

我国的汽车维护制度将汽车维护分为日常维护、一级维护、二级维护三个级别。除了这些维护外,还有季节性维护、封存和启用保养、走合保养等。汽车维护的主要内容是清洁、检查、补给、润滑、紧固、调整等。

(1) 日常维护。是日常性作业,由驾驶员负责执行。其作业中心内容是清洁、补给和安全检查。

(2) 一级维护。由专业维修工负责执行。其作业中心内容除日常维护作业外,以清洁、润滑、紧固为主,并检查有关制动、操纵等安全部件。其维护周期是行驶 1 000~2 000 km 或半个月。

(3) 二级维护。由专业维修工负责执行。其作业中心内容除一级维护外,以检查、调整为主,并拆检轮胎,进行轮胎换位。其维护周期是行驶 8 000~12 000 km 或两个半月。

(4) 季节性维护。是在车辆进入夏、冬季运行时,在我国,即每年的 4 月至 5

月和10月至11月,结合二级维护一并进行。其作业中心内容是换用适合不同季节温度的燃油、润滑油和液压油等。

(5) 封存和启用保养。是车辆封存时或封存后启用时进行的保养。

(6) 走合保养。指新的或大修后的车辆在投入使用初期所进行的一种磨合性保养。走合保养按走合期的规定进行。

4. 汽车的修理制度

在《汽车运输业车辆技术管理规定》中规定"车辆修理应贯彻视情修理的原则"。即根据车辆检测诊断和技术鉴定的结果,视情按不同作业范围和深度进行修理。其目的在于既防止拖延修理造成车况恶化,又防止提前修理造成浪费。为此,汽车运输企业应积极创造车辆检测诊断和技术鉴定的条件,配置检测诊断设备和有经验的技术人员。

汽车修理按照作业范围可分为以下几类:

(1) 零件修理。是对因磨损、变形、损伤等而不能继续使用的零件,在符合经济原则的前提下,利用校正、喷涂、电镀、堆焊、机械加工等方法进行修复,以恢复零件的配合尺寸、几何形状和表面质量。

(2) 车辆小修。是用修理或更换个别零件的方法,保证或恢复车辆工作能力的运行性修理,主要是消除车辆在运行过程或维护作业过程中,发生或发现的故障或隐患所进行的修理工作。

(3) 总成大修。是车辆的总成经过一定使用里程或时间后,用修理或更换总成任何零部件的方法,恢复总成完好技术状况和寿命的恢复性修理。

(4) 车辆大修。是在汽车行驶一定里程或时间后,经检测诊断和技术鉴定,用修理或更换车辆任何零部件的方法,恢复车辆的完好技术状况,完全或接近完全恢复车辆寿命的恢复性修理。

车辆大修时,需将车辆的全部总成解体,并对全部零件进行清洗、检验分类,更换不可修复的零件,修复可修复的零件,然后将符合技术要求的全部零件,按大修技术标准进行装配、试验,以达到恢复汽车技术性能的目的。

### ■ 小结和学习重点 ■

- 公路运输的概念、特点和功能
- 我国道路的分级方法
- 汽车的概念和分类
- 汽车的主要性能量标和各类汽车的主要使用性能
- 公路运输车辆的配置和维护

通过对本章的学习,可以掌握公路运输的特点、功能、我国道路的分级以及公路运输车辆的分类、主要使用性能等内容。公路运输已经成为我国物流活动的主要渠道之一,也是实现"门到门"运输中唯一不可替代的现代化运输方式,在国民经济和综合运输体系中占有重要地位。汽车,尤其是商用汽车是公路运输的主要运输工具,其使用性能、配置和维护的好坏,直接影响到物流运输企业的生产效率和经济效益。

【案例分析】

## 物流运输车辆重型化、专用化势在必行

近年来,现代物流客、货运输车辆的更新步伐进一步加快,各地高档客车、重型专用卡车市场出现供不应求的局面,各类物流运输企业投入运营的重型专用卡车、高档客车增量大幅度提升。据业界人士分析,大型物流运输企业的车辆更新将在未来两三年内全面完成,这意味着公路物流运输车辆开始进入高档化、重型化时代。车辆更新已经成为大型运输企业竞争的重点环节。货运车辆重型化、专用化是大势所趋,车辆更新的快慢将在未来5年内决定物流运输企业的生死存亡,这是因为:

1. 重型化运输利润巨大

目前传统的货运配载市场的个体车辆经营显现出前所未有的困境。据了解,货运配载市场货源减少、利润降低的阴影越来越重。10 t 以下的车辆揽货越来越难,货主报价低,赚不到钱,许多车主已经不干了,或是换成重型卡车,一般是15 t 以上的重型车才能赚到钱,生意也好。"公路治超"拉开了现代物流车辆重型化、专用化的序幕。

据市场人士介绍,全国统一治理公路超载、超限行动最早引发了车辆更新浪潮。2005年6月"治超"行动开始后,先是出现部分货车停运,后是运输价格上升,紧接着就出现了购买大型车的热潮。营运客车高档化和货运车辆重型化、专用化是综合因素作用的结果,这种趋势将越来越明显。通行费征收政策的变化进一步刺激了车辆更新。2006年1月,公路车辆通行费征收标准全面下调,普通公路总体通行费水平下降约10%,载重量10 t 至15 t(含15 t)的货车收费降低20%,15 t 以上的大型、超大型载重货车和集装箱车辆收费平均降幅高达

30%。业界人士反映,"治超"行动使 10 t 以下的小型车辆的超载型赢利模式风光不再,收费政策调整使小型车辆完全陷入无利可图的境地,新的收费政策鼓励现代物流运输车辆向多轴、大型化发展。

超大型车辆实际通行费降幅更大。按照新的公路通行费征收标准,对 15 t 以上的载重车辆每车次收取 45 元,一辆载重量 40 t 的货车,在不超限的情况下,过一次收费站也只要缴纳 45 元。而按以前的标准,通过普通公路收费站,一次要缴费 120 元。新标准还加大了对超限车辆的打击力度。对货车超限 30% 至 50%、50% 至 100%、100% 以上的部分,加收的费用由以前的 1.5 倍、2 倍和 3 倍,分别提高到了 2 倍、3 倍和 4 倍。以一辆超限 100% 的 10 t 的货车为例,正常部分和超限 30% 以内的部分,按正常标准收取通行费,超限部分则要按基本费率的 4 倍计收通行费。

运输车辆高档化、重型化也是市场驱动的结果。据调查,改造后的客运线路营运车辆均减少一半。目前油料消耗平均每 km 0.9 元,过路过桥费每 km 0.8 元,如果考虑货运市场,重型化时代的运输市场利润空间将更为巨大。

2. 重型物流专用车兴旺发展

近年来,我国专用车的生产呈现不断增长的趋势,并且随着社会对专用车的性能、用途的要求越来越高,我国专用车品种也在不断增多。需求的多元化转变使得企业必须形成有自己特色、高效率、专业化、规范化的生产,创建自己的优秀品牌。面对这一市场存在的技术和结构空白,许多有技术和管理实力的企业开始加入专用车生产的大潮中。

随着中国国民经济的飞速发展,物流行业的发展已日渐成熟,而伴随着现代物流的加快以及肉类、速冻食品、冷饮、乳制品及鲜果类商品的总产量和运输量的增加,物流专用车已成为我国专用车发展的一个重要方向,现代都市物流运输的快速发展,城市运输用车市场再细分的需求十分迫切,国家每年对城市物流专用车的需求量正在加大,城市物流专用车市场蕴涵着巨大的商机。

3. 牵引、集装箱汽车畅销

国民经济的高速发展及我国高速公路、高等级公路的快速增长,对运输效率提出了更高的要求,这使得我国公路今后的主导车型——大容积的厢式半挂车将大大增加,相应的半挂牵引车的需求量也将大量增加,大功率、高速公路、长距离运输的牵引车将成为市场需求的热点。

现代物流的加快以及肉类、速冻食品、冷饮、乳制品及鲜果类商品的总产量和运输量的增加,使集装箱运输成为我国汽车运输发展的一个重要方向,国家每年对集装箱车的需求量将大大增加。

尽管目前我国专用车生产还不成熟,但在国家确定城市化进程后,特殊功能的专用车的需求将会越来越多,如市政专用车、环卫专用车、高空作业车、运钞车等。城市化进程不仅会拉动经济发展,也会拉动专用车行业的发展。

**思考题**

1. 为什么说我国载货车市场正朝着"重型化"和"专用化"方向发展?
2. 在我国,商用车的主要品牌有哪些?竞争态势如何?

# 练习与思考

**(一) 名词解释**

公路运输　道路　汽车　汽车的使用性能

**(二) 填空题**

1. 道路是由_____、_____、_____、_____和隧道以及沿线附属设施等组成。
2. 在我国,根据公路的作用及使用的性质划分为_____、_____、_____、_____以及_____。
3. 根据我国公路技术标准规定,将公路划分为五个等级,它们是_____、_____、_____、_____和_____。
4. 我国于2001年制定了有关汽车分类的标准(GB/3730.1—2001),标准依据国际标准(ISO3833)制定,与国际通行标准相衔接。标准将汽车分为两大类: _____和_____。
5. 我国汽车的产品型号由_____、_____、_____、_____组成。
6. 在《汽车运输业车辆技术管理规定》中规定"车辆修理应贯彻_____的原则"。

**(三) 简答题**

1. 简述公路运输的主要特点和功能。
2. 厢式汽车与普通载货车相比有何特点?
3. 为什么说公路物流运输中拖挂车运输将会普及?
4. 试分析影响汽车技术状况的主要因素。
5. 简述汽车维护的分级和主要作业内容。

## 部分参考答案

**(二) 填空题**

1. 路基　路面　桥梁　涵洞

2. 国家干线公路(国道)　省级干线公路(省道)　县级干线公路(县道)　乡级公路(乡道)　专用公路

3. 高速公路　一级公路　二级公路　三级公路　四级公路

4. 乘用车　商用车

5. 企业名称代号　车辆类别代号　主参数代号　产品序号

6. 视情修理

# 第三章 铁路运输设施与设备

### ■ 学习目标 ■

学习完本章,你应该能够
1. 明确铁路运输的概念、特点和功能;
2. 了解我国铁路运输的地位和发展趋势;
3. 了解铁路运输技术设施的基本组成;
4. 熟悉铁路运输运载设备的概况和适用范围。

### ■ 基本概念 ■

铁路运输　铁路运输的特点和功能　铁路运输技术设施　铁路运输运载设备

## 第一节　铁路运输概述

　　铁路运输是现代化货物运输方式之一,是适宜于担负远距离的大宗客、货运输的重要运输方式,在我国国民经济中占有重要地位,在我国对外贸易货物运输中也起着非常重要的作用。我国地域广阔、人口众多,铁路运输不论在目前还是在未来,都是综合交通运输网络中的骨干和中坚。铁路交通运输是由内燃机、电力或蒸汽机车牵引的列车在固定的重型或轻型钢轨上行驶的系统,可以分为城市间的铁路交通运输系统及区域内和城市内的有轨交通运输系统两种。

### 一、铁路运输的特点和功能

**1. 铁路运输的特点**

铁路运输和其他运输方式相比,具有以下优点。

(1) 铁路运输能力大、价格低,适合于中、长距离运输。

(2) 铁路运输受气候和自然条件的影响较小,能保证运行的经常性、持续性和准时性。

(3) 铁路运输计划性强,运输能力可靠,比较安全。

(4) 铁路运输可以方便地实现背驮运输、集装箱运输及多式联运。

铁路运输也具有以下缺点。

(1) 原始投资大,建设周期长,占用固定资产多。

(2) 受轨道线路限制,灵活性较差,难以实现"门到门"运输,通常需要其他运输方式配合才能完成运输任务。

(3) 始发和终到的作业时间较长,不利于运输距离较短的运输业务。

2. 铁路运输的功能

基于上述特点,铁路运输担负的主要功能是:

(1) 既适合大宗低值货物的中、长距离运输,也适合运输散装货物和罐装货物,如煤炭、矿石、谷物、化工产品、石油产品等。

(2) 大批量旅客的中、长途运输。

(3) 货物的集装箱运输。

## 二、铁路运输的发展趋势

1. 铁路旅客运输重新得到各国政府的重视

铁路运输发展至今已有一百七十多年的历史,由于它具有诸多优点,在19世纪末及20世纪初得到了大发展。凡经历了铁路大发展的国家,其现代经济也得到了大发展,并演变为当今的发达国家。第二次世界大战后,由于航空和汽车工业的发展,尤其是高速公路的崛起,一些国家把交通运输的重点转向了公路和民航。但是成功的背后也带来的诸多负面影响是公路交通拥挤不堪,事故频繁。尤其是大城市,尽管周边公路纵横市区遍地高架,但汽车仍不能畅行。这些使人们不得不重新正视铁路运输的优越性,把发展大通道上的客货运输方式再度转向铁路运输,尤其是在发展城市及市郊旅客运输方面提倡城市铁路或轨道交通,铁路旅客运输再度受到各国政府的重视。

2. 合理提高客货列车的运行速度

速度是交通运输现代化最重要的表现。客、货的送达速度是铁路运输的重要的技术经济指标,也是主要的质量指标。从货物运输的角度来看,提高运输车辆的运行速度,可以有效缩短货物的在运时间,增强铁路集装箱与公路、航空运输的竞争力。因此,各国都大幅度地提高了现有的列车运行速度,见表3-1。

表3-1 部分国家铁路干线客、货运列车的速度配置(2000年)

| 国 别 | 客运速度/(km/h) | | 货运速度/(km/h) | |
|---|---|---|---|---|
| | 特 快 | 快 车 | 特 快 | 快 车 |
| 美 国 | 200 | 130～170 | 140 | 100～120 |
| 俄罗斯 | 160～200 | 100～130 | / | 120 |
| 法 国 | 200 | 140～160 | 140～160 | 100～120 |
| 德 国 | 160 | 120～140 | 120 | 100 |
| 英 国 | 160 | / | / | 90 |
| 中 国 | 140 | 120 | 90 | 75 |

为适应国民经济持续快速协调发展的迫切需要,自1997年4月1日起至2004年4月18日,我国铁路共实施了五次大面积提速,部分干线旅客列车运行时速达到了160 km。中国铁路在2005年还实施了第六次大面积提速,部分提速干线旅客列车时速可达200 km,相当于发达国家既有线路提速的目标值。由于我国铁路采用的是客、货混跑的运输组织模式,货运列车的运行速度明显与旅客列车的速度不相匹配,一定程度上影响了线路运输总能力。

3. 发展高速铁路已成为世界潮流

为适应旅客运输高速化的需要,在20世纪60年代日本率先建成了时速210 km的东海道铁路新干线。它成功的运营实践为铁路输入了新鲜血液,在世界范围内掀起了修建高速铁路的浪潮。法国、德国、英国、瑞典、西班牙等国家都修建了高速铁路,至今世界新建和改建的高速铁路总里程已超过了15 000 km,平均运行速度已经普遍提高到了300 km/h左右。1999年8月16日,中国第一条客运专线铁路秦沈线开始动工,西起秦皇岛,东至沈阳北站,全长404.64 km,总投资157亿元,2004年6月全线铺通,试验最高时速达到321 km,设计运营时速200 km。此外,我国京沪高速铁路的前期论证工作也已经完成。高速铁路是传统铁路产业现代化的重要标志,同时发展高速铁路也是改善铁路旅客运输服务质量的新契机。

4. 重视发展重载运输

铁路重载技术始创于20世纪20年代的美国,后来得到世界各国的重视。实践证明,重载运输是扩大运输能力、提高运输效率、加快货物输送和降低运输成本的有效方法。重载列车所能达到的重量,在一定程度上反映了一个国家铁路重载运输技术综合发展的水平。不同国家之间在列车重量标准上存在着较大差异,基本上都是根据各自的铁路机车车辆特性、线路条件和运输实际需要确定列车重量标准。为了充分利用铁路线路的能力,我国铁路运输要求货物列车牵引定数不得小于 2 600 t,实际牵引重量一般在 3 000~4 000 t。2003 年,京沪线单机牵引定数提高至 5 000 t。大秦线扩能工程还顺利开行了万吨重载试验列车。但是,高速和重载不可能兼得,当以快为主时,货物列车速度提高后,应对牵引重量进行重新规定。

5. 应用新型大功率机车

为适应重载列车重量大和列车编组长的特点,世界各国都在积极开发采用新型大功率机车,增加轮周牵引力;车辆提高轴重,减轻自重,采用刚性结构增加载重量;装设性能可靠的制动装置、高强度车钩和大容量缓冲器。

6. 增加行车密度

在大力提高列车重量和运行速度的同时,也要强调积极增加行车密度。因此,必须尽可能压缩追踪间隔时间,以最大限度来增加行车密度。目前,先进国家已经普遍实行 5 min 的运行间隔;一些国家的个别区段铁路运输间隔已经缩短到 4 min。我国铁道部 2000 年 8 月也已发布"技术政策",要求全国普遍提高行车密度,具体为:以客运为主的快速铁路,列车追踪间隔按 5 min 设计;繁忙干线双线区段按 6 min 设计。

7. 采用先进的信息控制技术和指挥系统

研制和采用先进的信息控制技术和通信信号设备,在营运中实现管理自动化、货物装卸机械化和行车调度指挥自动化等,同时也对技术站、装车站和卸车站进行与之配套的自动化设备改造。

# 第二节　铁路运输技术设施

铁路运输技术设施主要由铁路线路、站场和附属设施三部分组成。铁路线路是列车所行驶的轨道式通道。站场是旅客和货物出入铁路运输系统的交接点或界面,也是列车进行准备、检查、解体、编组等作业的场所。附属设施包括通信、信号、电力供应和给排水等交通控制、营运管理和供应的设施。本节主要介绍线路、站场和信号设施。

## 一、铁路线路

铁路线路是由轨道结构及支撑它的路基、涵洞、桥梁、隧道等建筑物组成。它承受机车、列车和货物的重量,并且引导它们的行走方向,是铁路运输的运行基础。

### 1. 铁路线路的等级

铁路等级是铁路的基本标准,铁路线路等级主要用于城市间铁路。铁路设计分为远近两期,远期为交付营运后第十年,近期为交付营运后第五年。依据铁路在路网中的作用和性质及其所承担的远期年客货运量的大小,将普通铁路划分为三个等级,如表3-2所示。通常一条铁路线应选定一个统一的等级,但对长距离的铁路路线,其中当有些区段的货运量或工程难易程度有较大差别时,可以对这些区段选用不同等级。

表3-2 普通铁路线路等级和主要技术标准

| 等级 | 路网中的作用 | 远期年客货运量/GN | 最高行车速度/(km/h) | 限制坡度/‰ | | | 最小曲线半径/m | |
|---|---|---|---|---|---|---|---|---|
| | | | | 平原 | 丘陵 | 山区 | 一般地段 | 困难地段 |
| Ⅰ | 骨干 | ≥150 | 80~140 | 4~6 | 9~12 | 12~15 | 500~1 600 | 450~1 200 |
| Ⅱ | 骨干联络、辅助 | <150 ≥75 | 80~120 | 6 | 12~15 | 15~25 | 450~1 000 | 450~800 |
| Ⅲ | 地区性 | <75 | 80~100 | 6 | 12~18 | 18~25 | 400~600 | 350~500 |

各等级铁路相应有不同的技术标准要求,其中最主要的是旅客列车最高行车速度。在客运专线中,速度可以更高。目前,我国骨干铁路旅客列车运行时速达到了160 km。

城市轨道交通分为初、近、远三个设计年限。初期为交付营运后第五年,近期为第十年,远期为第二十五年。根据远期预测的线路高峰小时单向最大断面流量,城市轨道交通分为三级:Ⅰ级为5万人/h以上(高运量),Ⅱ级为3~5万人/h(大运量),Ⅲ级为1~3万人/h(中运量)。

### 2. 正线数目

城市轨道交通为了实现高密度发车,一般初期一次建成双线,即线路的正线数目为2条,列车分上下单向行驶。

城市间为了较经济地适应交通运输需求的发展,铁路线路依据初期运量大小和远期运量增长情况,分别按单线、双线,或预留双线设计。一条单线铁路的通行能力,按照目前常用的半自动闭塞情况计算,最多可以达到每天42~48对列车。双线铁路的建设投资要比建两条单线的投资小,但其通行能力要比两条单线的能力之和大得多。双线铁路配备自动闭塞,列车间隔按8 min 计,则通行能力可达每天180对。同时,双线铁路的列车运行速度比单线高,且营运费用也低。

### 3. 路基与桥梁、涵洞、隧道构造物

(1) 路基。路基是铁路路线承受轨道和列车载荷的基础结构。按地形条件

和线路平面、纵断面设计的要求,路基横断面可以修成路堤、路堑和半路堑三种基本形式。其结构和修筑要求和公路路基基本相同。铁路路基顶面的宽度,根据铁路等级、轨道类型、道床标准、路肩宽度和线路间距等因素确定。

(2) 铁路桥梁。铁路通过江河、溪沟、谷地时,需要修筑桥梁。桥梁主要由桥面、桥跨结构和墩台组成。桥面是桥梁上的轨道部分;墩台包括位于两端和路基邻接的桥台和位于中间的桥墩;横跨在两墩台之上的部分是桥跨;两墩台之间的空间叫桥孔;每个桥孔在设计水位处的距离叫孔径;每一桥跨两端支座之间的距离叫跨度;整个桥梁包括墩台在内的总长度,称为桥梁的总长。

铁路桥梁按照桥跨所用的材料,可以分为钢桥、钢筋混凝土等。按照桥梁的长度($L$),可以分为小桥($L<20$ m)、中桥(20 m$\leqslant L<$100 m)、大桥(100 m$\leqslant L<$500 m)和特大桥($L\geqslant$500 m)。根据用途又可分为铁路专用和铁路、公路两用桥两种。

(3) 涵洞。涵洞是设置在路堤下部的填土中,用以通过少量水流的一种构造物。

(4) 隧道。铁路隧道是路线穿山越岭的主要方式之一,还有穿越江河湖海与地面障碍的功能,如越江隧道、地铁隧道等。

4. 轨道

轨道起着引导车辆行驶方向、承受由车轮传下来的压力,并把它们扩散到路基的作用。轨道由钢轨、轨枕、联结零件、道床、防爬设备和道岔等部分组成,如图 3-1 所示。轨道的强度和稳定性,取决于钢轨的类型、轨枕的类型和密度、道床的类型和厚度等因素。

(1) 钢轨。采用稳定性良好的"工"字形断面宽底式钢轨,它必须具有足够的刚度、韧性和硬度。我国生产的标准钢

图 3-1 铁路轨道

轨有$\geqslant$75 kg/m、60 kg/m、50 kg/m、43 kg/m 等数种;标准长度有 25 m 和 12.5 m 两种;两条钢轨间的标准轨距为 1 435 mm。为减少钢轨接头对行车舒适性的不利影响,可采用无缝钢轨,即将若干根标准长度的钢轨焊接成每段为 800～1 000 m 的长钢轨,再在铺轨现场焊接成更长的钢轨。无缝线路具有钢轨接头少、行车平稳、轮轨磨损少和线路养护维修工作量小等优点,是轨道现代化的主要技术表现之一。

(2) 轨枕。轨枕位于钢轨和道床之间，是钢轨的支座，承受由钢轨传来的压力并将其扩散给道床，同时还起着保持钢轨位置和轨距的作用。轨枕有木枕、钢筋混凝土枕两种。木枕弹性好，易于加工、运输和铺设，但其消耗大量木材、需防腐处理、使用寿命短。目前我国大量采用的是钢筋混凝土轨枕，其耐久性好，使用寿命长，主要的缺点是重量大、弹性差、损坏后难以修补。轨枕的长度一般为2.5 m，每千米铺设的数量随运量的增大而增多，一般为1 520～1 840根/km。

(3) 联结零件。联结零件有接头联结零件和中间联结零件两种。接头联结零件用以联结钢轨，由鱼尾板（夹板）、螺柱、螺帽和弹性垫圈等组成；中间联结零件用以联结钢轨和轨枕，分为钢筋混凝土用和木枕用两种。

(4) 防爬设备。列车运行时会产生作用于钢轨上的纵向水平力，造成钢轨沿着轨枕甚至带动轨枕作纵向移动，使轨道出现爬行。爬行会引起接缝不均匀、轨枕歪斜的现象。为防爬，除了加强中间扣件的扣压力和接头夹板的夹紧力外，还设置了防爬器和防爬撑。

(5) 道床。道床是铺设在路基顶面上的道渣层，其作用是把由轨枕传来的车辆载荷均匀地传递到路基上，防止轨道在列车作用下产生位移，缓和列车运行的冲击作用，同时还便于排水以保持路基面和轨枕的干燥。道床一般采用碎石道渣，有坚硬、稳定性好和不易风化等优点。

(6) 道岔。道岔是铁路线路和线路间连接与交叉设备的总称，其作用为使列车由一条线路转向另一条线路，或者越过与其相交的另一条线路。道岔一般都设在车站区。

最常用的线路连接设备是普通单开道岔，它由转辙器、转辙机械、辙叉、连接部分、护轨和翼轨等组成，如图3-2所示。除单开道岔外，还有双开、三开、交分道岔等，可供多个方向转向。常用的线路交叉设备是菱形交叉，如图3-3所示。菱形交叉道岔由两个锐角辙叉和两个钝角辙叉组成。由于没有转辙器，车轮只能在原来的线路上通过交叉后继续前进，不能转线。

图3-2　普通单开道岔示意图

图 3-3 道岔结构示意

## 二、铁路站场

站场是铁路运输的基本生产单位,包括各种铁路车站和作业场。按车站的等级可以分为特等站和一至五等站;按技术作业性质可分为中间站、区段站和编组站;按运输对象可分为客运站、货运站和客货运站。按照站场类型和作业要求的不同,站场需要设置各种相应的设施。

1. 中间站

一条铁路通常分为若干个区段,在区段间的分界点上设置的车站称为中间站。设置中间站的目的是为了提高铁路区段的通行能力。其主要任务是办理列车会让、越行和客货运输业务。

中间站的主要作业有:

(1) 列车的接发、通过、会让和越行;

(2) 旅客的乘降和行李、包裹的收发与保管;

(3) 货物的承运、交付、装卸和保管;

(4) 本站作业车的摘挂作业和向货场甩挂车辆的调车作业;

(5) 客运量较大的中间站,还有始发和终到的客货列车的作业。

为了完成上述作业,除了同区间直接连通的正线外,中间站应设有以下设备。

(1) 站内线路。包括办理列车接发、会让、待避和零摘作业的到发线、牵出线、存车线和装卸作业的货物线等。

(2) 客运设备。包括站台、跨线设施(天桥或地道)、候车室、站前广场等。

(3) 货运设备。包括货物站台、货物仓库、站房和装卸机械等。

(4) 信号与通信设备。包括各种信号标志和信号机等。

(5) 机车整备设备。包括旅客列车、蒸汽机车的给水设备等。

中间站的布置,按到发线的相互位置可分为横列式和纵列式两类。

2. 区间站

区间站一般都靠近中等规模以上的城市,设置在铁路网机车牵引区段的分界点处。区间站的主要任务是办理通过列车的技术作业(即机车的更换、整备和修理等)、编组区段列车和摘挂列车等。

区段站的主要作业有:

(1) 旅客运转业务。包括旅客的乘降和行李、包裹和邮件的收发与保管等,乘客数量较多的区段站还办理旅客列车的始发和终到作业。

(2) 货运运转业务。包括货物列车的接发,整车和零担货物的承运、交付、装卸和保管,区段和零摘列车的编组作业,货场及专用线取送作业等。

(3) 机车业务。包括更换客货列车的机车和乘务组,机车的整备、检查和修理等。

(4) 车辆业务。主要是办理列车日常技术检查和车辆检修业务等。

为完成上述作业,区间站一般需配置以下设备。

(1) 站内线路。包括列车的到发线、牵出线、存车线、编组线、货物装卸线和站修线等。

(2) 客运设备。包括站台、跨线设施(天桥或地道)、候车室、站前广场等,规模较大。

(3) 货运设备。包括货物站台、货物仓库、堆放场、站房和装卸机械等,设备数量较多,占地面积较大。

(4) 机务设备。主要是指机务段(配机车)或机务折返段(不配机车)和整备设施。

(5) 车辆设备。包括车辆检修所、站修所、车辆段等。

(6) 信号与通信设备。包括各种信号标志和信号机等。

根据上下货物列车到发线和客货转运设备的相互位置,区间站的布置形式可以分为横列式、纵列式和客货纵列式三种。

3. 编组站

编组站是铁路网上办理大量货物列车的解体、编组作业的专业技术站,如图3-4所示。一般不办理客货运业务。

编组站的主要作业有：

（1）运转作业。包括列车到达作业、列车解体作业、列车编组作业和列车出发作业等。

（2）整备检修机车，货车的日常技术保养。

为完成上述作业，编组站一般需配置以下设备。

（1）改编列车到发设备。包括到达场、出发场或兼办改编列车到达和出发的到发场。

图3-4 编组站

（2）改编列车调车设备。包括驼峰、牵出线、调车场和调机等。

（3）无改编通过列车设备。主要是指通过场。

（4）机车设备。主要是供机车进行整备作业和检修用的设备以及各种配线。

（5）车辆设备。主要是指供到发车辆进行检查和修理的设备。

（6）站内线路。包括进出站线路、站内联络线、机车行走线等。

编组站可以划分为以下三类。

（1）路网性编组站。是在整个铁路网上具有重大作用的编组站，它分布在若干主要铁路干线的交会点上，其间距一般在1 000 km左右。

（2）区域性编组站。在局部铁路网上具有重大作业的编组站，它分布在路网性编组站间的主要铁路干线的交会点上，其间距或与路网性编组站之间的距离一般在600 km左右。

（3）地方性编组站。分布在大宗货物集散地附近，主要为当地工矿、港口、过境交接车辆服务，它与相邻编组站直接距离一般为300 km以内。

4. 客运站

客运站一般位于客流量较大的大城市，专门办理旅客运输业务和旅客列车的到发、通过作业。

客运站通常配置以下设施。

（1）站内线路。包括到发线、机车行走线、待机线和车辆停留线等。

（2）旅客候车室。

（3）旅客站台和跨线设备（天桥和隧道）。

（4）行李和邮件装卸设备。

（5）站前广场。

（6）客车整备场。

客运站根据客流量的大小和性质、铁路枢纽总布置、地形条件、城市规模和车站附近的布局等,可以布置为尽头式、通过式和混合式三种。

5. 货运站

货运站是专门办理货物装卸和货物联运或换装作业的站场,大多设在大城市或工业区。它主要办理货物的接收、交付、装卸、保管、换装和联运等作业,如图3-5所示。

货运站的主要设施有:

图3-5 铁路货运站平面布置图

(1)站内线路。包括到发线、编组线、牵出线、走行线、货物线、存车线和起重机走行线等。

(2)货运设备。包括货物堆场和仓库、货物站台、站房、货物装卸设备等。

## 三、信号设备

铁路信号设备是信号、联锁、闭塞设备的总称。信号是对行车和调车有关人员发出的指示；联锁设备是在车站范围内用以保证行车和调车安全的设备；闭塞设备是用以保证区间行车安全的设备。先进的信号设备不仅能够保证行车安全，而且还能提高调车作业效率和运输通过能力。

铁路上的信号都是视觉信号。视觉信号是用颜色、形状、位置及信号显示的数目来表示。它主要用于地面上设置固定信号和机车上设置机车信号。凡是在危及行车和调车安全的地点，都应设置地面固定信号来防护机车车辆运行。信号的显示方式有色灯显示和臂板显示两种。

图3-6　铁路信号灯

在铁路行车中，色灯显示基本采用以下3种颜色：红色，要求停车；黄色，要求注意或减速；绿色，准许按规定速度运行，如图3-6所示。臂板信号白天用臂板状态显示，夜间用灯光显示。

## 四、我国铁路交通网的现状

2005年，全国铁路营业里程达到75 000 km，复线铁路里程约25 000 km，电气化铁路里程约20 000 km。2005年中国铁路货物发送量完成26.86亿t。

我国铁路系统所承运的货物主要是煤炭、冶炼物资、粮食、石油。因而铁路货运的主要对象是能源、原材料和粮食等大宗、散装货物。由于我国煤炭产量主要集中在山西、河南等地，因此煤炭运输的主要流向是西煤东运、北煤南运。我国的钢铁企业主要分布在华东和东北地区，因此钢铁产品的主要流向是由北向南和由东向西。由于民工外出打工、学生寒暑假探亲和长假旅游，铁路旅客运输的高峰主要出现在春节、寒暑假和国庆、五一长假等几个时段。

依据上述货运和客运的主要流向，我国铁路系统形成的主要运输通道为"八纵八横"共十六条，如图3-7所示。

其中"八纵"铁路通道有：

（1）京哈通道。自北京经天津、沈阳、哈尔滨至满洲里，全长2 344 km。由既有的京秦、京山、沈山、沈哈、滨州线和京沈哈客运专线构成，是东北与其他地区客货交流的主要通道，也是东北地区的交通命脉，为促进东北经济振兴起到积极作用。

图 3-7 我国铁路"八纵八横"规划示意

(2) 京沪通道。自北京经天津、济南、徐州、南京至上海,全长 1 463 km。由既有的京沪铁路和规划中的京沪高速铁路构成,是东北、华北地区与华东地区客货交流的主要通道。

(3) 京广通道。自北京经石家庄、郑州、武汉、长沙、衡阳至广州,全长 2 265 km。由既有的京广铁路和规划中的京广客运专线组成。该通道纵贯南北,连接京津唐环渤海经济区和珠江三角洲经济区,是东北、华北、西北地区通往华南的主要通道。

(4) 京九线。自北京经聊城、商丘、南昌、龙川至九龙,全长 2 403 km。该通道是我国东北、华北地区与华东、中南地区客货交流的主要通道之一,对京广、京沪两大通道起重要的分流作用。

(5) 沿海通道。自沈阳经大连、烟台、胶州、新沂、长兴、杭州、宁波、温州、福州、厦门、广州至湛江,全长 4 019 km。由既有的沈大、蓝烟、新长、宣杭线杭长段、萧甬、鹰厦线厦门至漳平段、梅坎、广梅汕、三茂、黎湛线、建设中的胶新线,以及规划中的烟大轮渡、宁温、温福、福厦铁路构成。该通道沟通了环渤海、长江三角洲和珠江三角洲地区。

(6) 大湛通道。自大同经太原、洛阳、襄樊、石门、益阳、永州、柳州、黎塘、湛江至海口,全长 3 108 km。由既有的北同蒲、太焦、焦柳、石长、湘桂、黎湛和在建的益阳至永州段、粤海通道组成,是我国煤炭南运的主要通道,也是我国内地通往南部港口城市的主要出海通道。

(7) 包柳通道。自包头经西安、重庆、贵阳、柳州至南宁,全长 3 011 km。由既有的包神、神延、西延、西康、湘渝、川黔、黔桂、湘桂铁路构成。该通道是我国西部南北向的一条重要铁路通道。

(8) 兰昆通道。自兰州经宝鸡、成都至昆明,全长 2 261 km。由既有的陇海线宝兰段、宝成线和成昆线构成,是西部地区南北向的一条重要铁路通道,也是沟通西北和西南地区以及西部和东中部地区客货交流的重要纽带。

"八横"铁路通道有:

(1) 京兰(拉)通道。自北京经大同、呼和浩特、包头、银川、兰州、西宁至拉萨,全长 3 943 km。由既有的丰沙、京包、宝兰、兰青和青藏铁路构成,其中青藏铁路格尔木——拉萨段正在建设中。该通道是横贯我国东西的重要通道。

(2) 煤运北通道。由大同至秦皇岛、神朔至黄骅港的两条运煤专用铁路构成。其中大秦铁路全长 658 km,具备开行万吨级重载列车的能力;神黄铁路全长 855 km,由既有的神朔和在建的朔黄铁路构成。

(3) 煤运南通道。由太原至青岛、侯马至日照港的两条铁路构成,是晋中、晋南、晋东南地区煤炭外运的主要通道之一。

(4) 路桥通道。自连云港经徐州、郑州、西安、宝鸡、兰州、乌鲁木齐至阿拉山口,全长4 120 km。该通道由陇海、兰新、北疆铁路构成,是横贯我国东、中、西部的最主要的客货交流纽带。该通道西端与哈萨克斯坦土西铁路接轨,构成了连接欧亚的大陆桥。该通道东起中国的连云港,西至荷兰的鹿特丹,途经哈萨克斯坦、乌兹别克斯坦、吉尔吉斯斯坦、俄罗斯、白俄罗斯、波兰、德国、荷兰等国,全长11 000 km。该路桥为亚欧开展国际多式联运提供了一个便捷的通道。

(5) 宁西通道。自启东经南京、合肥、潢川、南阳至西安,全长1 558 km。该通道的宁西线、宁启线正在加紧建设施工中,建成后将是连接我国东、中、西部的东西走向的主要铁路通道,对分流陇海线流量、减轻路桥通道中段压力、推动沿线经济的发展有着重要的意义。

(6) 沪昆(成)通道。自上海经杭州、株洲、怀化、贵阳、昆明至重庆、成都,全长2 653 km。由既有的沪杭线、浙赣线、湘黔线、桂昆线、达成线和在建的渝怀、遂渝线构成,是华东、中南、西南客货交流的重要通道。

(7) 沿江通道。自重庆经荆门、武汉、九江、芜湖至南京(上海),全长1 893 km。该通道由既有的宁芜、芜铜、武九铁路和在建、规划中的长荆、达万、铜九等铁路构成。该通道横跨西南、华中、华东三个经济区,对促进长江经济带的发展和西部大开发都有重要作用。

(8) 西南出海通道。自昆明经南宁至湛江,全长1 770 km。该通道由南昆、黎南和黎湛铁路构成,是我国西南内陆各省出海的快捷通道。

近年来,我国铁路在不断扩展路网的同时,铁路装备技术水平、服务质量等均有显著提高。但是,我国铁路发展的整体水平与发达国家相比仍有相当大的差距,货物积压和旅客乘车拥挤的现象仍时有发生。为适应国民经济发展的需要,应从运输生产实际出发,以"高速、重载、信息化、安全控制技术"为主攻目标,积极修建新路、加密路网,改善现有装备和路况,提高服务和管理水平。

## 第三节 铁路运载设备

铁路运载设备主要是指沿着固定轨道行驶,由电力、内燃机和蒸汽作动力的各种车辆。在铁路系统中,通常把有动力配置的车辆称为机车(动车);没有动力配置的车辆就称为车辆(挂车或拖车)。

### 一、机车

机车,俗称火车头,是铁路运输的基本动力。列车的运行和机车车辆在车站作有目的的移动均需要机车的牵引或推送。

从原动力来看,机车可分为蒸汽机车、内燃机车和电力机车,见图3-8。

蒸汽机车　　　　　　内燃机车　　　　　　电力机车

图3-8　机车类型

1. 蒸汽机车

蒸汽机车是通过蒸汽机，把燃料的热能转换为机械能，用来牵引列车的一种机车。由于其热效率低、能耗高、污染严重，因此在现代铁路运输中，蒸汽机车已经逐渐被其他类型的机车所取代。

2. 内燃机车

内燃机车是以内燃机（柴油机）为动力的一种机车。其准备时间比蒸汽机车短，启动、加速快，单位功率重量轻，劳动条件好，因而装备数量较多，是我国铁路运输的主力机型。

3. 电力机车

电力机车依靠其顶部升起的受电弓从接触网上获取电能，并将电能转变为机械能来牵引列车运行。电力机车功率大，因而能高速行驶，牵引较重的列车，启动、加速快，爬坡性能好，环境污染小，但电气化线路投资较大。

蒸汽、内燃和电力机车由于能量来源及工作原理上的差别，其机车工作指标也有所区别，具体如表3-3所示。

表3-3　各类机车指标比较表

| 机车<br>指标 | 蒸汽机车 | 内燃机车 | 电力机车 |
| --- | --- | --- | --- |
| 热效率/% | 5～9 | 20～30 | 火力发电15～18；水力发电60 |
| 水耗率/% | 100 | 0.05 | |
| 加燃料距离/km | 150～200 | 800～1 200 | |
| 加水距离/km | 70～100 | 1 500～2 000 | |
| 运营费用/% | 100 | 约50 | 50 |
| 制造成本/% | 100 | 200～300 | 200～240 |
| 铁路投资/% | 100 | 140 | 300 |
| 机动性 | 较差 | 较好 | 差 |

## 二、铁路车辆

铁路车辆是运送旅客和货物的工具。车辆一般不配置动力装置,需要联挂成列车后由机车牵引运行。根据用途,铁路车辆分为客车和货车两大类。

### 1. 客车

按照旅客旅行生活的需要和长、短途旅客的不同要求,常见的客车有硬座车(YZ)、软座车(RZ)、硬卧车(YW)、软卧车(RW)、餐车(CA)、行李车(XL)、邮政车(UZ)、双层软座车(SRZ)等,如图 3-9 所示。括号内字母为车辆的基本型号。

硬卧客车

双层软座客车

图 3-9 铁路运输客车

### 2. 货车

为了适应不同货物的运送要求,货车的种类很多。主要有:

(1) 平车。如图 3-10 所示,是铁路上大量使用的通用车型。无车顶和车厢挡板,装卸方便。主要用于运输大型机械、集装箱、钢材等,必要时可以装运超宽、超长的货物。

100 t 专用铁路平车

集装箱平车

铁块专用平车

图 3-10 铁路运输用平车

(2) 敞车。如图 3-11 所示,是铁路上使用的主要车型,无车厢顶,设有车厢挡板。主要用于运输建材、木材、钢材、袋装、箱装杂货和散装矿石、煤炭等货物。

C64型敞车

双浴盆式铝合金敞车

图 3-11　铁路运输用敞车

（3）棚车。如图 3-12 所示，是铁路运输用主要的封闭式车型，多采用侧滑开门式，也有采用活动顶棚。主要适用于运输防雨、防潮、防丢失、散失等较贵重的货物或家畜等活畜产品。

P64型棚车

J6家畜棚车

图 3-12　铁路运输用棚车

（4）罐车。如图 3-13 所示，是铁路运输中用于运输气、液、粉等货物的专用车型。主要采用的是横卧圆筒形。可分为轻油用罐车、黏油用罐车、酸碱类罐车、水泥罐车、压缩气体罐车等多种。

G60轻油罐车

U62W卧式水泥罐车

图 3-13　铁路运输用罐车

(5) 漏斗车。如图 3-14 所示,主要用于粮食等散装货物的机械化装卸或用于铁路铺设新线及老线维修时铺设道渣。

K13型漏斗车

粮食漏斗车

图 3-14　铁路运输用漏斗车

(6) 保温及冷藏车。保温及冷藏车是能保持一定温度进行温度调控及能进行冷冻的车辆,适用于冬夏季节的生、鲜食品的运输。

(7) 特种车。如图 3-15 所示,是指运输特殊货物或特殊用途的铁路车辆。

ZD240型铸锭车

GH11型磷酸运输罐车

图 3-15　铁路运输用特种车辆

## 三、其他轨道运输车辆

**1. 轻轨交通列车**

城市轨道交通列车,简称轻轨,如图 3-16 所示。轻轨是对传统的有轨电车利用现代科技进行改造后的各种现代有轨电车的总称。由国际公共交通联合会(UITP)于 1978 年在比利时布鲁塞尔召开的会议上统一名称——light rail transit(简称 LRT)。轻轨车在市中心运行多为高架或地下形式,在市郊多为地面或高架线路形式。这种交通工具有车轴轻、转弯半径小、车身结构合理、乘坐舒适性好、旅客输送能力大的优点。虽然初期投资高,但对于客流量大而集中的城市,其边际费用较其他公共交通要小。

北京轻轨交通车辆

上海明珠线2期轻轨车辆

图 3-16　城市轨道交通车辆

2. 高速铁路列车

由高功率机车牵引若干挂车,或者若干带动力的车辆一起组成的列车。这种列车的平均运行速度已经在 300 km/h 以上,最高车速记录为 515 km/h。由于其车速快、运量大、舒适性好、对环境的污染小、经济效益好,因而成为一种中长途高速客运手段。世界上高速铁路技术最发达的国家是日本、法国和德国,如图 3-17 所示。日本的高速铁路"新干线"诞生于 1964 年。当时的东京至大阪"东海道"线仅用 8 年时间就收回全部投资。虽然新干线的速度优势不久之后就被法国的 TGV 超过,但是日本新干线拥有目前最为成熟的高速铁路商业运行经验——近 40 年没有出过任何事故。所谓 TGV 是 traina grande vitesse(法语"高速铁路")的简称。第一条 TGV 是 1981 年开通的巴黎至里昂线。1972 年的试验运行中,TGV 创造了当时的 318 km 的高速轮轨时速。从此 TGV 一直牢牢占据高速轮轨的速度桂冠,目前的纪录是 1991 年创下的 515.3 km/h。法国 TGV 的最大优势在于传统轮轨领域的技术领先。1996 年,欧盟各国的国有铁路公司经联合协商后确定采用法国技术作为全欧高速火车的技术标准。因此 TGV 技术被出口至韩国、西班牙和澳大利亚等国,是运用最广泛的高速轮轨技术。德国的 ICE 则是目前高速铁路中起步最晚的项目。ICE(inter city express 的简称)的研究开始于 1979 年,其内部制造原理和制式与法国 TGV 有很大相

日本新干线列车

法国TGV列车

德国ICE列车

图 3-17　高速铁路列车

似之处，目前的最高时速是1988年创下的409 km。

3. 磁悬浮列车

磁悬浮的构想是由德国工程师赫尔曼·肯佩尔于1922年提出的。世界上第一列磁悬浮列车小型模型于1969年在德国出现，日本是在3年后研制成功的。磁悬浮列车用电磁力将列车浮起而取消轮轨，采用长定子同步直流电机将电供至地面线圈，驱动列车高速行驶，从而取消了受电弓。磁悬浮列车主要依靠电磁力来实现传统铁路中的支承、导向、牵引和制动功能。磁悬浮列车分为常导型和超导型两大类。常导型也称常导磁吸型，以德国高速常导磁悬浮列车TRANSRAPID为代表，它是利用普通直流电磁铁电磁吸力的原理将列车悬起，悬浮的气隙较小，一般为10 mm左右。常导型高速磁悬浮列车的速度可达400～500 km/h，适合于城市间的长距离快速运输。而超导型磁悬浮列车也称超导磁斥型，以日本MAGLEV为代表。它是利用超导磁体产生的强磁场，列车运行时与布置在地面上的线圈相互作用，产生电动斥力将列车悬起，悬浮气隙较大，一般为100 mm左右，速度可达500 km/h以上。日本MLX01型磁悬浮列车，如图3-18(左)所示，在2003年12月的一次试验中创造了时速581 km的新记录。这两种磁悬浮列车各有优缺点和不同的经济技术指标，德国青睐前者，集中精力研制常导高速磁悬浮技术；而日本则看好后者，全力投入高速超导磁悬浮技术之中。

日本MLX01型磁悬浮列车　　　　　　　上海磁悬浮列车

图3-18　磁悬浮列车

世界上第一条高速磁悬浮铁路商业运行线是2001年3月1日开工建设的上海磁悬浮列车示范线。2002年3月，这条磁悬浮列车示范线下部结构工程竣工。上海磁悬浮列车是从德国引进技术，采用的是最新的TR8型磁悬浮列车，如图3-18(右)所示。该示范线西起上海地铁2号线龙阳路车站南侧，东到浦东国际机场一期航站楼东侧，线路总长31.17 km，设计时速和运行时速分别为505 km和430 km，总投资89亿元。

## 小结和学习重点

- 铁路运输的特点和功能
- 铁路运输技术设施的基本组成
- 铁路运输运载设备的分类
- 我国铁路交通网概况

通过本章的学习,可以掌握铁路运输的特点、功能、铁路运输设施和设备的基本概况等内容。铁路运输是适宜于担负远距离的大宗客、货运输的重要运输方式,在我国国民经济中占有重要地位。我国地域广阔、人口众多,铁路运输不论在目前还是在未来,都是综合交通运输网络中的骨干和中坚。

【案例分析】

### 建设京沪高速铁路的重要意义

经过十多年的论证、研究,被称为仅次于三峡工程的"巨无霸"工程——京沪高速铁路近日经国务院批准立项,目前正在紧锣密鼓地进行开工前的准备工作。

京沪高速铁路是《中长期铁路网规划》中投资规模最大、技术含量最高的一项工程,也是我国首条具有世界先进水平的高速铁路,正线全长约1 318 km,设计时速350 km,预计5年左右完成。

京沪高速铁路连接我国两个最大的城市,使两者之间的"时间距离"大大缩短,在经济生活快节奏下,必将带来人流、物流的大跨越。

目前,京沪线承担了全国10.2%的铁路客运量和7.2%的货物周转量,能力利用已经达到100%,运输密度是全国铁路平均水平的4倍,一直处于超负荷运行和限制运输状态,严重制约了沿线经济发展。近两年,由于运力紧张而形成的煤电油全线紧张的恶性循环仍历历在目,造成的经济影响可想而知。京沪高速铁路全程运行时间只需5 h,比目前京沪间特快列车缩短9 h左右,年输送旅客单方向可达8 000余万人,高峰期将实现3 min一列,将大大释放既有京沪铁路的能力,现有京沪线单向年货运能力达到1.3亿 t以上,使其成为大能力货运通道,真正实现"人便其行、货畅其流"。

铁路的修建给人们带来的裨益要远远超过一条铁路本身。北京交通大学交通运输学院教授纪嘉伦说:"一条铁路长度的影响并不是铁路本身,从我们研究的角度看,它的影响区域能够达到铁路本身的五倍,一条铁路 1 000 km,它的影响能达到 5 000 km,铁路附近 5 000 km 的货物和旅客都向这条铁路集聚。"

京沪高速铁路不仅连接着我国两个最大的城市,更是连接了我国两个最大的经济区——环渤海经济圈和长三角经济圈,同时其沿途还有许多节点,长三角的先发优势和环渤海经济圈的即将崛起,必将带来两者区域之间人流、物流的增加,为其提供广阔的市场前景,创造良好的利润空间。其线路节点本身都是重要的交通枢纽。在日本,就是先形成城市群、城市节点,再形成高速铁路,从而形成区域经济圈。我国城市群正日益增多,通过铁路,必将形成新的经济圈,并带动经济的发展。

京沪高速铁路只是我国未来铁路建设的重要一步,根据国务院审议通过的《中长期铁路网规划》,未来 5 年我国将投资 1.25 万亿元建设 19 800 km 新的铁路线,铁路作为国民经济发展的一个瓶颈,国家的大力发展,必将带来巨大的经济效益和商业机会。

**思考题**
1. 修建京沪高速铁路将会给我国经济建设带来哪些影响?
2. 试分析沪杭磁悬浮项目对长三角经济圈的影响。

# 练习与思考

**(一) 名词解释**
铁路运输　铁路站场　铁路运载设备

**(二) 填空题**
1. 铁路运输技术设施主要由_____、_____和_____三部分组成。
2. 站场是铁路运输的基本生产单位,包括各种_____和_____。按车站的等级可以分为_____和_____站;按技术作业性质可分为_____、_____和_____站;按运输对象可分为_____、_____和_____。
3. 从原动力来看,铁路机车可分为_____、_____和_____。

**(三) 简答题**
1. 简述铁路运输的特点和功能。
2. 试介绍铁路货运站的功能和主要设施。
3. 简述铁路运输车辆的类型和适用范围。

# 部分参考答案

(二) 填空题

1. 铁路线路　站场　附属设施
2. 铁路车站　作业场　特等站　一至五等站　中间站　区段站　编组站　客运站　货运站　客货运站
3. 蒸汽机车　内燃机车　电力机车

# 第四章 水路运输设施与设备

■ 学习目标 ■

学习完本章,你应该能够:
1. 熟悉水路运输的概念、特点、功能和分类;
2. 了解水路运输的发展趋势;
3. 了解水路运输技术设施的基本组成;
4. 熟悉港口的分类方法;
5. 熟悉常用的水路运输运载工具。

■ 基本概念 ■

水路运输　水路运输的特点和功能　港口的类型　船舶种类

## 第一节　水路运输概述

水路运输是交通运输的重要组成部分。水路运输具有点多、面广、线长的特点,主要承担了长距离的大宗、散装货物和进出口货物的运输,旅客运输所占的比例较少,而且限于短距离。国际间的货物运输大部分依靠水路运输。水路运输是指利用船舶及其他航运工具,在江、河、湖、海及人工水道上运送旅客和货物的一种运输方式。

### 一、水路运输的特点和功能

1. 水路运输的优点

从技术性能上来看,水路运输的主要优点有:
(1) 运输能力大。船舶可供作货物运输的舱位及装载量比陆地和空中运输庞大。以石油运输为例,现有的超大型油轮,其每次运载的原油数量可以高达 56 万 t。而在长江干线,一只拖驳或推驳船队的载运能力已经超过万吨。

(2) 在运输条件良好的航道,船舶的通过能力几乎不受限制。通过江、河、湖、海及人工水道,将内陆经济腹地与世界连通。一般来说,水运系统综合运输能力主要由船队的运输能力和港口的通行能力决定。

(3) 水路运输通用性能也不错,可以运输各种货物。水路运输的主要货物,以煤炭及其制品、石油天然气及其制品、矿石、建筑材料、粮食和钢铁材料为主。特别适用于大宗货物的运输。

从经济指标上来看,水路运输的主要优点有:

(1) 水运建设投资少。水路运输可利用天然水道,除必须投资的各种船舶、港口设施外,沿海航道几乎不需投资。且水运航道几乎不占用土地,节约了国家的土地资源。

(2) 运输成本低。水路运输在所有运输方式中是最为便宜的运输方式。运输 1 t 货物至同样的距离,水运尤其是海运所消耗的能源最少;水运的运输成本约为铁路运输的 1/25~1/20,公路运输的 1/100。

(3) 续航能力大。一艘大型船舶出航,所携带的燃料、食物和淡水,可以历时数十日,这是其他运输方式无法相比的。而且,现代化的船舶还具有独立生活的种种设备,如发电、淡水制造等,使船舶的续航能力大大提高、运输距离大大延长。

2. 水路运输的缺点

水路运输和其他运输方式相比,主要有以下缺点:

(1) 运输速度较慢。船舶的平均航速较低,一般为 15~50 km/h。运输途中时间长会增加货主的流动资金占有量。

(2) 受气候和商港的限制,可及性较低。水路运输生产过程由于受自然条件影响较大,特别是受气候、季节条件的影响较大,船舶遇暴风雨需及时躲避以防损害,遇枯水季节无法通行,因此呈现较大的波动性和不平衡性。水路运输受河流通航条件及海岸和港口条件的限制,其普遍性不如公路、铁路运输。此外,水路运输过程往往需要公路、铁路运输系统的配合才能完成。

(3) 船舶投资和港口建设投资巨大。航运公司订造或购买船舶需要花费大量的资金,回收期较长,且船舶一般没有移作其他用途的可能。港口基础设施的修建费用巨大,船舶大型化和装卸自动化的趋势使港口设施建设的投资费用进一步提高。例如,建设中的上海洋山深水港区一期工程总投资为 143.1 亿元,工程主要包括港区工程、东海大桥、港城等,港区一期工程计划建设 5 个集装箱泊位,岸线长 1 600 m,码头通过能力为 220 万 TEU,

2005年底建成。

根据水路运输的上述特点,水路运输的主要功能是:

(1) 承担长距离、大宗货物,特别是集装箱的运输;

(2) 承担原料、半成品等散装货物运输;

(3) 承担国际间的货物运输,是国际商品贸易的主要运输方式。

## 二、水路运输的分类

水路运输按船舶的航行区域,一般可以分为内河、沿海和远洋运输三大类。内河运输是指利用船舶或其他浮运工具,在江、河、湖及人工水道上从事的运输;沿海运输是指国内沿海区域各港口之间的运输;远洋运输是指国际间的各港口之间的运输。

水路运输按照贸易种类,可以分为外贸运输和内贸运输两大类。外贸运输是指本国与其他国家和地区之间的贸易运输;内贸运输是指本国内部各地区之间的贸易运输。内河运输一般以内贸运输为主,但如果是流经数国的河流,例如欧洲的多瑙河、莱茵河等,这种河流上也存在外贸运输。沿海运输以内贸运输为主,远洋运输以外贸运输居多。

水路运输按照运输对象不同,可以分为旅客运输和货物运输两大类。旅客运输有单一客运(包括旅游)和客货兼之之分;货物运输按货类分,有散货运输和杂货运输两类。散货运输指无包装的大宗货物,如石油、煤炭、粮食等的运输;杂货运输是指批量小、件数多、货较零星的货物运输。

水路运输按照船舶营运组织形式,可以分为定期船运输、不定期船运输和专用船运输。定期船运输是指选配适合具体营运条件的船舶,在规定的航线上,定期停靠若干固定港口的运输;不定期船运输是指船舶的运行没有固定的航线,按运输任务或按租船合同所组织的运输;专用船运输是指企业自置或租赁船舶从事本企业自有物资的运输。

## 三、水路运输的发展趋势

水路运输既是一种古老的运输方式,又是一种现代化的运输方式。在历史上,水路运输的发展对工业的布局和发展影响很大。由于地理上的因素,水路运输也是不能被其他运输方式所替代的。水路运输业与国民经济中其他产业不同,它本身具有的基础设施并不生产有形的产品,而是为产品在商业的流通中提供运输服务。水路运输业不仅是服务部门,而且是国民经济的基础产业。水路运输是联系全球性经济贸易的主要方式,承担着全球性、区域间的货物运输,成为为世界经济全球一体化和区域化服务的重要运输纽带,具有资本密集、技术密集、劳动密集和信息密集的特征。

近些年来,水路运输业得到了蓬勃的发展,主要体现在以下六个方面。

(1) 运输功能的拓展与运输方式的变革。现代运输强调物流的系统观念,在拓展港口功能、充分发挥港口集疏运作用的前提下,建立以港口为物流中心的由公路、铁路、水路、航空、管道等多种运输方式优化组合的多式联运系统,使整个物流流通更加通畅。海陆联运是国际多式联运的主要组织形式,这种组织形式以航运公司为主体,签发联运单,与航线两端的内陆运输部门开展联运业务,与大陆桥运输展开竞争。此外,海空联运的组织形式也得到了发展,这种组织形式以海运为主,最终交货运输区段由空运承担,充分发挥了海运和空运各自的优点。

(2) 转变航运经营方式,提高竞争能力。在航运市场竞争激烈的形势下,航运公司和港口的经营观念从单纯追求利润转变为追求低成本和高服务质量。这就要求航运公司和港口必须从单一的运输、装卸、仓储等分段服务,向原材料、产成品到消费者全过程的物流服务转变,为用户提供报关、流通加工、包装、配送等增值服务,运用"一票到底"的多式联运模式,以最简便方式、最佳运距、最短时间完成运送程序,使物流的效率与效益得以最大限度的发挥。同时,服务价格也朝着更加弹性化、多样化、组合化的公开价格策略转变。所有这些,只有通过调整企业内部经营结构,建立完善的港口物流管理系统,提高物流服务功能和效率,降低服务成本,才能真正提高竞争力。

(3) 船运专业化与运输全球化。在经济贸易全球化的现实下,运输全球化是必然的趋势,长距离的海上运输促进了船舶的大型化和专业化。从全球船型构成来看,油轮和散装船舶等专业化船舶占有很大的比例。随着集装箱运输的发展,杂货集装箱化的比重不断提高,集装箱船舶得到了迅速发展。

(4) 泊位深水化、码头专用化、装卸机械自动化。船舶大型化的趋势对港口航道、水域和泊位前沿的水深提出了更高的要求。例如,随着 5 500～6 500 TEU 的超巴拿马型集装箱船成为干线运输的主流船型,就必然要求港口能够提供水深达 15 m 以上的深水泊位,以满足大型集装箱船舶运营的需要。对流量大而稳定的货物,如散货、石油及其制品和集装箱的运输,出现了专用码头泊位。为了提高港口装卸的经济效益,专用的自动化装卸机械得到广泛应用,这些都大大提高了港口的通行能力。因此泊位的专用化和装卸的高效化成为了现代化港口的发展趋势。

(5) 信息化、网络化。信息化、网络化是现代港口发展的重要特征。没有稳定高效的计算机物流系统,就没有港口集装箱运输系统的高效运作。现代物流管理和配送技术中大量使用着先进的信息技术和商品物流技术。应用先进技术手段,可实现物流全过程的可视化、自动化、无纸化和智能化,使得现代物流企业将包装、运输、装卸、仓储、配送、流通加工及物流信息处理等有机地结合在一起,作为一个系统来管理。要求港口建立和完善港口 EDI 中心,实现电子通关和贸易无纸化,建立公共交易平台,充分利用物流能力,扩大增值服务,增强港口辐射能力。

(6) 国际海运市场的重心将向亚太地区转移。近几年来,在新技术的应用与推广、资本的积累、区域内贸易量的增长等方面,亚太地区一直维持着强劲的发展态势。世界船队的主要运力,如油轮、散装货轮、集装箱船等,目前已有 40% 由亚太地区控制。日本、韩国和中国为首的造船业已成为世界造船中心。我国集装箱生产量位居世界第一位,市场占有率高达 70%。在世界散货进口量和世界集装箱吞吐量中,亚太也占绝对优势。据统计,世界前 20 大集装箱班轮公司和集装箱港口中有 2/3 在亚洲。在亚洲海运业对国际海运业发展的重要影响中,我国所发挥的作用更是名列前茅。

## 第二节　水路运输技术设施

水路运输技术设施主要是指港口及其附属设施。港口是货物和旅客由陆路进入水路运输系统或由水路运输转向陆路运输的接口。港口和物流的发展是相辅相成、互相促进的关系。物流涉及综合运输,外贸货物的物流更以港口为最好的交汇点。现代港口是具有仓储运输、商业贸易、工业生产和社会服务功能的现代化、综合性的工商业中心和海陆空连为一体的立体交通运输枢纽。

### 一、港口的类型

港口是运输网络中水陆运输的枢纽,是旅客和货物的集散地,如图 4-1 所示。港口的类型的划分方法很多,主要有以下几种:

1. 按照港口的使用目的

港口可以分为:

(1) 综合性商港。是供商船出入,为国内外贸易服务和客货运输的港口。例如中国的上海港、天津港,德国的汉堡港,日本的神户港等都属于这类港口。

(2) 专业港。是以单一货物的运输为主,为大型工矿企业运输原材料或制成品的港口。如我国秦皇岛煤码头、宁波北仑港、大连新港等都属于这类港口。

(3) 渔港。是专供渔船停泊补给、出海作业、鱼品加工的基地。如我国浙江沈家门港等属于这类港口。

图 4-1 上海港

（4）军港。是为军用舰艇提供停泊地、补给和修理的基地。如我国的旅顺港、日本的横须贺港都属于这类港口。

（5）避风港。供船舶在航运途中躲避风暴之用，具有良好的天然地势，如琉球的奄美大岛、日本九州的六连岛。

2. 按照港口的地理条件

港口可以分为：

（1）海港。是指沿海修建，为远洋和各种海船服务的港口。如我国的大连港、北仑港等。

（2）河口港。是指位于河流入海口处的港口。世界上很多大港口都是河口港，如我国的上海港、荷兰的鹿特丹港等。

（3）河港。是指沿河修建的港口，如我国长江沿岸的南京港、武汉港等。

（4）湖港。是指沿湖边或水库边修建的港口，如我国的岳阳港、丹江港等。

（5）运河港。是指沿运河修建的港口，如我国的常州港、济宁港等。

3. 按照国家贸易政策

港口可以分为：

（1）国际贸易港。是指政府指定对外开放的航运贸易港。有外交关系国家的船舶可以自由进出，无外交关系的，经批准也可通行。进出这类港口需经港监、海关、边防、商检、动植物检验检疫办理有关手续。我国大部分沿海港口都属于国际贸易港。

（2）国内贸易港。是专供本国船舶出入，外国船舶原则上不得驶入的港口。

（3）自由港。是指可在港内自由装船和卸船，不用缴纳关税。如香港、澳门、新加坡港等。有些国家港口开辟部分港区为自由贸易区，如上海外高桥保税区港口也属于自由港的范畴。

## 二、港口系统的组成

根据港口运输作业的主要内容,港口系统可以划分为三个组成部分,如图4-2所示。

图4-2 集装箱码头平面示意

**1. 港口水域设施**

主要包括港内航道、锚地、船舶回转水域、码头前水域、防波堤、护岸以及港口导航设施等。

(1)航道。航道是供船舶通行的水道,需要有一定的宽度和深度,并配有航标以便安全航行。航道的宽度指船底处的断面净宽,如图4-3所示。一般单向航道的宽度约为5倍船体宽度,双向航道宽度约为8倍船体宽度。

(2)港口水深。航道和码头前沿的水深,应能保证满载的船舶在最低水位时安全航行和停泊。港口所要求的水深与使用该港口的船舶的满载吃水深度有关,同时也和为保证安全航行所要求的船舶龙骨到水底的富裕水深有关。在港内和受风浪影响较小的航道水深,一般为不小于船舶满载吃水深度的1.1倍。以上海长江口航道为例,经过长江口二期工程到2005年水深才达到10 m以上。这种水深航道即使1 700 TEU左右的第二代集装箱轮,也只有在涨潮时才能进来,有些集装箱运输只能通过日本神户港和韩国釜山港转运,那些第五代、第六

图 4-3 航道宽度
1—岸距　2—船距　3—航道宽度

代集装箱船舶只得减载进出上海港长江水道。

（3）锚地。是供船舶抛锚停泊之处。可分为外锚地、内锚地及其他特殊用途锚地，如检验锚地、驳船锚地等。锚地一般采用锚泊或设置系船浮筒、系船镦桩等设施。锚地的位置应选择在船舶作业和船舶往来区域以外的水域。

（4）船舶回转水域。为便于船舶在港内运转，应在有足够水深的水域布置船舶回转水域。所需的面积随港口当地的风、浪、水流条件和港口拖轮的配备情况而定。船舶回转水域的直径一般为1.5~3倍船长。有些集装箱船所需的回转水域直径可达6~8倍船长。

（5）码头前水域。为便于船舶直接靠离码头、装卸货物，码头前沿应有一定范围的水域。这部分水域称作港池。港池的布置形式主要有三种：顺岸式、突堤式和挖入式。如图4-4所示。

图 4-4 港池布置形式
a—顺岸式　b—突堤式　c—挖入式

（6）防波堤。主要用于防止风浪和海流的侵袭，使港内水域平稳，保证船舶在港内安全停泊作业。同时，对于保护港内码头和护岸等构筑物也起着重要作用。

（7）港口导航设施。主要有航道标志、信号设施、照明设备、通信设备等。

## 2. 码头构筑物

主要包括码头、主体结构物、系靠设施、码头前沿装卸作业设备等。

码头是供船舶靠泊、装卸货物、上下旅客的设施。包括岸壁、护舷木、系船桩等。码头都是沿岸布置的。依据岸线的自然条件、作业条件和所需泊位数等因素，码头的平面布置和港池的布置形式相同，主要有顺岸式、突堤式、挖入式和离岸式等四种。

（1）顺岸式码头。是顺着天然岸线建造的码头。这种布置形式的码头前水域较宽敞，船舶进出靠离码头比较方便，建筑工程量较少，投资费用省。

（2）突堤式码头。码头的部分前沿突出天然岸线。这种布置可以在占用岸线少的情况下增加泊位数，但过多地占用了河道的宽度，影响河道的通航，因而这种布置方式主要适用于海港。

（3）挖入式码头。向河岸的陆地内侧开挖出港池水域并修建的码头。这种布置形式可以人为地增加岸线的长度，增加了码头泊位数。但这种形式的土方开挖工程量大，投资费用较高。

（4）离岸式码头。如图4-5所示，码头布置在离岸较远的深水区。这种布置是为了适应大型油轮而发展起来的，我国宝钢矿石码头也是采用这种布置形式。

码头前沿的装卸设备主要有岸壁集装箱装卸桥、门式起重机、轮胎起重机、浮式起重机、驳船、叉车、拖车等。

图4-5　离岸式码头

## 3. 港口陆域设施

主要包括堆场、仓库、集疏运通道、客运站、调度控制中心及其他辅助生产设施。

（1）堆场。是卸船后或装船前短期堆放货物的露天场地。通常一个万吨级泊位的堆场面积不小于10 000 m²。

（2）仓库。是储存货物的构筑物。

（3）集疏通道。主要包括港区道路、港口铁路、码头铁路线等。

（4）调度控制中心。是港口各项作业的调度中心，其作用是监督、调整和指挥码头作业计划的执行。一般设置在码头操作或办公楼的最高层。控制室内配置计算机系统、气象预报系统、监控系统、无线通信系统等设备。

（5）其他辅助生产设施。主要有门禁、给排水、供电、给油、救生、消防和船舶修理设施等。

## 三、我国水路交通网的现状

### 1. 水路运输量

水路交通运输包括内河、沿海和远洋三部分。2005 年我国全社会完成水路货运量 21.96 亿 t,货物周转量 49 672.28 亿 t·km,如表 4-1 所示。水路运输的货运呈增长趋势,水路客运稳步回升。2005 年全社会完成水路客运量 2.02 亿人,旅客周转量 67.77 亿人·km。

表 4-1　2005 年我国水路运输量

| 水运类型 | 货运量/亿 t | 所占比例 | 货物周转量/(亿 t·km) | 所占比例 |
| --- | --- | --- | --- | --- |
| 内　河 | 10.57 | 48.1% | 2 626 | 5.3% |
| 沿　海 | 6.54 | 29.8% | 8 495 | 17.1% |
| 远　洋 | 4.85 | 22.1% | 38 552 | 77.6% |
| 合　计 | 21.96 | 100.0% | 49 672.28 | 100.0% |

### 2. 水路运输基础设施

我国河流总长约 43 万 km,其中可以通航的河流有 5 800 多条。2005 年底,全国内河航道通航里程 12.33 万 km。其中等级航道 6.10 万 km,占总里程的 49.5%;三级及三级以上航道 8 631 km,占总里程的 7.0%;五级及五级以上航道 23 659 km,占总里程的 19.2%。全国内河航道通航里程超过万公里的省份有四个,分别是江苏(24 349 km)、广东(11 844 km)、湖南(11 495 km)、四川(10 720 km)。2005 年底,全国拥有内河运输船舶 19.58 万艘,净载重量 4 481.49 万 t,载客量 86.00 万客位,集装箱箱位 5.29 万 TEU。

我国内河主要的通航航道为"三江两河":

(1) 长江水系。是我国内河运输的主干线,2005 年长江水系完成货运量 4.21 亿 t,货物周转量 1 484.54 亿 t·km,分别占全国内河货运量和货物周转量的 39.9% 和 56.5%。长江水系有大小通航支流 3 600 多条,通航里程 7 万多 km。长江干线长 2 913 km,重庆以下可通航 1 000 吨级船舶,宜昌以下可通航 1 500 吨级,武汉以下可通航 5 000 吨级,南京以下可通航 1.5 万吨级。沿江分布着 25 个主要港口(不包括上海港),其中南京港为最大。

(2) 珠江水系。主要分布在广东和广西境内,有通航河流近千条,通航里程

第四章　水路运输设施与设备

1.3万km,由珠江主干、西江、东江、北江和珠江三角洲五部分组成。珠江水系的主要港口有肇庆、梧州、南宁、广州、黄埔和江门港等。2005年珠江水系完成货运量1.47亿t,货物周转量243.55亿t·km,分别占13.9%和9.3%。

(3) 黑龙江水系。由黑龙江、松花江和乌苏里江组成,通航里程4 696 km。沿江的主要港口有哈尔滨、佳木斯、黑河港等。2005年黑龙江水系完成货运量0.13亿t,货物周转量10.18亿t·km,分别占1.2%和0.4%。

(4) 淮河水系。包括干流、颍河、涡河等支流,通航里程约1 300 km。淮河水系的港口分布在江苏和安徽境内,以蚌埠和淮南为主要港口。

(5) 京杭运河。全长1 794 km,可通航里程为1 044 km。沿线主要港口有徐州、淮阴、扬州、苏州、无锡、常州和济宁等。2005年,京杭运河完成货运量2.19亿t,货物周转量502.29亿t·km,分别占20.7%和19.1%。

2005年底,全国港口拥有生产用码头泊位35 242个,其中万吨级及以上泊位1 034个。全国沿海港口拥有生产用码头泊位4 298个,其中万吨级及以上泊位847个;内河港口拥有生产用码头泊位30 944个,其中万吨级及以上泊位187个。内河港口万吨级泊位分布在长江干流、长江支流和珠江水系,分别为179个、4个和4个。港口码头泊位继续向大型化、专业化方向发展。我国万吨级泊位的数量见表4-2所示。全国万吨级及以上泊位中,通用件杂货泊位276个、通用散货泊位134个、专业化泊位577个。专业化泊位中原油泊位55个、成品油及液化气泊位97个、煤炭泊位119个、粮食泊位31个、集装箱泊位175个。

表4-2 2005年我国港口万吨级泊位的数量

| 沿海港口泊位数量 | | 内河港口泊位数量 | |
| --- | --- | --- | --- |
| 1万~3万吨级 | 476 | 1万~3万吨级 | 106 |
| 3万~5万吨级 | 155 | 3万~5万吨级 | 51 |
| 5万~10万吨级 | 167 | 5万~10万吨级 | 30 |
| 10万吨级以上 | 49 | 10万吨级以上 | / |
| 合　　计 | 847 | 合　　计 | 187 |

至2005年底,全国拥有沿海运输船舶9 409艘,净载重量2 047.76万t,载客量13.67万客位,集装箱箱位8.46万TEU。全国拥有远洋运输船舶2 082艘,净载重量3 649.40万t,载客量1.47万客位,集装箱箱位66.97万TEU。

我国海岸线长达18 400 km,沿海航线分为北方和南方两个航区。北方航区以上海和大连为中心,南方航线以广州为中心,分别向沿海各港口开辟航线。以沿海港口为起点,我国开辟了100多条近洋和远洋航线,可通达100多个国家和地区,形成了环球的交通运输网络。以上海港为例,在海运方面,上海港拥有16条国际航线,它同时与各个国家的超过500个港口建立了联系。

3. 港口吞吐量

港口货物吞吐量持续增长。2005年全国港口完成货物吞吐量48.54亿t。其中沿海港口完成30.09亿t,内河港口完成18.45亿t。全国港口完成外贸货物吞吐量13.67亿t,外贸货物吞吐量强劲增长。

综合性大型枢纽港发展加快,2005年全国货物吞吐量超过1亿t的港口已增加到11个,如表4-3所示。其中上海港4.43亿t,超过新加坡港成为世界第一大港。

表4-3 2005年我国沿海港口货物吞吐量排名

| 名次 | 港口 | 吞吐量/亿t | 名次 | 港口 | 吞吐量/亿t |
|---|---|---|---|---|---|
| 1 | 上海港 | 4.43 | 6 | 大连港 | 1.71 |
| 2 | 宁波港 | 2.69 | 7 | 秦皇岛港 | 1.69 |
| 3 | 广州港 | 2.50 | 8 | 深圳港 | 1.54 |
| 4 | 天津港 | 2.41 | 9 | 苏州港 | 1.19 |
| 5 | 青岛港 | 1.87 | 10 | 上海内河港 | 1.07 |

集装箱吞吐量继续快速增长。2005年全国港口完成集装箱吞吐量7 564万TEU。其中沿海港口完成7 002万TEU,内河港口完成562万TEU。2005年集装箱吞吐量超过100万TEU的港口由上年的8个上升为9个,如表4-4所示。其中上海港完成1 808万TEU,居世界第3位。

表4-4 2005年我国沿海港口集装箱吞吐量排名

| 名次 | 港口 | 集装箱吞吐量/万TEU | 名次 | 港口 | 集装箱吞吐量/万TEU |
|---|---|---|---|---|---|
| 1 | 上海港 | 1 808 | 6 | 广州港 | 468 |
| 2 | 深圳港 | 1 620 | 7 | 厦门港 | 334 |
| 3 | 青岛港 | 631 | 8 | 大连港 | 269 |
| 4 | 宁波港 | 521 | 9 | 连云港 | 101 |
| 5 | 天津港 | 480 | | | |

第四章 水路运输设施与设备

### 4. 港口吞吐的主要货物

集装箱和干散货吞吐量增幅较大。2005年全国港口完成干散货吞吐量27.56亿t;液体散货5.84亿t;件杂货6.14亿t;集装箱吞吐量(按重量计算)6.94亿t;滚装吞吐量2.05亿t。干散货、液体散货、件杂货、集装箱和滚装车辆在港口货物吞吐量中所占比重分别为56.8%、12.0%、12.7%、14.3%和4.2%。

煤炭及制品、石油天然气及制品、金属矿石、钢铁和矿建材料在港口货类中占较大比重,其吞吐量保持较快增长。全国规模以上港口完成货物吞吐量39.42亿t,比"九五"末增长1.3倍,其中煤炭及制品吞吐量8.07亿t,石油天然气及制品4.83亿t,金属矿石5.75亿t,钢铁1.96亿t,矿建材料4.95亿t。上述货类分别占全国规模以上港口货物吞吐量的20.5%、12.3%、14.6%、5.0%和12.6%。

港口旅客吞吐量稳步回升。全年全国港口完成旅客吞吐量2.06亿人。其中沿海港口旅客吞吐量0.78亿人;内河港口旅客吞吐量1.29亿人。

## 第三节 水路运输运载工具

水路运输工具也称为浮动工具,主要包括船、驳、舟、筏等。船与驳是现代水路运输工具的核心。船是指装有原动机、有动力驱动装置,而驳一般是没有动力驱动装置的。船有多种分类方式,可按用途、航行区域、航行状态、推进方式、动力装置和船体数目等分类。按用途分类,可以分为军用和民用船舶两大类。本节介绍民用船舶。

### 一、船舶构造

船舶是水上运输的工具。船舶虽有大小之分,但其船体结构的主要部分大同小异,主要由五个部分构成。

(1) 船壳。船壳即船的外壳,是由多块钢板铆钉或电焊结合而成,包括龙骨翼板、弯曲外板及上舷外板三部分。

(2) 船架。船架是指为支撑船壳所用各种材料的总称,分为纵材和横材两部分。纵材包括龙骨、底骨和边骨;横材包括肋骨、船梁和舱壁。

(3) 甲板。甲板是铺在船梁上的钢板,将船体分隔成上、中、下层。大型船甲板数可多至六七层,其作用是加固船体结构和便于分层配载及装货。

(4) 船舱。船舱是指甲板以下的作各种用途的空间,包括船首舱、船尾舱、货舱、机器舱和锅炉舱等。

(5) 船面建筑。船面建筑是指主甲板上面的建筑,供船员工作起居及存放船具,它包括船首房、船尾房及船桥。

## 二、船舶的吨位

船舶吨位是船舶大小的计量单位,可分为重量吨位和容积吨位两种。

1. 船舶的重量吨位

船舶的重量吨位又可以分为排水量吨位和载重吨位两种。

(1) 排水量吨位。排水量吨位是船舶在水中所排开水的吨数,也是船舶自身重量的吨数。排水量吨位又可分为轻排水量、重排水量和实际排水量三种:① 轻排水量。又称空船排水量,是船舶本身加上船员和必要的给养物品三者重量的总和,是船舶最小限度的重量。② 重排水量。又称满载排水量,是船舶载客、载货后吃水达到最高载重线时的重量,即船舶最大限度的重量。③ 实际排水量。是船舶每个航次载货后实际的排水量。

排水量吨位可以用来计算船舶的载重吨;在造船时,依据排水量吨位可知该船的重量。

(2) 载重吨位。表示船舶在营运中能够使用的载重能力。载重吨位可分为总载重吨和净载重吨。

① 总载重吨。是指船舶根据载重线标记规定所能装载的最大限度的重量,它包括船舶所载运的货物、船上所需的燃料、淡水和其他储备物料重量的总和。

$$总载重吨=满载排水量-空船排水量$$

② 净载重吨。是指船舶所能装运货物的最大限度重量,又称载货重吨,即从船舶的总载重量中减去船舶航行期间需要储备的燃料、淡水及其他储备物品的重量所得的差数。

2. 船舶的容积吨位

船舶的容积吨位是表示船舶容积的单位,又称注册吨。是各海运国家为船舶注册而规定的一种以吨为计算和丈量的单位,以 100 $ft^3$ 或 2.83 $m^3$ 为 1 注册吨。容积吨又可分为容积总吨和容积净吨两种:

(1) 容积总吨。又称注册总吨,是指船舱内及甲板上所有关闭的场所的内部空间(或体积)的总和,是以 100 $ft^3$ 或 2.83 $m^3$ 为 1 t 折合所得的商数。容积总吨的用途很广,它可以用于国家对商船队的统计;表明船舶的大小;用于船舶登记;用于政府确定对航运业的补贴或造舰津贴;用于计算保险费用、造船费用以及船舶的赔偿等。

(2) 容积净吨。又称注册净吨,是指从容积总吨中扣除那些不供营业用的空间所剩余的吨位,也就是船舶可以用来装载货物的容积折合成的吨数。容积净吨主要用于船舶的报关、结关;作为船舶向港口交纳的各种税收和费用的依据;作为船舶通过运河时交纳运河费的依据。

## 三、船舶的航速与载重线

### 1. 船舶的航速

船舶的航速以"节"(kn)表示,1 kn=1.852 km/h。船舶的航速依船型不同而不同,其中干散货船和油轮的航速较慢,一般为13~17节;集装箱船的航速较快,可达20节以上,客船的航速也较快。

### 2. 船舶的载重线

载重线是指船舶满载时的最大吃水线。它是绘制在船舷左右两侧船舶中央的标志,指明船舶入水部分的限度。载重线标志包括:甲板线、载重线圆盘和与圆盘有关的各条载重线,如图4-6所示。各条载重线含义如下:

图4-6 船舶载重线标志

(1) TF。tropical fresh water load line,热带淡水载重线,即船舶航行于热带地区淡水中,总载重量不得超过此线;

(2) F。fresh water load line,淡水载重线,即船舶在淡水中航行时,总载重量不得超过此线;

(3) T。tropical load line,热带海水载重线,即船舶在热带地区海水中航行

时,总载重量不得超过此线;

(4) S。summer load line,夏季海水载重线,即船舶在夏季航行时,总载重量不得超过此线;

(5) W。winter load line,冬季海水载重线,即船舶在冬季航行时,总载重量不得超过此线;

(6) WNA。winter north Atlantic load line,北大西洋冬季载重线,指船长为100.5 m以下的船舶,在冬季月份航行于北大西洋区域(北纬36度以北)时,总载重量不得超过此线。

此外,标有L的表示木材载重线。

我国船舶检验局对上述各条载重线,规定分别以汉语拼音字母为符号表示。即以RQ代替TF,Q代替F,R代替T,X代替S,D代替W,BDD代替WNA。

## 四、船籍和船旗

船籍指船舶的国籍。商船的所有人向本国或外国有关管理船舶的行政部门办理所有权登记,取得本国或登记国国籍后才能取得船舶的国籍。

船旗是指商船在航行中悬挂其所属国的国旗。船旗是船舶国籍的标志。按国际法规定,商船是船旗国浮动的领土,无论在公海或在他国海域航行,均需悬挂船籍国国旗。船舶有义务遵守船籍国法律的规定并享受船籍国法律的保护。

方便旗船是指在外国登记、悬挂外国国旗并在国际市场上进行营运的船舶。第二次世界大战以后,方便旗船迅速增加,挂方便旗的船舶主要属于一些海运较发达的国家和地区如美国、希腊、日本、中国香港和韩国。他们将船舶转移到外国去进行登记,以图逃避国家重税和军事征用,自由制定运价不受政府管制,自由处理船舶与运用外汇,自由雇佣外国船员以支付较低工资,降低船舶标准以节省修理费用,降低营运成本以增强竞争力等。而公开允许外国船舶在本国登记的所谓"开放登记"(open register)国家,主要有利比里亚、巴拿马、塞浦路斯、新加坡、巴拿马等国及百慕大群岛(英)。通过这种登记可为登记国增加外汇收入。

## 五、船级

船级是表示船舶技术状态的一种指标。在国际航运界,凡注册总吨在100 t以上的海运船舶,必须在某船级社或船舶检验机构监督之下进行监造。在船舶开始建造之前,船舶各部分的规格需经船级社或船舶检验机构批准。每艘船建造完毕,由船级社或船舶检验局对船体、船上机器设备、吃水标志等项目和性能进行鉴定,发给船级证书。证书有效期一般为4年,期满后需重新予以鉴定。

船舶入级可保证船舶航行安全,有利于国家对船舶进行技术监督,便于租船人和托运人选择适当的船只,以满足进出口货物运输的需要,便于保险公司决定船、货的保险费用。

世界上比较著名的船级社有:

英国劳埃德船级社(LR)、德国劳埃德船级社(GL)、挪威船级社(DNV)、法国船级局(BV)、日本海事协会(NK)、美国航运局(ABS)、中国船级社(中华人民共和国交通部所属的船舶检验局 CCS)。

## 六、船舶种类

物流领域使用的客、货运输船舶的种类繁多。主要有:

### 1. 客船和客货船

专运旅客的船舶称为客船,游船也属客船,如图4-7所示。我国沿海和长江中下游运送旅客的船舶大多利用下层船舱装载货物,因而称为客货船,对客船的设计有快速性、安全性、耐波性和操作性好的要求。

长江客船

豪华游船

图4-7 客船

### 2. 杂货船

杂货船一般是指定期航行于货运繁忙的航线,以装运零星杂货为主的船舶,如图4-8所示。杂货船又可分为普通杂货船和多用途杂货船,排水量从几吨到1万~3万t。这种船航行速度较快,货舱的甲板上配有舱口和吊杆,船舶构造中有多层甲板把船舱分隔成多层货柜,以适应装载不同货物的需要。多用途杂货船既可以装杂货,又可以装散货、集装箱等,提高了船舶的揽货能力和营运的经济性。

### 3. 散货船

散货船是用以运输粮谷、矿石、煤炭、散装水泥等大宗散装货物的船舶,如图

千吨级近海杂货船

30 000吨多用途船

图4-8 杂货船

4-9所示。散货船具有运载量大、运价低的特点。依所装货物的种类不同,又可分为粮谷船、煤船和矿砂船。散货船通常可以分为以下几个级别:总载重量为10万吨级以上的,称为好望角型船;总载重量为6万吨级的,称为巴拿马(Pananmax)型散货船;总载重量为3.5万～4万吨级的,称为轻便型散货船;总载重量为2万～2.7万吨级的,称为小型散货船。这种船大都为单甲板,舱内不设支柱,但设有隔板,用以防止在风浪中运行的舱内货物错位。

4. 冷藏船

冷藏船是专门用于装载冷冻易腐货物的船舶,如图4-10所示。船上设有冷藏系统,能调节多种温度以适应各舱货物对不同温度的需要。普通冷藏船的货舱为冷藏舱,具有多层甲板,船壳多漆为白色,以减少船体吸收阳光的辐射。

图4-9 散货船

图4-10 万吨级冷藏船

5. 油轮

油轮装运液态石油类货物,一般可以分为原油船和成品油船两种,如图4-11所示。油轮运输的特点是运量大、运距长。因而油轮大多是大型船舶,总载重量在5万t以上十分普遍,大型油轮在20万～30万t,超大型油轮已达60万t。油轮上的货物是通过油泵和输油管道进行装卸,因此油轮上不需设置吊杆等起货设备。油轮一般只有一层甲板,甲板上无大的舱口。出于安全和防止污染的要求,国际海事组织规定1996年6月6日以后交付使用的载重吨为5 000吨以上的油轮,要求具有双壳和双层底。

65 000吨级油轮

中国最大的超级油轮"远大湖"号

图4-11　油轮

**6. 液化气船**

液化气船分为液化石油气(LPG)船、液化天然气(LNG)船、液化化学气(LCG)船,如图4-12所示。液化气船用来运输液化石油气、液化天然气、氨水、乙烯和液氨等。根据液化气体的储存方式,可以分为:采用常温加压方式运输的液化气体,装载于固定在船上的球形或圆筒形的耐压容器中;采用冷冻方式运输的液化气体,在大气压力下,将气体冷却至液态温度以下进行运输,液化气体装入耐低温的合金钢制成的薄膜式或球式容器中,外面包有绝热材料,船上设有温度和压力控制装置,适用于大量运输液化气体;此外还有一种低温压力式液化气船。

液化石油气船

液化天然气船

图4-12　液化气船

**7. 液体化学品船**

专门用于运载各种散装液体化学品的船舶,如甲醇、硫酸、苯等,如图4-13所示。这类船舶对防火、防爆、防毒、防腐蚀、防渗漏等有很高的要求。船体除双层底外,货舱区均为双层壳结构。根据运载货物的危害性,国际上将这类船分为三级。Ⅰ级船危害性最大,专用于最危险货物的运输;Ⅲ级船用于运载危害性较小的液体化学品。

20 200立方米电力推进化学品船

5 340立方米乙烯运输船

图4-13　液体化学品船

8. 集装箱船

集装箱船是运载规格统一的标准货箱的船舶，如图4-14所示。集装箱船的货舱尺寸按载箱的要求规格化，具有装卸效率高、经济效益好等优点。集装箱运输的发展是交通运输现代化的重要标志之一。集装箱船可分为部分集装箱船、全集装箱船和可变换集装箱船三种。

28 000吨多用途干货/集装箱船

中远集团第五代5 250 TEU集装箱船"鲁河"号

图4-14　集装箱船

（1）部分集装箱船。又称集装箱两用船，是一种既可以装普通杂货，又可以装载集装箱的两用船舶。其特点是大舱口，平舱盖，舱盖上也可以装载集装箱。目前世界上的多用途杂货船，大多都可以装集装箱，因此也可以称为集装箱两用船。

（2）全集装箱船。指专门用以装运集装箱的船舶。其货舱内有格栅式货架，装有垂直导轨，便于集装箱沿导轨放下，四角有格栅制约，可防倾倒。集装箱船的舱内可堆放三至九层集装箱，甲板上还可堆放三至四层。全集装箱船一般都依靠港口内的装卸桥装卸，因此不设置装卸设备。

（3）可变换集装箱船。其货舱内装载集装箱的结构为可拆装式。因此，它既可装运集装箱，必要时也可装运普通杂货。

集装箱船的载货量以运载20 ft标准集装箱（TEU）的数量来表示船只的大

小。国际上常以集装箱船载箱量的多少进行分代,如表4-5所示。据克拉克森统计数据表明,截至2006年7月1日,世界全集装箱船舶共3 784艘,运力达871.0万TEU。其中,3 000 TEU及3 000 TEU以上的为437艘,达277.1万TEU,占总运力的31.8%。随着船舶的大型化,集装箱船的尺寸也越来越大。为提高经济效率,集装箱船的航速进一步提高。例如,2004年7月,我国中海集装箱运输股份有限公司新装备的"中海亚洲"号是目前全球载箱量最大、具有世界领先水平的第六代超级集装箱船,该轮总长334 m,宽42.6 m,吃水深度15 m,航速25.2节,可装载8 468个标准集装箱,并配有700个冷藏箱插座,堪称海上集装箱运输的"航空母舰"。

表4-5 全集装箱船的分代

| 参数<br>代别 | 年 份 | 船长/m | 船宽/m | 吃水/m | 载箱量/TEU | 载重量/t | 航速/kn |
|---|---|---|---|---|---|---|---|
| 第一代 | 1966年以前 | ~170 | ~25 | ~8 | 700~1 000 | ~10 000 | ~22 |
| 第二代 | 1967~1970年 | ~225 | ~29 | ~11 | 1 000~2 000 | 15 000~20 000 | ~18 |
| 第三代 | 1971~1983年 | ~275 | ~32 | ~12 | 2 000~3 000 | ~30 000 | ~22 |
| 第四代 | 1984~1996年 | ~295 | ~32 | >12 | 3 000~4 000 | 40 000~50 000 | ~24 |
| 第五代 | 1996年以后 | ~280 | ~40 | >14 | 4 000以上 | 60 000~80 000 | ~26 |
| 第六代 | 1996年以后 | >300 | ~40 | >15 | 8 000以上 | >100 000 | ~26 |

**9. 滚装船**

滚装船是在汽车轮渡的基础上发展起来的,又称滚上滚下船。滚装船主要用来运送汽车和集装箱,如图4-15所示。这种船本身无须装卸设备,采用尾斜跳板,装卸货物时,或者是汽车,或者是集装箱(装在拖车上的)直接开进或开出

"沃尔夫斯堡"号滚装船

中远公司汽车专用滚装船"富康口"轮

图4-15 滚装船

船舱,将船舶垂直方向装卸改为水平方向装卸。滚装船具有多层甲板,甲板间舱高度较大,适用于装车;舱内设斜坡道或升降机,便于车辆在多层甲板间行驶;从侧面看,水上部分很高,没有舷窗。这种船的优点是不依赖码头上的装卸设备,装卸速度快,可加速船舶周转,缺点是造价高、货舱利用率低。

10. 载驳船

又称"子母船"。载驳船本身为"母船",驳船为"子船"。载驳船的运输方法是先将各种货物装载到统一规格的驳船里,再将驳船装到载驳船上,到达中转港后,卸下驳船,然后用拖轮或推轮将驳船拖带或顶推到目的港。载驳船的主要优点是不受港口水深限制,不需要占用码头泊位,装卸货物均在锚地进行,装卸效率高。主要缺点是船舶造价高、货驳的组织复杂。目前较常用的载驳船主要有拉希(LASH)型和西比(SEAFE)型两种,如图 4-16 所示。拉希型是载驳船中最典型的一种船型,它与全集装箱船一样是一种分格结构的船,船舱内分成许多驳格,每个驳格内可堆装多层。有的拉希型船的舱盖上还可以堆装集装箱。驳船的装卸是利用母船上设置的驳船起重机进行装卸,图中在船尾部有伸出的两根带有起重机导轨的悬臂梁。西比型载驳船的主要特点是没有舱口,舱内设有多层全通甲板,驳船的装卸靠船尾升降井内设置的升降平台进行。

拉希型载驳船

西比型载驳船

图 4-16 载驳船

11. 半潜船

半潜船又称半潜式甲板驳,它集潜艇与货船的特性于一身,拥有一个大型的装货平台,可在海上垂直下潜至一定深度,如图 4-17 所示。先进的半潜船装有360 度全回转螺旋桨,能有效地保证其航行和潜水操纵的灵活性与稳定性。主要用于海洋托运大型钢结构件、海上石油开采平台、潜艇、军舰等。由于半潜船通过下潜的方式装运大型的货物,所以在业内又享有"海上叉车"的美称。

12. 拖船和推船

拖船是用于拖带其他船只或浮动建筑物的船舶,如图 4-18 所示。其船身较小,而功率较大,自身并不载运货物或旅客。拖曳设施包括拖钩、拖柱、系缆绞车等。拖船有海洋拖船、内河拖船和港作拖船之分。海洋拖船又可分为远洋拖

中远集团的半潜船"泰安口"轮

半潜船"康盛口"轮

图 4-17 半潜船

船和沿海拖船,可在相应的航区进行拖曳运输作业,并可执行救援任务。内河拖船主要在内河进行拖曳作业。港作拖船主要在港内作业,如协助大型船舶靠离码头、出入船坞等。

顶推船是用于顶推非自航货船的船舶,如图 4-18 所示。与拖船相比,顶推运输时驳船在前,推船在后,整个船队有较好的机动性,阻力减小,航速提高,不再需要驳船上的舵设备和操舵人员,从而降低了运输成本。

10 000 kW 远洋拖船

顶推船

图 4-18 拖船和推船

13. 驳船

驳是水路运输工具之一,如图 4-19 所示。驳一般不设动力装置,由拖轮或顶推船拖带或顶推。带有动力装置的驳称为机驳船。驳船是我国内河运输的主要工具。

14. 其他船舶

除了以上几种常用船舶外,气垫船、水翼船等,如图 4-20 所示,在高速、短途客货运输方面也有一定的使用范围。气垫船是介于车、船和飞机之间的一种特殊的船,船体常用铝合金制造,靠气垫把船从水面或陆地上托起来,并通过船尾螺旋桨不断向后鼓风,产生反作用力使船前进。由于阻力小,最高速度近300 km/h。水翼船是一种船体通常为普通型的海上小艇。当高速航行时,船体

驳

机驳船

图 4-19　驳船

气垫船

水翼船

图 4-20　其他船舶

下部类似机翼的水翼表面产生升力，支撑小艇脱离水面航行。为了减轻船身的重量，水翼船的船体通常采用铝合金制成，水翼采用高强度的钛合金，用大功率轻型柴油机或燃气轮机做主机。水翼船采用水螺旋桨或喷水装置来推进，航速一般为 30～50 kn。

## 小结和学习重点

- 水路运输的概念、特点和功能
- 水路运输的发展趋势
- 港口的分类
- 运输船舶的类型

　　通过本章的学习，可以掌握水路运输的特点、功能、港口的分类以及运输船舶的分类和特点等内容。水路运输是指利用船舶及其他航运工具，在江、河、湖、海及人工水道上运送旅客和货物的一种运输方式。水路运输具有点多、面广、线长的特点，主要承担了长距离的大宗、散装货物和进出口货物的运输，旅客运输所占的比例较少，而且限于短距离。国际间的货物运输大部分依靠水路运输。

## 洋山深水港介绍

上海国际航运中心洋山深水港区位于杭州湾口,距离南汇芦潮港 27.5 km,距离国际航线仅 104 km,是离上海最近的具备 15 m 以上水深的合理港址。具体来说,有四点:一是具备建设 15 m 水深港区和航道的优越条件。洋山海域潮流强劲,泥沙不易落淤,海域海床近百年来基本稳定。二是能确保船舶航行及靠离泊安全。港区工程方案经过模型试验反复论证,表明工程实施后对自然条件基本无影响,能维持原有水深,而且大小洋山岛链形成天然屏障,停泊条件良好。三是工程技术经济可行。工程水域地质条件良好,具备建港条件;另外,建设长距离跨海大桥世界上也有先例。四是符合世界港口向外海发展的规律。

洋山港一期工程包括港区工程、东海大桥、芦潮港辅助配套工程三个部分。其中,港区工程建设 5 个 7 万~10 万吨级泊位,可停靠当今最新一代超巴拿马型集装箱船舶。码头岸线长 1 600 m,年吞吐能力 300 万 TEU 以上;东海大桥总长约 32.5 km,按双向六车道高速公路标准设计;芦潮港辅助配套工程位于东海大桥登陆点附近,主要功能是为洋山深水港区提供配套服务。

洋山保税港区是经国务院正式批准设立的我国第一个保税港区。它由规划中的小洋山港口区域、东海大桥与之相连的陆上特定区域组成,其中小洋山港口区域面积 2.14 km$^2$,位于芦潮港的陆地区域面积 6 km$^2$。洋山保税港区实行封闭管理,它集目前国内保税区、出口加工区、保税物流园区三方面的政策优势于一体。保税港区将充分发挥深水港区的区位优势,大力发展国际中转、配送、采购、转口贸易和出口加工等业务,拓展相关功能,从而为深水港区营造优良的软环境,有利于洋山深水港在高起点上实现跨越式发展。至 2012 年,洋山深水港可形成 10 多 km 的深水岸线,布置 30 多个泊位,年吞吐能力 1 500 万 TEU 以上。

洋山深水港区一期工程建成开港、保税港区封关启用,标志着上海国际航运中心建设取得重大突破,为加快确立东北亚国际航运中心地位,推进我国由航运大国迈向航运强国创造了更好的基础条件。上海将以此为契机,坚决贯彻落实好党中央的决策部署,坚持立足国家战略,始终站在全局的高度,继续发扬"大团结、大联合、大协作"精神,运营好、管理好洋山深水港区,全力以赴加快上海国际航运中心建设,充分发挥航运中心的辐射带动作用,更好地为长三角地区、为长江流域、为全国经济社会发展服务。

**思考题**

试分析洋山深水港工程对构建长江物流大通道的重要意义。

# 练习与思考

**（一）名词解释**

水路运输　港口　码头　船舶的排水吨位和载重吨位

**（二）填空题**

1. 水路运输按船舶的航行区域，一般可以分为_____、_____和_____三大类。水路运输按照贸易种类，可以分为_____和_____两大类。水路运输按照运输对象不同，可以分为_____和_____两大类。水路运输按照船舶营运组织形式，可以分为_____、_____和_____。

2. 按照港口的使用目的不同，港口可以分为_____、_____、_____和_____。

3. 根据港口运输作业的主要内容，港口系统可以划分为_____、_____和_____三个组成部分。

4. 集装箱运输的发展是交通运输现代化的重要标志之一。集装箱船可分为_____、_____和_____三种。

**（三）简答题**

1. 水路运输具有哪些特点和功能？
2. 水路运输的发展趋势如何？
3. 港口的分类方法有哪几种，上海港是属于哪种类型的港口？
4. 船舶的主要技术指标有哪些？

## 部分参考答案

**（二）填空题**

1. 内河运输　沿海运输　远洋运输　外贸运输　内贸运输　旅客运输　货物运输　定期船运输　不定期船运输　专用船运输
2. 综合性商港　专业港　渔港　军港　避风港
3. 港口水域设施　码头构筑物　港口路域设施
4. 部分集装箱船　全集装箱船　可变换集装箱船

# 第五章 航空运输设施与设备

■ 学习目标 ■

学习完本章，你应该能够：
1. 明确航空运输的概念、特点；
2. 了解我国航空运输的发展现状和前景；
3. 熟悉航空运输技术设施的主要组成；
4. 熟悉飞机的主要类型；
5. 掌握航空集装箱的基本知识。

■ 基本概念 ■

航空运输　航空港　航线　航班　航空集装箱

## 第一节　航空运输概述

　　航空运输是交通运输体系的一个重要组成部分。航空运输促进了全球经济、文化的交流和发展，由于其突出的高速直达性，在整个交通运输体系中具有特殊的地位，并拥有很大的发展潜力。它与其他交通运输方式分工协作、相辅相成，共同满足社会对运输的各种需求。航空运输是指利用航空器及航空港进行空中客、货运输的一种方式。由于在各种航空器中，飞机是主要的运输工具，因此航空运输主要指的是飞机运输。

### 一、航空运输的特点

　　航空运输与其他运输方式相比，主要有以下优点。
　　(1) 速度快、直达性好。这是航空运输最大的特点和优势。目前，现代民用航空的喷气式飞机的巡航速度为800~1 000 km/h。飞机在空中飞行较少受到自然地理条件的限制,航空运输能够实现两地间的直线运输。运输距离越长,这种优势越明显。

(2) 舒适性、安全性好。喷气式飞机在高空巡航时,飞机不受低空气流的影响,飞行平稳舒适,客舱乘坐的舒适性也较好。按照航空运输的单位客运周转量或单位飞行时间死亡率来衡量,航空运输的安全性是所有运输方式中最高的。

(3) 经济特性良好。单纯从经济方面来讲,航空运输的成本及运价高于其他运输方式。因此,一般不如其他运输方式普及。但是,如果考虑时间价值,航空运输又具有其独特的经济价值。因此,随着经济的发展、人们收入水平和时间价值的提高,航空运输在整个交通运输体系中的比例呈上升趋势。

航空运输的主要缺点是:

(1) 受气候条件的限制。为保证飞行安全,航空运输对飞行的气候条件要求较高,从而影响了运输的准时性和正常性。

(2) 可达性差。一般情况下,航空运输难以实现客、货的"门到门"运输,必须借助其他运输工具转运。

(3) 飞机机舱的容积和载重量都比较小,飞机的造价高,技术复杂。例如,美国波音公司的747-400飞机,单价达1.8亿~2.0亿美元。

因此,航空运输主要适于国家客运及城市间长距离的直达运输、时间性强的快递运输、鲜活易腐和价值高的货物的中长途运输,以及紧急救援运输等。

## 二、我国航空运输的现状和前景

1. 我国民航体制改革

2002年3月3日,党中央、国务院作出改革民航管理体制的重大决策,并以国发[2002]6号文件印发了《民航体制改革方案》。这是继1980年民航改变原来隶属于军队的领导体制、走企业化道路,1987年民航实行航空公司与机场分立、组建国有骨干航空公司后,进行的又一次体制改革,是新中国民航成立以来,最彻底、最深刻的一次改革。至2004年7月8日,民航体制改革的各项任务圆满完成。主要体现在以下几个方面:

(1) 航空运输公司与服务保障企业完成联合重组,企业内部重组改制工作取得阶段性成果。原民航总局直属的九家航空公司和四家服务保障企业联合重组为六个集团公司,资产、人员由民航总局移交国资委管理。

(2) 机场管理体制改革全面完成。除北京首都机场和西藏自治区内机场外,其他省(区、市)原由民航总局直接管理的 90 个机场的国有资产和人员移交地方政府管理。

(3) 民航行业行政管理体制改革顺利完成。经过改革,调整形成了以民航总局、7 个地区管理局和 26 个省(区、市)航空安全监督管理办公室为主体的政企分开、垂直领导的民航行政管理体制。

(4) 空中交通管理体制改革顺利完成,形成了集民航总局空中交通管理局、7 个地区管理局空中交通管理局和 32 个空中交通管制中心(站)为一体的民航空中交通管理体系。

2. 我国民用航空运输的运输量及前景展望

2005 年,我国内地航空公司定期航班完成总周转量 257.765 亿 t·km。国际民航组织(ICAO)的统计信息显示,除我国香港、澳门和台湾地区的民航空运量,中国民航航空运输总周转量在全世界的排名为第二位。其中,国际航线完成运输总周转量 83.87 亿 t·km,世界排名第十位;客运完成 2 019.61 亿客·km,排名第二位,仅次于美国;货运完成了 75.79 亿 t·km,排名第四位。20 世纪 90 年代以来,中国民航进入了高速发展时期,航班、航线年均增长速度达到 9.1% 以上,截至 2004 年底,我国定期航班航线达到 1 200 条,其中国内航线(包括香港、澳门航线) 975 条,国际航线 225 条,境内民航定期航班通航机场 133 个(不含香港、澳门),形成了以北京、上海、广州机场为中心,以省会、旅游城市机场为枢纽,其他城市机场为支干,联结国内 127 个城市,联结 38 个国家 80 个城市的航空运输网络。

至 2006 年 6 月,中国民航机队的规模为 907 架,其中波音系列飞机为 559 架,欧洲空中客车系列飞机 279 架。在我国各大航空公司中,中国国际航空公司的机队规模为 186 架,中国东方航空公司机队规模为 186 架,中国南方航空公司的机队规模为 235 架。它们是我国三大航空集团公司。根据中国民航总局的远景规划,到 2018 年,中国将形成基本覆盖全国的辐射式航线网络。届时,中国民航的机队将达到 1 618 架,其中大型飞机 1 219 架,小型飞机 399 架。未来中国国内航线布局发展的重点将在沿海开放地区、西部交通不便地区和中部的一些旅游城市。因此,中国民航将继续扩大以北京、上海、广州等城市为中心的航线网络布局;增加省会、自治区首府城市和主要开放城市及旅游城市之间的航班密度;同时,进一步完善和发展中西部地面交通不便地区和东南沿海经济发达地区的支线航线。除现有以乌鲁木齐、昆明、成都为中心的辐射式航线网外,中国民航还将逐步形成以杭州、广州、武汉、哈尔滨和西安为中心的辐射式航线网和以济南为中心的环渤海、黄海支线网络。

# 第二节　航空运输技术设施

航空运输的技术设施主要包括航空港、航路、航线、航班等，它们构成了辐射式航线网络。

## 一、航空港

航空港是航空运输系统中航线网络的交汇点，是航空运输用的机场及其服务设施的总称。机场是供飞机起飞、降落、停放和维修等活动的场所，场内设有为飞行服务的各种建筑物和设施。航空港内的服务设施主要包括客、货运输设施，有候机楼、货运站等。大型的航空港还配有商务、餐饮、娱乐等附属设施，如图5-1所示。

图5-1　航空港平面示意图

航空港按照其所处的位置分为干线航空港和支线航空港。按照业务范围可以分为国内航空港和国际航空港。其中国际航空港可以用来供国际航线的航空器起降运营，航空港内配有海关、边检、检验检疫等机构。国内航空港仅供国内航线的航空器使用，除特殊情况外不对外国航空器开放。

通常，航空港划分为飞行区、客货服务区和机务维修区三个部分。

## 1. 飞行区

飞行区是航空港的主要区域,也是占地面积最大的区域。在飞行区内有跑道、滑行道、停机坪、指挥塔等设施。

(1) 跑道,供飞机起降,是飞行区的主体。由道面、道肩、跑道端安全区和防吹坪等组成。跑道的长度是衡量飞行区能满足多重的飞机起降要求的关键参数。主要根据飞机起飞和着陆性能、飞机重量、气候条件确定。20 世纪 50 年代,供活塞式飞机起飞所需的跑道长度最长可达 2 400 m;随着大型喷气式飞机的出现,所需跑道的长度增加到 3 600 m;而涡轮风扇发动机的应用,改善了飞机的爬升性能,跑道长度增长的趋势得到了缓和。例如,上海浦东国际机场的跑道长度为 4 000 m,宽为 60 m,可满足现有所有型号的大型飞机的起降需要。

跑道的性能及相应的设施决定了什么等级的飞机可以使用这个机场,机场按这种能力分级,称为飞行区等级。对于跑道来说,飞行区等级的第一个数字表示所需要的飞行场地长度,第二位的字母表示相应飞机的最大翼展和最大轮距宽度,数据如表 5-1 所示。

表 5-1 机场飞行区等级

| 第一位 数字 | | 第二位 字母 | | |
|---|---|---|---|---|
| 数 字 | 飞行场地长度/m | 字 母 | 翼展/m | 轮距/m |
| 1 | <800 | A | <5 | <4.5 |
| 2 | 800~1 200 | B | 5~24 | 4.5~6 |
| 3 | 1 200~1 800 | C | 24~36 | 6~9 |
| 4 | >1 800 | D | 36~52 | 9~14 |
| | | E | 52~60 | 9~14 |

目前我国大部分开放机场飞行区等级均在 4D 以上,北京首都、上海虹桥、上海浦东、深圳宝安、重庆江北、成都双流、西安咸阳、乌鲁木齐地窝铺等机场拥有目前最高飞行区等级 4E。

跑道的布置构形,可以分为单条跑道、多条平行跑道、开口 V 形跑道和交叉跑道四种基本形式,如图 5-2 所示。

(2) 滑行道,是供飞机在飞行区各部分之间滑行的通道。大体可以分为出入跑道的滑行道和停机坪上的滑行道两类。

(3) 停机坪,是供飞机停放,以供旅客上下、货物装卸和检修的场地。

(4) 待机坪,滑行道和跑道端的接口附近有待机坪,地面上有标志线标出,

图5-2 跑道的布置构形
a—单条跑道 b—平行跑道 c—开口V形跑道 d—交叉跑道

是供飞机在进入跑道前等待许可指令的场地。

（5）指挥塔，是控制航空器进出航空港的指挥中心。一般设置在航空港建筑物的最高处，有利于指挥和航空管制，维护飞行安全。

2. 客货服务区

客货服务区是旅客、货物、邮件运输服务设施所在区域。主要包括候机楼、货运站、停车场、出入机场的交通设施等。候机楼是客货服务区的主体建筑，是旅客和行李转换运输方式和办理换乘的场所；货运站是货物转换运输方式和办理交付、承运手续的场所。

3. 机务维修区

机务维修区是飞机维修厂、维修机库、维修机坪等设施所在的区域。此外，区内还有为保证航空港正常运转和安全所需的各项设施，如气象、供电、供冷、供热、给排水、消防、输油等设施。

## 二、航路和航线

航路是政府有关部门批准的，使飞机能够在地面通信导航设施的指挥下沿着一定高度、宽度和方向在空中飞行的空域，是多条航线共用的公共空中通道；航线不同于航路，它与实际飞行线路的具体空间位置没有直接关系。航线是飞机飞行的路线，飞机的航线由飞行的起点、经停点、终点等要素组成。一般情况下，航线的开辟是以大城市为中心，在大城市之间建立干线航线，再由大城市以支线航线的形式辐射至周围的中小城市。

航线有很多种,按飞行的区域可以分为:

(1)国内航线。国内航线是指飞行的起点、经停点和终点都在同一个国家境内的航线。国内航线又可以分为:① 干线:即骨干航线,在我国是指北京和各省会、直辖市、自治区首府和大城市之间的航线。如北京——上海航线、上海——广州航线等。② 支线:是指一个省或自治区内的各个城市之间,或大城市至中小城市之间的航线。如上海——温州航线、西安——延安航线等。支线对干线运输起辅助作用。③ 地区航线:是指中国内地城市与香港、澳门和台湾之间的航线。如上海——香港航线、北京——澳门航线等。

(2)国际航线。国际航线是指飞行的起点、经停点和终点超过一个国家国境线的航线。如上海——法兰克福航线、北京——莫斯科航线等。

## 三、航班

航班是指飞机定期由始发站按规定的航线起飞,经过经停站至终点站或不经经停站直达终点站的运输飞行。在国际航线上飞行的航班称国际航班,在国内航线上飞行的航班称国内航班。为方便运输和用户,每个航班均编有航班号。航班号由字母和数字组成。

中国国内航班的航班号由执行航班任务的航空公司二字代码和四个阿拉伯数字组成,其中第一位数字表示执行该航班任务的航空公司或所属管理局,第二位数字表示该航班终点站所属的管理局,第三、四位数字表示班次,即该航班的具体编号,其中第四位数字若为奇数,则表示该航班为去程航班,若为偶数,则为回程航班。如 CA1501,表示中国国际航空公司自北京至上海的航班。国内部分航空公司代码和民航地区管理局所在地代码如表 5-2 和表 5-3 所示。目前,由于民航直属企业间的重组、地方航空公司的发展、代码共享、飞行区域交叉等原因,航班号显得有些乱,不再那么严格遵循规律。

表 5-2　国内部分航空公司代码

| 航空公司名称 | 代码 | | 航空公司名称 | 代码 | |
|---|---|---|---|---|---|
| | 二字 | 数字 | | 二字 | 数字 |
| 中国国际航空集团公司 | CA | 1 | 上海航空公司 | FM | 5 |
| 中国东方航空集团公司 | MU | 5 | 海南航空公司 | HU | 7 |
| 中国南方航空集团公司 | CZ | 3 | 厦门航空公司 | MF | 8 |

表5-3 国内民航地区管理局所在地代码

| 民航地区管理局名称 | 所在地代码 | 民航地区管理局名称 | 所在地代码 |
|---|---|---|---|
| 华北管理局 | 1 | 华东管理局 | 5 |
| 西北管理局 | 2 | 东北管理局 | 6 |
| 中南管理局 | 3 | 乌鲁木齐管理局 | 9 |
| 西南管理局 | 4 | | |

我国国际航班的航班号是由执行该航班任务的航空公司的二字英语代码和三个阿拉伯数字组成。其中,中国国际航空公司的第一个数字为9,其他航空公司第一个数字以执行航班任务的该航空公司的数字代码表示。其中最后一个数字为奇数者,表示由基地出发的去程航班;最后一个数字为偶数者,表示返回基地的回程航班。例如,中国国际航空公司北京至新加坡的航班号是 CA977,至日本东京为 CA919;中国东方航空公司上海至新加坡航班号是 MU545,至日本大阪为 MU515。

各航空公司的航线、航班及其班期和时刻等,按一定规律汇编成册,即形成常见的航班时刻表,根据飞行季节的不同和客流流量、流向的客观规律,国内按冬春、夏秋两季,一年调整两次航班时刻表。在我国每年4月到10月使用夏秋季航班时刻表,11月至次年3月使用冬春季时刻表。时刻表的内容包括始发站名称、航班号、终点站名称、起飞时刻、到达时刻、机型、座舱等级、服务内容等。

## 第三节 航空运输运载工具

用于物流领域的航空运输运载工具主要是各种飞机。它是在20世纪初出现的,也是技术发展最迅速的一种运载工具。

### 一、民航飞机的分类

民航飞机按照其分类标准的不同,有多种划分方法:

(1) 根据运输对象不同,可以分为客机、货机和客货两用机。客机主要运送旅客;货机专门用于运送各类货物,现役的货机多数是由客机改装而来的。

(2) 根据飞机的航程长短,可以分为近程、中程和远程飞机。远程飞机的航程在8 000 km 以上;中程飞机的航程为3 000~5 000 km;近程飞机的航程一般在 1 000 km 以下。中、远程飞机主要用于国际航线和国内干线的运输飞行,因此又被称作干线飞机;近程飞机一般用于支线,又被称作支线飞机。

(3) 根据飞机发动机的类型,可以分为活塞式、涡轮螺旋桨式、涡轮喷气式和涡轮风扇喷气式飞机。涡轮风扇发动机由于推力大、油耗低,目前被运输飞机大量采用。

(4) 根据飞机装备的发动机数量,可以分为单发飞机、双发飞机、三发飞机和四发飞机等。

此外,根据飞机的客座数,还可以划分为大、中、小型飞机。飞机的客座数在100 座以下的为小型、100~200 座为中型、200 座以上为大型。

## 二、飞机的主要组成

飞机主要由机身、机翼、动力装置、起落装置、操纵系统等部件组成。

(1) 机身,是装载旅客、货物、燃油和其他各种物资及装备的部件,并连接机翼、尾翼、起落架及其他相关部件。

(2) 机翼,是为飞机提供升力的部件。

(3) 动力装置,是产生推动力,使飞机飞行的装置。

(4) 起落装置。飞机的起落装置能使飞机在地面或水面上平顺地起飞、着陆、滑行和停放。主要由吸收着陆撞击能量的机构、减震器、机轮和收放机构等组成。

(5) 操纵装置。飞机的操纵系统分为主操纵系统和辅助操纵系统。主操纵系统主要控制升降舵、方向舵和副翼三个主要操纵面;辅助操纵系统主要控制调整片、水平安定面和增举装置等。

## 三、民航飞机的主要参数

1. 基本参数

(1) 机长,指飞机机头最前端至飞机尾翼最后端之间的距离。值得注意的是机长与机身长是不同的,机身长的概念较少使用,一般指机身段的长度。

(2) 机高,指飞机停放地面时,飞机尾翼最高点的离地距离。

(3) 翼展,指飞机左右翼尖间的距离。这个参数在实际运作中较为重要,要确定飞机滑行路线、停放的位置、安全距离时均以它作为重要指标。

(4) 最大起飞重量,指飞机适航证上所规定的该型飞机在起飞时所许可的最大重量。

(5) 最大着陆重量,是飞机在着陆时允许的最大重量,它要考虑着陆时的冲击对起落架和飞机结构的影响,大型飞机的最大着陆重量小于最大起飞重量,中小飞机两者差别不大,由飞机制造厂和民航当局所规定。

(6)空机重量,或称飞机基本重量,指除商务载重(旅客及行李、货物邮件)和燃油外飞机作好执行飞行任务准备的重量。

2. 性能参数

(1)业载。业务载荷,也称商载。指飞机可以用来赚取利润的商业载荷,它包括3个部分:

① 旅客。总重量为座位数×旅客平均重量。我国一般旅客(含随身携带的行李)平均重量按75 kg计算。

② 行李。这里指旅客托运的行李,在飞机货舱。

③ 货物。在客机上和行李混装,由于行李是散装的,体积较大,因而目前货物多采用集装箱或集装盒以充分利用容积,来装运行李。

(2)巡航速度。飞机完成起飞阶段进入预定航线后的飞行状态称为巡航。飞机发动机有着不同的工作状态,发动机每千米消耗燃料最少情况下的飞行速度,称为巡航速度。

(3)爬升速度(爬升率),指飞机每分钟上升的垂直方向的高度。

(4)升限,是指飞机上升所能达到的最大高度。

(5)航程和续航时间。航程是指飞机起飞后、中途不降落,不加燃料和滑油,所能飞行的距离;续航时间是指飞机一次加油,在空中能持续飞行的时间。

民航飞机的主要参数,如表5-4所示。

表5-4 部分民航飞机的主要技术参数

| 飞机型号 | 机身长/米 | 翼展/米 | 最大起飞质量/吨 | 最大载客数/人 | 巡航速度/(km/h) | 航程/千米 | 机场长度/米 | 发动机数/台 |
|---|---|---|---|---|---|---|---|---|
| B737-300 | 33.4 | 28.9 | 62 | 149 | 856 | 2 993 | 1 996 | 2 |
| B737-700 | 33.6 | 34.3 | 70 | 149 | 856 | 6 038 | 1 996 | 2 |
| B747-300 | — | | | | 935 | 8 220 | 3 200 | 4 |
| B747-400 | 70.6 | 64.4 | 395 | 416 | 935 | 13 570 | 3 200 | 4 |
| B767-300 | 54.94 | 47.57 | 175 | 269 | 900 | 11 393 | 1 722 | 2 |
| B777-200 | 63.73 | 60.93 | 230 | 320 | 935 | 9 525 | — | 2 |

续表

| 飞机型号 | 机身长/米 | 翼展/米 | 最大起飞质量/吨 | 最大载客数/人 | 巡航速度/(km/h) | 航程/千米 | 机场长度/米 | 发动机数/台 |
|---|---|---|---|---|---|---|---|---|
| A300-600 | 54.1 | 44.8 | 165 | 298 | 891 | 7 500 | 2 664 | 2 |
| A320-200 | 37.57 | 34.09 | 73.5 | 150 | 900 | 5 000 | — | 2 |
| A340-200 | 59 | 60.3 | 275 | 239 | — | 14 850 | — | 4 |
| A380-800 | 72.8 | 79.8 | 560 | 555 | — | 14 800 | — | 4 |
| 伊尔76 | 46.59 | 50.5 | 170 | — | — | 5 000 | — | 4 |
| 运12 | 14.86 | 17.24 | 5.3 | 17 | 290 | 1 400 | — | 2 |

## 四、主要民航机型介绍

目前世界上主要的民航机型有美国的波音(B-)系列、欧洲的空中客车(A-)系列、俄罗斯的图(TU-)系列、伊尔(IL)系列、安(AN-)系列等，其他还有我国的运(Y-)系列、加拿大的旁巴迪系列等。

1. 波音系列民航飞机

波音飞机公司是目前世界上最大的民航飞机制造商。它是1916年7月15日，由一位富有的木材商人、年轻的航空爱好者威廉·波音在西雅图创建，1917年正式称为波音飞机公司。1954年7月，波音公司的喷气运输原型机"DASH80"首飞，它是707和KC-135加油机的原型机。它采用了大后掠机翼，装四台普惠公司JT3双转子涡轮喷气发动机。波音707是历史上有重大影响的一代飞机，为美国在民用航空市场上称霸世界打下了重要基础。1997年，波音公司又兼并了美国麦道飞机公司，一举垄断了美国大、中型民用飞机的生产领域。

从60年代至今，波音公司推出的民航机型主要有B727、B737、B747、B757、B767、B777和B717。其中B737，如图5-3所示，是波音公司最成功的一个机型，销售总数超过4 000架；B747，如图5-4所示，自1969年上天以来，在大型客机领域一直占据绝对垄断地位；B777，如图5-5所示，是世界上第一种电传飞行操纵的民航飞机；最新的B717，如图5-6所示，是波音公司为竞争支线飞机市场而推出的100座双发民航飞机。

图 5-3 B-737 飞机

图 5-4 B-747 飞机

图 5-5 B-777 飞机

图 5-6 B-717 飞机

此外原美国麦道公司生产的民航机型主要有 DC-10、MD-80、MD-82/83、MD-90、MD-11 等。其中 MD-82,MD-90 和 MD-11 在我国民航共装备了 54 架,如图 5-7 所示。

MD-90 飞机

MD-11 飞机

图 5-7 麦道飞机

### 2. 空中客车系列民航飞机

空中客车工业集团由欧洲四家主要航太公司组成,分别是同样握有 37.9% 股份的德国戴姆勒-克莱斯勒航太和法国航太公司,握有 20% 股份的英国航太公司,以及握有 4.2% 股份的西班牙 CASA 公司,这四个合作伙伴扮演着股东及制造生产者的双重角色。

在60年代后半期之前,世界上的客机制造主要被美国公司所垄断,欧洲只是个很小的角色。1969年,波音公司用它首次推出的747开启了宽体客机的时代,到现在它仍是世界上最大的客机。空中客车工业集团在宽体客机市场中找到了一个空当,即250～300座级的宽体客机,并果断地采用了双发布局,在以后的10年,一直到波音767推出之前,空中客车的A300在这个宽体客机市场中一直独领风骚。正是这10年独家占有市场的机会,使空中客车工业公司在世界上建立起极好的信誉,有了一个世界范围的客户基础。

空中客车工业集团的飞机家族系列,包括三种不同机型:107～185人座的A318/A319/A320/A321单走道客机,如图5-8所示;220～266人座的A300/A310宽体客机,如图5-9所示;以及263～400人座的A330/A340宽体客机,如图5-10所示。该家族中最新的机型是A380远程宽体飞机,如图5-11所示。A380将设有646个座位,超出波音747客机座位三分之一。首批A380大型客机于2004年底交付使用,2006年进行商用飞行。

图5-8　A318飞机

图5-9　A300飞机

图5-10　A330飞机

图5-11　A380飞机

3. 俄罗斯的民航飞机

俄罗斯的民航飞机工业在二次世界大战后得到很大发展,生产出高质量、高性能的各种类型的航空产品，占领了在当时政治条件下形成的东欧市场和部分第三世界国家的市场，其中不乏世界级的产品，其主要民航飞机生产厂商及产品有：

（1）图波列夫航空科学技术联合体。前身是1922年成立的图波列夫实验设计局，第一任总设计师是A·H·图波列夫。在近80年的历程中，该局致力于设计和研制大型轰炸机和中型、重型运输机。其中民航飞机有图-104、图-134、图-154、图-204和图-144等。我国民航曾经装备过一定数量的图-154客机，现已全部退出营运。

（2）伊留申航空联合体股份公司。前身是1933年成立的伊留申实验设计局，第一任总设计师是C·B·伊留申。该局重点设计和研制运输机，例如曾经广泛使用过的伊尔-18和伊尔-62运输机。1970年以后，该局设计和制造了伊尔-76军民两用运输机和伊尔-86、伊尔-96宽体客机等。目前正集中精力研制远程宽体运输机伊尔-96M和支线飞机伊尔-114，希望打入西方市场和占领独联体及东欧市场。在伊尔-96M上采用了美国普惠公司的发动机和柯林斯公司的导航驾驶设备。我国目前装备有伊尔-76军民两用运输机，如图5-12所示。

图5-12　伊尔-76运输机

图5-13　安-225运输机

（3）安东诺夫航空科学技术联合体。前身是1946年成立的安东诺夫实验设计局，该局的第一任总设计师是O·K·安东诺夫。该联合体主要研制军用运输机、客机、客货两用飞机、特种用途飞机、特殊载机和超轻型飞机等。自成立以来，该设计局研制的运输机型号主要有：安-2、安-10和安-24客机，安-8、安-12、安-22、安-26、安-72和安-124军用运输机，在极地使用的安-28、安-32和安-74多用途运输机，以及安-225运输机等。其中安-225运输机是目前世界上最大的运输机，最大商业载重量为250 t，如图5-13所示。

4．我国的民航飞机

中国的航空工业创业于20世纪50年代初，很长一段时间由于国际环境的原因,受前苏联航空工业影响,以仿制为主发展自己的民机工业。在50多年的时间里,中国的民用飞机工业先后研制生产了8大系列,30多种机型的货运飞机、客机和通用飞机。1957年,中国成功制造了运5飞机;60年代又开始研制运7和运8运输机,并进行了系列化发展;70年代以来,中国先后研制了运10、运11、运12和农林5A飞机。运12系列飞机,如图5-14所示,已取得美国和英国适航当局颁发的型号合格证,累计出口90多架。2000年3月,重新包装的运7-200A以新舟60的形象隆重出场,基本达到了国际同类涡桨飞机的水平,受到市场欢迎,如图5-14所示。

运12飞机

新舟60

图5-14 国产民航飞机

改革开放以来,中国的民用飞机工业开始了广泛的国际合作,先后同波音、空客、麦道、法宇航、通用电气、普惠、罗·罗、霍尼韦尔、柯林斯以及俄罗斯的航空企业等世界上著名的制造商进行了合作,不仅大量转包生产了国外飞机、发动机零部件和机载设备,还通过生产许可证延伸的方式同美国麦道公司组装生产了35架MD82和MD83飞机,其中5架返销美国。我国同美国合作生产的2架MD90干线飞机,机体国产化率达到了70%,并获得了美国联邦航空局(FAA)颁发的适航证。但是由于麦道公司被波音公司兼并,在我国上海建成的MD90生产线最后无疾而终,令人痛心。

### 五、其他航空运输运载工具

其他航空运输运载工具主要有热气球、飞艇和直升机等。

#### 1. 热气球

轻于空气的航空器,无推进装置,由气囊和吊在气囊下的吊舱或吊篮组成,如图5-15所示。气囊由橡胶布、塑料薄膜等材料制成,内充轻于空气的热空气。吊篮或吊舱内装有各种仪表、设备及氧气装置。载人高空气球的吊舱需密封增压。热气球主要用于航空体育运动。

图 5-15 热气球

图 5-16 飞艇

## 2. 飞艇

有推进装置,利用空气浮力升空的可操纵的航空器,如图 5-16 所示。主要由充满氢气的流线型艇体、位于艇体下方的吊舱、起稳定操纵作用的舵面,以及起推进作用的发动机等部分组成。飞艇可以用于客货运输、工程建设、军事等领域。

## 3. 直升机

依靠发动机驱动的旋翼产生升力,能垂直起飞和降落的重于空气的航空器,如图 5-17 所示。直升机不需要跑道,可在狭窄场地垂直起降,有广泛应用。军事上可用于联络、侦察、空降、反潜、救护、对地攻击等,民用方面可进行短途运输、造林护林、抢险救灾、遥感勘测、喷洒农药、吊装设备、航天回收等。

图 5-17 直升机

## 第四节 航空集装箱运输设备

当今世界航空运输中集装箱的应用已十分广泛。我国 4 类以上的机场均配有集装箱设备。航空运输中的集装箱设备主要是指为提高飞机运输效率而采用的托盘、货网和集装箱等成组装载设备。为了使用这些设备,飞机的货舱和甲板都设置了与之配套的固定系统。

## 一、航空集装箱设备

国际航空运输协会(IATA)对航空运输中使用的集装箱采用了"成组器(ULD)"这一术语,表示它是成组装载用的一种工具。成组器可以分为航空用成组器和非航空用成组器两种,如表5-5所示。

表5-5 航空集装箱分类

| | | |
|---|---|---|
| 航空集装箱 | 航空用成组器 | 部件组合式 |
| | | 航空用托盘 |
| | | 航空用货网 |
| | | 非固定结构圆顶 |
| | | 整体结构式 |
| | | 主货舱用集装箱 |
| | | 下部货舱用集装箱 |
| | | 固定结构圆顶 |
| | 非航空用成组器 | 国际标准集装箱 |
| | | 国际航空运输协会标准尺寸集装箱 |
| | | 航空运输专用集装箱 |
| | | 陆空联运用集装箱 |
| | | 海陆空联运用集装箱 |

(1)托盘。又称集装板,是指具有平滑底面的一块货板。要求它能用货网、编织带把货物在托盘上捆绑固定起来,并能方便地在机舱内进行固定。托盘的主要规格尺寸如表5-6所示。

表5-6 航空用托盘的主要规格尺寸

| 名 称 | 规格尺寸/in | 名 称 | 规格尺寸/in |
|---|---|---|---|
| 2A4P/PAG | 88×125 | 2L3P/PLA | 60.4×125 |
| 2M3P/PMC | 96×125 | FQA | 60.4×96 |
| 2K3P | 61.5×60.4 | | |

(2)货网。又称网套或网罩,是用编织带编织而成,如图5-18所示。主要用于固定托盘上的货物。货网与托盘之间利用货物上的金属环连接。根据托盘

的尺寸,货网也有相应的规格尺寸。

（3）固定结构圆顶。是一种与航空用托盘连接的,不用货网就可以固定货物的罩壳。托盘固定在罩壳上,与罩壳连成一体。

（4）非固定结构圆顶。是一种用玻璃钢、金属制造的,设有箱底,能与航空用托盘和货网相连的罩壳。

（5）主货舱用航空集装箱。又称上部货舱用集装箱。由于飞机的机身是圆筒状的,其货舱分上部货舱和下部货舱,航空集装箱的形状要求与货舱形状相配。

（6）下部货舱用集装箱。是指装在飞机下部货舱的集装箱,如图5-19所示。

图5-18 航空货网

LD2航空用集装箱

LD6航空用集装箱

图5-19 下部货舱用集装箱

（7）国际航空运输协会标准尺寸集装箱。是按国际航空运输协会的规定制造的集装箱。该协会对属于非航空用成组器范畴内的集装箱有如下定义:"所谓集装箱是指用铝、波纹纸、硬板纸、玻璃纤维、木材、胶合板和钢材等组合而制成的,可以铅封和密闭的箱子。侧壁可以固定,也可以拆卸。制成的集装箱必须能承受压缩负荷。"

（8）国际标准集装箱。是指与国际标准化组织(ISO)制定的集装箱标准同型的集装箱。其中航空运输专用集装箱上不设角件,故不能堆放。

成组器在各种机型中的互换性很大,能够适应不同货物的运输需求,对于提高航空运输装卸效率、缩短飞机停场时间、减少货损有着重要的作用。

## 二、航空集装箱搬运与装卸设备

航空集装箱搬运与装卸设备主要有托盘拖车、集装箱拖车、升降平台、传送车等。

（1）拖车，是机场经常使用的短距离的搬运车辆。一般情况下采用蓄电池或电动机作为动力驱动，或采用内燃机牵引车牵引。

（2）升降平台，如图 5－20 所示，是用于拖车及集装箱卡车的过渡设备，为货物快速输送、转移提供了保障，提升了物流工作的能力和效率。它可以使集装箱作横向、纵向、旋转及升降运动。

图 5－20　14 t 升降平台

图 5－21　传送车

（3）传送车，如图 5－21 所示，适用于飞机所运载的行李及散货的快速装卸。

### 小结和学习重点

- 航空运输的概念、特点
- 航空运输的发展趋势
- 航空港、航路、航线、航班的概念
- 常见的飞机类型
- 航空成组装载设备

通过本章的学习，可以掌握航空运输的概念、特点和发展趋势，航空运输设施、飞机及装载设备的基本概况等内容。航空运输由于其突出的高速直达性，在整个交通运输体系中具有特殊的地位，并拥有很大的发展潜力。

【案例分析】

## 航空物流园建设方兴未艾

航空物流园区的建立有助于航空货运的发展、货运枢纽港的形成、供应链系统的完善和地区经济的发展。2005年,我国航空物流园得到了前所未有的大发展,各地航空物流园掀起了一股建设热潮。

浦东空港物流园区依托上海浦东国际机场,以亚太航空枢纽港为建设目标。浦东机场规划三个货运区,设计货运能力达75万t,货运中心相对集中于机场西部,实现与市域交通的连接,与机场客运分流,并能与周边地区联动发展。浦东空港物流园区拥有连接世界、聚焦亚太、辐射全国的交通运输能力,对上海建设国际、国内和长三角区域多级物流中心具有重要意义。

据2005年11月有关报道,广州新白云机场投资总额预计将达到200亿元左右。根据规划,在新白云国际机场附近将建设广州国际空港物流园区,这也是国家三大国际航空物流园区之一。园区毗邻新机场高速公路、京珠高速公路、广清高速公路和北二环高速公路,广州火车站近在咫尺,是多种运输手段的交汇点。庞大的货运流量,奠定了该物流园区成为华南地区最大货物集散地的先天优势。

北京空港物流园区与上海、广州、南京、深圳以及天津等地规划的空港物流园区不同,它不是"机场行为",而是利用首都机场的资源,依托机场而不是依附机场。北京空港物流园区周边紧邻天竺出口加工区、空港工业区、林河工业区、北京现代汽车城及奥运会场馆,区域经济环境商机无限。

2005年12月完成的《成都市现代物流业发展规划纲要》提出,未来15年,成都市将重点建设依托双流国际机场建设的成都航空物流园区等三个国际性枢纽型物流园区。成都航空物流园区位于双流县文星、东升、黄甲镇境内,毗邻西南航空港开发区,控制性规划为5.1 km²,将建成全国一流、国际知名的区域性物流枢纽,并与双流机场实现"无缝对接"。

2005年3月28日,深圳航空物流园区的"空港通关货物周转站"正式启用。此举标志着深圳航空物流园区第一期正式运作。深圳航空物流园是深圳市的重点物流项目,由深圳机场集团和深圳机场股份联合组建,规划投资15亿元人民币,占地总面积116万m²。园内现已启用国际货运村、保税仓两大项目。天虎物流、环宇、美邦、大田等15家知名的物流企业已进园营业。其形象定位是国际、现代、便捷、综合的第四方航空物流平台。

河南省目前正在加紧筹划一座占地面积达到300亩以上的郑州航空物流园,该物流园即将在新郑机场附近破土动工,它将是河南省规模最大的物流园区,同时还将囊括公路、铁路物流运输。郑州航空口岸货运航班的开通,为河南省进出口商品搭建了一个方便、快捷的物流平台,初步打通了河南省连接国际市场的空中通道。

**思考题**

试举例分析依托航空港,建设航空物流园区对促进区域经济发展的意义。

# 练习与思考

### (一) 名词解释

航空运输　航空港　航路　航线　航班

### (二) 填空题

1. 航空港按照其所处的位置分为＿＿＿＿和＿＿＿＿。按照业务范围可以分为＿＿＿＿和＿＿＿＿。

2. 中国国内航班的航班号由执行航班任务的航空公司＿＿＿＿和＿＿＿＿组成,其中第一位数字表示＿＿＿＿,第二位数字表示＿＿＿＿,第三、四位数字表示＿＿＿＿。

3. 民航飞机根据运输对象不同,可以分为＿＿＿＿、＿＿＿＿和＿＿＿＿。

4. 目前世界上主要的民航机型有美国的＿＿＿＿系列,欧洲的＿＿＿＿系列,俄罗斯的＿＿＿＿系列、＿＿＿＿系列、＿＿＿＿系列等,其他还有我国的＿＿＿＿系列、加拿大的＿＿＿＿等。

5. 航空用成组器可以分为＿＿＿＿和＿＿＿＿两种。

### (三) 简答题

1. 简述航空运输的特点。
2. 民航飞机的主要技术参数有哪些?
3. 航空集装箱设备主要包括哪些?它们各自有何用途?

## 部分参考答案

### (二) 填空题

1. 干线航空港　支线航空港　国内航空港　国际航空港
2. 二字代码　四个阿拉伯数字　执行该航班任务的航空公司或所属管理

局　该航班终点站所属的管理局　班次

3. 客机　货机　客货两用机

4. 波音(B-)　空中客车(A-)　图(TU-)　伊尔(IL)　安(AN-)　运(Y-)　旁巴迪系列

5. 航空用成组器　非航空用成组器

# 第六章 管道运输设施

■ 学习目标 ■

学完本章,你应该能够:
1. 了解管道运输的方式和特点;
2. 熟悉输油管道的组成及工艺流程设计;
3. 能够根据有关影响因素选择适宜的管道运输方式。

■ 基本概念 ■

管道运输　输油管道　浆体管道　粉粒物料管道　特种物料管道

## 第一节　管道运输概述

### 一、管道输送的发展概况

**1. 管道输送在国外的发展状况**

管道水力输送始于19世纪中叶,至今已有100多年的历史。在初始阶段,只有个别国家采用小管径、短距离的管道进行水力输送固体物料的研究,输送的浆体浓度比较低,年输送量也比较小,尚属于小规模的试验探索。到了19世纪后期,随着第一批配有离心泵的吸泥船的出现,管道输送技术开始在疏浚过程中得到应用。1891年,美国兴建了第一条输煤管道,随后英国开始利用管道输送煤及石灰石,但年输送量都不超过40万t,运距也只有20多km。规模虽不大,但通过工业性运行获得了较好的效果,积累了管道输送固体物料的实际运行经验。特别是1906年,布莱奇(N. S. Blatch)发表了固-液混合浆体的首批室内试验研究报告,奥布莱恩、海伍德进行了关于有压管道内浑水运动特性的研究,为管道输送技术的发展奠定了基础。

第二次世界大战以后,管道水力输送有了很大的进展,各国相继对固体物料的管道输送进行了较为深入的理论和试验研究工作。这些研究成果进一步揭示了在一定条件下,矿浆有可能在能源消耗较少的情况下实现高浓度超临界输送,美国、英国、前苏联、法国、澳大利亚、日本、加拿大、南非等国相继兴建了一些管道输送工程。管道直径由 180 mm 提高到 400 mm,输送固体物料的品种逐渐增多,包括泥浆、砂、石、煤、精矿砂、焦炭以及各种尾矿渣等,年输送量也有大幅度的增加,输送距离也越来越长。

进入 70 年代以后,采用管道水力输送固体物料的国家愈来愈多,目前全世界已有 20 多个国家使用这种运输方式。输送固体物料的品种达 25 种之多,年输送量、输送管径以及加长输送距离得到很大的发展,如表 6-1 所示。据不完全统计,发达国家的原油管输量占其总输量的 80%,成品油长距离运输基本上实现了管道化,天然气管输量达 95%。迄今为止,全世界油气管道干线长度已超过 $200 \times 10^4$ km,其中输油干线约占 30%。美国和俄罗斯是世界上最大的油气消费国,已建油气管线长度分别为世界第一位和第二位,占世界石油管道总长度的 60%。管道水力输送向着远距离、大管径、高浓度的方向发展。

表 6-1  2000 年世界管道建设情况

| 管道长度与泵站能力 | 美　　国 | 美国以外地区 | 世　界　总　计 |
| --- | --- | --- | --- |
| 新建管道长度/km | 8 333 | 18 552 | 26 885 |
| 天然气管道 | 5 163 | 8 013 | 13 176 |
| 原油管道 | 924 | 4 142 | 5 066 |
| 成品油管道 | 747 | 3 942 | 4 689 |
| 海上管道 | 1 500 | 2 455 | 3 955 |
| 新增泵站能力/kW | 203 243 | 273 715 | 476 958 |
| 压缩机 | 196 535 | 193 124 | 389 659 |
| 泵 | 6 708 | 80 591 | 87 299 |

2. 我国管道输送的发展概况

1958 年建设的克拉玛依至独山子炼油厂的输油管道是我国第一条长距离

输油管道。我国建设的第一条长距离天然气管道是1961年的巴县石油沟至重庆化工厂的供气管道。截止2004年,我国共建成油气管道45 777 km,其中原油管道15 301 km,天然气管道21 861 km,成品油管道6 686 km,海底油气管道1 929 km。大口径、长距离的输油管道已经遍布我国的东北、华北、华东、西南等广大地区,基本上形成了横贯东西、纵贯南北的管道运输网络。虽然我国管道运输事业有了较大发展,长输管道建设已初具规模,但与一些发达国家相比尚有一定的距离。目前,我国的长输管道的长度只有全世界管道长度的1/120。这就需要进一步改进管道输送工艺,改善设备性能,拓宽管道输送介质领域,显现管道施工设备的优越性,提高管道施工水平。

举世瞩目的西气东输工程对加快我国的能源结构调整和发展天然气化工将起到重要的作用。为保证西气东输工程安全、稳定和长期运行,进一步发展更高压力的长距离管道输送技术十分重要。以建成的西气东输管线为标志,中国油气管道在设计、施工、管理等主要方面,已经在整体上达到了20世纪末的世界先进水平。

近期我国管道输送产业化的重点是输送压力12 MPa以上的输气设备,钢材、管材及施工机具的制造,管道监测机器人、网络监测系统、控制系统和安全维护装备,天然气脱硫、脱水技术及设备等。

## 二、管道输送的特点

管道运输是将货物运送至目的地,而运输工具本身——管道固定不动,只是货物本身在压力驱动下沿管道内移动。管道运输由于具有运量大、运输成本低、易于管理等特点而备受青睐,呈快速发展的趋势。随着科学技术的发展,各国愈来愈重视输煤管道的研究和应用。随着运行管理的自动化,进入21世纪后,管道运输将会发挥愈来愈大的作用。

管道运输多用来输送流体(货物),如原油、成品油、天然气、城市的自来水、管道煤气及固体煤浆等。它与其他运输方式(铁路、公路、海运、河运)相比,主要区别在于驱动流体的输送工具是静止不动的泵机组、压缩机组和管道。泵机组和压缩机组给流体以压能,使其沿管道连续不断地向前流动,直至输到指定地点。管道运输的优点是维修费低,管道一旦建成,就可以连续不断地运送大量物资,运输成本低。与其他运输方式相比,管道运输有着独特的优势。

在建设上,与铁路、公路、航空相比,管道输送投资要省得多。就石油的管道运输与铁路运输相比,交通运输协会的有关专家曾算过一笔账:沿我国成品油主要流向建设一条长7 000 km的管道,它所产生的社会综合经济效益,仅降低运输成本、节省动力消耗、减少运输中的损耗3项，每年就可以节约资金数十亿元。而且对于具有易燃特性的石油运输来说，管道运输更有着安全、密闭等特点。

在油气运输上，管道运输有其独特的优势，首先在于它的平稳、不间断输送。对于现代化大生产来说，油田不停地生产，管道可以做到不停地运输，炼油化工工业可以不停地生产成品，满足国民经济需要；二是实现了安全运输，对于油气来说，汽车、火车运输均有很大的危险，国外称之为"活动炸弹"，而管道在地下密闭输送，具有极高的安全性；三是保质，管道在密闭状态下运输，油品不挥发，质量不受影响；四是经济，管道运输损耗少、运费低、占地少、污染小。

成品油作为易燃易爆的高危险性流体，最好的运输方式应该是管道输送。与其他运输方式相比，管道运输成品油有运输量大，劳动生产率高；建设周期短，投资少，占地少；运输损耗少，无"三废"排放，有利于环境生态保护；可全天候连续运输，安全性高，事故少；以及运输自动化，成本和能耗低等明显优势。

但是管道运输也有不足之处，只适于定点、量大的流体货物的单向运输，不如车、船等运输方式灵活、运送货物种类多样。另外，在运送对象及运送地点等方面具有局限性，一般适用于气体、液体的运送。但随着技术的进步，管道输送对象的范围在不断扩大，例如粮食、煤粉等。

# 第二节　管道输送设施

石油是埋藏在地下的天然矿物质，未经炼制的石油称为原油。不同油田所产的原油在性质上有较大的差别。原油的组成极为复杂，但其元素组成却较为简单，主要有碳和氢两种元素，其含量在原油中占96%～99%，其他还有硫、氮和氧等元素。上述元素都以化合物的形式存在于原油中。原油的物理化学性质是评定原油质量、控制原油管道输送工艺参数的重要指标，也是输油管道和站库设计的重要依据。原油的物性参数主要有密度、黏度、凝点、热容、蒸气压等。

## 一、输油管道设施

管道运输是原油和成品油最主要的运输方式之一。输油管道也是最常用的管道运输方式之一。以石油管道工程为例，它是由管道线路工程、管道站库工程和管道附属工程三部分组成的。

## 1. 管道线路工程

管道的线路工程是管道工程的主体,约占管道工程总投资的2/3,主要包括管道的本体工程、防腐工程和穿跨越工程等。管道本体工程是由钢管及管阀件组焊连接而成的。防腐工程包括外防腐绝缘层、阴极保护站及沿线测试装置等。穿跨越工程包括穿越铁路或公路工程、穿跨越峡谷工程、穿山隧道工程以及穿越不良地质地段工程等。此外,线路阀室和清管设施等也属于线路工程之列。

## 2. 管道站、库工程

按照管道站、库位置的不同,分为首站(起点站)、中间站和末站(终点站)。按照所输介质的不同,又可分为输油站和输气站。输油站包括增压站(泵站)、加热站、热泵站、减压站和分输站;输气站包括压气站、调压计量站和分输站等。站、库工程内包含以下几类系统工程:工艺系统工程、自控系统工程、通讯系统工程、动力系统工程以及给排水、供热系统等。

## 3. 管道附属工程

管道附属工程主要包括管道沿线修建的通信线路工程、供电线路工程和道路工程。此外还有管理机构、维修机构及生活基地等设施。

输油管有两类:一类属于企业内部,如油田的油气集输管道,炼油厂、油库内部的输油管等。另一类是长距离输送原油、石油产品的管道。长距离输油管是一个独立的企业,有自己完整的组织机构,单独进行经济核算。

长距离输油管输送距离可达数百千米乃至数千千米;管径多数为200~1 000 mm,有的超过1 m;输油量也很大,从每年数百万到几千万吨,甚至超过1亿t。它的起点和终点分别与其他石油企业相连。

长距离输油管由输油站和线路两大部分组成,如图6-1所示。输油管起点有起点输油站,也称首站,它的任务是收集原油或石油产品,经计量后向下一站输送。首站的主要组成部分是油罐区、输油泵房和油品计量装置,有的为了加热油品还设有加热系统。输油泵从油罐汲取油品经加压(有的也经加热),计量后输入干线管道。

油品沿着管道向前流动,压力不断下降,需要在沿途设置中间辅油泵站继续加压,直至将油品送至终点。为了继续加热则设置中间加热站。加热站与输油泵站设在一起的,称为热泵站。

输油管的终点又称末站,它可能是属于长距离输油管的转运油库,也可能是其他企业的附属油库。末站的任务是接受来油和向用油单位供油,所以有较多的油罐与准确的计量系统。为了满足沿线地区用油,可在中间输油站或中间阀室分出一部分油品,输往它处;也可在中途接受附近矿区或炼厂来油,汇集于中间输油站或干管,输往终点。

图 6-1 长距离输油管道设施概况

1—井场 2—转油站 3—油田的输油管 4—首站的罐区和泵房 5—全线调度中心 6—清管器发放室 7—首站锅炉房、机修等辅助设施 8—微波通讯塔 9—线路阀室 10—管道维修人员住所 11—中间输油站 12—末站 13—炼厂 14—火车站油栈桥 15—油轮站油码头

长距离输油管的线路部分包括管道本身、沿线阀室,通过河流、公路、山谷的穿(跨)越构筑物、保护设施,以及沿线的简易公路,通讯与自控线路,巡线人员住所等。

长距离输油管,由于输油压力大,管道本身都由钢管焊接而成。为防止土壤对钢管的腐蚀,管外包有防腐绝缘层。为了防止含硫原油对管内壁的腐蚀,有时采用内壁涂层。内壁涂层还有降低管壁粗糙度、提高输量的作用。

长距离输油管上每隔一定距离设有截断阀门,大型穿(跨)越构筑物两端也有,一旦发生事故可以及时截断管道,防止事故扩大和便于抢修。

有线或无线通讯系统是长距离输油管不可缺少的设施之一,是全线生产调度和指挥系统的重要工具。近年来通讯卫星与微波技术被广泛地用于输油管的通讯系统和生产自动化的信息传输系统,使通讯和信息传输更加可靠和现代化。

随着石油开采量的增加,世界各国的长距离输油管建设日益增多,成为经济上和军事上的重要工程。为了节约钢材、减少动力消耗和投资,输油干管的建设日益朝着长距离、大口径、高压力、薄管壁的方向发展。生产管理自动化水平也日益提高,从泵站的就地自动控制到应用微处理机和大型数字电子计算机进行集中控制、测量、监视和调节,实现了生产管理自动化。

## 二、浆体管道输送设施

浆体管道运送是使用较多的管道运输方式之一。目前世界上输煤量最大的

用以输送煤浆的管道是美国里梅萨煤浆管道,起点是美国亚利桑那州的卡因塔露天煤矿,终点是内华达州的莫哈夫电厂。全长 439 km,管径为 457 mm 和 305 mm两种。这条管道 1970 年建成,年输煤量为 450 万 t。

1. 浆体管道输送的特点

浆体管道输送方式是一种用水力输送大宗颗粒状物料的运输方式,它具有与其他运输方式完全不同的特点。与其他运输方式相比,它有下述优点:

① 基建投资少、建设周期短、建设速度快;② 能耗小、运营费低、运输成本低;③ 受地形条件的限制少,易于克服自然地形的障碍;④ 可以实现连续运输,无铁路公路运输方式的车厢空载回程和寒冷地区物料在车厢中的冻结问题;⑤ 安全可靠、作业率高,几乎可不停顿地进行全年输送,几乎没有物料损耗;⑥ 由于长距离浆体输送管道绝大部分都埋没在冰冻层以下,因此不占或少占农田,受气候变化的影响较小,不污染环境,不破坏生态平衡;⑦ 坑内采掘提升煤、矿石兼排地下水,最经济;⑧ 可极大地减少建设工程量、减少管理人员和辅助生产设施;⑨ 易于实现自动控制、便于维护管理。

与其他运输方式相比,浆体管道输送方式也有其应用上的局限性或缺点:

① 输送物料比较单一,只能输送一种或几种与水混合后不会产生物理性质和化学性质变化的颗粒状物料。其他运输方式则没有这种限制,可以输送任何物料;② 只能定向定点定量输送,不像其他运输方式那样可以向任何多点不定量输送;③ 浆体管道输送方式对物料的粒度、相对密度和浓度等变化的敏感性强或应变能力低,对它们的变化范围有严格的控制,其他运输方式则不存在这种敏感性;④ 耗水量较大,缺水地区采用浆体管道输送方式时,需花费较多投资开采水源或采取循环供水措施,并增加电耗,这就在一定程度上降低了浆体管道输送方式的优越性。

当前我国的铁路公路运输能力不足,有计划地发展长距离浆体管道输送方式(当前主要是输煤管道),可以大大减轻铁路公路的过重负担,大大降低铁路公路扩建的投资,可间接地带来巨大的社会效益,两者是辩证的关系。

2. 浆体管道输送系统

浆体管道输送系统一般都有三大环节,它们是浆体制备系统(前处理)、浆体输送系统(泵站和管道)和脱水系统(后处理),根据输送距离的长短和输送工艺的繁简,这三大环节也不相同。

(1) 浆体制备系统。浆体制备系统的功用是制备适宜管道输送的浆体,用于长距离浆体管道输送系统,包括合格的料度、合格的浓度和合格的浆体 pH 值,对浆体和冲洗水还要进行除氧,甚至在冬季还要对浆体进行加热。主要制浆设备如图 6-2 所示。

(2) 浆体输送系统。浆体输送系统主要是泵站和输送管道,它是整个浆

图 6-2 浆体制备系统示意

体管道输送系统的核心,其功用是将已制备合格的浆体输送到预定的目的地,例如有关用户或浆体的输送终点或贮存地。它是基建投资、能耗和运营费的主要组成部分,是优化设计的关键所在。设计中涉及大量技术方面和经济方面的问题,例如泵型选择、清管器的发送和接收、突发性事故的处理、水击和加速流的防护、管道的清洗、水推浆与浆推水的有力计算、加速流与水击的防护、管道铺设与壁厚计算、管道的阴极保护、经济浓度、经济管径、主泵的经济压力、管道的最大允许铺设坡度、均质流与非均质流的计算、摩阻损失的计算、浆体稳定性的计算、主泵的流量调节、停机再启动措施、自动控制与监测、管道的热工计算等。所有这些技术方面和经济方面的问题,都要予以正确妥善解决。根据输送管道地形条件和输送距离长短的不同,可能存在上述技术问题中的全部或部分问题。

(3) 浆体的脱水与贮存。浆体中的水是作为载体随物料到达输送终点的,到达终点后要进行脱水与贮存,脱水后物料的含水量要满足用户直接使用要求或贮存要求。脱除后的污水通常含有 pH 值偏高的悬浮物、油类等以及其他有害成分,必须经过处理使其满足其他用户或本企业循环使用和重复使用的要求,如向外排放应满足地方或国家的排放标准要求。

图 6-3 浆体的脱水流程

浆体的脱水流程如图 6-3 所示。对输送金属矿山的精矿、矿石、煤炭等有用物料的浆体后处理系统包括浓缩、贮浆、过滤、外运、堆存、污水处理、处理后污水回收等环节。对于输送尾矿和灰渣等废弃物料的浆体,一般向尾矿库和灰渣库排放,在这里同时完成脱水和污水处理,处理后污水回收或排放,在这种情况下不存在浓缩、贮浆、过滤、外运的环节。

## 三、特种物料管道

主要介绍两种特种物料管道:膏体管道运输和密封容器的管道运输。

### 1. 膏体管道运输

由于生产工艺的需要,有些固体物料要求以特高浓度供给用户,人们把这种特高浓度的浆体称为"膏体"。这种浆体的形态有如牙膏一样,其流动性很小,具有一定的可塑性。例如膏体浓煤浆(CWM 或 CWF)可直接作为燃料向火力发电厂的燃煤锅炉喷吹,甚至可以作为内燃机的动力燃料以节约燃料费用。膏体全尾砂充填料浆可直接用于坑内矿井下充填,既可以废物利用,又可以降低运营费、减少尾矿场占地。

由于膏体的黏度很大,管道输送的阻力很大,因此由洗煤厂向火力发电厂输送煤浆或由选矿厂向坑内矿输送全尾砂,仍以常规的经济浓度输送以降低能耗。到达用户后,再制备成膏体供给火力发电厂或坑内矿。

(1) 膏体管道输送的特点。流变试验表明:工程上常见的膏体多为宾汉塑性体或屈服幂律塑性体,由于其屈服应力和黏度都很大,所以有效黏度计的雷诺数很小且处于层流区,膏体具有高度的稳定性,长时间放置也不会产生离析或分选现象,全部物料为"不沉粒径",在贮存仓和管道中不论是处于静态还是动态,几乎不存在浓度梯度和粒度梯度,因此不存在紊流区浆体的临界流速问题,输送流速远比紊流区普通浓度浆体所需流速小。试验表明,即使输送流速低到 0.1 m/s 也能保证正常输送。

膏体两相流称为"结构流",膏体类似"柱塞"在管道中作整体运动,只要"柱塞"所承受的压力(来自往复式浆体泵)超过重力和摩擦力之和,就可以造成膏体的整体运动。膏体各层之间没有流速梯度,在管道中"流核"几乎占据管道的全断面。

(2) 经济流速与经济管径。根据用户的生产工艺要求,可以确定适宜的膏体浓度,即输送浓度决定于技术要求而不是经济要求。例如膏体浓煤浆的质量浓度取决于锅炉喷吹煤粉对水分的要求,一般为70%~75%;膏体全尾砂充填料浆含有一定的胶结料(水泥),其质量浓度取决于充填作业的要求,一般为75%~80%。作为例子,参见表6-2。

表6-2 膏体输送浓度的实例

| 膏 体 名 称 | 物料密度/(kg/m³) | 输送浓度/% | |
|---|---|---|---|
| | | 质量浓度 | 体积浓度 |
| 浓 煤 浆 | 1 400 | 70~75 | 62.5~68.2 |
| 全尾砂充填料浆 | 2 800 | 75~80 | 51.7~58.8 |

在具体工程设计中,根据物料的特性(粒度和粒度组成、密度、物料的物理化学特性等),由用户提出要求。在既定的膏体输送浓度和运量条件下,输送流量也是一定的。

2. 密封容器的管道输送

密封容器(capsule)管道输送是新近出现的管道输送方式。浆体管道输送的物料比较单一,技术要求比较严格,只能输送一种或几种与水混合后不会产生物理性质或化学性质变化的粒状物料。对于长输管道还有粒径的要求,最大粒径不超过1~2 mm。为了突破这种限制,发挥管道输送方式的优势,出现了密封容器的管道输送。有的文献介绍的"囊状体"、"密封舱"管道输送,都属于密封容器管道输送的范畴。输送的载体可以是水,也可以是压缩空气,被输送的物料可以是固体、半固体甚至气体。密封容器分为水力密封器和空气密封器两种。为减小密封容器与管道的摩擦阻力,水力密封器的装载容重应小于1 000 kg/m³(水的容重)以产生浮力,也可以用带轮的密封器。由于空气的浮力很小,空气密封器必须带轮,用滚动摩擦代替滑动摩擦以减小输送阻力。密封容器有两种形式:一种是刚性密封容器,多为圆筒形,也可以采用球形和两端加椭圆形封头的圆筒形;另一种是采用聚乙烯薄膜进行密封的柔性密封容器。为此,自20世纪60年代以来,很多国家都对密封容器管道输送进行了试验研究,其基本情况如表6-3。

表6-3 若干国家对密封容器管道运输的试验研究

| 年份 | 国家 | 研究单位或个人 | 容器有无轮子 | 管道D/mm | L/m | 工作内容 |
| --- | --- | --- | --- | --- | --- | --- |
| 1960 | 加拿大 | 艾伯塔研究会 | 无 | 100 | 30 | 开始基础试验 |
| 1967 | 加拿大 | 艾伯塔研究会 | 无 | 250 | 400 | 开始大型试验 |
| 1968 | 南非 | J·H·拉扎勒斯 | 无 | 74 | 13 | 基础研究 |
| 1970 | 法国 | 索格里公司 | 无 | 530 | 700 | 重金属粉末输送 |
| 1971 | 德国 | 西马克公司 | 有 | 100 | 25 | 基础研究 |
| 1973 | 日本 | 日立造船厂 | 有 | 100 | 50 | 基础研究 |
| 1975 | 日本 | 日立造船厂 | 有 | 300 | 200 | 中间研究 |
| 1979 | 荷兰 | H·G·罗尔德曼 | 无 | 71 | 20 | 基础研究 |
| 1980 | 日本 | 柳井田 | 无 | 52 | 25 | 基础研究 |

密封容器为管道运输方式拓展了新的应用领域，开阔了新的视野。密封容器管道输送与浆体管道输送相比，具有以下特征：

① 不必采用破碎、研磨和筛分机械来减小输送物料的粒径，即使物料的粒度较大，也能进行密封容器的管道输送，大大简化了工艺流程和管理。
② 不必担心粉粒状物料在输送过程中会产生破坏、变质和磨损不利等现象。
③ 黏着性强的粉粒状物料如采用一般的管道输送方式，易产生糊壁现象，堵塞管道影响输送。采用密封容器管道输送，可避免上述不利现象的产生。
④ 密封容器管道输送对管道的腐蚀和磨损小，特别是有浮力的水力密封容器管道输送。⑤ 成型的"密封囊"管道输送，一般不收回"密封囊"。不成型的密封容器管道输送，应设密封容器收回管道，以便重复使用。⑥ 如果管道中的水为静止状态，利用水的浮力，将装载容重小于 1 000 kg/m³ 的密封容器提升到一定高度，可大大降低能耗。只是装入和卸出密封容器时，要求在管道装入口和装入口的上下管道邻近处，设置必要的大型开闭电动阀门，在卸出口处设置起重设备，以取出密封容器进行卸载。卸载后的密封容器利用自重采用适当方式返回装载点重复使用。

各种密封容器管道输送的特点和用途如表6-4所示。

表6-4 各种密封容器管道运输的特点和用途

| 分类 | | 特点 | 设备费 | 营运费 | 用途 | | | | |
|---|---|---|---|---|---|---|---|---|---|
| | | | | | 日用品 | 粮食 | 废弃物 | 砂石 | 砂土 |
| 密封容器水力输送 | 有轮 | ① 容器费用较高<br>② 适用于重物的长距离输送 | 高 | 低 | × | □ | ○ | ◎ | ◎ |
| | 无轮 容器式 | ① 容器费用较低<br>② 适用于轻物的输送 | 中 | 中 | × | □ | ○ | ◎ | ◎ |
| | 无轮 成型式 | ① 成型费用较高<br>② 采用单程管道、降低输送设备费 | 中 | 中 | × | × | ○ | ○ | □ |

注：◎ 特别适用；○ 适用；□ 可能适用；× 不适用。

密封容器管道输送方式的发展历史较短,但发展速度较快。虽然还有很多课题需要进行深入研究,但已由基础研究和试验阶段逐步过渡到实际应用阶段。密封容器有如"潜水列车"和"空气列车"在管道中行进,既安全可靠又可降低运费。由于被输送的物料装在密封容器中,与载体不直接接触,特别是空气密封容器尤为安全可靠,不存在变质和吸湿问题。

据报道,日本已应用水力密封容器输送城市污泥,应用空气密封容器输送城市垃圾；英国和德国用空气密封容器运送邮件；哈萨克斯坦建成了总长度达650 km的密封容器管道,用来输送粮食。

我国对密封容器管道输送技术也进行了试验研究。为了使密封容器管道输送技术在我国得到实际应用,必须研究密封容器的合理设计、最佳输送参数和提高输送效率、降低输送费用的措施。以下问题是今后的研究方向：

① 采用价廉、密度小、强度高的材质制作密封容器。② 减小密封容器在输送管道中的间距,增加密封容器在输送管道中的数量,以提高输送效率。③ 提高密封容器的供给(装入)和卸出装置的性能,以提高输送效率。④ 提高密封容器的运输速度。⑤ 提高顺序控制和操作的自动化水平,降低操作人员的劳动强度。⑥ 在确保装载后,密封容器容重低于清水容重(1 000 kg/m³)的前提下,提高物料的装载充满度。

## 小结和学习重点

- 管道运输中各种运输方式的特点及比较
- 输油管道的组成和工艺流程
- 浆体管道运输的典型方式
- 影响粉粒管道运输的因素
- 密封容器管道运输的工作原理

通过本章的学习,可以掌握各种具体管道运输的特点、组成、工艺流程等内容。管道运输具有很多的优点,但也有其自身的局限性。按照不同的输送对象,可分为不同的管道,如输油管道、浆体管道、粉粒物料管道、特种物料管道等。在选择具体管道运输之前,要搞清各种管道运输的组成、工艺流程和工作机理。

【案例分析】

## 西气东输工程介绍

西气东输工程是将中国塔里木和长庆气田的天然气通过管道输往中国上海的输气工程。管道全长 4 000 km 左右,设计年输气量 120 亿 $m^3$。

该管道起点自塔里木轮南,由西向东经新疆、甘肃、宁夏、陕西、山西、河南、安徽、江苏,终点到上海市。管道共穿(跨)越长江、黄河等大型河流 6 次,穿(跨)越中型河流 500 多次,穿越干线公路 500 多次、干线铁路 46 次;通过Ⅵ级及以下地震烈度区约 2 500 km,Ⅶ级地震烈度区约 800 km,Ⅷ级地震烈度区约 700 km。

"西气"主要是指我国新疆、青海、川渝和鄂尔多斯四大气区生产的天然气;"东输"主要是指将上述地区的天然气输往长江三角洲地区,同时也包括输往西宁、兰州、北京、天津和湖南、湖北地区。

"西气东输"有广义和狭义两个概念。从广义上讲,我国中西部地区有六大含油气盆地,包括塔里木、准噶尔、吐哈、柴达木、鄂尔多斯和四川盆地,预测天然气资源量为 22.4 万亿 $m^3$,占全国天然气资源总量 38 万亿 $m^3$ 的 58.9%。根据天然气的资源状况和目前的勘探形势,国家决定启动西气东输工程,加快建设天然气管道,除了建成的陕京天然气管线,还要再建设 3 条天然气管线,即塔里木—上海、青海涩北—西宁—甘肃兰州、重庆忠县—湖北武汉的天然气管道,以尽快把资源优势变成经济优势,满足东部地区对天然气的迫切需要。从更大的范围看,正在规划中的引进俄罗斯西西伯利亚的天然气管道将与现在的西气东输大动脉相连接,还有引进俄罗斯东西伯利亚地区的天然气管道也正在规划,这两条管道也属"西气东输"之列。从狭义上讲,西气东输又是特指新疆塔里木—上海长江三角洲的输气工程。这条管道全长 4 200 km,管径 1 118 mm,途经新疆、甘肃、宁夏、陕西、山西、河南、安徽、江苏、上海等 9 个省区,年输气能力 120 亿 $m^3$,固定资产投资 384 亿元。再加上城市管网、工业利用等相关项目建设,整个工程的投资规模高达 1 200 亿元。

西气东输对于调整我国能源结构、促进环境状况改善具有重大意义。120 亿 $m^3$ 天然气相当于 900 万 t 标准煤,每年可以减少大气污染物排放量二氧化硫 13.5 万 t、氮氧化物 15.3 万 t、粉尘 27 万 t。因此,东部人民欢迎西气东输工程,东部地区的发展也需要西气东输工程。

西气东输有利于扩大内需,增加就业,促进冶金、机械、电力、化工、建材等相关行业的发展,有利于带动与天然气相关的行业和系统工程的建设;有利于我国西部地区的发展,促进民族团结和边疆建设,有力地促进和加快新疆等西部地区的经济发展,尽快把资源优势转化为经济优势。

**思考题**

1. 什么是西气东输工程?
2. 西气东输工程的建设有哪些重要意义?

# 练习与思考

**(一) 名词解释**

管道输送　首站　末站

**(二) 填空题**

1. 以石油管道工程为例,它是由_____、_____和_____三部分组成的。
2. 浆体管道输送系统一般都有三大环节,它们是_____、_____和_____。

**(三) 简答题**

1. 管道运输的主要运输方式有哪些?和其他运输方式相比较,管道运输具有哪些特点?
2. 浆体管道输送具有哪些优缺点?

# 部分参考答案

**(二) 填空题**

1. 管道线路工程　管道站库工程　管道附属工程
2. 浆体制备系统(前处理)　浆体输送系统(泵站和管道)　脱水系统(后处理)

# 第三篇 物流设施与设备
## 物流装卸与搬运设备

# 第七章 物流装卸与搬运设备概述

## ■ 学习目标 ■

学完本章,你应该能够:
1. 掌握物流装卸与搬运的基本内容与特点;
2. 明确物流装卸与搬运设备的分类;
3. 了解物流装卸与搬运设备的选型。

## ■ 基本概念 ■

装卸搬运　装卸搬运设备　运行费用　设备选择

## 第一节　物流装卸与搬运的基本内容与特点

### 一、装卸与搬运的概念

装卸搬运,是指在同一区域范围内,以改变物资的存放状态和空间位置为主要内容和目的的活动。

习惯上"装卸"是指以垂直位移为主的实物运动形式,"装卸"作用的结果是物资从一种支承状态转变为另一种支承状态。前后两种支承状态无论是否存在垂直距离差别,总是以一定的空间垂直位移的变化实现的。习惯上的"搬运"是指物资在区域范围内(通常指在某一个物流结尾如仓库、车站或码头等)所发生的短距离、以水平方向为主的位移。在流通领域,人们常把装卸搬运活动称为"物资装卸",而生产领域则把这种活动称之为"物料搬运。"

物流各环节的前后和同一环节不同活动之间,都必须进行装卸搬运作业。美国产业界人士明确指出,当前美国全部生产过程中只有5%的时间用于加工制造,95%的时间则用于装卸搬运、储存等物流过程。根据运输部门考察,在运输的全过程中(包括运输前后的装卸搬运),装卸搬运所占的时间为全部运输时间的50%。正是装卸活动把物流运动的各个阶段连接起来,成为连续的流动过程。在生产企业物流中,装卸搬运成为各生产工序间连接的纽带,它是以原材料、设备等装卸搬运为始,以产品装卸搬运为止的连续作业过程。从宏观物流考察,物资离开生产企业到进入再生产消费和生活消费,装卸搬运像影子一样伴随流通活动的始终。

装卸搬运是随物品运输和保管而附带发生的作业。具体来说,它是指在物流过程中对物品进行装运卸货、搬运移送、堆垛拆垛、旋转取出、分拣配货等作业。装卸是物流系统的一个重要构成要素。运输能产生空间上的效用,保管能产生时间上的效用,而装卸本身并不产生新的效用或价值。虽然装卸本身不能创造出新的效用,但是在供应物流、企业内物流、销售物流等整个供应链物流过程中,装卸作业所占的比重较大。装卸作业质量的好坏和效率的高低不仅影响物流成本,还与物品在装卸过程中的损坏、污染等造成的损失成本及保护物品的包装成本相关,并与是否能及时满足顾客的服务要求相关。因而,装卸作业的合理化是实现物流活动效率化、顾客服务高度化的重要手段之一。

物流过程中的装卸作业包括卸货和搬运分拣堆垛中以及拆垛配货活动中的装卸作业,发货活动中的搬运、装货等装卸作业。

装卸搬运是人与物的结合,而完全的人工装卸搬运在物流发展到今天几乎已经不复存在。现代装卸搬运表现为由劳动者、装卸搬运设备设施、货物以及信息、管理等多项因素组成的作业系统。只有按照装卸作业本身的要求,在进行装卸作业的场合,合理配备各种机械设备和合理安排劳动力,才能使装卸搬运各个环节互相协调、紧密配合。

## 二、物流装卸与搬运设备的特点

1. 装卸搬运设备的概念

在物流系统中,装卸搬运作业的工作量和所花费的时间、耗费的人力、物力占有很大的比重。为了高效、及时、安全地完成装卸搬运作业,必须合理地配备、选择装卸搬运设备。

装卸搬运设备是指用来搬移、升降、装卸和短距离输送货物或物料的机械。它是物流系统中使用频度最大、数量最多的一类机械设备,是物流机械的重要组成部分。它不仅用于船舶与车辆货物的装卸,而且用于库场货物的堆码、拆垛、运输以及舱内、车内、库内货物的起重输送和搬运。

2. 装卸搬运设备的工作特点

为了顺利完成装卸搬运任务,装卸搬运设备必须适应装卸搬运作业的要求。装卸搬运作业要求装卸搬运设备结构简单牢固,作业稳定,造价低廉,易于维修保养,操作灵活方便,生产率高,安全可靠,能最大限度地发挥其工作能力。装卸搬运设备的性能和作业效率对整个物流的作业效率影响很大,其工作特点主要有:

(1) 适应性强。由于装卸搬运作业受货物品类、作业时间、作业环境等影响较大,装卸搬运活动各具特点。因而,要求装卸搬运设备具有较强的适应性,能在各种环境下正常工作。

(2) 工作能力强。装卸搬运设备起重能力大,起重量范围大,生产作业效率高,具有很强的装卸搬运作业能力。

(3) 机动性较差。大部分装卸搬运设备都在设施内完成装卸搬运任务,只有个别设备可在设施外作业。

(4) 安全性要求高。安全性是指装卸搬运设备在预定使用条件下执行其预定功能时不产生损伤或危害健康的能力。装卸搬运机械在带来高效、快捷、方便的同时,也带来了不安全因素,如起重机常会发生事故。机械设备事故给操作者带来痛苦,使货物损坏,严重影响企业经济效益。物流机械设备的安全水平,关系到操作者的安全和健康,关系到装卸搬运质量。因此,安全性已成为选用装卸搬运设备时应重点考虑的因素,机械设备安全性越来越受到企业管理者的重视。

(5) 工作忙闲不均。有的装卸搬运设备工作繁忙,而有些装卸搬运设备长期闲置。无论哪一种情况,都要求加强检查和维护,保证装卸搬运设备始终处于良好的技术状态。

3. 装卸搬运设备的作用

装卸搬运设备是机械化生产的主要组成部分,是实现装卸搬运作业机械化的物质技术基础,是实现装卸搬运合理化、效率化、省力化的重要手段。在装卸搬运作业中,要不断反复进行装、搬、卸操作,这些都靠装卸搬运设备有效地衔接才能完成。因此,合理配置和应用装卸搬运设备,安全、迅速、优质地完成货物装卸、搬运、码垛等作业任务,对于实现装卸搬运作业的自动化,加快现代化物流发展,促进经济发展,均有着十分重要的作用。装卸搬运设备化的作用主要体现在以下几个方面:

(1) 提高装卸搬运效率。节约劳动力,减轻装卸工人的劳动强度,改善劳动条件;

（2）缩短作业时间。加速车辆周转,加快货物的送达和发出；

（3）提高装卸质量。保证货物的完整和运输安全；

（4）降低装卸搬运作业成本。装卸搬运设备的应用,势必会提高装卸搬运作业效率,而效率提高使每吨货物摊到的作业费用相应减少,从而使作业成本降低；

（5）充分利用货位,加速货位周转,减少货物堆码的场地面积。采用机械作业,堆码高度大,装卸搬运速度快,可以及时腾空货位,因此可以减少场地面积。

随着物流现代化的不断发展,装卸搬运设备将会得到更为广泛的应用。因此,科学地使用好、管理好装卸搬运设备,充分发挥装卸搬运设备的潜能,实现装卸搬运机械作业,是实现良好装卸搬运效率的重要手段。

# 第二节　物流装卸与搬运设备的分类

装卸搬运设备所装卸搬运的货物来源广、种类繁多、外形和特点各不相同,如箱装货物、袋装货物、桶装货物、散货、易燃易爆及剧毒品等。为了适应各类货物的装卸搬运和满足装卸搬运过程中各个环节的不同要求,各种装卸搬运设备应运而生。装卸搬运作业运用的装卸搬运设备种类很多,分类方法也很多。为了运用和管理方便,常按以下方法进行分类。

## 一、按主要用途或结构特征进行分类

可分为起重设备、输送设备、装卸搬运车辆、专用装卸搬运设备。其中,专用装卸搬运设备是指带有专用取物装置的装卸搬运设备,如托盘专用装卸搬运设备、集装箱专用装卸搬运设备、船舶专用装卸搬运设备等。

## 二、按作业性质进行分类

可分为装卸设备、搬运设备及装卸搬运设备三大类。有些装卸搬运设备功能比较单一,只满足装卸或搬运一个功能,这种单一作业功能的机械结构简单,专业化作业能力较强,因而作业效率高,作业成本低,但使用上有局限。不过,由于其功能单一,作业前后需要繁琐的衔接,会降低整个系统的效率。单一装卸功能的设备有固定式起重机等；单一搬运功能设备主要有各种搬运车等。装卸、搬运两种功能兼有的设备可将两种作业操作合二为一,因而有较好的效果。这种设备有叉车、跨运车、车站用的龙门起重机等。

## 三、按装卸搬运货物的种类进行分类

可分为以下四大类：

（1）长大笨重货物的装卸搬运设备。这类货物的装卸搬运作业通常采用轨行式起重机和自行式起重机两种。轨行式起重机有龙门式起重机、桥式起重机、轨道式起重机；自行式起重机有汽车起重机、轮胎起重机和履带起重机等。在长大笨重货物运量较大并且货流稳定的货场、仓库，一般配备轨行式起重机；运量不大或作业地点经常变化时，一般配备自行式起重机。

（2）散装货物的装卸搬运设备。散装货物一般采用抓斗起重机、装卸机、链斗装车机和输送机等进行机械装车；机械卸车主要用链斗式卸车机、螺旋式卸车机和抓斗起重机等。散装货物搬运主要用输送机。

（3）成件包装货物的装卸搬运设备。该类货物一般采用叉车，并配以托盘进行装卸搬运作业，还可以使用牵引车和挂车、带式输送机等解决成件包装货物的搬运问题。

（4）集装箱货物装卸搬运设备。1 t集装箱一般选用内燃机叉车或电瓶叉车作业。5 t及以上集装箱采用龙门起重机或旋转起重机进行装卸作业，还可采用叉车、集装箱跨运车、集装箱牵引车、集装箱搬运车等。

# 第三节 物流装卸与搬运设备的选型

不同类型的货物，不同的装卸搬运场所，所需要的装卸搬运设备不尽相同。合理选择装卸搬运设备，无论在降低装卸搬运费用上，还是在提高装卸搬运效率上，都有着重要的意义。

## 一、选择装卸搬运设备的基本原则

装卸搬运设备的选择，应本着经济合理、提高效率、降低费用的总原则。具体来说，应遵循以下几项基本原则。

（1）应根据不同类物品的装卸搬运特征和要求，合理选择具有相应技术特性的装卸搬运设备。各种货物的单件规格、物理化学性能、包装情况、装卸搬运的难易程度等，都是影响装卸搬运设备选择的因素。因此，应从作业安全和效率出发，选择适合的装卸搬运设备。

(2) 应根据物流过程输送和储存作业的特点,合理选择装卸搬运设备。货物输送过程中,不同的运输方式具有不同的作业特点。因此,在选择装卸搬运设备时,应根据不同运输方式的作业特点选择与之相适应的装卸搬运设备。同样,货物在储运中也有其相应的作业特点,诸如储存物品各类规格、作业类别较多、进出数量难以控制、装卸搬运次数较多和方向多变等。因此,为适应储存作业的特点,在选用机械作业时尽可能选择活动范围大、通用性强、机动灵活的装卸搬运设备。

(3) 根据运输和储存的具体条件和作业的需要,在正确估计和评价装卸搬运的使用效益的基础上,合理选择装卸搬运设备。这就是说,在选择机械设备时一定要坚持技术经济的可行性分析,使设备的选择建立在科学的基础上,以充分利用机械设备和提高作业效率。

在遵守以上原则的同时,也要考虑企业物流的具体情况。在选择装卸搬运设备时,由于生产发展水平的制约及作业现场物流量的需要,应力求做到设备的作业能力与现场作业量之间形成最佳的配合状态。这就是说,设备的作业能力达不到或超过这一状态点都可能造成不良后果。当设备作业能力达不到现场作业要求时,物流受阻;超过现场作业的要求时,生产能力过剩,设备能力得不到充分发挥,超过得越多,经济损失也就越大。

影响物流现场装卸作业量的因素很多,通常有以下几个方面。

(1) 吞吐量。无论是车站、码头还是仓库等各种物流作业现场,吞吐量都是装卸作业量核定的最基本的因素。

(2) 堆码、搬倒作业量。在装卸作业现场中,物资并非都是经过一次装卸作业就能完成入港、离港、入库、出库、入站、出站等作业的。往往由于货场的调整、保管的需要、发运的变化等因素,必须对物资进行必要的搬倒、堆码作业。堆码、搬倒的次数越多,装卸作业量也就越大。这部分装卸作业量当然越少、越接近于零越好。

(3) 装卸作业的高峰量。由于直接受到物资流动的不均衡影响,装卸作业设备在使用上可能发生忙闲程度的不同。为了能适应装卸搬运作业现场可能出现的高峰量,设备作业能力应对此有必要的、充分的准备。

此外,还应考虑以下三种情况:

(1) 装卸搬运设备的选择应以满足现场作业为前提。物流作业现场的具体情况不同,可根据作业需要选择合适的装卸搬运设备类型。例如,在有铁路专用线的车站、仓库等,可选择门式起重机;在库房内可选择桥式起重机;在使用托盘和集装箱作业的生产条件下,可尽量选择叉车、以及跨载起重机。

(2) 装卸搬运设备的选择,应以现场作业量、物资特性为依据。一般来说,吞吐量较大的车站、码头、货场,应选择较大吨位的装卸搬运设备,这样可在作业次数相对较少的情况下完成较大的作业量。对于长大、笨重的物资,可选择较大吨位的起重设备;对单体重量较轻的物资可选择相应较小吨位的机械。应对现场要求进行周密的计划、分析之后,才能确定装卸机械的具体吨位。

(3) 在能完成同样作业效能的前提下,应选择性能好、节省能源、便于维修、有利环境保护、利于配套、成本较低的装卸搬运设备。

## 二、根据指标体系进行选择

在选择和配置装卸搬运设备过程中,都希望选择技术可靠、经济合理、操作方便的设备。然而,在实践当中,常会存在着一些矛盾,例如技术上先进的设备价格会很高。因此,在实际选用和配置过程中,必须根据企业的实际情况和侧重点进行合理的选择和配置。这里介绍根据指标体系进行配置、选择的基本方法。

装卸搬运设备配置、选择的指标体系主要由五个部分组成,即技术指标、经济指标、适应性指标、组织性指标和人机关系指标。可根据使用中对各性能的要求不同进行科学合理的选择。

1. 技术指标

技术指标是反映装卸搬运设备主要性能的指标,也是反映设备在技术性能、自动化程度、结构优化、环境保护、操作条件、现代新技术的应用等方面是否具有先进性的指标。每一种装卸搬运设备都有自己的技术指标。因此,在选择设备时,应以装卸搬运作业适用为前提,根据不同要求和具体情况,选择不同的技术指标。例如,在堆垛巷道较窄的仓库中,选择叉车时主要考虑的技术指标是叉车的宽度,这样叉车的宽度指标在选择中就占有较大的权重。有关装卸搬运设备基本参数的合理选择见表 7-1。

表 7-1 装卸搬运设备的基本参数的合理选择

| 作业 | 物的运动 | 货物重量/kg | 移动距离/m | 装卸搬运机械和器具 | | | | | | | | | |
|---|---|---|---|---|---|---|---|---|---|---|---|---|---|
| | | | | 手推车 | 手推车 | 搬运车 | 电动搬运车 | 手推平板车 | 电动平板车 | 电动步行叉车 | 叉车 | 侧面升降叉车 | 电动自卸车 | 动力牵引车 | 载货汽车 |
| 搬运、移送 | 水平 | 50~100 | 5~15<br>15~50 | √ | √ | | | | | | | | | | |

续表

| 作业 | 物的运动 | 货物重量/kg | 移动距离/m | 手车 | 手推车 | 搬运车 | 电动搬运车 | 手推平板车 | 电动平板车 | 电动步行叉车 | 叉车 | 侧面升降叉车 | 电动自卸车 | 动力牵引车 | 载货汽车 |
|---|---|---|---|---|---|---|---|---|---|---|---|---|---|---|---|
| 搬运、移送 | 水平 | 100~250 | 5~50<br>50~100 | ✓<br>✓ | ✓<br>✓ | ✓ | ✓ | | | | | | | | |
| | | | 5~15<br>50~200<br>200以上 | ✓ | ✓<br>✓<br>✓ | ✓<br>✓ | | ✓<br>✓<br>✓ | ✓<br>✓ | ✓<br>✓ | | ✓<br>✓ | | | |
| | | | 5~15<br>50~200<br>200以上 | | | ✓ | ✓<br>✓ | ✓ | ✓<br>✓ | ✓<br>✓ | | ✓<br>✓ | ✓<br>✓ | ✓ |
| | | 1 500~3 000 | 15~200<br>200以上 | | | | | ✓<br>✓ | | | ✓<br>✓ | | ✓<br>✓ | ✓ |

注：表中"✓"表示被选的装卸搬运设备。

### 2. 经济指标

经济指标是指装卸搬运设备在购置和使用过程中所涉及的成本效益问题。

任何装卸搬运设备的使用都受经济条件的制约，低成本是衡量设备技术可行性的重要标志和依据之一。在多数情况下，装卸搬运设备的技术先进性与低成本可能会发生矛盾。在满足使用的前提下，应对技术先进与经济上的耗费进行全面考虑和权衡，做出合理的判断，这就需要进一步做好成本分析。

装卸搬运设备的选择与装卸搬运设备作业所发生的费用有极大关系，这些费用主要包括设备投资费、设备运作费以及装卸作业成本等。

(1) 设备投资费用。装卸搬运设备投资费用，是平均每年机械设备投资的总和与相应的每台机械在1年内完成装卸作业量之比。

$$C_{设} = \frac{C_{投}}{365G}(元/吨)$$

式中：$C_{设}$ 为装卸设备投资费用(元/年)；

$C_{投}$ 为平均每年装卸设备的总投资(元/年)；

$G$ 为装卸设备平均每日装卸作业量。

其中，平均每年装卸搬运设备的总投资包括装卸设备的购置费用、设备安装费用以及与设备直接有关的附属设备费用。即：

$$C_{投} = (C_{机} + C_{装}) \times K_{折} + C_{附} K_{折}(元/台)$$

式中：$C_{机}$ 为装卸设备的购置费；

$C_{装}$ 为设备安装费用；

$K_{折}$ 为各项设备的基本折旧率；

$C_{附}$ 为附属设备费用。此项费用包括购置车库、充电设备，以及安装电网、起重运行轨道等费用。

（2）设备运作费用。运作费用是指在某一种装卸搬运设备作业现场，1年内运营总支出和设备完成装卸量之比。

$$C_{运} = \frac{C}{C_{年}}(元/吨)$$

式中：$C_{运}$ 为装卸每吨货物支出的运营费用；

$C_{年}$ 为装卸设备年作业量；

$C$ 为1年内运营投资总费用。此项包括设备维修、燃料和电力费用、劳动工资、照明等费用。

① 维修费用。为了延长设备的使用年限，确保设备工作安全，不降低设备的作业效率，各项设备都需进行大、中修和必要的维修保养。这部分费用即维修费用。

$$C_{修} = (C_{机} + C_{装})(a_{大} + a_{中} + a_{维}) + \sum C_{附} a_{大}(元/年)$$

式中：$C_{机}$ 为设备的购置费；

$C_{装}$ 为设备安装费用；

$a_{大}$ 为大修折旧费；

$a_{中}$ 为中修折旧费；

$a_{维}$ 为日常维修、保养折旧率。包括一、二级保养、日常养护（一般取 0.5%～2%）。

② 劳动工资费用。

$$C_{资} = m_{人}[12A_{基}(1 + \beta_{补} + r_{奖}) + C_{保}](元/年)$$

式中：$C_{资}$ 为员工1年劳动工资总支出；

$m_{人}$ 为从事物资装卸作业的工人人数；

$A_{基}$ 为员工的基本工资。一般按平均数计；

$C_{保}$ 为补助工资系数（包括文教、卫生、节日补贴、取暖补贴等）。

③ 燃料和电力费用。

$$C_{燃} = 0.365 \times gc \times N_{率} K_{利} \times K_{损} JC \times T \times A_{燃} \times K_1 (元/台 \cdot 年)$$

式中：$C_{燃}$ 为每台设备一年的燃料费用；
$gc$ 为每马力耗油量(g/马力)；
$N_{率}$ 为内燃机组功率(马力)；
$K_{利}$ 为功率利用系数；
$K_{损}$ 为空转损耗系数；
$JC$ 为相对结合时间；
$T$ 为每昼夜工作时间；
$A_{燃}$ 为每千克燃料单价；
$K_1$ 为时间利用系数；
0.365 为换算系数(0.365＝365/1 000)。

$$C_{电} = 365 \times W_{率} \times K_{利} \times K_{损} JC \times T \times K_1 \times A_{电} (元/台 \cdot 年)$$

式中：$C_{电}$ 为每台设备 1 年的用电费用；
$W_{率}$ 为电动机组总功率(kW/h)；
$A_{电}$ 为每千瓦小时工业电费用；
365 为 1 年工作天数。

④ 照明费用。

$$C_{照} = 365 \times Sn_0 \times T_0 \times K_{损} \times A_{照} (元/台 \cdot 年)$$

式中：$C_{照}$ 为每台照明费用支出；
$S$ 为照明面积；
$n_0$ 为每平方米面积需要照明度；
$T_0$ 为每天照明时间；
$K_{损}$ 为损失系数；
$A_{照}$ 为每千瓦小时工业电费用。

(3) 装卸搬运的作业成本。装卸搬运成本是指装卸搬运设备在某一作业场所每装卸 1 t 货物所支出的费用。即每年平均设备投资支出和运营费用支出的总和与每年装卸搬运设备在作业现场完成的装卸总吨数之比。

$$C_{本} = \frac{C_{支} + C_{运}}{G_{年}} (元/吨)$$

式中：$C_{本}$ 为装卸 1 吨支出的费用；
$C_{支}$ 为每年设备投资支出的费用；
$C_{运}$ 为每年设备运作费用；
$G_{年}$ 为每年设备完成的总吨数。

3. 组织性指标

组织性指标是指装卸搬运设备作业和供货的及时性和可靠性。为了保证装卸设备正常工作,在配置、选择设备时,必须考虑设备以及配件备件的供应及时性和可靠性、维修网点、供应商服务内容等情况,以便最大限度地发挥设备效能。

4. 适用性指标

适用性是装卸搬运设备满足使用要求的能力,它包括适应性和实用性。在配置与选择设备时,应充分注意装卸搬运作业的实际需要,应符合货物的特性,适应货运量的需要,适应不同的工作条件和多种作业性能的要求,操作使用灵活方便。因此,首先应明确装卸搬运设备的必要功能是什么,根据具体的作业任务来确定需要什么样的设备,做到设备作业配套,充分发挥设备效能。所以,在配置与选择装卸搬运设备时应根据物流作业的特点,找到必要功能,选择相应的装卸搬运设备或搬运车辆。

5. 人机关系指标

人机关系问题目前已经发展成为一个重要的科学分支——人机工程学,人机关系指标也越来越受到人们的重视。人机关系指标主要反映搬运车辆操作的舒适性。为此,在配置和选择搬运车辆时,要看设备外观是否符合现代美学观念,是否视野宽阔,是否给人以美的感受,是否容易操作,是否无噪声或较小的噪声,从而选择具有较好舒适性的装卸搬运设备。

## 小结和学习重点

- 装卸、搬运的概念
- 物流装卸与搬运的基本内容与特点
- 物流装卸与搬运设备的分类
- 物流装卸与搬运设备的选型

装卸搬运,是指在同一区域范围内,以改变物资的存放状态和空间位置为主要内容和目的的活动。物流各环节的前后和同一环节不同活动之间,都必须进行装卸搬运作业。装卸搬运是随物品运输和保管而附带发生的作业。物流过程中的装卸作业包括:卸货和搬运分拣堆垛中以及拆垛配货活动中的装卸作业、发货活动中的搬运、装货等装卸作业。现代装卸搬运表现为必须具备劳动者、装卸搬运设备设施、货物以及信息、管理等多项因素组成的作业系统。只有按照装卸作业本身的要求,在进行装卸作业的场合,合理配备各种机械设备和合理安排劳动力,才能使装卸搬运各个环节互相协调,紧密配合。

第七章 物流装卸与搬运设备概述

# 练习与思考

**(一) 名词解释**

装卸　搬运

**(二) 填空题**

1. 装卸搬运是指在物流过程中对物品进行＿＿＿＿、＿＿＿＿、＿＿＿＿、＿＿＿＿、＿＿＿＿等作业。

2. 按装卸搬运设备的作业性质分类，可分为＿＿＿＿、＿＿＿＿和＿＿＿＿三大类。

**(三) 简答题**

1. 什么是装卸搬运设备？它是如何分类的？
2. 选择装卸搬运设备的基本原则是什么？
3. 装卸搬运设备配置、选择的指标体系主要由哪几部分组成？

## 部分参考答案

**(二) 填空题**

1. 装运卸货　搬运移送　堆垛拆垛　旋转取出　分拣配货
2. 装卸设备　搬运设备　装卸搬运设备

# 第八章 起重机械

## ■ 学习目标 ■

学完本章,你应该能够:
1. 了解起重机械的分类、组成及其作用;
2. 熟悉起重机械的基本结构及其主要属具;
3. 弄清楚起重机械的主要性能参数,能对起重机械进行配置与选择。

## ■ 基本概念 ■

桥式起重机　门式起重机　臂架类起重机　起升高度

## 第一节　起重机械概述

### 一、起重机械分类

起重机械是一种以间歇作业方式对物料进行起升、下降和水平移动的搬运机械。起重机械的作用通常带有重复循环的性质。一个完整的作业循环应包括取物、起升、平移、下降、卸载,然后返回原处等环节。经常启动、制动、正向和反向运动是起重机械的基本特点。

起重机械的种类较多,通常按照主要用途和构造特征对其进行分类。按主要用途可分为通用起重机、建筑起重机、冶金起重机、铁路起重机、造船起重机、甲板起重机等。按构造特征可分为桥式类型起重机、臂架式起重机以及固定式起重机、运行式起重机。运行式起重机又分为轨道式和无轨式两种。图8-1是起重机械按构造分类图,图8-2(a)至(h)是各种起重机械结构示意图。

图 8-1 起重机械分类

## 二、起重机的组成及其作用

各种类型起重机通常是由工作机构、金属结构、动力装置与控制系统四部分组成的。这四个组成部分及其功用分述如下。

1. 工作机构

工作机构是为实现起重机不同的运动要求而设置的。要把一个重物从某一位置搬运到空间任一位置，则此重物不外乎要作垂直运动和沿两个水平方向的运动。起重机要实现重物的这些运动要求，必须设置相应的工作机构。不同类型的起重机，其工作稍有差异。例如桥式起重机[图 8-2(g)]和龙门起重机[图 8-2(h)]，要使重物实现三个方向的运动，则设置有起升机构（实现重物垂直运动）、小车运行和大车运行机构（实现重物沿两个水平方向的运动）。而对于轮式起重机、履带式起重机和塔式起重机，一般设置有起升机构、变幅机构、回转机构和运行机构。依靠起升机构实现重物的垂直上下运动，依靠变幅机构和回转机构实现重物在两个水平方向的移动，依靠运行机构实现重物在起重机所能及的范围内任意空间运动和使起重机转移工作场所。因此，起升机构、运行机构、回转机构和变幅机构是起重机的四大基本工作机构。

(a) 电动葫芦

(b) 门座起重机

(c) 塔式起重机

(d) 浮式起重机

(e) 轮式起重机

(f) 履带式起重机

(g) 桥式起重机

(h) 龙门起重机和装卸桥

图 8-2(a)～(h) 各种起重机械结构示意

(1) 起升机构。起升机构是起重机最主要的机构，也是其最基本的机构。它是由原动机、卷筒、钢丝绳、滑轮组和吊钩等组成。

大型起重机往往备有两套起升机构：吊大重量的称为主起升机构或主钩；吊小重量的称为副起升机构或副钩。副钩的起重量一般为主钩的 1/5～1/3 或更小。

为使重物停止在空中某一位置或控制重物的下降速度，在起升机构中必须设置制动器或停止器等控制装置。

(2) 变幅机构。起重机变幅是指改变取物装置中心铅垂线与起重机回转中心轴线之间的距离，这个距离称为幅度。起重机通过变幅，能扩大其作业范围。即由垂直上下的直线作业范围扩大为一个面的作业范围。不同类型的起重机，变幅形式也不同。

(3) 回转机构。起重机的一部分相对于另一部分作旋转运动称为回转。为实现起重机的回转运动而设置的机构称为回转机构。起重机的回转运动，使其从线、面作业范围又扩大为一定空间的作业范围。回转范围分为全回转（回转360°以上）和部分回转（可回转270°左右）。

(4) 运行机构。轮式起重机的运行机构是通用或专用汽车底盘或专门设计的轮胎底盘。履带式起重机的运行机构就是履带底盘。桥式起重机、龙门式起重机、塔式起重机和门座起重机的运行机构，是专门设计的在轨道上运行的行走台车。

2. 金属结构

桥式类型起重机的桥架、支腿，臂架类型起重机的吊臂、回转平台、人字架、底架（车架大梁、门架、支腿横梁等）和塔身等金属结构是起重机的重要组成部分。起重机的各工作机构的零部件都是安装或支承在金属结构上的。起重机的金属结构是起重机的骨架，它承受起重机的自重以及作业时的各种外载荷。组成起重机金属结构的构件较多，其重量通常占整机重量的一半以上，耗钢量大。因此，合理的起重机金属结构设计，对减轻起重机自重、提高起重性能、节约钢材、提高起重机的可靠性都有重要意义。

3. 动力装置

动力装置是起重机的动力源，是起重机的重要组成部分。它在很大程度上决定了起重机的性能和构造特点，不同类型的起重机配备不同的动力装置。轮式起重机和履带式起重机的动力装置多为内燃机，一般可由一台内燃机对上下车各工作机构供应动力。对于大型汽车起重机，有的上下车各设一台内燃机，分别供应起重作业（起升、变幅、回转）的动力和运行机构的动力。塔式起重机、门座起重机、桥式起重机和龙门起重机的动力装置是外接动力电源的电动机。

4. 控制系统

起重机的控制系统包括操纵装置和安全装置。动力装置是解决起重机做功所需要的能源,而控制系统则是解决各机构怎样运动的问题。例如,动力传递的方向、各机构运动速度的快慢,以及使机构制动和停止等。相应于这些运动要求,其中的控制系统设有离合器、制动器、停止器、液压传动中的各种操纵阀以及各种类型的调速装置和起重机上专用的安全装置等部件。这些控制装置能够改善起重机的运动特性,实现各机构的启动、调速、转向、制动和停止。从而达到起重机作业所要求的各种动作,保证起重机安全作业。

## 第二节　轻小型起重设备

轻小型起重设备包括千斤顶、滑车、手动葫芦、电动葫芦、气动葫芦、液动葫芦和卷扬机等。其特点是结构紧凑、自重轻、操作方便。

### 一、千斤顶

千斤顶是利用高压油或机械传动使刚性承重件在小行程内顶举或提升重物的起重工具。其分类如图8-3所示。

图8-3　千斤顶的分类

### 二、滑车

滑车是独立的滑轮组,可单独使用,也可与卷扬机配套使用,用来起吊物品。滑车是工厂、矿山、建筑业、农业、林业、交通运输与国防工业的吊装工程中广泛使用的起重工具。常用的起重滑车有额定起重量为0.32～320 t 吊钩、链环型通用滑车及额定起重量为1～50 t 吊钩、链环型林业滑车。

### 三、手拉葫芦、手扳葫芦和电动葫芦

手拉葫芦是以焊接环链作为挠性承载件的起重工具。可单独使用,也可与

手动单轨小车配套组成起重小车,用于手动梁式起重机或架空单轨运输系统中。常用的手拉葫芦是 HS 型和 HSZ 型(重级),额定起重量为 0.5～20 t。吊运熔化金属或有毒、易燃等危险物品,安装精密设备或防爆用的电动葫芦,其运行速度可为双速,其常速与慢速之比一般为 1∶3 至 1∶4。

手扳葫芦是由人力通过手柄扳动钢丝绳或链条,来带动取物位置运动的起重葫芦。它广泛用于船厂的船体拼装焊接和电力部门高压输电线路的接头拉紧,农、林业和交通运输部门的起吊装车、物品捆扎、车辆牵引以及工厂、建筑、邮电等部门的设备安装、校正和机件牵引等。手扳葫芦按其承载件不同分为钢丝绳手扳葫芦和环链手扳葫芦。

电动葫芦有钢丝绳式、环链式和板链式三种型式。电动葫芦的性能及主要参数见表 8-1。

表 8-1 电动葫芦的性能及主要参数

| 性能及参数 | 钢丝绳式电动葫芦 | 环链式电动葫芦 | 板链式电动葫芦 |
| --- | --- | --- | --- |
| 工作平稳性 | 平稳 | 稍差 | 稍差 |
| 承载件及回转方向 | 钢丝绳、任意方向 | 环链、任意方向 | 板链、只能在一个平面内 |
| 额定起重量/t | 一般为 0.1～10,根据需要可达 63 甚至更大 | 一般为 0.1～4,最大不超过 20 | 0.1～3 |
| 起升高度/m | 一般为-30,需要时可达 120 | 一般为 3～6,最大不超过 20 | 一般为 3～4,最大不超过 10 |
| 自　重 | 较大 | 较小 | 小 |
| 起升速度 /m·min$^{-1}$ | 一般为 4～10(大起重量宜取小值),需要高速的可达 16、24 甚至更高;有慢速要求时可选双速型,其常速与慢速之比为 1∶6 至 1∶12 | 一般为 4～8,需要时可达 12 甚至更高,也可有双速,其常速与慢速之比为 1∶3 至 1∶6 | |
| 运行速度① /m·min$^{-1}$ | 一般为 20 或 30(均为地面操纵),需要时可达 60(司机室操纵) | 一般为手动小车,当用电动小车时,一般采用 20 的运行速度 | |

① 吊运熔化金属或有毒、易燃等危险物品,安装精密设备或防爆用的电动葫芦,其运行速度可以为双速,其常速与慢速之比一般为 1∶3 至 1∶4。

## 四、卷扬机

卷扬机(绞车)是由动力驱动的卷筒通过挠性件(钢丝绳、链条)起升、运移重物的起重设备。卷扬机按用途分为建筑卷扬机、林业用卷扬机、船用卷扬机和矿用卷扬机;按卷筒数量分为单筒、双筒和多筒卷扬机;按速度分为快速、慢速和多速卷扬机;按驱动方式可以分为手动绞车及电动绞车。图8-4给出了电动、手动绞车的示意图。

(a) 手动绞车
1—螺旋载重制动器　2—棘爪

(b) 电动绞车
1—电动机　2—制动器　3—减速器　4—卷筒　5—鼓形控制器

图8-4　卷扬机

## 第三节　桥式起重机

桥式起重机是现代化工厂、仓库中实现生产过程机械化与自动化,减轻繁重体力劳动,提高生产率的重要设备和工具。桥式起重机安装在厂房两侧的吊车梁上,可以沿铺设在吊车梁上的轨道纵向行驶,而小车又可在起重机的金属结构上横向行驶,因此它的工作面是整个所能行驶地段的长方体空间。

### 一、梁式起重机

起重小车(主要是起重葫芦)在单根工字梁或其他简单组合断面梁上运行的简易桥架型起重机,统称为梁式起重机。它以一般用途的单梁起重机和单梁悬挂起重机为主,并有防爆、防腐、绝缘等特种梁式起重机及吊钩、抓斗、电磁两用或三用梁式起重机。梁式起重机基本类型见表8-2。

表8-2 梁式起重机基本类型

| 分类原则 | 按驱动方式分 | | 按支撑方式分 | | 按操纵方式分类 | | |
|---|---|---|---|---|---|---|---|
| 类型 | 手动 | 电动 | 支撑 | 悬挂式 | 地面操纵 | 司机室操纵 | 无线遥控操纵 |
| 特点 | 适于无电源，起重量不大，工作速度和作业效率要求不高的场合 | 利用电力驱动各机构运转，操作使用十分方便 | 起重机车轮支撑在承轨梁的轨道之上 | 起重机车轮悬挂在工字钢运行轨道的下翼缘上 | 用于起重机运行速度≤45 m/min场合，无固定操作者 | 用于起重机运行速度＞45 m/min场合，有固定操作者 | 操纵灵活，适用范围广 |

## 二、桥式起重机

桥式起重机由桥架、起重小车及电气部分等组成。它是拥有量最大和使用最广泛的一种轨道运行式起重机。其起重量一般为 5～250 t，最大可达 1 200 t；起重机跨度一般为 10.5～31.5 m，最大可达 60 m。桥式起重机型式多样，最常见、最典型的是通用桥式起重机，如图 8-5 所示。桥式起重机的类别与用途见表 8-3。

图 8-5 通用桥式起重机

表8-3 桥式起重机的类别与用途

| 类别 | 特点 | 用途 |
|---|---|---|
| 吊钩桥式起重机 | 取物装置是吊钩或吊环，起重量超过 10 t 时，常设主、副两套起升机构。各机构的工作速度根据需要可用机械或电气方式调速 | 适用于机械加工、修理、装配车间或仓库、料场做一般装卸吊运工作。可调速的起重机用于机修、装配车间的精密安装或铸造车间的慢速合箱等 |

续表

| 类别 | 特点 | 用途 |
| --- | --- | --- |
| 抓斗桥式起重机 | 取物装置常为四绳抓斗,起重小车上有两套起升装置,可同时或分别动作以实现抓斗的升降和开闭 | 适用于仓库、料场、车间等进行散状物料的装卸吊运工作 |
| 电磁桥式起重机 | 取物装置是电磁吸盘,起重小车上有电缆卷筒将直流电源用挠性电缆送至电磁吸盘上,依靠电磁吸力吸取导磁物料。其吊运能力随物料性质、形状、块度大小而变化 | 适用于吊运具有导磁性的金属物料,一般只用于吸取500℃以下的黑色金属 |
| 两用桥式起重机 | 取物装置是抓斗和电磁吸盘,或是抓斗和吊钩,或是电磁吸盘和吊钩。起重小车上有两套各自独立的起升机构,分别驱动取物装置,但两个取物装置不能同时工作 | 适用于吊运物料经常变化,且生产率要求较高的场合 |
| 三用桥式起重机 | 在吊钩桥式起重机的基础上根据需要可在吊钩上套挂电动抓斗或电磁吸盘 | 适用于吊运物料经常变化,且生产率要求不很高的场合 |
| 手动桥式起重机 | 起升、运行机构均由人力拉动传动链来驱动。机构简单、成本低、维修保养方便。但速度慢、效率低,劳动强度大 | 适用于小水电站、机修车间等很少使用,且要求速度慢,便于吊装物调整对位的场合 |
| 电动葫芦桥式起重机 | 采用电动葫芦作为起重小车的起升机构。外形尺寸紧凑,建筑净空高度低,自重较轻 | 可部分替代中、小吨位吊钩桥式起重机,尤其适用于厂房建筑净空高度低及想要提高起重能力的老厂房改造 |
| 大起升高度桥式起重机 | 起升高度超过22 m,起升机构钢丝绳卷绕系统采用了特殊的方案 | 多用于冶金、化工、电力等部门需起升高度较大的检修、安装场合 |
| 双小车桥式起重机 | 在桥架上安放两台起重量相同的小车,可同时或单独使用。起升机构根据需要可采用变速 | 适用于水电站安装、检修发动机组,机车车辆安装和仓库料场吊运垂直于起重机大车轨道方向的长形物料 |

续表

| 类别 | 特点 | 用途 |
|---|---|---|
| 挂梁桥式起重机 | 取物装置为数个均匀安装在挂梁上的吊钩或电磁吸盘。挂梁与起重小车有挠性和钢性两种连接。挂梁有垂直或平行于起重机大车轨道方向两种。这种起重机对重载荷的重心偏移范围有一定的要求 | 适用于钢厂和仓库,搬运长形物料和板材的作业 |
| 防爆桥式起重机 | 起重机具有防爆性能,一般工作速度较低。电气设备采用防爆型产品,机械部分采取相应防爆措施,起重机大、小车采用电缆馈电 | 适用于在易燃、易爆介质环境中吊运物料。有多种防爆级别可供选用 |
| 绝缘桥式起重机 | 为了防止在工作过程中,带电设备通过被吊运的物料传到起重机上,危及司机的生命安全,故在起重机的适当部位设置了几道绝缘装置 | 适用于冶炼铝、镁等,使用电解法的有色金属工厂 |

## 第四节 门式起重机

门式起重机与装卸桥都是桥梁通过两侧支腿支承在地面轨道上的桥架型起重机。通用门式起重机除了门架外,其机构和零部件一般与桥式起重机通用。水电站、集装箱码头和造船厂等处的专用门式起重机还相应地配备各种专门的机构或装置。装卸桥的装卸能力比门式起重机大,因为其起升和小车运行速度高。起升速度常大于 50 m/min,小车运行速度一般为 120～180 m/min,大车运行是非工作性的,速度一般为 20～45 m/min。门式起重机与装卸桥的分类和用途见表 8-4。

表 8-4 门式起重机和装卸桥的分类及用途

| 分类 | | 特点 | 用途 |
|---|---|---|---|
| 门式起重机 | 通用门式起重机 | 门架机构有单主梁、箱形双梁、桁架等多种型式。取物装置分吊钩、抓斗、电磁吸盘,也可两用(吊钩+抓斗、吊钩+电磁吸盘、抓斗+电磁吸盘)或三用(吊钩+抓斗+电磁吸盘)等 | 吊钩门式起重机适用于车站、码头、工矿企业及物资部门的货场和露天仓库,装御、搬运各种成件物品抓斗门式起重机适用于煤、矿石、砂等各种散状物料的搬运 电磁门式起重机适用于冶金厂、机械厂装卸搬运钢材、铁块、废钢铁、铁屑等物料 两用及三用门式起重机用于物料经常变化的场合 |

续表

| 分 类 | | 特 点 | 用 途 |
|---|---|---|---|
| 门式起重机 | 水电站门式起重机 | 有单吊点和双吊点两种,每种均可带回转起重机或不带回转起重机 | 用于水电站坝顶启闭闸门和检修坝顶设备,置于水轮发动机组的尾水处启闭尾水闸门 |
| | 造船门式起重机 | 一般均有上、下起重小车,上小车设两个起升机构,下小车设一个起升机构 | 用于水电站坝顶启闭闸门和检修坝顶设备,置于水轮发动机组的尾水处启闭尾水闸门 |
| | 轨道式集装箱门式起重机 | 配有集装箱专用吊具或简易吊具,专用吊具可回转180°~360° | 用于集装箱码头后方堆场和铁路集装箱枢纽站 |
| | 轮胎集装箱门式起重机 | 采用柴油机—电动机驱动,每个充气轮胎均可绕其垂直轴旋转90°,还可绕一个车轮组旋转360°,并设有自动直线行驶系统 | |
| 装卸桥 | 通用装卸桥 | 用抓斗或其他抓具作取物装置,跨度大,起升和小车运行速度高,大车为非工作机构 | 用于电站煤场、矿场、木材场等 |
| | 岸边集装箱起重机 | 前伸臂较长,吊具可伸缩、偏转、防摇等 | 用于集装箱码头岸边,作为集装箱装卸货船专用设备 |
| | 抓斗卸船机 | 前伸臂较长,采用独立的移动式司机室。操作方式分手动、半自动、全自动三种 | 用于港口、内河岸边,作为煤、矿石、粮食等散状物料的专用卸船或装船设备 |

图8-6、图8-7为造船厂用及港口用多用途门式起重机照片。

图8-6 船厂用门式起重机

图8-7 港口多用途门式起重机

# 第五节　臂架类起重机

臂架类起重机又称为旋转起重机,通常可以旋转半个圆周,最大可以转动一个圆周,其工作面是一个扇形空间和一个圆柱形空间。幅度(吊钩中心线至旋转轴线间的距离称为"幅度")固定不变称为"定幅式",可以改变的称为"变幅式"。

这种起重机机动灵活,应用比较广泛:将其安装在地基上使用,就成为固定式的旋转起重机;将其安装在可行走的车辆上,就成为运行式旋转起重机。

按结构来分,悬臂起重机有定柱式、转柱式及转盘式等几个类型。一台完整的旋转起重机,应当具有起升、旋转、变幅和运行等四个工作机构。

## 一、固定式转柱悬臂起重机

转柱悬臂起重机适用于起重量不大、作业服务范围为圆形或扇形的场合。一般用于机床等的工件装卡和搬运。通常固定在地面上使用,具有上部外支承的旋转起重机。它有一根能够旋转的柱子(转柱),其机架固定在转柱上随同转柱一起旋转。转柱被支承在上下两个支座安装在墙壁或房顶的构架上。起升机构(电动机、减速机、卷筒等)均安装在机架上,也随机架一起旋转。

图8-8是定幅式转柱起重机,它的幅度不能改变,只靠机架旋转来转运物品。电动绞车安放在机架上。旋转动作靠人力来推动或在臂梁端部用绳索拽引。

图8-8　定幅式转柱起重机

1—转柱　2—臂梁
3—上支座　4—下支座

图8-9　变幅式转柱起重机

1—变幅小车　2—起升驱动装置　3—变幅绳索
4—起升绳索　5—导向滑轮　6—变幅牵引链条

图 8-9 是变幅式转柱起重机,幅度的改变是利用在臂梁上能行驶的变幅小车来实现。

## 二、固定式定柱旋转起重机

固定式定柱旋转起重机,如图 8-10 所示。其机架被支承在一个固定的立柱上,并且可以绕此立柱旋转,此立柱被安装在地基上,称之为"定柱"。机架的支承装置均安置在定柱的上下端,省去了外部上方支承,所以可以旋转一周。所有的工作机构均装在机架上,随机架一起转动。

图 8-10 固定式定柱旋转起重机

1—定柱 2—臂梁 3—底板 4—上支座 5—下支座 6—基础 7—起升机构

## 三、浮式起重机

浮式起重机是装在自航或非自航浮船上的一种臂架型起重机,它用于港口货物装卸、船舶栖装、水工建设、海底开采及水上救险等场合。它由浮船和起重机两部分组成,如图 8-2(d)所示,其最大起重量可达 6 500 t。

## 四、移动式起重机

移动式旋转起重机的类型比较多,如表8-5所示。本节只介绍应用比较广泛的汽车起重机、履带起重机等几种型式。

表8-5 移动式起重机的分类和用途

| 分类 | 特点 | 用途 |
| --- | --- | --- |
| 汽车起重机 | 以通用或专用汽车底盘作为承载装置和运行机构,行驶速度高,全回转,机动灵活,可快速转移,并能迅速投入工作。起重作业时,一般需打支腿 | 适用于有公路通达、流动性大、工作地点分散的作业场所 |
| 轮胎起重机 | 起重作业部分装在特制的自行轮胎底盘上,行驶速度较慢,在坚实平坦的地面上,可不用支腿吊重及吊重行驶。一般具有全回转转台,它又可分为通用轮胎起重机和越野轮胎起重机,后者可在崎岖的地面行驶 | 适用于作业地点比较集中的场合。通用轮胎起重机广泛用于仓库、码头、货场;越野轮胎起重机适用于作业场所未经修整的交通、能源等建设部门 |
| 全路面起重机 | 既具有载重汽车的高速行驶性能,又具有越野轮胎起重机的通过能力和在崎岖路面行驶、起重作业、吊重行驶的性能 | 适用于流动性大、通行条件极差的油田、公路、铁路建设工地 |
| 履带起重机 | 起重作业部分安装在履带底盘上,具有全回转的转台,桁架臂架,起升高度大,接地平均比压为 $0.05\sim0.25$ MPa,牵引系数高,爬坡度大,能在较为崎岖不平的场地行驶,行驶速度低。如不用铺垫,行驶过程要损坏路面 | 适用于松软、泥泞地面作业 |
| 集装箱正面吊运机 | 具有专用的集装箱吊具的臂架式轮胎起重机,没有回转机构。它用于起吊各种尺寸的集装箱 | 用于港口、码头、车站的有载或空载集装箱装卸和堆码作业 |
| 随车起重机 | 装在载重运输车辆上的臂架起重机,可将重物吊装在自身车辆上,或者进行其他装卸和吊运作业 | 主要用于载重车辆的自身装卸,也可用作其他吊装工程 |

**1. 汽车起重机和轮胎起重机**

老式的汽车起重机多为机械传动式,近年来普遍采用了液压传动技术,使起重机的起重能力、幅度和起升高度以及操作方面都得到了改进和提高。

汽车起重机和轮胎起重机都是用内燃机驱动橡胶轮胎车轮行走的运行式旋

转起重机。两者之间的区别是：

（1）汽车起重机：起重机转盘安装在汽车底盘上（小起重量的就是利用普通汽车底盘），行走部分和起重部分通常各有单独的发动机和驾驶室，其行驶速度较高（60 km/h 以上），可以和汽车编队行驶。起重机的驾驶室就安在转盘上面。

（2）轮胎起重机：采用专门设计的底盘，起重机部分和行驶部分共用一台发动机。发动机及驾驶室就在上部的转台上（也有的安在底盘上）。其行驶速度较低（一般为 20～30 km/h）。

2. 履带起重机

旋转起重机的转台安装在履带式运行车辆上，就成为履带式起重机，如图 8-2(f)所示。由于履带和地面接触面积大，所以其承载能力也大，可以不用支腿。适合在路面不好的工作环境中使用。履带起重机的变幅机构为绳索滑轮组式。其余各机构之原理和汽车起重机基本相似。

## 第六节　起重机械的主要属具

起重机的属具包括索具和取物装置两大类：常用的索具有钢丝绳、麻绳、化学纤维绳等；常用的取物装置有吊钩、抓斗、电磁吸盘等。

### 一、起重机械常用索具

1. 钢丝绳

钢丝绳是起重作业的主要绳索，也是起重机械的重要零件，它具有断面积相等、质地柔软、强度高、弹性大、耐磨损、能承受冲击载荷；在卷筒上高速运转平稳、无噪声、自重轻、工作安全可靠等特点，并在断丝或损坏后易于发现和便于及时处理。钢丝绳是由经过特殊处理的钢丝捻制而成。常用的钢丝绳是由六束绳股和一根绳芯（一般为麻芯）捻成，如图 8-11 所示。按其构造和制造工艺的不同，钢丝绳有以下分类。

（1）按钢丝绳捻制方法的不同，可分为同向捻、交互捻和混合捻三种。由钢丝捻成股的方向和股捻成绳的方向相同的为同向捻钢丝绳。由钢丝捻成股的方向和股捻成绳的方向相反，如绳是右捻，而股是左捻的为右交互捻钢丝绳；如绳是左捻，而股是右捻的称为左交互捻钢丝绳。在起重机上使用的都是交互捻钢丝绳，因其具有不易松散和扭转的特点。

（2）按钢丝绳表面处理的不同，可分为光面钢丝绳和镀锌钢丝绳。露天作业的起重机选用镀锌钢丝绳可以防锈。

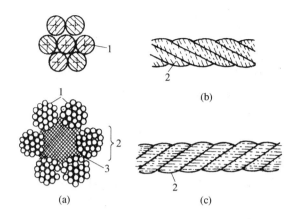

图 8-11 钢丝绳构造示意图
(a)钢丝绳的构造 (b)交互捻钢丝绳 (c)同向捻钢丝绳
(1—钢丝 2—股 3—绳芯)

(3) 按钢丝绳的绳股数及每一股中钢丝数区分,有6股7丝、7股7丝、6股19丝、6股37丝和6股61丝等几种。起重机常用的为6×19+1,6×37+1和6×61+1(后边的"1"表示一根绳芯)三种。在绳的直径相同的情况下,每股丝数少的钢丝较粗,耐磨性好,但弯曲性差;每股丝数多的钢丝较细,因而比较柔软,但耐磨性要差些。

2. 麻绳

麻绳具有质地柔韧、轻便、易于捆绑、结扣和解脱方便等优点,但其强度较低,一般麻绳的强度只有相同直径钢丝绳的10%左右,而且易磨损、腐烂、霉变。麻绳在起重作业中主要用于重量较小的重物的捆绑,以及吊运500 kg以下的较轻物品。

麻绳的种类很多,按照其原料不同,可分为:

(1) 白棕绳。以剑麻为原料捻制而成。抗拉能力和抗扭能力较强,富有弹性,在起重作业中用得较多。

(2) 混合麻绳。是以剑麻和箣麻各一半为原料而制成,多在辅助作业中采用。

(3) 线麻绳。完全以大麻为原料制成,多在辅助作业中采用。

麻绳的制造是用相应的麻料纤维细线先捻成股,再合几股捻搓成绳,股的捻向与绳的捻向相反。按照捻制股数的多少,可以分为三股、四股和九股三种。

3. 化学纤维绳

化学纤维绳俗称尼龙绳或合成纤维绳,目前多采用锦纶、尼纶、维尼纶、乙纶、丙纶等搓制而成。化学纤维绳的特点是：
① 质轻、柔软、耐腐蚀，强度和弹性比麻绳好；
② 耐酸、耐碱、耐油、耐水；
③ 使用化学纤维绳有利于防止擦伤吊物表面；
④ 缺点是不耐热、使用中忌火忌高温。

常用化学纤维绳的特点：
① 尼龙绳。其强度是合成纤维绳中最大的，价格最贵；
② 涤纶绳。强度次于尼龙绳，伸长率最小，不耐碱；
③ 维尼纶绳。强度最小，能在水上漂浮，价格便宜；
④ 丙纶绳。重量最轻，漂浮性能最好，价格便宜。

## 二、起重机械常用取物装置

取物装置即吊具，是起重机直接提取货物的部件。其性能与提高生产效率、减轻工人劳动强度和安全生产有直接关系。本书只介绍一般起重机常用的吊钩和抓斗。

1. 吊钩

吊钩，如图8-12所示，它是起重机最常用的取物装置，与动滑轮组合成吊钩组，通过起升机构的卷绕系统将被吊物料与起重机联系起来。吊钩组是由吊钩、吊钩螺母、推力轴承、吊钩横梁、滑轮、滑轮轴以及拉板等零件组成。

羊角滑钩　　羊角抓钩　　集装箱钩　　木材用曲钩　　眼形滑钩　　眼形抓钩

图8-12　常用吊钩

2. 抓斗

抓斗，如图8-13所示，它是一种由机械或电动控制的自动取物装置，主要用于装卸散装货物，有时还用于抓取长材。根据抓取的货物不同可以分为：散粮抓斗、煤炭抓斗、矿石抓斗和木材抓斗等。

木材抓斗

双颌散料抓斗

四绳六瓣抓斗

图 8-13 常用抓斗

# 第七节 起重机械的配置与选择

## 一、起重机械的主要性能参数

在对起重机械进行配置与选择之前,需要弄清楚起重机械的主要性能参数,它们包括起重量、工作幅度、起重力矩、起升高度以及工作速度等。

1. 起重量

起重量是指起重机能吊起重物的质量,其中应包括吊索和铁扁担或容器的质量,它是衡量起重机工作能力的一个重要参数。通常称为额定起重量,用"$Q$"表示。起重量的单位用"吨"表示。

起重机随着工作幅度的变化,其起重量也随之变化。因此,额定起重量有最大起重量和最大幅度起重量。最大起重量是指基本起重臂处于最小幅度时所允许起吊的最大起重量;最大幅度起重量是指基本起重臂处于最大幅度时所允许起吊的最大起重量。一般起重机的额定起重量是指基本起重臂处于最小幅度时允许起吊的最大起重量,也就是起重机铭牌上标定的起重量。

2. 工作幅度

工作幅度是指在额定起重量下,起重机回转中心轴线到吊钩中心线的水平距离,通常称为回转半径或工作半径,用"$R$"表示,单位为"m"。工作幅度表示起重机不移位时的工作范围,它包括最大幅度($R_{max}$)和最小幅度($R_{min}$)参数。对于俯仰变幅的起重臂,当处于接近水平的水平夹角为13°时,从起重机回转中心轴线到吊钩中心线的水平距离最大,为最大幅度;当起重臂仰到最大角度(一般水平夹角为 78°）时，回转中心轴线到吊钩中心线距离最小，为最小幅度。对于小车变幅的起重臂，当小车行到臂架头部端点位置时，为最大幅度；当小车处于臂架根部端点位置时，为最小幅度。

起重机的起重量，随幅度变化而变化，同一台起重机，幅度不同，其起重量也不同。对于有支腿装置的轮式起重机，还应以有效幅度 $A$ 表示，即用支腿侧向工作时，在额定起重量下，吊钩中心垂线到该侧支腿中心线的水平距离。有效幅度反映起重机的实际工作能力；没有使用支腿侧向工作时，则工作幅度用 $A_1$（单胎）或 $A_2$（双胎）表示。如图 8-14 所示。

图 8-14 起重机的工作幅度和起升高度

3. 起重力矩

起重力矩是指起重机的起重量与相应幅度的乘积，以 $M$ 表示，$M = QR$。起重力矩的单位用 t·m 表示，也可用 kN·m 表示，它是起重机的综合起重能力参数，能全面和确切地反映起重机的起重能力。

塔式起重机需要经常在大幅度情况下工作，故以起重力矩作为表示型号的主参数。塔式起重机的起重力矩，通常是指最大幅度时的起重力矩。

起重机的起重特性曲线是表示起重机的起重量与幅度关系的曲线，不同幅度有不同的额定起重量，将不同幅度和相应的额定起重量以线连接起来，可以绘制成起重特性曲线。所有起重机的操纵台旁都有这种曲线图，使操作人员能很快地查出起重机在某一幅度时的最大起重量。对于能配用几种不同臂长的起重机，对应每一种长度的起重臂都有其起重特性曲线。

4. 起升高度

起升高度是指自地面到吊钩钩口中心的距离，用"$H$"表示，如图 8-15 所示，单位"米"，它的参数标定值通常以额定起升高度表示。额定起升高度是指满载时吊钩上升到最高极限，自吊钩中心到地面的距离。当吊钩需要放到地面以下吊取重物时，则地面以

图 8-15 起升高度计算简图

下深度叫下放深度,总起升高度为起升高度和下放深度之和。图 8-15 给出了起升高度的计算简图。

5. 工作速度

起重机的工作速度包括起升、变幅、回转和行走等速度。

(1) 起升速度。起升速度是指起重吊钩上升或下降的速度,单位为"m/min"。起重机的起升速度和起升机构的卷扬牵引速度有关,而且和吊钩滑轮组的倍率有关。2 绳比 4 绳快一倍;单绳比双绳快一倍。一般表示起升速度参数,应注明绳数。

(2) 变幅速度。变幅速度是指吊钩从最大幅度到最小幅度的平均线速度,单位为"m/min"。俯仰变幅起重臂的变幅速度也就是起重臂升起和降落的速度,一般落臂速度要快于升臂速度。

(3) 回转速度。回转速度是指起重机在空载情况下,其回转台每分钟的转数,单位为"r/min"。

(4) 行走速度。行走速度是指起重机在空载情况下,行走时最大的速度,单位为"m/min"。

6. 自重及质量指标

(1) 自重。起重机的自重是指起重机处于工作状态时起重机本身的总重,以"$G$"表示,单位为"t"或"kN"。

(2) 质量指标。质量指标是指起重机在单位自重下有多大的起重能力,通常用质量利用系数 $K$ 表示,它反映了起重机设计、制造和材料的技术水平,$K$ 值越大越先进。起重机质量利用系数的表示形式是以起重力矩和与此相对应的起升高度来表示,如下式:

$$K = \frac{QRH}{G}$$

## 二、起重机械的选择

起重机的工作级别是由起重机的利用等级和载荷状态确定,可分为 A1~A8 共 8 个等级,它反映了起重机在设计寿命期内,使用时间的长短和负载的繁重程度。对起重机械划分工作级别,有利于合理地设计和选用起重机。当起重机利用等级和载荷谱系数无法确定时,可按起重机用途,并参照表 8-6 选定合适的起重机。[机械工程师手册.北京:机械工业出版社,2000]

表8-6 起重机工作级别举例

| 起重机型式 | | | 工作级别 |
|---|---|---|---|
| 桥式起重机 | 吊钩式 | 电站安装及维修用 | A1～A3 |
| | | 车间及仓库用 | A3～A5 |
| | | 繁重工作车间及仓库用 | A6, A7 |
| | 抓斗式 | 间断装卸用 | A6 |
| | | 连续装卸用 | A6～A8 |
| 门式起重机 | | 一般用途吊钩式 | A3～A6 |
| | | 装卸用抓斗式 | A6～A8 |
| | | 电站用吊钩式 | A2, A3 |
| | | 造船安装用吊钩式 | A3～A5 |
| | | 装卸集装箱用 | A5～A8 |
| 装卸桥 | | 料场装卸用抓斗式 | A7, A8 |
| | | 港口装卸用抓斗式 | A8 |
| | | 港口装卸集装箱用 | A6～A8 |
| 门座起重机 | | 安装用吊钩式 | A3～A5 |
| | | 装卸用吊钩式 | A5～A7 |
| | | 装卸用抓斗式 | A6～A8 |
| 塔式起重机 | | 一般建筑安装用 | A2～A4 |
| | | 用吊罐装卸混凝土 | A4～A6 |

1. 起重机技术性能的选择

起重机的技术性能必须和施工方案相适应，主要对起重量、起升高度、工作幅度等性能参数予以选择。

（1）起重量的选择。

起重机的起重量必须大于所吊装钩件的质量和索具质量之和。必须注意，

不能依据起重机额定最大起重量,而应根据起吊构件时的工作幅度所允许的起重量。其计算公式为:

$$Q \geqslant Q_1 + Q_2$$

式中:$Q$ 为起重机的起重量(t);
　　$Q_1$ 为吊装构件的最大起重量(t);
　　$Q_2$ 为索具的质量(t)。

(2) 起升高度的选择。

起重机的起升高度必须满足所吊装构件的起升高度的要求,如图 8-15 所示。其计算公式为

$$H \geqslant h_1 + h_2 + h_3 + h_4$$

式中:$H$ 为起重机的起升高度,从停机地面算起至吊钩中心(m);
　　$h_1$ 为安装构件的表面高度,从停机地面算起(m);
　　$h_2$ 为安装间隙,视具体情况而定,一般不小于 0.3 m;
　　$h_3$ 为绑扎点至构件吊起后至底面的距离(m);
　　$h_4$ 为索具高度,自绑扎点至吊钩中心的距离,视具体情况而定(m)。

(3) 工作幅度的选择。

在一般情况下,当起重机可不受限制地开到构件吊装位置附近去吊装时,只要考虑达到安装高度时所吊构件与起重臂之间的距离,以避免碰撞或提升不到预定高度。据此,按起重量 $Q$ 和起升高度 $H$ 查阅起重机起重性能表或曲线图来选择起重机型号和起重臂长度,并可查得在一定起重量 $Q$ 和起升高度 $H$ 下的工作幅度 $R$,作为起重机停机位置及行走路线时的参考。

如果起重机不能开到吊装位置附近去吊装时,必然要增加工作幅度,就应根据起重量 $Q$,起升高度 $H$ 和工作幅度 $R$ 三个参数查阅起重机起重特性曲线来选择起重机型号及起重臂长度。

2. 起重机数量的选择

起重机数量应根据工程量、工期和起重机台班定额产量而定,其计算公式为:

$$N = \frac{1}{TCK} \sum \frac{Q_1}{P_1}$$

式中:$N$ 为起重机台数;
　　$T$ 为工期(d);
　　$C$ 为每天作业班数;
　　$K$ 为时间利用系数,取 0.8~0.9;

$P_1$ 为起重机相应的台班产量定额(t/台班);

$Q_1$ 为每种构件的吊装工作量(t)。

此外,在决定起重机数量时,还应考虑到构件装卸、拼装和就位的作业需要。

3. 起重机经济性的选择

起重机的经济性和其在工地使用的时间有很大关系。使用时间越长,则平均到每个台班的运输和安装费用越少,其经济性越好。

各类起重机的经济性比较如图8-16所示。在同等起重能力下,如使用时间短,则使用汽车式或轮胎式起重机最经济;如使用时间较长,则履带式起重机较经济;如长期使用,则使用塔式起重机最经济。

图8-16 各类起重机经济性比较曲线

A—轮胎式起重机 B—汽车式起重机 C—履带式起重机 D—塔式起重机

## 小结和学习重点

- 起重机械的分类及其特点
- 起重机械的主要零部件及其用途
- 起重机械的主要性能参数及其选择依据

通过对本章的学习,掌握起重机械的分类、特点、主要的起重属具以及起重机械的主要性能参数等知识。起重机械是一种以间歇作业方式对物料进行起升、下降和水平移动的搬运机械,是现代企业实现生产过程,物流作业机械化、自动化,改善物料搬运条件,减轻劳动强度,提高生产率必不可少的重要机械设备。起重机械的种类繁多,在港口、仓库、车站、工厂、建筑工地等各个领域和部门得到广泛的应用。例如,一个现代化的大型港口,年货物吞吐量在亿吨以上,这些货物要靠各类起重机械进行装卸转运。

**【案例分析】**

## 从数据看我国起重机行业差距

近几年,伴随着我国固定资产投资的飞速增长、基础设施建设和大型项目的不断上马,使得我国工程机械行业获得了空前的发展,也受到了世人越来越多的关注。近期炒得沸沸扬扬的"凯雷并购徐工案"更是吸引了众多业内外人士的眼球。那么,我国工程机械行业的竞争力究竟如何?同国外的对手相比,孰优孰劣?下面以起重机产品为例,利用中国国际招标网的历史数据,看看我国起重机与国外产品相比差在哪里。

首先,客观地看,我国起重机的制造技术还是位于世界前列的,众多产品也在国内外拥有广阔的市场。然而,与欧美日等发达地区相比,我们的技术实力还是有一定差距的。根据中国国际招标网的数据显示,级别超过200 t的履带式起重机、超过100 t的汽车起重机大多要进行国际招标采购,这说明目前国内在这方面尚不具备大量生产的能力。欧洲起重机的平均吨位在800 t,而我国目前这一数字却不到200 t。徐州重型机械公司的QUY300型履带式起重机重臂最大起重量可达300 t,QAY200型全路面起重机额定起重量为200 t,这已是目前国内之最,与利勃海尔、马尼托瓦克等国际起重机行业巨头在技术方面还有很大差距。

其次,由于技术能力所限,我国起重机在产品结构上还不够完善,难以同国外匹敌。中国国际招标网的资料显示,技术要求较高的全路面起重机和履带式起重机这两种产品在我国产能较低,目前只有徐重、抚挖等少数几家行业内的龙头企业具备一定的生产能力。而这两种产品是起重机众多类别当中吨位最大的,其价格也远远高于普通的汽车或轮胎式起重机,这一领域国内产能的匮乏使得我们不得不付给国外厂商更多的成本。

另外,在产业链条上我国也存在着明显的差距。决定产品竞争能力的不只是技术研发的实力,处于产业链下游的制造业必将受制于上游产业的影响。在我国,钢铁企业的技术缺陷也给下游的工程机械行业发展造成了一定程度的制约,钢材的硬度、弹性、延展性等质量标准直接关系到技术能否实现。同时,汽车工业的发展与起重机的关联也十分密切,汽车底盘技术的成熟将对起重机承载能力的提高起到决定性的作用,我国在这方面显然不能同欧美日等发达国家相比。另外,下游的工程机械租赁产业尚处于发育阶段,这也给起重机生产企业把握市场动向、完善售后服务带来了更多的成本消耗。

最后，在进出口结构方面我国也还存在许多不尽如人意之处。从起重机的进出口结构来看，我国起重机行业总体上以出口为主，贸易顺差较大，尤其在亚洲有着非常广阔的市场。尽管在技术上与欧美等国的竞争对手有一定差距，但是这并不影响我们成为起重机的制造大国。在中低端市场上，由于价格上的优势，我们拥有更多的市场份额，也涌现出了徐重、中联浦沅、抚挖等优秀的民族品牌。

总之，我国起重机生产企业与欧美的竞争对手相比在技术上的确存在着差距，在产业链条、产品结构方面也存在着一定的劣势，但这并非遥不可及。更主要的是，我国在这一领域从未放弃过自主研发，而且已经具备了相当大的产业规模，创造了几个蜚声全球的知名品牌。这也就是为什么凯雷对徐工的收购会引来如此大的反响，作为很有希望的民族产业，我们当然不可能拱手相让。

**思考题**

1. 收集"凯雷对徐工机械的收购案"的背景资料，并加以分析。
2. 我国起重机行业与世界先进水平相比主要差距体现在哪几个方面？

# 练习与思考

**（一）名词解释**

起重机械

**（二）填空题**

1. 起重机械的种类较多，按构造特征可分为_____、_____以及_____、_____。

2. 各种类型起重机通常是由_____、_____、_____与_____四部分组成的。

3. 起重机的属具包括索具和取物装置两大类：常用的索具有_____、_____、_____、_____等；常用的取物装置有_____、_____、_____、_____等。

**（三）简答题**

1. 简述轻小型起重设备的种类和适用范围。
2. 简述桥式起重机的种类、特点及应用场合。
3. 简述龙门起重机的应用场合。
4. 汽车起重机和轮胎起重机的主要区别是什么？
5. 如何选用起重机械的主要性能参数？

# 部分参考答案

(二) 填空题

1. 桥式类型起重机　臂架式起重机　固定式起重机　运行式起重机
2. 工作机构　金属结构　动力装置　控制系统
3. 钢丝绳　麻绳　化学纤维绳　吊钩　抓斗　电磁吸盘

# 第九章 集装箱装卸搬运设备

■ 学习目标 ■

学完本章,你应该能够:
1. 明确集装箱的基本知识;
2. 了解集装箱运输的运输特点;
3. 熟悉集装箱装卸搬运设备及吊具;
4. 熟悉并能简单配置集装单元装卸搬运机械。

■ 基本概念 ■

集装箱　集装箱运输　集装箱装卸搬运设备　吊上吊下装卸法　滚上滚下装卸法

## 第一节　集装箱装卸搬运设备概述

集装箱是一种专门设计用于货物的单一或多式运输的耐用设备,尤其适合从一种运输方式转到另一种运输方式。集装箱运输是用集装箱载运的一种现代化运输方法。在运输过程中使用装卸机械进行起吊、搬运、堆存等作业。随着集装箱运输的逐步发展、成熟,与之相适应的管理方法和工作机构也相应地发展起来,形成一套适应集装箱运输特点的运输体系。本章从集装箱的基本知识出发,介绍了集装箱运输的方式和集装箱装卸搬运设备,研究了集装箱装卸作业的两种常用方式,即"吊上吊下式"和"滚上滚下式"。

海上集装箱运输开始于20世纪50年代的后半期,最初只限于美国国内航线,60年代后半期逐步发展到欧洲、北美、澳大利亚、日本等工业发达的资本主义国家,进入了海上国际集装箱运输的阶段。70年代初期,第三世界的一些国家亦相继开展海上集装箱运输。随着海上国际集装箱运输的发展,出现了海运和铁路、公路联运，逐渐形成了以海运为中心环节的两端向内地延伸的集装箱运输体系，为集装箱运输而建立的配套设施——船舶、港口、铁路和公路运输车辆，以及各种装卸机械日臻完善。

集装箱装卸机械的发展大体上可分为三个阶段：

第一阶段(1957～1966年)是集装箱装卸机械发展的初期阶段。

第二阶段(1967～1976年)是集装箱装卸机械的发展阶段。为便于国际集装箱的流通，国际标准化组织从1964年6月起着手制定集装箱标准规范，并于1973年正式颁布ISO668—1973《货物集装箱外部尺寸和重量》，此后又经过两次修订。集装箱标准化对集装箱装卸机械的选型提供了依据。

第三阶段(1977年以后)是集装箱装卸机械的改进提高阶段。在集装箱装卸机械化工艺方面，着重于研究提高整个系统的生产效率，选用技术上先进、经济上合理的装卸工艺方式；在集装箱装卸机械方面，进一步研制操作简便、经久耐用、节约动力消耗、安全可靠的装卸机械；研究集装箱码头装卸机械化系统和单机的半自动化、自动化控制；针对第四代集装箱船(载箱量4 000～5 000 TEU)，研究其实现的可能性。

集装箱码头装卸机械化系统的能力和生产效率，在很大程度上取决于码头前沿岸边集装箱起重机的能力和生产效率。近几年来，集装箱专用码头已出现高速型岸边集装箱起重机，其起升速度和小车行走速度，比普通型岸边集装箱起重机分别提高了40%和50%左右，平均生产效率由原来的20～25箱/h提高到30～35箱/h。

但岸边集装箱起重机工作速度的进一步提高，在技术上将会受到一定限制。提高岸边集装箱起重机生产效率的主要途径，将着重在研制效果良好的减摇装置，缩短吊具对位时间，简化装卸操作过程，在桥架下面设置自动定位台阶，从而缩短小车运行距离和时间，并加快底盘车的装卸。

集装箱码头选用何种装卸工艺方式更为经济合理，不能一概而论。它与该码头的装卸任务(吞吐量)和具体作业条件(平面布置、疏运条件、拆装箱比例、管理方式等)有关，必须根据具体情况，进行技术经济论证后确定。

集装箱码头装卸机械化系统和单机的自动化，将分为两个阶段进行：第一阶段主要是采用计算机系统进行码头管理，管理计算机系统的功能包括收集储存资料，编制收箱、发箱、装船、卸船、货场堆存计划，报关、查询以及统计处理；第二阶段是采用电子计算机系统对装卸机械进行自动控制，控制计算机系统接受码头管理计算机系统的指令，对各种机械进行自动控制。目前世界上采用计算机系统进行管理的集装箱码头，大都处于第一阶段，其中主要是处理货运单据和编制装卸作业计划。采用计算机系统实现全自动化控制的码头，目前还未出现。

装卸机械的单机自动化控制比较复杂,在集装箱码头所使用的三种类型机械(码头岸边集装箱起重机、堆场龙门起重机和水平搬运机械)中,将首先在堆场龙门起重机上实现自动化控制。

岸边集装箱起重机的作业对象是船舶,由于船型、箱型和装载情况不一,且要受到风浪、潮汐等影响,装卸作业条件经常发生变化,实现自动化控制较为困难。水平搬运机械(牵引车、底盘车、跨运车、叉车等),由于流动性大,也难以控制。国外有的公司曾推荐水平运输采用有轨循环小车来实现自动化控制。

对于集装箱装卸机械的改进提高,将主要着重在以下几个方面。

(1) 操作简便舒适。

集装箱码头和货场的装卸机械,要求连续不断的作业,并达到理想的装卸效率,现代化装卸机械的工作速度也在不断提高,司机操作人员需要进行紧张的工作。为了提高工作效率,减少机损事故,必须设法改善司机操作人员的工作条件。

对于驾驶室要考虑遮阳、通风、取暖、保温窗,乃至空调,设置舒适的座椅,以减少司机操作人员的疲劳。在装卸机械的油漆颜色以及驾驶室的布局装饰上,都要使司机操作人员感到舒适。

机械的控制装置和操作位置,应布设合理,便于操作,而且省力,且不致分散司机操作人员的注意力。操作方法应尽可能简便,以避免操作失误。

司机室在装卸机械上的位置应布设合理,以尽量扩大视野。进出司机室应方便省力,避免使用扶梯。减少机械噪声,研制隔音材料,使机械引起的噪声减少到75 dB以下。此外,司机操作人员的工作条件,还应不受夜间或坏天气的影响。

(2) 机械完好率高,停机时间少。

机械的总停机时间等于事故、故障和维修时间的总和,在机械设计时也要力求把这些因素压缩到最小限度。应选用经过实际使用性能良好、经久耐用的配套件和零部件,选用的结构应便于维修和更换零部件,零部件的选用应尽可能做到标准化、通用化,以便于互换和修理。停机虽然不可能完全避免,但如更换零部件或维修容易缩短其停机时间,提高机械的完好率。

(3) 经久耐用。

集装箱装卸机械大多属于大型机械设备,初期投资大,设备折旧费高,因而用户越来越多地注意到机械设备的使用寿命,要求做到经久耐用,特别是以内燃机为动力的流动装卸机械。要努力把轮胎式龙门起重机、跨运车和牵引车的使用寿命,从目前的水平提高到30 000～50 000 h。机械设备如使用寿命长,经久耐用,即使初期投资大,但折旧费仍可维持在原有水平或者更低。此外还可得到一些其他好处,如司机和维修人员取得的经验可以长期运用,维修用的配件不致经常变化等等。

目前世界各国对起重运输机械的设计规范,在结构件方面制定得比较多;而在机械和电气部件方面则制定得相当少,特别是对于集装箱装卸机械的设计计算理论,还有许多值得探索的问题,诸如集装箱装卸机械中带有共性的旋锁件的疲劳计算,伸缩式吊具的设计计算等。据统计集装箱起重机停机时间中,约30%的时间是由于吊具发生故障。

(4) 节约动力消耗。

动力消耗是集装箱装卸机械的经常性主要费用项目,因而降低动力消耗对降低装卸成本具有相当大的意义,特别是对于石油来源紧张的国家,将会越来越注意动力的选择和降低消耗的问题。

在集装箱装卸机械中,以电力为动力的机械比重将会逐步增大,而对于那些必不可少的流动装卸搬运机械将广泛应用柴油机。

同时还将研究一些控制燃料消耗的措施,如货场用牵引车和跨运车没有必要高速行驶,适当降低行驶速度标准既可减少动力的选择和降低消耗,又有利于安全作业;动力系统采用合适的部件,以降低燃料消耗,使用增压装置以提高动力效能;采用液压调速系统以减少不必要的动力损失等等。

(5) 安全可靠。

对于集装箱装卸机械的安全可靠性,应从机械的基本设计和安全装置两个方面加以考虑。基本设计包括自身稳定性,驱动和控制系统的性能,操作方法的复杂程度,以及机械在各种条件和各种位置的视线保证等。安全装置不仅仅是要考虑对超负荷、超限界的限制,而且还应研究对潜在不安全因素的警告措施,如对于机械将会发生超速、超负荷、超越限界、制动失灵/控制失效等不安全状况作出预报,提醒司机操作人员采取措施或自动处置。此外,还应研究重大人身事故已经发生时,司机操作人员的救生措施。前面讲到的在集装箱装卸机械设计时,为司机操作人员创造一个良好的工作环境,对保证机械安全使用也是相当重要的。除机械本身的安全措施之外,机械的安全运行与集装箱码头货场的组织管理也有很密切的关系,在码头货场上来往车辆很多,应当制定相应的规章制度,规定各种装卸机械和运输车辆的行驶路线分开。装卸机械和运输车辆的运行道路应经常检查维修,排除障碍物。夜间装卸作业应有足够的照明设施。

我国从 1975 年开始进行集装箱装卸专用机械的研制工作,1979 年前后已研制出第一批岸边集装箱起重机、集装箱跨运车、牵引车和集装箱叉式装卸车等。上海振华港机公司(ZPMC)从 1999 年起已经成为全球最大的集装箱物流机械特别是岸边集装箱起重机的供应商。

## 第二节 集装箱基本知识

### 一、集装箱的定义和集装箱运输的特点

集装箱运输是用集装箱载运的一种现代化运输方法。集装箱是以钢、铝合金、塑料等材料，按一定的统一规格制成，专供货物运输中周转使用的大型箱形容器。集装箱可以把几十件、成百件大小不同、形状各异，或包装种类繁杂的商品装在箱内，汇集成一个单元。在运输过程中使用装卸机械进行起吊、搬运、堆存等作业。

国际标准化组织根据集装箱在装卸、堆放及运输过程中的安全需要，规定了作为一种运输工具的货物集装箱的基本条件，即：

① 能长期的反复使用，具有足够的强度；

② 途中转运不用移动箱内的货物，可以直接换装；

③ 可以进行快速装卸，并可以从一种运输工具直接方便地换装到另一种运输工具；

④ 便于货物的装满与卸空；

⑤ 具有 1 m³（即 35.32 ft³）或 1 m³ 以上的内容积。

集装箱运输自 20 世纪 50 年代来，在世界各国发展很快，我国铁路、水运、公路、民航等运输部门也相继开展集装箱运输业务。集装箱运输与传统的货物运输相比较，具有以下特点：

① 在全程运输中，以集装箱为媒介，使用机械装卸、搬运，可以从一种运输工具直接方便地换装到另一种运输工具，而无需接触或移动箱内的货物；

② 货物从内陆发货人的工厂或仓库装箱后，经由陆海空不同运输方式，可一直运至内陆收货人的工厂或仓库。从而达到"门到门"运输，中途无需倒载，也无需开箱检验；

③ 集装箱运输，以集装箱为运输单位，并由专门设备的运输工具装运，不仅装卸快、效率高，而且货运质量有保证。

由于上述特点，集装箱运输大大有利于解决传统运输中久已存在而又不易解决的问题，如货物装卸操作重复劳动多，劳动强度大，装卸效率低，货损货差多，包装要求高，运输手段繁琐，运输工具周转迟缓，货运时间长等。但集装箱运输需注意货物的流向和回程货源组织，以及起吊机械配套等问题。对容易损坏箱体的商品，如化肥、油脂、炭黑等一般不能装用。

## 二、标准集装箱的种类

标准集装箱按使用范围可分为国际标准、地区标准和国家标准。

1. 国际标准集装箱

国际标准集装箱是指根据国际标准化组织(ISO)104 技术委员会制定的标准来制造的国际通用的标准集装箱。目前,国际标准集装箱共分三个标准规格系列,其中第Ⅰ系列共 13 种(1A~1D,1AA~1CC,1AAA~1BBB,1AX,1BX,1CX,1DX)、第Ⅱ系列 3 种(2A~2C)、第Ⅲ系列 3 种(3A~3C)。

现行的国际标准第Ⅰ系列部分集装箱的规格如表 9-1 所示。

表 9-1 第Ⅰ系列部分国际标准集装箱规格

| 箱型 | 长/mm | 长 | 宽/mm | 高/mm | 最大总重量/kg |
|---|---|---|---|---|---|
| 1A | 12 192 | 40 ft | 2 438 | 2 438 | 30 480 |
| 1AA | 12 192 | 40 ft | 2 438 | 2 591 | 30 480 |
| 1B | 9 125 | 29 ft 11.25 in | 2 438 | 2 438 | 25 400 |
| 1BB | 9 125 | 29 ft 11.25 in | 2 438 | 2 591 | 25 400 |
| 1C | 6 058 | 19 ft 10.5 in | 2 438 | 2 438 | 20 320 |
| 1CC | 6 058 | 19 ft 10.5 in | 2 438 | 2 591 | 20 320 |
| 1D | 2 991 | 9 ft 9.75 in | 2 438 | 2 438 | 10 160 |

注:1 ft=0.304 8 mm,1 in=0.025 4 mm。

为了便于统计集装箱的运量,常将 20 ft 的标准集装箱作为国际标准集装箱的换算单位,称其为换算箱或标准箱,简称 TEU(twenty-foot equivalent unit)。一个 20 ft 的标准集装箱换算为一个 TEU;一个 40 ft 的标准集装箱,简称 FEU (forty-foot equivalent unit),1 FEU=2 TEU。

由表 9-1 可知,每种集装箱的宽度相同,为充分利用各种运输工具的底面积,必须了解各种规格集装箱的长度关系,如图 9-1 所示。其中,1A 型 40 ft (12 192 mm);1B 型 30 ft(9 125 mm);

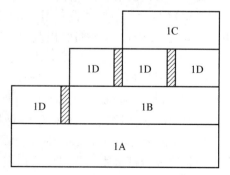

图 9-1 国际标准集装箱的长度关系

1C型 20 ft(6 058 mm);1D型(2 991 mm);集装箱间的标准间距I为3 in(76 mm),则:

1A=1B+I+1D=9 125+76+2 991=12 192 mm

1B=1D+I+1D+I+1D=3×2 991+2×76=9 125 mm

1C=1D+I+1D=2×2 991+76=6 058 mm

2. 地区标准集装箱

地区标准集装箱(国际标准集装箱第Ⅱ系列)指根据欧洲国际铁路联盟所制定的标准而制造的,此类集装箱仅适用于该地区使用。其规格如表9-2所示。

表9-2 第Ⅱ系列标准集装箱规格

| 箱 型 | 长/mm | 长/ft | 宽/mm | 高/mm | 最大总重量/kg |
| --- | --- | --- | --- | --- | --- |
| 2A | 2 920 | 9 | 2 300 | 2 100 | 7 100 |
| 2B | 2 400 | 7 | 2 100 | 2 100 | 7 100 |
| 2C | 1 450 | 4 | 2 300 | 2 100 | 7 100 |

3. 国家标准集装箱

是由各国参照国际标准并参考本国国情制定的集装箱标准。中国、美国、日本、德国、英国、法国等都有自己的国家标准。

另外某些集装箱运输公司,如作为集装箱运输先驱的美国海陆公司及麦逊公司,根据本公司的情况而制定了自己的集装箱标准,我们将它称作公司标准集装箱。例如海陆公司的集装箱外形尺寸长为35 ft,宽8 ft,高一般为8 ft。

## 三、集装箱的分类

集装箱的类型很多,一般按其载重量可以分为:5 t以下(小型)、5至20 t(中型)、20 t以上(大型)。按其用途分,有用以装运一般货物的通用型集装箱和用以装运液体、粉状、易腐货物以及化学危险品、爆炸品等的各种专用型集装箱,如图9-2所示,具体可分为以下几种:

(1) 杂货集装箱(dry container)。又称通用集装箱,适于装载各种干杂货,包括日用百货、食品、机械、仪器、医药及各种贵重物品等;为最常利用的标准集装箱,国际标准化组织建议使用的13种集装箱均为此类集装箱。

(2) 冷藏集装箱(refrigerated container)。这种集装箱附有冷冻机,用以装载冷冻货物或冷藏货物。其温度可以在+26℃至-28℃之间调节,在整个运输过程中,启动冷冻机可以保持指定的温度。

杂货集装箱

开顶集装箱

罐式集装箱

折叠集装箱

侧开门集装箱

框架集装箱

图9-2 常用的集装箱

(3) 散货集装箱(solid bulk container),是用以装载大豆、大米、麦芽、面粉、饲料以及水泥、化学制品等各种散装的粉粒状货物的集装箱。使用这种集装箱,可以节约包装费用,提高装卸效率。

(4) 开顶集装箱(open top container)。这种集装箱适于装载玻璃板、钢制品、机械等重货,可以使用起重机从顶部装卸。为了使货物在运输中不发生移动,一般在箱内底板两侧各埋入几个索环,用以穿过绳索捆绑箱内货物。

(5) 框架集装箱(flat rack container),是用以装载不适于装在散货集装箱或开顶集装箱的长大件、超重件、轻泡货、重型机械、钢管、裸装机床和设备的集装箱。这种集装箱没有箱顶和箱壁,箱端壁也可卸下,只留箱底和四角柱来承受货

第九章 集装箱装卸搬运设备

载。这种集装箱既可从上面,也可从侧面用铲车进行装卸。

(6) 罐状集装箱(frank container),是适用于酒、油类、液态化学品等液体货物,并为装载这类货物而具有特殊结构和设备的集装箱。

除了上述各种集装箱外,还有一些特种专用集装箱,如专供用于运输汽车,并可分为两层装货的汽车集装箱;可通风并带有喂料、除粪装置,以铁丝网为侧壁的,用于运输活牲畜的牲畜集装箱;备有两层底,供贮有渗漏液体,专运生皮等有带汁渗漏性质的兽皮集装箱以及专供挂运成衣的挂衣集装箱等。还有以运输超重、超长货物为目的,并且在超过一个集装箱能装货物的最大重量和尺寸时,可以把两个集装箱连接起来使用,甚至可加倍装载一个集装箱所能装载的重量或长度的平台集装箱。另外,还有可折叠板架的折叠式集装箱。

## 四、集装箱的结构

以使用最多的通用集装箱为例,通用集装箱主要由角件(8件)、角柱(4件)、上侧梁(2件)、下侧梁(2件)、侧壁(2件)、端壁(2件)、上端梁(2件)、下端梁(2件)、顶板(1件)、底板(1件)、顶梁、集装箱门(端门或侧门)等构件组成,如图9-3所示。

图9-3 集装箱结构

# 第三节 集装箱装卸搬运吊具

## 一、集装箱吊具的型式

集装箱吊具是一种装卸集装箱的专用吊具,它通过其端部横梁四角的旋锁与集装箱的角件连接,由司机操作控制旋锁的开闭,进行集装箱装卸作业。集装箱吊具是按照 ISO 标准设计和制造。按照集装箱吊具的结构特点,集装箱吊具可分为五种型式。

1. 固定式吊具

(1) 直接吊装式吊具。

直接吊装式吊具如图 9-4 所示,是将起吊 20 ft 集装箱的专用吊具,或者起吊 40 ft 集装箱的专用吊具,直接悬挂在起升钢丝绳上,液压装置装设在吊具上,通过旋锁机构转动旋锁,与集装箱的角配件连接或者松脱。这种吊具结构简单,重量最轻,但只适用于起吊一定尺寸的集装箱,更换吊具需要花费较长的时间,使用起来不够方便。

图 9-4 直接吊装式吊具

(2) 吊梁式吊具。

吊梁式吊具如图 9-5 所示,是将专门制作的吊梁悬挂在起升钢丝绳上,当起吊 20 ft 集装箱时,则将 20 ft 专用吊具与吊梁连接,起吊 40 ft 集装箱时,则将 40 ft 专用吊具与吊梁连接,液压装置分别装设在 20 ft 或 40 ft 专用吊具上,这种吊具更换起来比直接吊装式吊具较为容易,但较重。

2. 主从式吊具

主从式吊具如图 9-6 所示。主从式吊具的基本吊具为 20 ft 集装箱专用吊具,可起吊 20 ft 集装箱,液压装置装设在基本吊具上,通过旋锁机构转动旋锁。

图 9-5 吊梁式吊具

图 9-6 主从式吊具

当需要起吊 40 ft 集装箱时,则将 40 ft 集装箱专用吊具的角配件(与集装箱角配件相同)与 20 ft 集装箱专用吊具的旋锁连接。40 ft 专用吊具的旋锁机构由装设在 20 ft 专用吊具上的液压装置驱动。主从式吊具更换吊具比直接吊装式吊具更为方便,但仍然较重,为 8~9 t。

3. 子母式吊具

子母式吊具,如图 9-7 所示,是将专门制作的吊梁悬挂在起升钢丝绳上,吊梁上装有液压装置,用以驱动吊具上的旋锁机构。当需要起吊 20 ft 集装箱时,则将 20 ft 专用吊具与吊梁连接;当需要起吊 40 ft 集装箱时,则将 40 ft 专用吊具与吊梁连接,连接方式不是采用旋锁机构转动旋锁与角配件连接,因而这种吊具比主从式吊具轻,为 8 t 左右。

4. 伸缩式吊具

伸缩式吊具,如图 9-8 所示,是在近几年出现的一种吊具,它具有伸缩吊架,当收缩到最小尺寸时可起吊 20 ft 集装箱,而当伸开到最大尺寸时则可起吊 40 ft 集装箱。吊具的伸缩在司机室内操作,变换吊具的时间只要 20 s 左右,但仍较重,为 10~11 t。伸缩式吊具是目前集装箱起重机采用最为广泛的一种

图 9-7 子母式吊具

吊具。

5. 双吊式吊具

双吊式吊具,如图 9-9 所示,是由两个悬挂在起升钢丝绳上的直接吊装式吊具组成,相互之间采用自动联结装置连接,可同时起吊两个 20 ft 集装箱,因而大大提高集装箱起重机的装卸效率,但集装箱必须放置在一定的位置,且只能起吊 20 ft 集装箱,作业条件受到局限,只适于特定的作业条件。

图 9-8 伸缩式吊具

图 9-9 双吊式吊具

至于选用哪种型式的吊具较为合理,取决于所装卸的集装箱数量、箱型变化情况和经济性等,因此不能一概而论哪种吊具最为合理。在各种集装箱混载的情况下,为了缩短更换吊具的时间,多采用伸缩式吊具。但伸缩式吊具较重,液压部件多,容易发生故障,伸缩框架容易损坏。在同一箱型装卸数量大的情况下,往往是不经济的,不如配备多种专用吊具更为合适。

对于各种结构型式的吊具,都要努力做到轻量化,提高其可靠性。在集装箱起重机起重量一定的情况下,减轻吊具的自重,可以减少起重机的起升载荷,对于起升机构具有变扭矩调速特性的起重机,可大大提高起重机的装卸效率。

## 二、集装箱吊具的主要部件

集装箱吊具除了具有金属构架外,还有导向、连接、吊具前后倾斜及操纵控制装置等部件,如图9-10所示。

图9-10 集装箱吊具结构示意图
1—导辊 2—液压装置 3—电缆 4—电缆笼 5—灯座 6—指示灯 7—提升钢丝绳
8—提升滑轮组 9—扭锁 10—伸缩液压缸 11—插座箱 12—吊具框架 13—导辊手驱动装置

### 1. 导向装置

它在吊具接近集装箱时起定位作用,常用导向板式,其末端是用钢板做成的角锥形包角,在使用时可转180°而向下,正好套在集装箱的四个角上,不工作时可翻转为向上。导向板的动作通常靠液压系统控制。

### 2. 连接装置

它是使吊具与集装箱在吊运时连成一个整体的机构。对于国际标准集装

箱,采用旋锁连接装置,即在吊具框架的四角相应于集装箱角配件的孔位置处,装设一个可以转动的旋锁。旋锁装置可以分为两类:

(1) 定轴式旋锁装置。旋锁相对于吊具旋转箱不能作摆动,只能在定轴套内作转动。其结构如图 9-11 所示。

图 9-11　定轴式旋锁装置
1—旋锁　2—顶杆　3—调整螺栓
4—固定板　5—接触开关

图 9-12　浮动式旋锁装置
1—球凸座　2—球凹座
3—顶杆　4—旋锁

(2) 浮动式旋锁装置。旋锁既能在吊具旋转箱内转动,又能作相对于旋转箱的摆动,以适应集装箱的制造误差和工作变形。这种旋锁已被广泛应用,其结构如图 9-12 所示。

当吊具通过导向装置降落到集装箱箱体上面时,吊具的旋锁装置即准确地插入集装箱角配件的椭圆形孔内,液压缸推动连杆,使旋锁转动 90°,就可以挂住集装箱而进行吊运。对于少数非标准集装箱或用吊钩的场合,可采用吊钩与集装箱的角配件连接。

3. 悬挂及倾斜装置

吊具通过金属构架上的滑轮组和起升钢丝绳相连,实现吊具的升降。由于在装卸过程中,集装箱船出现横倾或纵倾时,要求吊具在前后左右方向作一定角度的倾斜,通常考虑±5°。前后倾斜装置由前后倾斜油缸和液压系统组成,正常状态时,吊具的上架平面与底架平面互相平行;陆侧一边的前后倾斜油缸伸缩时,上架和底架销轴相对转动。

图 9-13 为吊具倾斜装置示意图,它是将四根起升钢丝绳的末端分两组连接并固定在两个小卷筒上。其中,两根绕经吊具前部滑轮的钢丝绳连成一组,两根绕经吊具后部滑轮的钢丝绳连成一组,通过变换小卷筒的回转方向来实现吊

具前后左右的倾斜,小卷筒之间装有离合器。另一种吊具倾斜装置,其两组钢丝绳的末端固定在液压装置上,通过液压缸的伸缩来实现吊具前后左右的倾斜(纵倾和横倾)。

吊具纵倾　　　　　　　吊具横倾

图9-13　吊具倾斜装置

**4. 操纵控制装置**

伸缩式吊具,其旋锁驱动装置、导向板驱动装置、吊具前后倾斜装置和吊具伸缩装置均采用液压传动。共用的液压泵驱动装置和油箱设在底架上。行走小车垂下的电缆存放在电缆存储器中。集装箱吊具上设有电器和机械的联锁安全装置,在一个动作没有完成之前,后一个动作不能进行。例如,当旋锁进入集装箱角配件孔后,旋锁箱底面和集装箱角配件顶面接触,通过旋锁下面的顶杆触及接触开关,吊具四角的指示灯和司机室操作台上的指示红灯亮,表示旋锁已封闭,即可以开始起吊。当不是所有四个角都完全接合和锁紧时,安全装置会发出信号,阻止吊运,以保证装卸作业的安全。

# 第四节　集装箱装卸搬运设备

## 一、概述

集装箱物流是港口物流的重要组成,集装箱装卸搬运设备经过几十年的发展,形成了一套完整的系统。现代集装箱物流装卸搬运系统如图9-14所示。集装箱船通过码头前沿的装卸机械(如岸边集装箱起重机)将集装箱吊进吊出进行装船和卸船作业；水平运输机械完成码头前沿、堆场和装拆箱库之间的水平运输任务；堆场机械则用来完成集装箱的堆码和拆垛。通常，船到车或车到船的集装箱物流都是通过堆场进行中转，若条件允许，也可以直接船到车或车到船。为了满足客户对集装箱物流服务的多种需求，有时需要将集装箱送入拆、装箱库进行拆箱、分箱重组。

图 9-14　集装箱物流装卸搬运系统的构成

## 二、集装箱装卸搬运设备的主要类型

1. 集装箱前沿码头机械

集装箱前沿码头机械主要有下述四种机型。

（1）岸边集装箱起重机。

岸边集装箱起重机又称集装箱装卸桥，简称岸桥，如图 9-15 所示。它是承担集装箱装卸作业的专用起重机，装卸效率高，适用于吞吐量较大的集装箱码头。它由前门框、后门框及拉杆组成，门架、桥架支承在门架上，起重小车可沿桥架上铺设的轨道运行，整机可沿着与岸平行的轨道行驶。目前我国港口设置的岸桥多为普通型（第一代）岸桥，每小时平均生产率为 25 TEU。随着集装箱运输船舶的大型化，对岸桥提出

图 9-15　岸边集装箱起重机

了新要求,岸桥除了外伸距加大以外,其他技术参数也相应提高。上海振华港机公司(ZPMC)为美国奥克兰港生产的外伸距达 65 m,吊具下起重量达 65 t 的特大型岸桥,其生产率可达每小时 50～60 TEU。

岸桥有各种不同的结构型式,通常按不同的分类方法可分为以下类型:

① 按主梁结构型式,可分为单箱形梁结构、双箱形梁结构、板梁与桁梁混合结构和全桁架结构;

② 按起重小车型式,可分为自行式起重小车、全绳索牵引小车和自行式非起重小车;

③ 按降低净空高度,可分为俯仰式主梁、伸缩式主梁和折叠式主梁,如图9-16所示;

(a) 仰俯式　(b) 折叠式　(c) 伸缩式

图 9-16　岸桥结构示意图

④ 按供电方式,可分为滑触线供电、电缆卷筒供电和柴油发电机组供电;

⑤ 按接卸船型,可分为巴拿马型和超巴拿马型。

(2) 多用途桥式起重机。

多用途桥式起重机,又称多用途装卸桥,配备专业的吊具和属具。它既可以装卸集装箱,又可以装卸重件、成组物品及其他货物,适用于中小港口的多用途码头。

(3) 多用途门座起重机。

多用途门座起重机适用于在多用途码头进行集装箱和件杂货的装卸作业,对于年箱量在 5 万 TEU 以下的中小港口多用途码头更为适用。有关多用途门座起重机的内容,可参考本书第八章相关内容。

(4) 高架轮胎式起重机。

该机型类似于普通的轮胎起重机,机动性较好,可任意行走,配备专用的吊具和属具。适用于集装箱、件杂货装卸作业的多用途码头。有关轮胎式起重机的内容,可参考本书第八章相关内容。

2. 集装箱水平运输机械

集装箱水平运输机械主要有以下几种机型。

(1) 集装箱跨运车。

跨运车,如图9-17所示,是一种专用于集装箱短途水平搬运和堆码的机械。跨运车作业时,以门形车架跨在集装箱上,并由装有集装箱吊具的液压升降系统对集装箱搬运和堆码。该机的特点是机动性好,可一机多用,既可作水平运输,也可作堆场堆码、搬运和装卸作业。但集装箱跨运车造价高,使用维护费用高,驾驶视野有待改善。目前在我国港口使用不多。

图9-17 集装箱跨运车

(2) 集装箱牵引车。

集装箱牵引车,又称拖头,专门用于牵引集装箱挂车的运输车辆。其本身不能装载集装箱,通过连接器和挂车相连,牵引其运行,达到水平搬运作业的目的,是一种广泛使用的集装箱水平运输设备。详细介绍可参考本书第二章相关内容。

(3) 自动导向车。

自动导向车(AGV)是一种以电池为动力,装有非触导向装置,独立寻址系统的无人驾驶自动运输车。AGV目前在欧洲国家的一些现代化集装箱大港得到应用,与大型岸边集装箱起重机一起,构成了新型高效的集装箱搬运系统。有关AGV的详细介绍,可参考本书第十一章相关内容。

3. 集装箱堆场作业机械

集装箱堆场作业机械有以下几种机型。

(1) 轨道式集装箱门式起重机。

又称轨道式集装箱龙门起重机,如图9-18所示,它是集装箱码头堆场进行装卸、搬运和堆码的专用机械。其在固定的钢轨上行走,可跨多列集装箱及跨一个车道,因而其堆存能力大,堆场面积利用率高。由于其在固定轨道上行驶,适用于吞吐量大、前沿港域不足,而后方堆场较大的码头。

图9-18 轨道式集装箱门式起重机　　图9-19 轮胎式集装箱门式起重机

(2) 轮胎式集装箱门式起重机。

又称轮胎式集装箱龙门起重机，如图9-19所示，它是使用广泛的集装箱堆场作业机械，由于采用轮胎式运行机构，没有专用的固定轨道，具有机动灵活的特点。可以从一个堆场转移到另外一个堆场，堆高3～4层或更多层的集装箱，提高了堆场面积的利用率，适用于吞吐量较大的集装箱码头。

(3) 集装箱跨运车。

(4) 集装箱叉车。

在堆场按用途分，通常用于重箱作业的称为重载叉车；用于空箱作业的称作堆高叉车，如图9-20所示。为了方便装卸集装箱，配有标准货叉及顶部或侧面起吊的专用属具，或集装箱专用吊具。

集装箱叉车机动灵活，可一机多用，既可作水平运输，又可作堆场堆码、装卸搬运、拆装箱作业；造价低，使用维修方便，特别适合于空箱作业，一般在吞吐量不大的多用途码头使用。

图9-20 集装箱堆高叉车　　图9-21 集装箱正面吊运机

(5) 集装箱正面吊运机。

集装箱正面吊运起重机,如图9-21所示,其特点是有可伸缩的臂架和左右旋转120°的吊具,便于在堆场作吊装和搬运;臂架不可作俯仰运动,可加装吊钩来吊装重件。该机机动性强,可以一机多用,既可吊装作业,又可短距离搬运,其起升高度一般可达4层箱高,且稳定性好,是一种适应性强的堆场装卸搬运机械,适用于集装箱吞吐量不大的集装箱码头。

(6) 拆装卸机械。

集装箱码头的拆装箱作业一般采用低门架叉车、手推搬运车等。详细介绍可参考本书第十一章相关内容。

# 第五节　集装箱前沿码头机械的主要技术参数

集装箱前沿码头机械中使用最为广泛的专用机械是集装箱岸边起重机(简称岸桥),以岸桥为例,岸桥的主要技术参数描述了岸桥的特征能力和主要技术性能,主要包括:几何尺寸、起重量、速度、控制和供电、防摇要求和生产率等,本节就岸桥的主要参数作简要介绍。

## 一、起重量

岸桥的起重量包括额定起重量和吊具自重的重量。额定起重量是指吊具下的起重量。ISO标准40 ft型集装箱的最大重量为30.5 t,20 ft型集装箱为24 t。吊具重量根据吊具类型不同而不同,固定式吊具20 ft型自重为1.5 t,40 ft型的自重为2.5 t;组合式吊具20 ft型为5 t,40 ft型的为7 t;伸缩式吊具的自重约为10~11 t。

## 二、几何尺寸

几何尺寸参数与装载集装箱的船型、甲板上堆装层数、箱型、码头作业条件及堆场上的装卸工艺和作业方式有关。这些尺寸参数包括起升高度、前伸距、后伸距、轨距以及下横梁的净空高度等。

1. 起升高度

起升高度是指船舶在满载低水位时,能起吊舱底最下一层箱的总高度。通常又分为轨面以上起升高度和轨面以下的下深深度,起升高度为这两者之和。它根据船舶的型深、吃水、潮差、码头标高、甲板堆装层数和集装箱高度而定。

### 2. 前伸距

前伸距是指岸桥海侧轨道中心线到集装箱吊具中心铅垂线之间的最大水平距离。前伸距主要根据集装箱运输船型、装卸工艺方式来确定。在确定前伸距时还应考虑船舶倾斜的影响,船舶倾角一般按 3°考虑。

### 3. 后伸距

后伸距是指岸桥陆侧轨道中心线到集装箱吊具中心铅垂线之间的最大水平距离。后伸距大小主要根据以下两种情况确定：一是考虑放置舱口盖板时的情况;二是放置集装箱的情况。

### 4. 轨距

轨距是指岸桥大车行走两条轨道中心线的水平距离。轨距的大小对岸桥的稳定性和轮压有一定影响,轨距太小对稳定性不利。一般岸桥的轨距是 16 m,随着岸桥的大型化,轨距也越来越大。

### 5. 横梁下净空高度

净空高度是指横梁下面到轨道之间的垂直距离。岸桥的净空高度应能满足流动搬运设备如火车、集装箱牵引车,特别是集装箱跨运车的通行要求。一般来说,集装箱牵引车或火车装一层箱,横梁下净空高度理论上只需 6 m,如双层箱则需 9 m,若使用跨运车,堆 3 个箱高的跨运车则需 15 m。

### 6. 基距

基距是指同一条轨道上左右两侧大车行走机构大平衡梁支点之间的水平距离。基距对岸桥的稳定性和轮压有一定影响,同时还应注意到当 40 ft 集装箱通过时不能与腿柱内侧相碰。

## 三、工作速度

岸桥的工作速度包括：起升(下降)速度、小车运行速度、大车运行速度和前大梁仰俯速度等。岸桥各工作机构速度的选择应满足装卸工艺和生产率的要求。

### 1. 起升速度

起升速度又分满载起升速度和空载起升速度,满载起升速度指吊具下起吊额定起重量时的起升速度,又称额定速度。空载起升速度是指吊具下不带集装箱时的起升速度,空载起升速度一般为满载起升速度的 2 倍。

### 2. 小车运行速度

随着岸桥外伸距的增大,提高小车运行速度对提高岸桥生产率有重要意义,一般取为 120 m/min,以后提高到 150 m/min,目前小车行走速度已超过 160 m/min,最高可达 240 m/min。

### 3. 大车运行速度

大车运行机构主要是用于岸桥从一个舱位移到另一个舱位,是非工作机构,一般速度不要求太高。但在某些港口,其大车运行速度也呈现增大的趋势。

### 4. 主梁俯仰速度

主梁俯仰属于非工作性操作。在岸桥不工作时,为了便于船舶靠离码头,主梁呈仰起状态,当进行装卸时才将主梁放下,因此其俯仰一次时间较长,一般在 4 min 左右。

其他的技术参数如自重和轮压、生产率等和其他起重机基本类似,可参考本书第八章相关内容。

近10年来,为了适应大型超巴拿马型集装箱船的接泊,岸边集装箱起重机的主要尺寸和工作速度明显增大,表9-3列出了当前已经投入使用的部分大型岸边集装箱起重机性能参数。

表9-3 部分大型集装箱岸边起重机的性能参数

| 港 口 | 制造商 | 吊具下额定起重量/t | 轨距/m | 海侧轨距护舷前端面距离/m | 伸距/m 前 | 伸距/m 后 | 有效前伸距/m | 起升高度/m 轨上 | 起升高度/m 轨下 | 起升速度/(m/s) 满载 | 起升速度/(m/s) 空载 | 小车运行速度/(m/s) |
|---|---|---|---|---|---|---|---|---|---|---|---|---|
| 鹿特丹 | NOELL | 61 | 35 | 10 | 66 | 25 | 56 | 40 | 15 | 1.5 | 3 | 4 |
| 萨拉拉 | ZPMC | 66 | 30.48 | 7.9 | 63.5 | 25 | 55.6 | 35 | 15.2 | 0.88 | 2.83 | 4 |
| 阿姆斯特丹 | ZPMC | 65 | 30.50 | 7.25 | 61.5 | 15 | 53.75 | 33 | 23.5 | 1.33 | 3 | 3.67 |
| 横 滨 | HIH | 65 | 30 | 5.5 | 63 | 18 | 57.5 | 40 | 16.2 | 1.5 | 3 | 4 |
| 奥克兰 | ZPMC | 66 | 30.48 | 7.5 | 65 | 18 | 57.5 | 33 | 23.5 | 1.5 | 3 | 4 |
| 洛杉矶 | NOELL | 53 | 30.38 | 7.82 | 64 | 23 | 56.18 | 40 | 15.5 | 1.5 | 3 | 4 |

# 第六节　集装单元装卸搬运机械的配置

集装箱运输因具有安全、高效、经济、快捷等优越性,以及能降低货损,实现"门到门"的运输特点,得到了迅速发展。随着海上国际集装箱运输的发展,出现了海运与内河航运、铁路、公路和航空等多种形式的联运,逐渐形成了以海运为中心环节,两端向内陆延伸的集装箱运输体系,以便最大限度地利用国际集装箱运输的优点,实现国际货物的"门到门"运输。

集装箱装卸运输系统按集装箱船舶在港口的装卸作业方式分为"吊上吊下"

和"滚上滚下"两类。

## 一、吊上吊下方式

"吊上吊下"作业是指采用在码头上的起重机或船上的起重设备来进行集装箱的装卸船作业。吊上吊下方式也称为"垂直作业方式"。吊上吊下方式是当前用得最为广泛的一种方式。其装卸运输系统视岸边与后方堆场间采用的搬运设备不同又可分为底盘车(挂车)方式、跨运车方式、叉车方式、轮胎门式起重机方式、轨道门式起重机方式和混合方式。具体装卸工艺系统见图 9-22。

图 9-22 集装箱装卸运输工艺系统图
(a) 底盘车方式 (b) 跨运车方式 (c) 叉车方式
(d) 轮胎门式起重机方式 (e) 轨道门式起重机方式

1. 底盘车（挂车）方式

码头前沿由岸边集装箱装卸桥承担集装箱装卸船作业；底盘车承担前沿与堆场间运送及向用户的水平运输作业。卸船时，集装箱被卸到底盘车上后，用牵引车把底盘车拖运到堆场排列起来，并且随时可以用拖车运走。装船时，用牵引车将堆场上装有集装箱的底盘车拖到码头前沿，再用岸边集装箱装卸桥把集装箱吊上船。

2. 跨运车方式

主要有下面两种形式：

(1) 跨运车直接吊运式。

在码头前沿由岸边集装箱装卸桥承担集装箱装卸船作业，跨运车承担码头前沿和堆场之间的水平运输及堆场上的堆码作业。

(2) 跨运车间接吊运式。

利用牵引车-半挂车在码头前沿到堆场间往返运输，跨运车只在堆场进行集装箱堆码作业。

3. 集装箱吊运机或叉车系统

在码头前沿，由船用起重机、流动式高架起重机或岸边集装箱装卸桥等承担装卸船作业。用集装箱吊运机或叉车将集装箱运到堆场并堆垛，或者相反作业。此系统的另一种形式是使用牵引车-半挂车承担由码头前沿到堆场的往返运输，集装箱吊运机或叉车仅在堆场进行堆垛作业。

4. 轮胎式龙门起重机系统

在码头前沿由岸边集装箱装卸桥承担装卸船作业。卸船时，将集装箱卸到码头前沿的半挂车上，然后由牵引车拖到堆场。轮胎式龙门起重机则承担拖挂车的卸车及堆场堆码作业，装船时相反。轮胎式龙门起重机占用通道面积小，不受轨道限制，机动灵活性好。

5. 轨道式龙门起重机系统

该系统与上一系统相似，但由轨道式龙门起重机承担在堆场上为拖挂车装卸及堆码作业。轨道式龙门起重机跨越集装箱排数更多，堆码层数更高，而且还可直接装卸火车、汽车。

以上五种不同装卸系统比较见表9-4。

对于大型或较大型专用集装箱码头，码头前沿机械多采用岸边集装箱起重机，水平运输机械采用集卡（底盘车或拖挂车）或全自动的自动导引车。集装箱通过水平运输到堆场后，用轮胎式龙门起重机或轨道式龙门起重机进行装卸和堆码（拆垛），也有采用跨运车进行水平运输和堆垛。集装箱叉车则用来对空箱进行堆码和拆垛。对于一些中小港口或非专用集装箱码头，前沿装卸机械多采用多用途门式起重机,以适应码头的多货种装卸。堆场机械则采用集装箱叉车货正面吊运机。

表9-4 五种集装箱装卸系统的比较

| 项　　目 | 装　卸　系　统 | | | | |
|---|---|---|---|---|---|
| | 底盘车系统 | 跨运车系统 | 轮胎式龙门起重机系统 | 轨道式龙门起重机系统 | 叉车系统 |
| 堆场储存能力 | 最　低 | 一　般 | 较　高 | 最　高 | 较　低 |
| 装卸工艺系统 | 最简单 | 简　单 | 复　杂 | 复　杂 | 一　般 |
| 堆场装卸效率 | 最　高 | 一　般 | 较　低 | 一　般 | 较　高 |
| 机动性能 | 最　好 | 一　般 | 一　般 | 较　差 | 较　好 |
| 集装箱损坏率 | 较　低 | 较　高 | 一　般 | 一　般 | 较　高 |
| 机械维修费用 | 较　低 | 最　高 | 较　高 | 最　低 | 较　高 |
| 设备投资 | 一　般 | 最　高 | 较　高 | 较　高 | 一　般 |
| 自动化适应性 | 较　差 | 较　差 | 良　好 | 最　好 | 较　差 |
| 装卸铁路车辆 | 不　能 | 困　难 | 可　以 | 最　佳 | 可　以 |
| 堆场铺装要求 | 较　低 | 较　高 | 一　般 | 最　低 | 较　高 |
| 拆垛操作量 | 没　有 | 一　般 | 较　大 | 最　大 | 一　般 |
| 操作熟练要求 | 较　低 | 最　高 | 较　高 | 一　般 | 最　高 |

## 二、滚上滚下方式

采用牵引车拖带挂车(底盘车)或叉车等流动搬运机械,往滚装船里装入集装箱,或卸出集装箱。滚上滚下方式也称为"水平作业方式"。"滚上滚下"是采用滚装船运输集装箱时的码头装卸作业方式。滚装作业是将集装箱放在半挂车上,由牵引车通过跳板牵引进入船舱进行运输,也可由叉车将集装箱从车上卸下堆码,以提高装箱率。由船上卸下的集装箱则牵引到堆场堆码。这种装卸船过程,也可用叉车直接经跳板上下船。为了提高滚装船的载重利用系数,也可采用滚装专用牵引车和挂车系统。

近几年来,世界各国开始发展滚装运输,采用专门的滚装船,用于国内沿海、大陆与岛屿、近邻国家之间,运输各种车辆、载货(集装箱或其他货物)挂车以及可以用叉车进入船舱进行装卸的集装箱和托盘货物。对于近距离航线,采用滚装运输可以大大缩短船舶在港口装卸货物的时间,从而减少船舶在港停泊时间,提高船舶运输效率。对于单航程在一个星期以内的航线,采用滚装运输最为合理。

采用滚装船运输集装箱,是将集装箱放置在挂车(底盘车)上,船舶到港后,牵引车通过与船艏门、艉门或舷门铰接的跳板,进入船舱把挂车(底盘车)拖带到码头货场;或者是将集装箱直接堆放在船舱内,船舶到港后,采用叉车和牵引车拖带挂车通过船艏门、艉门或舷门跳板进入船舱,用叉车把集装箱放到挂车上,由牵引车拖带到码头货场;或者仅用叉车通过跳板搬运集装箱。这种方式称为滚上滚下方式。

采用滚上滚下方式,比吊上吊下方式装卸集装箱,其装卸速度要快30%左右;无需在港口装备价格昂贵的大型专用机械设备;装卸费用低;有利于组织集装箱"门到门"运输,减少集装箱在港口的装卸环节,降低集装箱的破损率。但滚装集装箱船的造价比吊上吊下集装箱船约高10%;其载重利用系数仅为吊上吊下集装箱船的50%;每一载重吨的运费比吊上吊下集装箱船要高;滚装集装箱码头所需要的货场面积比一般吊上吊下集装箱码头要大。

采用滚装船运输的优点是码头设备简单,装卸费用低,装卸速度快,有利于"门到门"运输。缺点是滚装码头所需的堆场面积比吊装码头要大,滚装船的造价和营运费用高,载重利用系数低,所以采用范围有限。

## 小结和学习重点

- 集装箱的定义、分类及特点
- 集装箱运输的主要特点
- 集装箱装卸搬运吊具类型及功能
- 集装箱装卸搬运机械的类型、用途
- 集装箱装卸作业的常用方式

通过对本章的学习,掌握集装箱的定义、分类、集装箱装卸搬运机械的类型、用途等内容。集装箱物流是港口物流的重要组成部分,集装箱装卸搬运设备经过几十年的发展,形成了一套完整的系统。集装箱船通过码头前沿的装卸机械(如岸边集装箱起重机)将集装箱吊进吊出进行装船和卸船作业;水平运输机械完成码头前沿、堆场和装拆箱库之间的水平运输任务；堆场机械则用来完成集装箱的堆码和拆垛。集装箱装卸运输系统按集装箱船舶在港口的装卸作业方式分为"吊上吊下"和"滚上滚下"两类。

【案例分析】

## 集装箱轨道式龙门吊的优点

在谈论现代化的集装箱货场机械选型时，不少人一提起轨道式集装箱龙门起重机(俗称轨道龙门吊)，几乎将它与土设备，甚至落后、过时的设备画等号。在一些人看来，只有轮胎式集装箱龙门起重机(下简称轮胎式箱吊)、集装箱叉车、集装箱跨车一类的起运设备才叫洋设备、先进设备，才与现代化的集装箱运输相配。

某地在建设集装箱货场时，就遇到过这样的事。设计师凭多年的实践经验和大量的国内外调研，决定集装箱货场全部采用国内生产的轨道式龙门吊(吊具采用与轮胎式箱吊性能相同的国产品)，就遭到过业务人员的极力反对，理由是太落后，国内沿海集装箱货场极少见到过。这种认识具有很大的代表性。

由于这种认识上的片面性(偏见)，我国集装箱堆场特别是沿海港口集装箱堆场，长期以来，绝大部分采用昂贵的进口轮胎式箱吊；内陆铁路车站、河港码头、小型集装箱货场虽多采用轨道式龙门起重机，原因不是认为它先进，而是看上了它省钱、实用之处，如果资金充裕大概也会嫌它土而弃之不用。

可是轨道龙门吊在我国储运、铁路、内河港口等众多部门长期以来特别受到偏爱。全国各行各业使用的轨道龙门吊估计有上万台。其中仅中储系统就组织设计制造了上百台轨道龙门吊，几百万平方米货场和几百万平方米库房，几乎都用轨道龙门吊覆盖了。可见中储系统各级领导和广大职工对它的欢迎和重视程度。当时中储系统各个仓库都有一支技术革新队伍，不少单位靠社会协作，自己可以制造轨道式龙门吊和桥式起重机(行车)等装卸机械。起重量最大的达 50 t，跨度最大达 60 多 m，主梁总长达 100 多 m。其质量能满足生产的需要。

轨道龙门吊与轮胎式箱吊相比有以下主要优点：

(1) 经济、实用，其价格只相当于一台轮胎式箱吊的四分之一，甚至更少，最多不过三分之一到二分之一的价钱；

(2) 坚固、耐用,20世纪70年代还见过30年代制造的;
(3) 可因地制宜自行设计、自行制造,维修当然更不在话下;
(4) 操作简单、安全可靠;
(5) 运行成本低;
(6) 以电为动力,对环境没有污染。

对于一些中小型集装箱货场来说,与一般货场装卸大件货物相比,除了要采用专用吊具防止集装箱变形外,其他并没有太大的区别。也就是说一般普通轨道式门吊只要起重量、强度够用就可以装卸集装箱。许多铁路集装箱站就是如此。这说明从事集装箱运输、装卸业务并非一定要具备有轮胎式箱吊、抓箱机一类的专用设备。我国已有不少专业制造厂设计制造的轨道龙门吊,完全可以满足现代集装箱作业的需要,而且有些厂的产品已远销国外。而国内专业厂家生产的轨道龙门吊的价钱,只有相同性能进口轮胎式箱吊的三分之一至多二分之一,同时维护费用也低得多。

**思考题**

为什么说集装箱轨道龙门吊具有优良的性价比?

# 练习与思考

**(一) 名词解释**

集装箱　集装箱运输

**(二) 填空题**

1. 标准集装箱按使用范围可分为_____、_____和_____。
2. 集装箱前沿码头机械主要有_____、_____、_____和_____。
3. 集装箱水平运输机械主要有_____、_____和_____。
4. 集装箱堆场作业机械有_____、_____、_____、_____、_____
____和_____。

**(三) 简答题**

1. 谈谈集装箱运输的主要特点。
2. 集装箱吊具有哪几种类型,各有什么特点?
3. 集装箱装卸搬运系统是由哪几部分组成?
4. 集装箱岸边起重机有哪些主要技术参数?
5. 什么是集装箱吊上吊下装卸法?
6. 什么是集装箱运输中滚上滚下装卸法?

# 部分参考答案

## (二) 填空题

1. 国际标准　国家标准　地区标准
2. 岸边集装箱起重机　多用途桥式起重机　多用途门座起重机　高架轮胎起重机
3. 集装箱跨运车　集装箱牵引车(底盘车)　自动导向车
4. 轨道式龙门起重机　轮胎式龙门起重机　集装箱跨运车　集装箱叉车　集装箱正面吊机　拆装机械

# 第十章 连续输送设备

■ **学习目标** ■

学完本章,你应该能够:
1. 理解连续输送设备的概念和特点;
2. 了解带式输送机的结构和使用;
3. 了解链式输送机的结构和使用;
4. 了解辊道式输送机的结构和使用;
5. 了解其他类型的连续输送机的结构和使用;
6. 明确连续输送设备的选择原则。

■ **基本概念** ■

连续输送设备　带式输送机　链式输送机　辊道式输送机　螺旋输送机　斗式提升机　气力输送机　空间输送机

## 第一节　连续输送设备概述

### 一、连续输送设备的概念

连续输送设备是以连续的方式沿着一定的线路从装货点到卸货点均匀输送散料和成件包装货物的机械装置,简称为连续输送机。

由于连续输送机能在一个区间内连续搬运大量货物,搬运成本较低,搬运时间容易控制,因此,被广泛应用于现代物流系统中。特别在自动化立体仓库系统中,其搬运系统一般都是由连续输送机组成的,如进出库输送系统、自动分拣系统等,整个搬运系统由中央计算机统一控制,形成了一个完整的货物输送与搬运系统,大量货物或物料的进出库、装卸、分类、分拣、识别、计量等工作均由输送机系统来完成。

在仓储系统中,其搬运作业以集装单元化搬运最为普遍。因此,所用的连续输送机也以单元负载式输送机为主。单元负载式输送机主要用于输送托盘、箱包件或其他有固定尺寸的集装单元货物。

## 二、连续输送设备的特点

连续输送设备是沿着一定的输送路线运输货物的机械。与间歇动作的起重机械相比,连续输送机械具有以下特点:

(1) 连续作业、效率较高。

连续输送设备可以不间断地搬运货物,不必因空载回程而引起运货间断,同时由于不必经常起动和制动而保持较高的工作速度。连续和高速的输送使连续输送机械能够达到很高的生产率。

(2) 结构简单、经济便捷。

连续输送设备一般沿固定的路线输送货物,动作单一,所以结构简单,便于实现自动控制。在同样生产率的条件下,由于载荷均匀、速度稳定、功耗较小、经济实惠。但当输送路线复杂或变化时,会造成结构复杂或需要按新的路线重新布置输送机。

(3) 通用性较差。

每种机型只适用一定类型的货种,只能按照固定线路输送货物,并且一般不适于运输重量很大的单件物品。

(4) 大多数连续输送机不能自行取货,因而需要采用一定的供料设备。

## 三、输送机械的分类

连续输送机械的形式、构造和工作原理都是多种多样的。由于生产发展的要求,新的机型正在不断增加。按照有无动力源,输送机可分为重力式和动力式,重力式输送机因滚动体的不同,可分为滚轮式、滚筒式及滚珠式三种,动力式输送机一般以电动机为动力;按照它们所运货物的种类可分为输送件货的和输送散货的;按照输送机的传动特点可分为有挠性牵动构件的和无挠性牵动构件的两类;此外按照输送机的结构形式则可分为辊式、链式、轮式、胶带式、滑板式及悬挂式多种。

### 四、连续输送设备在现代物流系统中的作用

连续输送设备在现代物流系统中,特别是在港口、车站、库场、货栈内,承担大量的货物运输任务,同时也是现代化立体仓库中的辅助设备,它具有把各物流站点衔接起来的作用。物料输送是"装卸搬运"的主要组成部分,在物流各阶段、环节、功能之间,都必须进行输送作业。

连续输送设备是生产物流中的重要设备。在生产车间,输送设备起着人与工位、工位与工位、加工与储存、加工与装配之间的衔接作用,具有物料的暂存和缓冲功能。通过对输送设备的合理运用,使各工序之间的衔接更加紧密,提高生产效率,它是生产中必不可少的调节手段。

## 第二节 带式输送机

### 一、带式输送机的结构和特点

带式输送机是用连续运动的无端输送带输运货物的机械。用胶带作为输送带的称胶带输送机,简称胶带机,俗称皮带机。

带式输送机的结构特征和工作原理是:输送带既是承载货物的构件,又是传递牵引力的牵引构件,依靠输送带与滚筒之间的摩擦力平稳地进行驱动。如图10-1所示。

图10-1 标准带式输送机

图10-2 移动式输送带

带式输送机可用于输送散货或件货。根据工作需要,带式输送机可制成工作位置不变的固定式和装有轮子的移动式,如图10-2所示;输送方向可改变的可逆式,如斗轮堆取料机的悬臂胶带机;通过机架伸缩改变输送距离的伸缩式,

如装船机的悬臂段胶带机等各种形式。

带式输送机不仅是使用最普通的一种连续输送机,而且最具有典型的连续输送机的各种特点。在各种连续输送机中,它的生产率最高、输送距离最长、工作平稳可靠、能量消耗少、自重轻、噪声小、操作管理容易,是最适于在水平或接近水平的倾斜方向上连续输送散货和小型件货的输送机,但在运送粉末状物料时需采取防尘措施。

带式输送机已成为港口、车站的专用机械如散货装船机、取料机、卸船机、链斗卸车机的主要组成部分,对于煤炭、矿石、散货的输送,它已成为不可缺少的输送设备。

## 二、带式输送机的主要结构部件

典型的带式输送机的结构组成如图 10-3 所示,主要由输送带、支承托辊、驱动装置、制动装置、装载装置、卸载装置、清扫装置组成。

图 10-3 带式输送机结构示意
1—张紧滚筒 2—装载装置 3—卸料挡板 4—上托辊 5—输送带
6—机架 7—驱动滚筒 8—卸载罩壳 9—清扫装置 10—下托辊

带式输送机的主要部件包括以下几个部分。

1. 输送带

输送带用来传递牵引力和承载被运货物,因此要求它强度高、抗磨耐用、挠性好、伸长率小和便于安装修理。输送带按用途分为强力型、普通型、轻型、井巷型、耐热型 5 种。强力型用于输送密度较大、冲击力较大、磨损较严重的物料;普通型用于输送密度在 $2.5 \text{ t/m}^3$ 左右的物料;轻型用于密度较小,磨损性较小的物料,如谷物、纤维、粉末及包装件等;井巷型专用于矿井下的固定输送机上;耐热型适用于输送温度高(<393 K)的焦炭、溶渣、热砖等。

从输送带使用的材料上可分为橡胶带和塑料带两种。普通橡胶带应用最广,它用棉织物或化纤物挂胶后的胶布层作带芯材料,用橡胶作覆盖材料,适于工作环境在-15℃～40℃之间、物料温度不超过50℃的情况。

橡胶带可采用机械接头或硫化接头。机械接头是用一排钢制卡子连接输送带的两端,因对胶带损伤大,接头处的强度仅为胶带强度的35%～40%,带芯外露易受腐蚀,适用于输送距离不长、无腐蚀性物料、要求检修时间较短的场合;硫化接头是将接头部位的胶布层和覆盖层切割成对称的阶梯,涂以胶浆,加热加压而成。硫化接头的强度能达到胶带强度的85%～90%,且能防止带芯腐蚀,寿命较长。

塑料输送机是用塑料代替橡胶,有多层芯和整芯两种。多层芯塑料带的强度和普通橡胶带相似,整芯塑料带以维尼纶-棉混纺织物为整体带芯,用聚氯乙烯塑料作覆盖物,比多芯带强度高,成本低、质量好。

2. 支承托辊

支承托辊的作用是支承在输送带及带上的物料,减少输送带的垂度,使其能够稳定运行。托辊的维修或更换费用是带式输送机营运费用的重要组成部分。为了减少托辊对输送带的运动阻力,必须注意托辊两端滚动轴承的密封和润滑,以保证托辊转动灵活和延长使用寿命。按托辊在输送机中的作用与安装位置分为承载托辊[图10-4(a)～(f)]、空载托辊[图10-4(g)～(k)]、立辊[图10-4(l)]、缓冲托辊[图10-4(m)～(n)]、调心托辊[图10-4(o)～(q)]。

输送带在运转时偏向一边(跑偏)是带式输送机运转中的常见故障。引起输送带跑偏的原因很多,主要有以下几方面:

① 支承托辊或滚筒安装不正,即托辊或该筒的轴线与带式输送机的中心线不垂直;

② 机架两侧高低不平;

③ 输送带的连接不正,连接后的输送带边与输送机中心线不平行;

④ 滚筒表面粘有物料,使滚筒直径发生了不规则的变化,或部分托辊转动不灵活造成两边阻力不等;

⑤ 装载不当,物料过于集中一边,或采用犁形卸料器可能产生侧向力等。

为防止跑偏,一般在带式输送机上设置调心托辊。最简单的调心方法是将三节槽形托辊组的两个侧托辊朝胶带运行方向前倾一定角度,如图10-4(o)所示。这样,当输送带运行时,两侧托辊都有作用力把输送带推向中心。

另外,近年调心托辊又有许多新的形式,如可逆自动调心托辊、侧托辊为锥形的自动调心托辊等。

图 10-4 各种托辊的结构形式

(a)—平托辊 (b)—V形托辊 (c)—三辊槽形托辊 (d)—吊挂式V形托辊 (e)—吊挂式三辊槽形托辊 (f)—吊挂式托辊(五辊) (g)—空载平托辊 (h)—空载梳形托辊 (i)—空载V形托辊 (j)—V形梳形托辊 (k)—吊挂式V形梳形托辊 (l)—立辊 (m)—缓冲平托辊 (n)—三辊式缓冲托辊 (o)—挡辊式调心托辊 (p)—挡辊式空载调心托辊(单辊) (q)—挡辊式空载调心托辊(双辊)

3. 驱动装置

驱动装置的作用是驱动输送带运动,实现货物运送。

通用固定式和功率较小的带式输送机都采用单滚筒驱动,即电动机通过减速器和联轴器带动一个驱动滚筒运转。一般采用封闭式鼠笼电动机。当功率较大(例如大于 1 GW)时,可配以液力耦合器或粉末联轴器,使起动平稳。长距离生产率高的带式输送机可采用多滚筒驱动,大功串电动机可采用绕线式电动机,它便于调控,使长距离带式输送机平稳起动。

此外还可采用摆线针轮减速器传动或采用电动滚筒。

4. 制动装置

对倾斜布置的带式输送机,为了防止满载停机时,输送带在货重的作用下发生反向运动,引起物料逆流,应在驱动装置处设制动装置。制动装置有滚柱逆止器、带式逆止器、电磁瓦块式或液压电磁制动器。

5. 张紧装置

张紧装置的作用是使输送带保持必要的初张力,以免在驱动滚筒上打滑,并保证两托辊间输送带的垂度在规定的范围以内。张紧装置的主要结构形式有螺旋式、小车重锤式、垂直重锤式三种。

6. 改向装置

改向装置有改向滚筒和改向托辊组两种,用来改变输送带的运动方向。改向滚筒适用于带式输送机的平形托辊区段,如尾部或垂直重锤张紧装置处的改向滚筒等。

改向托辊组是若干沿所需半径弧线布置的支承托辊,它用在输送带弯曲的曲率半径较大处,或用在槽形托辊区段,使输送带在改向处仍能保持槽形的横断面。

7. 装载装置

装载装置的作用是对输送带均匀装载,防止物料在装载时洒落在输送机外面,并尽量减少物料对输送带的冲击和磨损。物料下滑到输送带上时,应保持尽可能小的法向分速度(相对于带面)和尽量接近于带速的切向分速度。

8. 卸载装置

带式输送机可在输送机端部卸料,也可在中间卸料,前者物料直接从滚筒处抛卸,后者可采用卸载挡板或卸载小车。

9. 清扫装置

为了提高输送带的使用寿命和保证输送机的正常运行,必须进行清扫。常用的清扫装置是弹簧清扫器和犁形刮板。

## 三、带式输送机的布置方式

带式输送机的基本布置方式如图 10-5 所示,有水平输送方式、倾斜输送方式以及水平倾斜混合输送方式等。在自然条件允许的情况下,带式输送机最好采用水平输送方式或接近水平输送方式。当输送带的布置需要有一定的倾斜时,倾斜角不能太大,否则,会引起物料沿输送带下滑,造成生产率降低甚至不能正常输送。

图 10-5 带式输送机的布置方式

(a),(h),(i) 倾斜布置方式;(f),(g) 水平布置方式;(b),(c),(d),(e) 水平与倾斜混合输送方式

表 10-1 是带式输送机的最大允许倾角。

表 10-1 带式输送机的最大允许倾角 $\beta_{max}$

| 物料名称 | $\beta_{max}/(°)$ | 物料名称 | $\beta_{max}/(°)$ |
| --- | --- | --- | --- |
| 块 煤 | 18 | 湿 沙 | 23 |
| 原 煤 | 20 | 干 沙 | 15 |
| 筛分后的焦炭 | 17 | 未筛分的石块 | 18 |
| 水 泥 | 20 | 盐 | 20 |
| 混有砾石的沙 | 18~20 | 谷 物 | 18 |

## 四、带式输送机的新发展

近年带式输送机的发展十分迅速。发展的趋势是：大运量、长距离、大倾角、多品种。此外,检测监控等附属安全保护装置也日趋完备。

当今世界上生产率最高的带式输送机(用于露天煤矿)生产率达到37 500 t/h,其带宽3 m、带速6 m/s;目前带式输送机的最大单机长度可达15 km;最高带速超过8 m/s;最大带宽3.6 m。下面是几种先进的带式输送机。

1. 钢绳芯胶带输送机

钢绳芯胶带输送机以强度极高的钢丝绳代替帆布层做带芯材料,从而使输送机所能承受的拉力可相当于100多层的普通帆布胶带,因而能实现单机长距离输送。这就使运输系统简化,减少了物料的破碎及对胶带的冲击、磨损,延长了输送带的使用寿命,提高了经济效益。

2. 大倾角带式输送机

普通胶带输送机倾斜向上输送物料时,不同粉粒料所允许的最大倾角一般为16°~20°。为了提高输送倾角,缩短在提升同样高度时所需的输送机长度,节省占地面积,近年来发展了多种形式的大倾角带式输送机,如花纹带式输送机、波形挡边带式输送机、双带式输送机等,使许用输送倾角大为增加,甚至能够实现垂直提升货物,如图10-6所示。这几种大倾角带式输送机均已应用于港口散货连续卸船机中。

图10-6 大倾角带式输送机

3. 中间带驱动的带式输送机

中间带驱动的带式输送机是在一台长距离的带式输送机的中间再安装几台较短的胶带机,借两条紧贴在一起的胶带之间的摩擦力驱动长距离胶带输送机。中间带驱动可以大幅度地降低长距离输送带的计算张力,因为这种驱动方式将动力源沿长距离输送机的整个长度进行多点布置,这就可以避免滚筒驱动的输送带在进入驱动滚筒的那一段张力特别大的现象,因而可以降低对胶带强度的要求,这就可使胶带厚度、自重、价格以及所用的滚筒直径和传动机构尺寸随之减小,有可能使一台长距离的带式输送机采用价廉的标准输送带实现无转载的物料输送。中间带驱动带式输送机已在上海港煤炭装卸公司使用了十多年,其生产率为1 000 t/h,单机长度410 m,带宽1 m,是可逆式输送机,中间有3部长度为15 m的驱动输送机,总驱动功率为210 kW。

#### 4. 气垫带式输送机

普通带式输送机以托辊为支承装置,对于长距离的带式输送机来说,所需支承托辊的数量是相当可观的,运转过程中往往容易发生故障。为解决这个问题,近年研制出一种气垫带式输送机,它用托槽支承输送带,而在托槽与输送带之间造成一定厚度的空气层作为滑动摩擦的"润滑剂",使运动阻力大为减小。鼓风机将具有一定压力的气流送入气室,气室的顶部即为输送带的托槽,当气流沿气室纵向分布并由托槽上的小孔喷出时就在胶带与托辊之间形成气膜。目前这种输送机已在大连、天津港散粮码头使用。

#### 5. 管形带式输送机

普通皮带机都是直线输送的,不能在水平面内弯转。吊挂管状带式输送机则可沿空间曲线,绕过沿途的各种障碍,完成输送任务。它有一条特殊的胶带,胶带在带式输送机的头部滚筒和尾部滚筒处展平,像普通带式输送机一样,由驱动滚筒靠摩擦力来驱动。加料后,通过一系列导向辊子,胶带逐渐封闭成管状。胶带的侧边有特殊的凸缘,闭合后可以被吊具锁住。吊具上有滚轮,在工字钢轨道上运行,互相之间用钢绳连接,保持一定的间距。在卸料时,吊具被导向轮强制打开,脱离胶带,胶带展平后在滚筒处卸料。这种带式输送机可以实现两个分支双向输送物料,实现大倾角输送,并且不会出现胶带跑偏等事故。由于是钢轮在钢轨上运动,所以运行阻力小,功率消耗少。

## 第三节 链式输送机

链式输送机的特点是:用绕过若干链轮的无端链条作牵引构件,由驱动链轮通过轮齿与链节的啮合将圆周牵引力传递给链条,在链条上或接着一定的工作构件上输送货物。

此类输送机根据所用的链条又可分为滑动链条式、滚动链条式和板条式输送机。链式输送机的类型很多,用于港口、货场的主要有链板输送机、刮板输送机和埋刮板输送机。

### 一、链板输送机

链板输送机的结构和工作原理与带式输送机相似,它们的区别在于带式输送机用输送带牵引和承载货物,靠摩擦驱动传递牵引力,而链板输送机则用链条牵引、用固定在链条上的板片承载货物,靠啮合驱动传递牵引力。链板输送机主要用于部分仓库或内河港口中输送件货,如图10-7所示。它与带式输送机相比,优点是板片上能承放较重的件货,链条挠性好、强度高,可采用较小直径的链轮和传递较大的牵引力。缺点是自重、磨损、消耗功率都比带式输送机大。

图 10-7　链板输送机

## 二、刮板输送机

刮板输送机是利用相隔一定间距而固定在牵引链条上的刮板，沿敞开的导槽刮运散货的机械。工作分支可采用上分支或下分支。前者供料比较方便，可在任一点将物料供入敞开的导槽内；后者卸料比较方便，可打开槽底任一个洞孔的闸门而让物料在不同位置流出。当需要向两个方向输送物料时，则上下分支可同时作为工作分支，如图 10-8 所示。刮板输送机适于在水平方向或小倾角方向上输送煤炭、沙子、谷物等粉粒状和块状物料。它的优点是结构简单牢固，对被运物料的块度适应性强，改变输送机的输送长度较方便，可在任意点装载或卸载。缺点是由于物料与料槽和刮板与料槽的摩擦，使料槽和刮板的磨损较快，输送阻力和功率消耗较大，因此常用在生产率不大的短距离输送，在港口可用于散货堆场或装车作业。

图 10-8　刮板输送机

1—导槽　2—机架　3—链条　4—刮板　5—驱动链轮　6—张紧链轮

港口的旅客自动扶梯也是一种链式输送机，其载人小车的工作面作成梳齿形，小车在下水平段与固定在地面的梳形板交叉，使旅客能安全地登上自动扶梯。小车工作面在整个输送过程中保持水平，使旅客在扶梯的爬坡段踏在其上感到安全舒适。在上水平段，运载小车的梳形表面又与固接在地面的梳形板交叉，便于旅客踏离扶梯。

## 三、埋刮板输送机

埋刮板输送机是由刮板输送机发展而来的一种链式输送机，但其工作原理与刮板输送机不同。在埋刮板输送机的机槽中，物料不是一堆一堆地被各个刮板刮运向前输送的，而是以充满机槽整个断面或大部分断面的连续物料流形式进行输送。工作时，与链条固接的刮板全埋在物料之中，刮板链条可沿封闭的机槽运动，可在水平和垂直方向输送粉粒状物料。物料可由加料口或机槽的开口处由运动着的刮板从料堆取得，因此，在港口不仅可用于散发输送，还常用作散货卸船机。

通用型埋刮板输送机可用于化工、粮食、冶金等部门，有输送线路为水平或小倾角倾斜的 MS 型（图 10-9），垂直或大倾角倾斜的 MC 型，从水平到垂直再转到水平的 MZ 型等，均为小型产品，机槽宽度 160～400 mm，容积生产率 11～124 $m^3$/h。为满足我国港口装卸作业的需要，我国已引进并研制了生产率较高的机型，如湛江港散粮机械化圆筒仓采用的多台埋刮板输送机，输送小麦生产率 600 t/h，链条速度 0.8 m/s，链条节距 200 mm，国产的机槽宽度 500 mm。日本进口的机槽宽度 580 mm，输送距离 56～65 m，驱动功率 90～11 kW。此外，湛江港 400 t/h 吸粮机的门架上也采用了国内研制的埋挂板输送机，使用效果良好。埋刮板输送机还常用作港口散货卸船机。

图 10-9 MS 型埋刮板输送机

### 四、悬挂式输送机

悬挂于工作区上方的输送机具有很多优点,把物料挂在钩子上或其他装置上,可利用建筑结构搬运重物。例如喷漆作业。挂在钩子上的产品自动通过喷漆车间,接受喷漆或浸泡。

悬挂输送主要用于在制品的暂存,物料可以在悬挂输送系统上暂时存放一段时间,直到生产或装运为止。这就避免了在车间和地面暂存所造成的劳动力和空间的浪费。安全性是在悬挂输送系统设计和实施中应考虑的重要因素。

1. 普通悬挂输送机

是最简单的架空输送机械,它有一条由工字钢一类的型材组成的架空单轨线路。承载滑架上有一对滚轮,承受货物的重量,沿轨道滚动。吊具挂在滑架上,如果货物太重,可以用平衡梁把货物挂到两个或四个滑架上,如图 10-10 所示,滑架由链条牵引。

图 10-10 普通悬挂输送机

2. 推式悬挂输送机

推式悬挂输送机可以组成复杂的、自动化程度较高的架空搬运系统。它的特点在于载货小车不固定在牵引链条上,而是由链条上的推头推动载货小车上的推杆实现其运动。推杆伸出时与推头啮合,推杆缩下时与推头脱开,从而可以使载货小车的运动得到控制。推杆在前爪重力的作用下始终处于伸出的状态,只要把前爪抬起即可使推杆缩下。如果有一辆载货小车已经停止,后面的小车在继续前进时,其前爪被前一辆小车的后爪抬起,即能自动停止运行。当前一辆小车被释放后,后一辆小车的前爪又使推杆自然伸出,于是后一辆小车跟随前进,因此这种悬挂输送机又称积放式悬挂输送机。

## 第四节 辊道式输送机

辊道式输送机是一种广泛使用的输送机械。辊道式输送机结构比较简单,它是由一系列以一定的间距排列的辊子组成,如图 10-11 所示,用于输送成件货物或托盘货物。货物和托盘的底部必须有沿输送方向的连续支承面。为保证货物在辊子上移动时的稳定性,该支承面至少应该接触四个辊子,即辊子的间距应小于货物支承面长度的1/4。

图 10-11　辊道式输送机　　　　图 10-12　辊子传动原理示意

辊道可以是无动力的,货物由人力推动。辊道也可以布置成一定的坡度,使货物能靠自身的重力从一处自然移动到另一处。每段的终点设一个升降台,把货物提升至一定的高度,使物料再次沿重力式辊道移动。为了达到稳定的运输速度,可以采用动力辊道输送机。动力辊道有多种实施方案:

(1) 每个辊子都配备一个电机和一个减速机,单独驱动。一般采用星型传动或谐波传动减速机。由于每个辊子自成系统,更换维修比较方便,但费用较高。

(2) 每个辊子轴上装两个链轮,如图 10-12 所示。首先由电机、减速机和链条传动装置驱动第一个辊子,然后再由第一个辊子通过链条传动装置驱动第二个辊子,这样逐次传递下去。

(3) 用一根链条通过张紧轮驱动所有辊子,如图 10-13 所示。当货物尺寸较长、辊子间距较大时,这种方案比较容易实现。

图 10-13　单链条传动示意

(4) 用一根纵向的通轴,通过扭成 8 字形的传动带驱动所有的辊子,如图 10-14 所示。在通轴上,对应每个辊子的位置开着凹槽。用无极传动带套在通轴和辊子上,呈扭转 90°的 8 字形布置,即可传递驱动力,使所有辊子转动。如果货物较轻,对驱动力的要求不大,这种方案结构简便。

图 10-14　8 字形传动原理示意

# 第五节 螺旋输送机

## 一、螺旋输送机的特点及其分类

螺旋输送机是无挠性牵引构件的输送机械。它借助原地旋转的螺旋叶片将物料推移向前而进行输送，主要用来输送粉粒状散货，如水泥、谷物、面粉、煤、砂、化肥等等。

螺旋输送机的主要优点是结构简单，没有空返分支，因而横断面尺寸小。它可在多点装货或卸货，工作可靠，易于维修，造价较低，输送散货时能在积槽内实现密闭输送，对输送粉尘大的物料更为优越。

它的缺点是，由于物料对螺旋、物料对料槽的摩擦和物料的搅拌，在运送过程中的阻力大，使单位功率消耗较大；螺旋和料槽容易磨损，物料也可能破碎；螺旋输送机对超载较敏感，易产生堵塞现象。因此，螺旋输送机一般输送距离不长、生产率较低，适于输送磨碴性较小的物料，不宜输送黏度大、易结块及大块的物料。

螺旋输送机可沿水平、倾斜方向或垂直方向上输送物料，分为水平螺旋输送机和垂直螺旋输送机。

## 二、水平螺旋输送机

水平螺旋输送机可在水平或倾斜方向上输送物料，被广泛应用于粮食、建材、化工、机械、交通运输等部门。输送长度一般为 30～40 m，长的可达 60～70 m，生产率一般不超过 100 t/h。目前国内的定型产品是 GX 型螺旋输送机，如图 10-15 所示。

水平螺旋输送机常用于港口的螺旋卸车机和多种连续式机械的取料。

图 10-15　GX 型螺旋输送机

### 1. 水平螺旋输送机的工作原理

输送散货的水平螺旋输送机的工作原理是：螺旋在料槽内旋转时，装入料槽的物料由于受到本身重力和物料与料槽间摩擦力的作用，不随螺旋一起旋转，而沿着料槽轴线方向移动,物料输送的过程类似于螺母与螺杆的运动。当螺母不转而螺杆旋转时,螺母就沿着螺杆轴线方向向前移动。

2. 水平螺旋输送机的主要组成部件

如图 10-16 所示,水平螺旋输送机主要由封闭料槽、螺旋、驱动装置及轴承等构成。料槽开有装载口和卸载口,为便于改变装料和卸料的位置,还设有中间装载口和中间卸载口,不用时将闸门关上。螺旋可以制成左旋、右旋或左右旋,从而改变输送的方向。螺旋由叶片和轴焊接而成,由于叶片的形式不同,螺旋可分为四种:实体式、带式、叶片式和齿形式,其结构如图 10-17 所示。四种形式各有优点:实体式螺旋(a)结构简单,适用于流动性好、干燥的粉状散料;带式螺旋(b)适用于黏性或块状物料;叶片式螺旋(c)适用于易被压紧的物料,它可以在输送过程中起搅拌作用,使物料松散;齿式螺旋(d)是带式和叶片式两种螺旋的综合,具有两者的优点。螺旋由电动机通过减速装置带动。螺旋支承在首尾端轴承和中间轴承上。物料卸载端的末端轴承为止推轴承,以承受作用在螺旋上的轴向力。中间轴承多为悬挂式。

图 10-16 水平螺旋输送机结构示意
1—传动轴 2—料槽 3,4,5—轴承 6,7—装载漏斗
8,9—卸料口 10—驱动装置 11—螺旋片

### 三、垂直螺旋输送机

垂直螺旋输送机,如图 10-18 所示,可自动从料堆或船舱内取料,在港口作为连续式散货卸船机械,近年已获得较快的发展。

垂直螺旋输送机的基本构件与水平螺旋输送机相同。它采用实体螺旋和圆柱形料槽,利用下部一段短的水平螺旋输送机进行供料,若水平螺旋不加罩壳,可直接从货堆取料。垂直螺旋与水平螺旋分别有单独的驱动装置。

垂直螺旋输送机的运动阻力和功率消耗比水平螺旋输送机大。在各种连续输送机中,它的功率消耗仅低于气力输送机。垂直螺旋输送机的工作原理与水平螺旋输送机不同,在垂直螺旋输送机中,物料的自重是向下的,当螺旋旋转时,

图 10-17 螺旋的形式
(a) 实体式 (b) 带式 (c) 叶片式 (d) 齿式

图 10-18 垂直螺旋输送机

物料与螺旋叶片之间的摩擦力使物料也跟着旋转。垂直输送时,物料主要受离心力的作用而与槽壁贴紧,并由此产生对槽壁的摩擦力而实现物料输送。当螺旋的转速不高时,物料颗粒随同螺旋转动所产生的离心惯性力不足以克服物料与螺旋面之间的摩擦力,这时物料位于螺旋面上保持相对静止状态。当螺旋转速较高时,物料所产生的离心惯性力大于物料与螺旋面之间的摩擦力,物料就向螺旋叶片边缘移动,直至压向料槽内壁而产生槽壁对物料的摩擦力。但如果这个摩擦力较小,不足以克服物料与螺旋面之间的摩擦力和物料重力沿螺旋面的分力,则物料仍随叶片绕螺旋轴旋转,颗粒仍不能上升。只有在螺旋转速足够高、物料的离心惯性力足够大,使挡壁对物料的摩擦力足以克服螺旋面与物料间的摩擦力和物料重力沿螺旋面的分力时,物料的转速将低于螺旋转速,开始沿螺旋形轨迹上升。因此,垂直螺旋具有足够高的转速是物料能在垂直螺旋输送机内向上输送的必要条件。

## 四、弯曲螺旋输送机

弯曲螺旋输送机与水平、垂直螺旋输送机的主要不同之处是螺旋与料槽。合成橡胶制成螺旋叶片,然后粘在高强度的挠性心轴上,再配以不同形状的弹性料槽。螺旋与料槽接触,所以不设置中间轴承。一根螺旋就可以按不同要求弯成任意形状,从而达到空间多方位输送物料的目的,如图 10-19 所示。这种输送机通常对粉状、颗粒状的物料以及污泥等进行输送。

与普通的螺旋输送机相比,弯曲螺旋输送机具有许多优点:

① 无中间支撑轴承,故而结构简单,安装维修方便;

② 由于螺旋和料槽都为非金属,所以工作时噪声较小,且耐腐蚀;

③ 可以实现多向输送。

图 10-19　弯曲螺旋输送机

其主要缺点是输送距离不大,通常不超过 15 m。

## 第六节　斗式提升机

### 一、斗式提升机的特点及其分类

斗式提升机是在垂直或接近垂直的方向上连续提升粉粒状物料的输送机械。它的牵引构件(胶带或链条)绕过上部和底部的滚筒或链轮,牵引构件上每隔一定距离装一料斗,由上部滚筒或链轮驱动,形成具有上升的有载分支和下降的无载分支的无端闭合环路。物料从有载分支的下部供入,由料斗把物料提升至上部卸料口卸出。

斗式提升机的优点是结构比较简单、横向尺寸小,因而可节约占地面积,并可在全封闭的罩壳内工作,减少灰尘对环境的污染。必要时还可把斗式提升机底部插入货堆中自行取货。斗式提升机的缺点是:对过载较敏感;斗和链易磨损;被输送的物料受到一定的限制,只宜于输送粉粒状和中小块状的散货,如粮、煤、砂等。此外,斗式提升机不能在水平方向输送货物。

斗式提升机按牵引构件不同可分为胶带牵引的带斗提升机和链条牵引的链斗式提升机两种,后者又可分为单链式和双链式,但单链式的用得很少。

目前国内常见的通用斗式提升机均为垂直式,有 D 型、HL 型、PL 型及 ZL 型四种形式。斗式提升机按卸料方式又可分为离心卸料式[图 10-20(a)]、导板卸料式[图 10-20(b)]和完全卸料式[图 10-20(c)]三种形式。

### 二、斗式提升机的主要构件

斗式提升机主要由牵引构件、承载构件(料斗)、驱动装置、张紧装置、上下滚筒(或链轮)、机架与罩壳等组成。如图 10-21 所示。

图 10-20 斗式提升机

图 10-21 斗式提升机设备系统

斗式提升机的牵引构件可采用橡胶带或链条。常用的牵引链条有圆环链、套筒滚子链等。由于链条的啮合驱动会产生动载荷,而橡胶带较链条轻便、工作平稳、噪声小,能采用较快的运动速度而达到较高的生产率。

常用的料斗有三种结构形式:深斗、浅斗和导槽斗(三角斗)。根据斗式提升机的运转速度和载运物料特性的不同,可采用不同的料斗形式。深斗的斗口与后壁夹角大,每个料斗可装载较多的物料,但较难卸空,适用于运送干燥的松散物料;浅斗的斗口与后壁夹角小,每个料斗的装载量少,但容易卸空,适于运送潮湿的和黏性的物料；导槽斗是具有导向侧边的三角形料斗，这种料斗在提升机中采用密集连续的布置，适用于密度较大的磨琢性物料，如碎石、卵石、焦炭等。

### 三、斗式提升机粉尘爆炸的防治

近年来，广泛应用斗式提升机的散粮机械化圆筒仓的粉尘爆炸的事故屡见不鲜，造成人员伤亡和重大经济损失。

粮食粉尘爆炸的原因是由于微尘的表面积大，很易受热起火。原粮粉尘的最低爆炸浓度为 $40\sim60$ g/m³。如果粉尘浓度过高，例如超过 2 kg/m³，由于氧气相对减少，不会发生爆炸。但是一旦具备上述可燃粉尘浓度和火种的爆炸条件，就会首先在一部分粉尘中燃烧，称为第一次爆炸。其危害性尚较小，但这次爆炸时扩散的燃烧尘粒和空气又点燃了其他尘粒和卷起所有的积尘，在瞬间释放大量热能，产生大量的气体使压力骤然增高而引起强烈的爆炸，形成破坏性更大的第二次爆炸和连锁反应，危害极大。

斗式提升机内的含尘浓度往往会超过爆炸浓度下限，而且通过提升机的运动、搅拌，使粉尘与空气充分混合，如果提升机超载打滑、摩擦发热或料斗碰撞产生火花，就有可能引起爆炸，因此，必须采取适当的防治措施。其措施大致包括以下几方面：

（1）通风除尘，可在提升机的装料口和卸料口附近加设除尘吸口，以便降低斗式提升机罩壳内的粉尘浓度；

（2）消除引燃源，避免明火操作、电气火花、雷击、机械摩擦发热、金属物的撞击火花、静电等引起粉尘爆炸；

（3）抑制粉尘爆炸，如在提升机顶部设活动顶盖，在罩壳的适当部位装泄爆口，以便及时排气、减压；

（4）改进设计布局，尽量将斗式提升机独立安装在圆筒仓外，并尽量避免提升机的进出口与粮仓密闭连通。

## 第七节　其他连续输送设备

### 一、气力输送机

气力输送机是利用具有一定能量的空气流，迫使散粒物料沿着一定的管路从一处移动到另一处，并进行卸料的一系列装置的组合。气力输送装置的基本类型有三种：吸引式、压送式和混合式。

1. 吸引式气力输送机

如图 10-22 所示，鼓风机 1 在系统中造成负压，产生吸力，物料在吸嘴 2 处随空气而被吸入管道 3，形成空气与物料的混合气流，到达容积式分离器 4 时，由于容积突然增大，因而混合流的速度急剧下降并突然改变运动方向，使悬浮在空气中的物料失去其原流动速度，与空气分离而坠落，并由卸料器 5 卸出。空气流经除尘器 6 除去灰尘后，通过鼓风机排入大气中。

图 10-22　吸引式输送机系统组成示意

2. 压送式气力输送机

如图 10-23 所示，鼓风机 1 在系统内产生正压，物料从进料器 7 进入系统，被压缩空气吹入管道 3，到达分离器 4，物料从卸料器 5 卸出，气流经除尘器 6 滤去杂质后直接排入大气中。

图 10-23　压送式气力输送机组成示意

3. 混合式气力输送机

如图 10-24 所示，这种系统由吸引式和压送式两部分组成。物料从吸嘴进入输料管被吸送至分离器，经下部的卸料器（它又起着压送部分的供料器作用）卸出并送入压送部分的输料管，而从分离器中的除尘器出来的空气经风管至鼓风机压缩后进入输料管，把物料压送至卸料点，物料被再次分离出来，而空气则由分离器上部排出。混合式气力输送机兼有吸送式和压送式两种输送方式的特点，可从多个不同的地点将物料吸入，也可同时将物料在不同的地点卸出，但它的结构较复杂，而且鼓风机的工作条件较差，因为进入鼓风机空气含尘较多。

图 10-24 混合式气力输送机示意
1—吸嘴 2—输料管 3—分离器 4—除尘器 5—卸料器 6—鼓风机

## 二、空间输送机

在现代化物流中心,为了节省占地面积,缩短输送距离,提高储存空间和扩大使用面积,其建筑物往往采用多层式建筑。为了在各层之间高效自动地输送物品,大多使用空间输送机,其中较典型的是如图 10-25 所示的空中移载台车。

图 10-25 空中移载台车

空中移载台车悬挂在空中导轨上,按照指令在导轨上运动或停止。在运动过程中货台装置是通过卷扬机和升降带被提到最高位置,并与车体成为一体。当运动到指定位置时,升降带伸长,货台下落,进行卸货或装货。这种空中移载车的优点是快速、准确、安全,所占空间较小。

## 第八节 连续输送设备的选择与管理

在进行连续输送设备的选购时,通常考虑以下技术参数:

1. 生产率

生产率是指单位时间内能够运送物料的质量。它是反映输送机工作性能的主要指标。计算公式为:

$$m = 3.6qv/g$$

式中:$m$ 为单位时间内能够运送物料的质量,t/h;

$q$ 为输送带线载荷,单位长度承载构件上货物或物料的重量,N/m;

$v$ 为输送带速度,m/s;

$g$ 为重力加速度。

2. 输送速度

输送速度是指被运货物或物料沿输送方向的运行速度。其中带速是指输送带或牵引带在被输送货物前进方向的运行速度。

由生产率的计算可知,带速是提高输送机生产率的主要因素。在同样生产条件下,带速越大,单位长度的输送带上的负荷越小,即可以减小输送带层数,降低了输送带的成本;同时,带速增加,也可以为采用较窄的输送带创造了条件,从而使整个输送机系统结构紧凑。但带速太大,会使带子产生较大横向摆动,加速输送带的磨损,同时还会增加脆性材料的破损程度;当运送干燥的粉末物料或粒度很小的物料时,还增加了粉尘的飞扬。

3. 带宽

带宽是输送机的一个重要尺寸参数,其大小取决于输送机的生产率和速度。一般情况下带速与带宽的关系如表10-2所示。

表10-2 输送机带宽与带速的关系

| 带宽 $B$/mm | 500 | 650 | 800 | 1 000 | 1 200 | 1 400 |
|---|---|---|---|---|---|---|
| 带速 $v$/(m/s) | 1.25 | 1.25 | 2.0 | 2.5 | 3.15 | 4.0 |

4. 输送长度

输送长度是指输送机装载点与卸载点之间的距离。

5. 提升高度

提升高度是指货物或物料在垂直方向上的输送距离。

### ■ 小结和学习重点 ■

- 连续输送设备的概念和特点
- 常见的连续输送设备的类型和适用场合
- 连续输送设备的主要技术参数

连续输送设备是以连续的方式沿着一定的线路从装货点到卸货点均匀输送散料和成件包装货物的机械装置。由于连续输送机能在一个区间内连续搬运大量货物，搬运成本较低，搬运时间容易控制，因此，被广泛应用于现代物流系统中。特别在自动化立体仓库系统中，其搬运系统一般都是由连续输送机组成。连续输送机械的形式、构造和工作原理都是多种多样的。按照输送机的结构形式则可分为辊式、链式、轮式、胶带式、滑板式及悬挂式多种。

【案例分析】

## 三一重工推出自主研发的国内首台胎带机

日前，由三一重工自主研发的、国内首创车型的 TSD32 伸缩式皮带输送车正式下线。它的研制成功将打破进口产品一统天下的局面。

皮带输送机在国内俗称"胎带机"，是被广泛使用的成熟、可靠、高效的物料传输机械。由于皮带输送机是开式输送，它不仅可输送大骨料、干硬性混凝土，也可输送石块、沙砾、泥土等物料，是泵送机械的一种有益补充，和泵送机械一样都是建筑工程所需的高效专用设备。在许多水利、港口、铁路、城建、场馆等大型基础建设工程中，皮带输送机都能提供可靠高效的施工方案。

在我国，目前尚无企业生产皮带输送机，三一 TSD32 伸缩式皮带输送车属国内首创车型，国内专用车创新品种。该产品以德国同类产品为标杆，并结合了三一泵车成熟结构和控制技术，主要性能达到国际先进水平。其最大布料距离达 32 m，臂架可进行 365°旋转；最大工作效率 275 m³/h；输送的混凝土粒径可达

100 mm,坍落度为 0～305 mm。

该产品采用柴油机转速自动控制,确保了发动机持久高效工作,燃油消耗最小;其皮带运行速度根据施工需要在 0～10 挡之间无级调节,调节精度足以满足施工要求;在输送不可泵送混凝土时不堆积,无残留,无需担心堵管。此外,该产品还具有施工效率高、传输物料范围广、运行成本低、施工作业平稳等特点。

皮带输送机目前已在国外被广泛应用于基础设施建设,我国在三峡水电站等重点工程建设中,也引进了进口产品参与施工。随着国家基础建设力度加大,大型建设项目增多,该产品的需求也将进一步加大,市场前景广阔。

**思考题**

皮带输送机输送物料有哪些局限性?

# 练习与思考

**(一) 名词解释**

连续输送设备

**(二) 填空题**

1. 连续输送机械按照它们所运货物的种类可分为_____和_____;按照输送机的传动特点可分为_____和_____两类;此外按照输送机的结构形式则可分为_____、_____、_____、_____、_____及_____多种。

2. 带式输送机的结构特征和工作原理是:_____。

3. 辊子输送机为保证货物在辊子上移动时的稳定性,该支承面至少应该接触_____个辊子,即辊子的间距应小于货物支承面长度的_____。

**(三) 简答题**

1. 连续输送机械的特点是什么?

2. 普通带式输送机的总体结构由哪几部分组成?各组成部分的基本作用是什么?

3. 要保证可靠地输送物料,连续输送机械在倾斜布置时其倾斜角度应该满足什么条件?

4. 试制表比较链式输送机、辊道式输送机、螺旋输送机、斗式提升机、气力输送机的类型和适用范围?

5. 空间输送机通常适用于什么场合?

6. 连续输送机的主要技术参数有哪些?分别是什么含义?

## 部分参考答案

### (二) 填空题

1. 输送件货的　输送散货的；有挠性牵动构件的　无挠性牵动构件的；辊式　链式　轮式　胶带式　滑板式　悬挂式

2. 输送带既是承载货物的构件，又是传递牵引力的牵引构件，依靠输送带与滚筒之间的摩擦力平稳地进行驱动

3. 四　1/4

# 第十一章 搬运车辆

## ■ 学习目标 ■

学完本章,你应该能够:

1. 了解搬运车辆及其分类;
2. 了解手推车、搬运车和自动导引小车的基本知识;
3. 掌握叉车的特点、分类和作用;
4. 熟悉叉车的基本构造、技术参数和选用原则;
5. 了解搬运车辆的配置、选择与管理。

## ■ 基本概念 ■

搬运车辆  手推车  搬运车  自动导引小车  叉车

## 第一节 搬运车辆概述

搬运车辆是指用于企业内部对成件货物进行装卸、堆垛、牵引或推顶,以及短距离运输作业的各种轮式搬运车辆,其中还包括非铁路干线使用的各种轨道式搬运车辆。搬运车辆作业的目的是为了改变货物的存放状态和空间位置。工业搬运车辆中的各种无轨式车辆,在国际标准化组织第110技术委员会(ISO/TC110)称为工业车辆。此类车辆主要由用于货物装卸堆垛作业的工作装置、运行装置和动力装置等组成。

由于搬运车辆往往兼有装卸与运输作业功能,并可装设各种可拆换工作属具,故能机动灵活地适应多变的物料搬运作业场合,经济高效地满足各种短距离物料搬运作业的要求。工业车辆已经广泛地用于港口、车站、机场、仓库、货场、工厂车间等处,并可进入船舱、车厢和集装箱内进行件货的装卸搬运作业。

搬运车辆按其作业方式分类如下：

固定平台搬运车，如图 11-1 所示，其载货平台或属具不能起升，一般不设有装卸工作装置，主要用于件货的短距离搬运作业。

牵引车，如图 11-2 所示，在其后端装有牵引连接装置，用以牵引其他车辆。

推顶车，如图 11-3 所示，在其前端或后端装有缓冲板，用于顶推其他车辆。

图 11-1　固定平台搬运车　　图 11-2　牵引车　　图 11-3　推顶车

装载机用于散粒物料的搬运，它利用铲斗铲取散料、倾倒散料，还可进行一定的平整和挖掘工作。

除此之外，人们一般还把非动力的手推车也作为搬运车辆。

## 第二节 手推车

手推车是一种以人力驱动为主,一般为不带动力(不包括自行)在路面上水平运输货物的小型搬运车辆的总称。其搬运作业距离一般不大于25 m,承载能力一般在500 kg以下。其特点是轻巧灵活、易操作、转弯半径小,是短距离输送较小、较轻物品的一种方便而经济的运输工具。

由于输送货物的种类、性质、重量、形状、道路条件等不同,手推车的构造形式是多种多样的,如图11-4所示。

图11-4 常用手推车

手推车的选择首先应考虑货物的形状及性质。当搬运多品种的货物时,应考虑采用具有通用性的手推车;对单一品种的货物,则应选用专用性的手推车,以提高搬运效率。

## 第三节 搬运车

### 一、简易叉式搬运车

简易叉式搬运车,如图11-5所示,是一种轻小型的利用人力提升货叉的装卸、搬运设备,用于搬运装载于托盘上的货物。其货叉可以和滚轮做成一体,也可与滚轮分开。工作时,货叉插入托盘,上下摇动手柄,使液压千斤顶提升货叉,托盘或容器随之离地,然后用手动或电力驱动使之行走,待货物运到目的地后,踩动踏板,货叉落下,放下托盘。这种搬运车多用于仓库收发站台的装卸或车间内各工序间不需堆垛的场合。

图 11-5 手动搬运车

简易叉式搬运车的转弯半径较小,其值取决于手柄的转动中心到车头外缘的最大距离,如图 11-6 所示,载重量一般为 1 500～3 000 kg。当使用双面托盘时,货叉长度应大于托盘长度。

简易叉式搬运车的运行道路要求平整度较好,否则影响安全提升高度、搬运效率和操作性。

图 11-6 托盘搬运车的转弯半径

## 二、牵引车

牵引车俗称拖头,其特点是没有承载货物的平台,只能作为牵引工具,用来牵引挂车,不能单独运输货物。牵引车只在牵引时才和挂车联在一起,当挂车被拖到指定地点进行装卸货物后,牵引车就可脱开和挂车的连接,再去牵引其他挂车,从而提高了设备的利用率。采用牵引车-挂车方式搬运货物,在一定条件下比采用平板搬运车能获得更好的经济效果。牵引车的主要性能参数是它的牵引力。一般的蓄电池驱动的牵引车的牵引力可达 15 t。柴油发动机驱动的牵引车牵引力可达 75 t。图 11-7 所示的是一种蓄电池驱动的三轮牵引车。

图 11-7 三轮牵引车

## 三、电瓶搬运车

与牵引车不同,电瓶搬运车,如图 11-8 所示,有一个固定的承载平台,可载重运输,也可用作牵引。电瓶搬运车车体小且轻,动作灵活,使用时清洁卫生,适宜室内工作。但由于它无防爆装置,故不宜在易燃、易爆的场所下工作。由于蓄电池不能经受强烈振动,故要求在平坦的路面上行驶,行驶速度一般为 10 km/h。

图 11-8 电瓶搬运车

## 第四节 叉 车

叉式装卸车,如图 11-9 所示,即叉车,又称铲车,在装卸搬运机械中应用最为广泛,常常在车站、码头、仓库和货场用来承担装卸、搬运、堆码作业。它具有适用性强、机动灵活、效率高等优点。不仅可以将货物叉起进行水平运输,还可以叉取货物进行垂直堆码。

叉车由自行的轮胎底盘和能垂直升降、前后倾斜的货叉、门架等组成,主要用于件货的装卸搬运,是一种既可作短距离水平运输,又可堆拆垛和装卸卡车、铁路平板车的机械,在配备其他取物装置以后,还能用于散货和多种规格品种货物的装卸作业。

叉车最早出现于20世纪初,二战后发展迅速,并已走向系列化、标准化生产。2000年世界叉车年产量达到40万台。其中日本、美国产量最高,其次是欧洲的保加利亚、英国和德国。目前世界上已有起重量从0.25~60 t的叉车共500多种规格。

图11-9　叉车

我国叉车已形成系列化、标准化批量生产的规模,年产量达2万多台。

## 一、叉式装卸车的特点、作用及其分类

### 1. 叉车的特点

叉车除了和港口的其他起重运输机械一样,能够减轻装卸工人繁重的体力劳动,提高装卸效率,缩短船舶与车辆在港停留时间,降低装卸成本以外,还具有它本身的一些特点与作用:

(1) 机械化程度高。在使用各种自动的取物装置或在货叉与货板配合使用的情况下实现装卸工作的完全机械化,不需要工人的辅助体力劳动。

(2) 机动灵活性好。叉车外形尺寸小,重量轻,能在作业区域内任意调动,适应货物数量及货流方向的改变,可机动地与其他起重运输机械配合工作,提高机械的使用率。

(3) 可以"一机多用"。在配备与使用各种取货装置如货叉、铲斗、臂架、串杆、货夹、抓取器等的条件下,可以适应各种品种、形状和大小货物的装卸作业。

(4) 能提高仓库容积的利用率,堆码高度一般可达3~5 m。

(5) 有利于开展托盘成组运输和集装箱运输。

(6) 与大型起重机械比较,它的成本低、投资少,能获得较好的经济效果。

### 2. 叉车的分类

叉车可按其动力装置不同,分为内燃叉车和电瓶叉车;按其结构和用途不同分为平衡重式、插腿式、前移式(以上三种均为正叉式)、侧叉式、跨车以及其他特种叉车等。

(1) 平衡重式叉车。

平衡重式叉车如图11-9所示,是叉车中应用最广泛的构造形式,约占叉车总数的80%以上。它的特点是货叉伸出在车身的正前方,货物重心落在车轮轮廓之外。为了平衡货物重量产生的倾覆力矩,保持叉车的纵向稳定性,在车体尾

部配有平衡量。平衡重式叉车要依靠叉车前后移动才能叉卸货物。

(2) 插腿式叉车。

图 11-10 插腿式叉车

插腿式叉车,如图 11-10 所示,其特点是叉车前方带有小轮子的支腿能与货叉一起伸入货板叉货,然后由货叉提升货物。由于货物重心位于前后车轮所包围的底面积之内,叉车的稳定性好。一般采用蓄电池作能源,起重量在 2 t 以下。

插腿式叉车比平衡重式叉车结构简单,自重和外形尺寸小,适合在狭窄的通道和室内堆垛、搬运,但速度低,行走轮直径小,对地面要求较高。

(3) 前移式叉车。

前移式叉车的货叉可沿叉车纵向前后移动。取货卸货时,货叉伸出,叉卸货物以后或带货移动时,货叉退回到接近车体的位置,因此叉车行驶时的稳定性好。

前移式叉车分门架前移式(图 11-11a)和货叉前移式[图 11-11(b)]两种。前者的货叉和门架一起移动,叉车驶近货垛时,门架可能前伸的距离要受外界空间对门架高度的限制,因此只能对货垛的前排货物进行作业。货叉前移式叉车的门架则不动,货叉借助于伸缩机构单独前伸。如果地面上具有一定的空间允许插腿插入,叉车能够超越前排货架,对后一排货物进行作业。

(a)

(b)

图 11-11 前移式叉车
(a) 门架前移式 (b) 货叉前移式

前移式叉车一般由蓄电池作动力,起重量在 3 t 以下。它的优点是车身小,重量轻,转弯半径小,机动性好,不需在货堆间留出空处,前轮可做得较大。但行驶速度低,主要用于室内搬运作业,但也能在室外工作。

(4) 侧叉式叉车。

侧叉式叉车主要用于搬运长大件货物。门架和货叉位于车体中部的一侧,如图 11-12 所示,不仅可上下运动,还可前后伸缩。叉货时,先将千斤顶顶着地,门架向外推出,叉取货物后,货叉起升,门架退后,然后下降货叉,货物即自动放置在叉车一侧的前后车台上。将千斤顶收起后,叉车即可行驶。由于货物沿叉车的纵向放置,可减少长大货物对道路宽度的要求,同时,货物重

图 11-12 侧叉式叉车

心位于车轮支承底面之内,叉车行驶时稳定性好,速度高,司机视野比正叉平衡重式叉车好。由于门架和货叉只能向一侧伸出,当需要在对侧卸货时,必须将叉车驶出通道,掉头以后才能进行卸货。侧叉式叉车多以柴油机驱动,起重量为 2.5~54.5 t。

(5) 跨车。

跨车即跨运车,如图 11-13 所示,是由门形车架和带抱叉的提升架组成的搬运机械。一般用内燃机驱动,起重量 10~50 t。作业时,门形车架跨在货物上由抱叉托起货物,进行搬运和码垛。在港口,跨车可用来搬运和堆码钢材、木材和集装箱等。

图 11-13 堆垛跨车

跨车起重量大,运行速度较高,装卸快,甚至可做到不停车装载,但跨车本身重量集中在上部,重心高,空车行走时稳定性较差,要求有良好的地面。

(6) 其他形式的叉车。

为了适应各种用途的需要,叉车还有很多其他形式。下面介绍的两种属于正叉平衡重式,但其工作装置的结构和性能与普通叉车不同。

① 三节门架叉车。

普通叉车的门架是由内外门架两节组成的。当要求叉车的起升高度很大（4～5 m 以上）时，可采用三节门架叉车，如图 11-14 所示。它的特点是：门架全伸时，起升高度比两节门架的大；门架全缩时，叉车的全高比两节门架的小。它适于高层货物的装卸堆垛作业，起升高度可达 7～8 m。

② 自由起升叉车。

它适于在低矮的场所，如船舱、车厢内进行装卸或堆垛作业。能够全自由起升的叉车，当叉架起升到内门架的顶端时，内门架仍不上升，因此它可以在叉车总高不变的情况下将货物堆码到与叉车总高大致相等的高度[图 11-15(a)]。部分自由起升能提高叉车的通过性，只要门道的净空高度不低于门架全缩时的叉车总高，叉车就能通过，图 11-15(b)表示叉车利用部分自由起升高度通过低净空门道。

图 11-14 三节门架叉车

(a) 全自由起升堆码作业

(b) 部分自由起升堆码作业

图 11-15 自由起升叉车

## 二、叉车的主要组成部分

叉车主要由动力装置、工作装置和轮胎底盘三个主要部分组成。

### 1. 叉车的动力及其选择

叉车动力装置的作用是供给叉车工作装置装卸货物和轮胎底盘运行所需的动力。动力形式分内燃机和蓄电池-电动机两大类。根据燃料的不同，内燃机又分柴油机、汽油机和液化石油气机三种。选择叉车的动力形式，主要从性能、使用维护、公害和经济性四方面权衡比较，但首先必须满足叉车工作的要求。

上述的蓄电池-电动机、柴油机、汽油机、液化石油气机这四种动力形式都具有独立的能源,符合叉车对动力装置的要求,其他方面则各有优缺点。

蓄电池-电动机的驱动特性最接近恒功率特性的要求,其牵引性能优于内燃机。此外,运转平稳无噪声,不排废气,检修容易,操纵简单;营运费用较低,整车的使用年限较长。缺点是:需要充电设备,基本投资高,充电时间较长(一般7~8 h,快速充电2~3 h),一次充电后的连续工作时间短,车速和爬坡能力较低。因此,蓄电池-电动机驱动的电瓶叉车主要用于通道较窄、搬运距离不长、路面好、起重量较小、车速不要求太快的仓库和车间中。在易燃品仓库或要求空气洁净的地方,只能使用电瓶叉车。冷冻仓库中内燃机起动困难,也应采用电瓶叉车。

内燃机的机械特性不符合对叉车原动机恒功率特性的要求,它的输出功率随着转速的增加而增大。因此,内燃机必须配装变速器、液力变矩器或液压传动装置等以后才能使用。主要优点是:不需要充电设备,作业持续时间长、功率大、爬坡能力强,对路面要求低,基本投资少。如果采用合适的传动方式,能获得理想的牵引性能。缺点是运转时有噪声和振动,排废气,检修次数多,营运费用较高,整车的使用年限较短。因此,内燃叉车适于室外作业。在路面不平或爬坡度较大以及作业繁忙、搬运距离较长的场合,内燃叉车比较优越。一般起重量在中等吨位以上时,宜优先采用内燃叉车。

在内燃叉车中,采用柴油机最普遍,起重量3 t以上的叉车基本上全都采用柴油机。起重量较小的叉车可选用汽油机。它体积小、重量较轻,但耗油多、汽油价格高,废气中有害成分较多,易着火。国外还有采用液化石油气发动机的叉车,其燃料价格低,排出的废气也较少。

**2. 叉车的起重部分**

叉车的起重部分由直接进行装卸作业的工作装置及操纵工作装置动作的液压传动系统组成。

(1) 工作装置。叉车的工作装置用来叉取、卸放、升降、堆码货物,通常采用货叉取货。为了一机多用,除货叉外,还可配备多种取物工具如图11-16所示。

图11-17所示为无自由起升的叉车工作装置。它由货叉、叉架、起升油缸、倾斜油缸、门架、链条、链轮等主要部分组成。

(2) 起重部分液压传动系统。它的作用是把原动机的能量传递给叉车的工作装置,以便实现货物的起升和门架的前后倾。

**3. 叉车的运行部分**

叉车是无轨运行机械,运行部分装在轮式底盘上。运行部分的任务是将发动机发出的动力转变成叉车的可以控制的运动,它由牵引传动系统、转向系统和制动系统组成。

(1) 叉车的传动系统。

图 11-16 叉车的取物工具

图 11-17 叉车工作装置

1—货叉 2—叉架 3—倾斜油缸 4—起升油缸
5—链条 6—内门架 7—外门架 8—链轮

  叉车传动系统的作用是将原动机发出的动力传给驱动车轮,并使叉车能以不同的行驶速度前进或后退。

  在原动机和驱动轮之间,有起减速增矩作用的传动装置。当叉车在不同负荷和不同作业条件的情况下工作时,传动装置必须保证叉车具有良好的牵引性能。对于内燃叉车,由于内燃机不能反转,传动系统中还必须有换向装置以便叉车能够倒退行驶。因此,传动方式首先决定于动力形式。以蓄电池为动力源的电瓶叉车采用电动机械传动方式;内燃叉车可采用机械式、液力式或静压式三种传动方式。

(2) 转向系统。

叉车多在仓库、货场等场地狭窄、货物堆放很多的地方进行作业。叉车在行驶中，需要频繁地进行左、右转向，要求转向系统动作灵活，操作省力。

叉车的转向系统的作用是改变叉车的行驶方向或保持叉车直线行驶。叉车是依靠转向轮在路面上偏转一定角度而实现转向的。叉车转向的形式有机械式转向、液压助力转向和全液压转向三种。转向方式的选择取决于转向桥负荷的大小，而转向桥负荷与叉车的起重量和自重有关，一般起重量在1t以下的都采用构造简单的机械式转向，起重量大于2t的叉车，为操纵轻便，多数采用液压助力转向或全液压转向。

机械式转向机构一般由转向器和转向传动机构组成。转向器的作用是增大方向盘传递到转向臂的力，并改变力的传递方向。转向传动机构的作用是把转向器所传出的力传递给转向车轮，使它偏转而保证叉车转向。

液压助力转向机构与机械式转向机构的主要区别是增加了一个液压转向助力器，因而，司机只需很小的力就可进行操纵，实现转向。

全液压转向机构不同于机械式转向、液压助力转向机构之处，在于从转向器开始到梯形机构之间完全用液压元件代替了机械连接，因而，其操纵轻便，安装容易，重量轻，体积小，便于总体布局。

(3) 制动系统。

叉车的制动系统不仅使叉车在作业行驶中，能按照工作需要减速或停车；而且当下坡时，利用制动器能保持适当的稳定速度；当叉车停放坡道时，还可以防止叉车自行滑动。

叉车制动系统由制动器和制动操纵装置组成。一般包括两套独立的制动装置，即行车制动和停(驻)车制动。行车制动装置保证叉车在行驶过程中适当减速或停车。行车制动系统采用车轮制动器，每个驱动车轮都装有车轮制动器，其操纵装置可分为机械式、液压式和气压式。停车制动装置保证叉车原地停驻，并有助于在坡道上起步。停车制动系统的制动器称为中央制动器，采用手柄和杠杆的机械式的操纵装置，且在手柄上装有锁住装置，使得司机的手离开手柄后，制动器仍处于制动状态，直到需要行驶时，才用手将锁住装置打开。停车制动系统还可在紧急制动时与行车制动系统同时使用，或当行车制动失灵时紧急使用。

## 三、叉车的主要技术参数和性能

1. 叉车的主要技术参数

叉车的技术参数主要说明叉车的结构特征和工作性能，主要有起重量$Q$，载

荷中心距 $C$，起升高度 $H$，起升速度 $v_起$ 和运行速度 $v_行$，门架倾角 $\alpha$，转弯半径 $R$ 及离地间隙 $X$ 等。

（1）额定起重量 $Q$ 和载荷中心距 $C$。

额定起重量是指门架处于垂直位置，货物重心位于载荷中心距范围以内时，允许叉车举起的最大货物质量。载荷中心距是指设计规定的额定起重量的标准货物重心到货叉垂直段前壁的水平距离，单位 mm。额定起重量和载荷中心距是叉车的两个相关的指标。载荷中心距是根据叉车稳定性设计决定的，起重量不同的叉车，其载荷中心距是不一样的，具体见表 11-1 所示。

表 11-1 内燃机叉车性能

| 参 数 名 称 | 单位 | 性 能 参 数 | | | | | | |
|---|---|---|---|---|---|---|---|---|
| 起重量 $Q$ | t | 0.5 | 1 | 2 | 3 | 5 | 10 | 16 | 25 |
| 载荷中心距 $C$ | mm | 350 | 500 | 500 | 500 | 600 | 600 | 900 | 900 |
| 起升高度 $H$ | m | 2 | 3 | 3 | 3 | 3 | 3 | 3 | 3 |
| 满载最大起升速度 | m/min | 20 | 25 | 25 | 20 | 20 | 15 | 15 | 10 |
| 满载最大运行速度 | km/h | 12 | 17 | 20 | 20 | 22 | 25 | 25 | 25 |
| 满载最大爬坡度 | % | 15 | 20 | 20 | 22 | 22 | 22 | 20 | 20 |
| 最小外侧转弯半径 $R$ | mm | 1 500 | 1 800 | 2 150 | 2 700 | 3 400 | 4 000 | 5 500 | 6 500 |
| 门架前倾角 $\alpha$ | ° | 6 | 6 | 6 | 6 | 6 | 6 | 6 | 6 |
| 门架后倾角 $\beta$ | ° | 12 | 12 | 12 | 12 | 12 | 12 | 12 | 12 |
| 离地间隙 $X$ | mm | 70 | 90 | 115 | 130 | 200 | 250 | 300 | 300 |

作业时，如果由于货物体积庞大，或货物在托盘上的位置不当，而使货叉上的货物实际重心超出了规定的载荷中心距，或者当最大起升高度超过一定数值时，由于受叉车纵向稳定性的限制，起重量应相应减小，否则叉车将有倾翻的危险。货物实际重心超出载荷中心距越远，则允许的起重量越小。

根据交通部制定的叉车标准（JS5003—75），港口叉车的起重量系列为 1，2，3，5，16，25 t，可根据需要装卸和搬运货物的重量和货盘的尺寸来选用。随着托盘和集装箱运输的发展，大吨位叉车有增多的趋势。从经济的角度看，增加每次装卸货物的质量而采用较大吨位的叉车也是比较合适的。据统计，国产 3 t 内燃叉车的价格比 2 t 的约高 7%，营运费用平均高 3%。在起升高度、行驶距离和速度参数相同的情况下，3 t 叉车的生产率理论上比 2 t 叉车提高 50%，每吨货物的搬运装卸费约可减少 1/3。

(2) 最大起升高度 $H$ 和自由起升高度。

最大起升高度是指门架处于垂直位置,货叉满载起升至最高位置,从叉面至地面的垂直距离。港口叉车最大起升高度一般为 3~4 m,若要求再升高,则要增加门架和起升油缸的高度,或者采用三节门架和多级作用的油缸,这样不仅使叉车的自重和外形尺寸增大,而且由于叉车的总重心位置提高,使叉车工作时的纵向和横向稳定性都变坏。因此,当最大起升高度超过一定数值时,必须相应减小叉车的允许起重量。

自由起升高度是指不改变叉车的总高时,货叉可能起升的最大高度。具有自由起升性能的叉车可在净空不小于叉车总高的库门通过或在低矮的船舱、车厢内作业。

(3) 门架的倾角 $\alpha$。

门架倾角是指门架自垂直位置向前或向后倾斜的最大角度。门架前倾是为了便于叉取和卸放货物;后倾的作用是当叉车带货行驶时,防止货物从货叉上滑落,增加叉车行驶时的纵向稳定性。一般前倾角取 3°~5°,后倾角取 10°~12°。

(4) 起升速度 $v_{起}$ 和运行速度 $v_{行}$。

起升速度是指门架处于垂直位置,货叉满载上升的平均速度。起升速度对叉车作业效率有直接的影响。提高起升速度是叉车发展的趋势,这主要决定于叉车的液压系统。过大的起升速度容易发生货损和机损事故,给叉车作业带来困难。电瓶叉车由于受蓄电池容量和电动功率的限制,其起升速度低于起重量相同的内燃叉车。大起重量的叉车,由于作业安全的要求和液压系统的限制,起升速度比中小吨位的叉车低。当叉车的最大起升高度较小时,过大的起升速度难于充分利用。根据港口装卸作业要求,起升速度以 15~20 m/min 为宜。

行驶速度是指在平坦的硬路面上,叉车满载前进的最大速度。据统计,叉车作业时,行驶时间一般约占全部作业时间的 2/3。因此,提高行驶速度、缩短行驶时间对提高叉车作业生产率有很大意义。但是叉车的作业特点是运距短、停车和起步的次数多,过分提高行驶速度,不仅使原动机功率增大、经济性降低,而且在作业时,过高的行驶速度难于经常利用。在港口露天货场上工作的内燃叉车,其行驶速度可取 15~20 km/h。

(5) 最大牵引力。

最大牵引力分为轮周牵引力和拖钩牵引力。原动机发出的扭矩,经过减速传动装置,最后在驱动轮轮周上产生切向力,称为轮周牵引力。当原动机输出功率为定值时,轮周牵引力与叉车行驶速度成反比。当原动机输出最大扭矩,叉车以最低挡速度行驶时,轮周牵引力最大。

轮周牵引力在克服叉车行驶时本身遇到的外部阻力以后,在叉车局部的拖钩上剩余的牵引力,称为拖钩牵引力。当叉车在水平坚硬的良好路面上以低挡等速行驶时,叉车的外阻力仅为数值很小的滚动阻力,此时的拖钩牵引力最大。

牵引力大则叉车起步快、加速能力强、爬坡能力大、牵引性能好。由于叉车的运距短,停车起步的次数多,加速能力十分重要。在叉车的技术规格中,通常标出的是拖钩牵引力。当叉车作为牵引车使用时,必须知道它的拖钩牵引力。

(6) 最小转弯半径 $R$。

最小转弯半径是指在平坦的硬路面上,叉车空载低速前进并以最大转向角旋转时车体最外侧所划出轨迹的半径。采用较短的车身、外径较小的车轮、增大车轮转向时的最大偏转角等可减小转弯半径。三支点叉车由于转向车轮具有较大的偏转角(接近或等于90°),在其他条件相同的情况下,其最小转弯半径比四支点叉车小。

(7) 直角堆垛的最小通道宽度和直角交叉的最小通道宽度。

直角堆垛的最小通道宽度是指叉车在路边垂直道路方向堆垛时所需的最小通道宽度;直角交叉的最小通道宽度指叉车能在直角交叉处顺利转弯所需的最小通道宽度。转弯半径小、机动性好的叉车要求的通道宽度小。

(8) 最小离地间隙 $X$。

最小离地间隙是指除车轮以外,车体上固定的最低点至车轮接地表面的距离。它表示叉车无碰撞地越过地面凸起障碍物的能力。增大车轮直径可以使最小离地间隙增加,但这会使叉车的重心提高,转弯半径增大。

(9) 最大爬坡度。

叉车的最大爬坡度是指叉车在正常路面情况下,以低速挡等速行驶时所能爬越的最大坡度,以度或百分数表示,分为空载和满载两种情况。叉车满载的最大爬坡度一般由原动机的最大扭矩和低速挡的总传动比决定。空载的最大爬坡度通常取决于驱动轮与地面的黏着力。由于港口路面场地较平坦,港口叉车最大爬坡度可在10°以内。

(10) 自重和自重利用系数。

自重是指包括油、水在内的叉车总重。

叉车自重利用系数通常有两种表示方法:一种是指起重量与叉车自重之比;另一种是指起重量和载荷中心距的乘积与叉车自重之比。显然,自重利用系数值较大,表示在起重量和载荷中心距相同的条件下,叉车自重较轻,即材料利用较经济,结构设计较合理。由于叉车的载荷中心距并不相同,故后一种表示方法更为合理。

(11) 其他技术参数。

除上述参数外,还有外形尺寸、前后桥负荷、轮压、轴距和轮距等。

叉车的型号标注,国家规定由五项组成:组型代号、主参数、动力形式(用燃料代号表示)、传动方式和改进代号。燃料代号和传动方式都属于叉车的结构特性。叉车的传动方式有动压传动、静压传动和机械传动三种,机械传动是最早使用的一种传动形式,不作标注。叉车的型号标注形式为:

例如"CPQD2B"型,表示经二次改进的,2 t汽油发动机式,动压传动的平衡重式叉车。

2. 叉车的主要性能

叉车的各种技术参数反映了叉车的性能,主要性能有以下几个方面:

(1) 装卸性。

指叉车起重能力和装卸快慢的性能。装卸性能的好坏对叉车的生产率有直接的影响。叉车的起重量大、载荷中心距大、工作速度高则装卸性能好。

(2) 牵引性。

它表示叉车行驶和加速快慢、牵引力和爬坡能力大小等方面的性能。行驶和加速快、牵引力和爬坡度大则牵引性好。

(3) 制动性。

它表示叉车在行驶中根据要求降低车速及停车的性能。通常以在一定行驶速度下制动时的制动距离大小来加以衡量。制动距离小则制动性能好。

(4) 机动性。

它表示叉车机动灵活的性能,小则机动性好。

(5) 通过性。

叉车的通过性是指叉车克服道路障碍而通过各种不良路面的能力。叉车的外形尺寸小、轮压小、离地间隙大、驱动轮牵引力大,则叉车的通过性好。

(6) 操纵性。

指叉车操作的轻便性和舒适性。各操作件之间的位置布置得当则操纵性好。

(7) 稳定性。

叉车的稳定性就是指叉车抵抗倾覆的能力。稳定性是保证叉车安全作业的必要条件。对于正叉平衡重式叉车，由于货叉上的货物重心位于叉车纵向的车轮支承底面之外，当叉车满载货物举高、货叉前倾时或叉车在满载全速运行途中紧急制动，受制动惯性力和重力作用，叉车都有可能在纵向丧失稳定，向前倾翻。当叉车高速转弯，或在斜坡上转弯，受到离心力、侧向风力、坡道分力等的作用，叉车有可能丧失横向稳定，向一侧翻倒。因此，为了保证叉车的安全作业，必须使叉车具有必要的纵向稳定性和横向稳定性。

叉车的稳定性由正确的设计即合理确定叉车各部分和平衡重的位置来保证，目前世界各国还通过试验来检查叉车的稳定性。在使用中，必须遵守操作规程，不得超重、超载荷中心距、超速作业。货物举得越高受到水平力（如制动惯性力、风力、离心力等）作用时叉车越易倾覆。因转弯时离心力与车速的平方成正比，所以不得超速转弯，以免翻倒。此外，稳定性还和叉车的支承形式有关，三支点叉车的横向倾覆边与叉车自重重心作用线比较靠近，使稳定力臂和稳定力矩较小，因而其横向稳定性比四支点叉车差。这些都应在操作使用中注意。

（8）经济性。

叉车的经济性主要指它的造价和营运费用，包括动力消耗、生产率、使用方便和耐用的程度等。

## 四、叉车的管理

1. 叉车的选用原则

叉车的种类很多，形式规格各异，在流通管理中首先应了解叉车的选用原则，才能充分发挥叉车的使用价值。选用原则有以下两条。

（1）应首先满足使用性能要求。

选用叉车时应合理地确定叉车的技术参数，如起重量 $Q$、工作速度 $v$，起升高度、门架倾斜角度等。还要考虑叉车的通过性能是否满足作业场地及道路要求，如转弯半径 $R$，最小离地间隙 $X$ 以及门架最高位置时的全高、最低位置时的全高等。除此之外，选用叉车要求工作安全可靠，无论在什么作业条件下，都要具有良好的稳定性。

（2）选择使用费用低、经济效益高的叉车。

选择叉车除考虑叉车应具有良好的技术性能外，还应有较好的经济性，使用费用低、燃料消耗少、维护保养费用低等。可用重量利用系数和比功率大小，进行定量比较叉车的经济性。

重量利用系数 $K = Q/G$，它是叉车载重量 $Q$ 和自重 $G$ 比值，表明叉车制造、设计的综合水平。减轻叉车自重 $G$,不但节省原材料,降低生产成本,而且减少燃料的消耗和轮胎的磨损。

比功率 $f=N/(Q+G)$,表明叉车单位总重量(自重与载重之和)所需耗用的功率。它是叉车动力性能的综合指标,直接影响燃料消耗。

2. 叉车在仓库中的维护保养

通常叉车的技术维护保养措施分为以下三级。

(1) 日常维护。

检查库房内的温度、湿度,清洗叉车上的污垢、泥土等,进行外表保养。

(2) 一级技术保养。

叉车在库房存放一个时期(3~6个月)后,要进行一级技术保养,检查气缸压力或真空度,调整气门间隙、检查节温器、液压系统各元件以及变速器的换挡工作是否正常。检查制动系统、调整制动片与制动鼓间隙。检查发电机及起动机安装是否牢固,灰刷和整流子有无磨损,风扇皮带的松紧程度。检查曲轴和通风接管是否完好,清洗滤油器。同时还要检查车轮安装是否牢固,轮胎的气压是否符合要求等。对于那些因进行保养而拆卸的某些零部件,重新装配后,要进行路试,使之达到技术要求。

(3) 二级技术保养。

叉车存放半年以上时,要进行二级技术保养,除了按以上日常保养和一级技术保养项目进行外,还要增添拆卸工作,更换生锈不能用的零部件,如拆卸水箱、柴油箱盖、水泵及气缸盖,清除锈蚀、检查性能是否可靠等。如果叉车长期存放,要用木材顶住平衡块,避免两个后轮长期受载。

## 第五节 自动导引小车

### 一、自动导引搬运车概述

1. 自动导引搬运车的发展概况

自动导引搬运车简称 AGV,是英文 automated guided vehicle 的缩写。自动导引搬运车是物流系统的重要搬运设备,也是一种先进的物料搬运技术装备。随着工厂自动化、计算机集成系统技术的发展、柔性制造系统以及物流业的发展,自动导引搬运车得到了广泛的应用。

世界上第一台 AGV 是由美国 Barrett 电子公司于 20 世纪 50 年代初开发成功的,它是一种牵引式小车系统,可十分方便地与其他物流系统自动连接,显著地提高了劳动生产率,极大地提高了装卸搬运的自动化程度。1954 年英国最早研制了电磁感应导向的 AGVS(自动导引搬运车系统),由于它的显著特点,迅速得到了应用和推广。1960 年欧洲就安装了各种形式、不同水平的 AGVS 220 套,使用了 AGV 1 300 多台。20 世纪 60 年代,随着计算机技术应用到 AGVS 的控制和管理上,AGVS 进入到柔性加工系统(FMS),成为生产工艺的有机组成部分,从而使 AGVS 得到了迅速发展。我国 1976 年首先由北京起重机研究所研制出我国第一台滚珠加工用 AGV,随后,又研制出单向运行载重 500 kg 的 AGV,双行载重 500 kg、1 000 kg、2 000 kg 的 AGV。此后,随着工业现代化发展以及 CMIS 发展,AGVS 在我国应用得到了推广,一些企业开始使用较为先进的 AGVS。

2. 自动导引搬运车的概念

根据美国物流协会的定义,自动导引搬运车是指具有电磁或光学导引装置,能够按照预定的导引路线行走,具有小车运行和停车装置、安全保护装置以及具有各种移载功能的运输小车。

3. 自动导引搬运车的分类

按照导引方式不同,可分为固定路径导引和自由路径导引。固定路径导引是指在固定的路线上设置导引用的信息媒介物,自动导引搬运车通过检测出它的信息而得到导引的导引方式。如电磁导引、光学导引、磁带导引。自由路径导引是指自动导引搬运车根据要求随意改变行驶路线,这种导引方式的原理是在自动导引搬运车上储存好作业环境的信息,通过识别车体当前的方位,与环境信息相对照,自主地决定路径的导引方式。如推算导引、惯性导引、环境映射法导引、激光导引。

按照运行的方向不同,可分为向前运行、前后运行和万向运行。

按照移载方式不同,可分为侧叉式移载、叉车式移载、推挽式移载、辊道输送机式移载、链式输送机移载、升降台移载和机械手移载等,如图 11 - 18 所示。

图 11 - 18　自动导引搬运车的移载方式

按照充电方式不同,可分为交换电池式和自动充电式。

按照转向方式不同,可分为前轮转向、差速转向和独立多轮转向。

## 二、自动导引搬运车的主要技术参数

自动导引搬运车的技术参数是指反映其技术性能的基本参数,是选择自动导引搬运车的主要依据。自动导引搬运车的主要技术参数有:

(1) 额定载重量。额定载重量是指自动导引搬运车所能承载的最大重量。

(2) 自重。自重是指自动导引搬运车与电池加起来的总重量。

(3) 车体尺寸。车体尺寸即车体的外形尺寸。这一尺寸应该与所承载货物的尺寸和作业场地相适应。

(4) 停位精度。停位精度是指自动导引搬运车作业结束时所处的位置与程序设定的位置之间所出现的偏差(单位为 mm)。

(5) 最小转弯半径。最小转弯半径是指自动导引搬运车在空载低速行驶、偏转程度最大时,瞬时转向中心距自动导引搬运车纵向中心线的距离。

(6) 运行速度。运行速度是指自动导引搬运车在额定载重量下行驶的最大速度。

(7) 电池电压。电池电压有两种规格,分别为 24 V 和 48 V。

(8) 工作周期。工作周期是指自动导引搬运车完成一次工作循环所需的时间。

## 三、自动导引搬运车的基本结构和工作原理

### 1. 自动导引搬运车的基本结构

AGV 由机械系统、动力系统、控制系统所组成。其中机械系统主要包括车体、车轮、移载装置、安全装置、转向装置等;动力系统包括运行电动机、转向电动机、移载电动机、蓄电池及充电装置等;控制系统包括信息传输及处理装置、驱动控制装置、转向控制装置、移载控制装置、安全控制装置等。下面简要介绍自动导引搬运车的主要结构,见图 11-19。

图 11-19　自动导引搬运车总体结构

1—随动轮　2—导向传感器　3—接触缓冲器　4—接近探知器　5—报警音响　6—操作盘　7—外部通信装置　8—自动移载装置　9—警示灯　10—急停按钮　11—蓄电池组　12—车体　13—速差驱动轮　14—电控装置箱

(1) 车体。

车体即自动导引搬运车的基本骨架,车架要求有足够的强度和刚度,以满足车体运行和加速的需要。一般情况下,车架由钢管焊接而成,上面由 1~3 mm 厚的钢

板或硬铝板覆盖,以安装移载装置、液压装置、电控系统、按键和显示屏,板下空间安装驱动装置、转向装置和蓄电池,以降低车体的重心。

(2) 车轮。

车轮根据自动导引搬运车结构的不同,包括卧式结构的驱动轮和立式结构的驱动轮。

(3) 移载装置。

移载装置是与所搬运货物接触的装置,根据搬运货物的不同,所采用的移载装置也不同,如侧叉式移载、叉车式移载、推挽式移载、辊道输送机式移载、链式输送机移载、升降台移载和机械手移载等。

(4) 安全装置。

安全装置的主要作用是为自动导引搬运车运行或故障急停时提供一定的安全保证。自动导引搬运车有接触缓冲器、接近探知器、导向传感器、警示灯和报警音响等多种安全保障装置。其中,接触缓冲器设在车体运行方前端的下部,有多种结构类型,如弹性胶垫式、杠杆机构式、弹性薄板式和摆动撑杆式等。当触及障碍物时,感压导电橡胶薄板呈低阻抗导通状态,可发生触碰障碍信号使车辆急停;支撑弹簧保证车辆制动过程的缓冲行程;接近探知器设在车体运行方的前端,常采用红外式或超声式向其运行前方发出遥测信号,并接收回波以进行安全确认,确认信号输入中央数据处理器,经分析判断后采取相应措施。探知器的发射部分定时发出探测脉冲信号,随之将接收部分的停车回波选通接收门和减速回波选通接收门依次打开,用以判断车辆运行前方有无障碍物,若有障碍物,其距离如何,车辆应采取减速还是停车措施。导向传感器引导自动导引搬运车的行驶路线,保证搬运车处于设定的通道。

此外,在自动导引搬运车的四角设有急停开关,任何时候按下开关,自动导引搬运车立即停止动作。

(5) 蓄电池和充电系统。

自动导引搬运车由电机驱动,采用直流工业蓄电池作为动力,电压为 24 V,或 48 V。蓄电池在额定的电流下,一般应保证 8 h 以上的工作需要,对于二班制工作环境,要求蓄电池有 17 h 以上的工作能力。

自动导引搬运车根据电池容量表的数据,在需要充电时报告控制台,控制台根据自动导引搬运车运行情况,及时调度需要充电的自动导引搬运车执行充电任务。蓄电池充电一般采用自动充电和交换电池两种形式。自动充电是指在 AGV 的各个停泊站无时间限制的随时充电,交换电池式充电是指当蓄电池的电荷降到指定范围后,要求 AGV 退出服务,进入指定的充电区进行充电。

(6) 驱动控制装置。

驱动装置的功能是驱动 AGV 运行并对其进行速度控制和制动控制。它由车轮、减速器、制动器、电机和速度控制器所组成。驱动装置及制动装置的控制命令由计算机或人工控制器发出。

(7) 转向控制装置。

AGV 的方向控制是接受导引系统的方向信息通过转向装置来实现的。一般情况下，AGV 被设计成 3 种运动方式：只能向前、向前与向后或万向运行。

(8) 信息传输及处理装置。

信息传输及处理装置主要的功能是对 AGV 进行监控，监控 AGV 所处的地面状态，包括手动控制、安全装置起动、蓄电池状态、转向和驱动电机的控制情况，然后将车上控制器的监控信息与地面控制器所发出的信息进行传递，以达到控制 AGV 运行的目的。

2. 自动导引搬运车的工作原理

控制台通过计算机网络接受下达的搬运任务，通过无线局域网通信系统实时采集各自动导引搬运车的状态信息。根据当前自动导引搬运车运行情况，将调度命令传递给选定的自动导引搬运车。对运行中的自动导引搬运车，控制台将通过无线局域网通信系统与自动导引搬运车交换信息，实现自动导引搬运车间的避碰调度、工作状态检测、任务调度，使自动导引搬运车完成货物的搬运。地面移载设备可实现自动导引搬运车的自动移载、加载、交换空托盘。

## 四、自动导引搬运车的应用

AGVS 的出现是对传统物料搬运技术的一次革命，它以其机动灵活、可靠性程度高、投资少、操作费用低、安全性好、无地面障碍等优点把物料搬运的高效率带到了整个世界。

特别是近年来，随着科学技术的迅速发展和生产现场的综合自动化，AGVS 的应用范围和领域不断扩大，从超级市场、车间，扩大到办公室、宾馆、图书馆、自动化仓库和配送中心，AGVS 已成为一种高效、灵活、先进的搬运系统。

在制造业中，AGV 应用最广泛的领域是装配作业，特别是汽车的装配作业。在西欧各国，用于汽车装配的 AGV 占整个 AGV 数量的 57%，德国用于汽车装配的 AGV 占整个 AGV 数量的 64%。近年来，电子工业是 AGV 的新兴用户，由于生产的多品种、小批量的要求，AGV 比传统的带式输送机具有更大的柔性。

在图书馆，AGV 用于图书的入库和出库，可以自动地将图书送到指定的地点。

在自动化仓库和配送中心，AGV 广泛地用于库存货物的搬运。AGV 已成为提高仓库作业自动化的主要标志之一。我国海尔公司于 2001 年 3 月建造的国际自动化物流中心，其原料、成品两个自动化系统，就应用了 AGVS。该中心采用的 AGVS 是世界上最先进的 AGVS，它采用了激光导引技术。AGV 在计算机的调度下，自动完成装货、卸货、充电、行走功能，自动完成货物的出、入库作业。

## 第六节 搬运车辆的配置、选择与管理

在货物的搬运活动中，涉及各种各样的搬运车辆，而搬运车辆的使用环境和作业要求各异。如何在正确评价的基础上合理地配置、选择车型，是企业经营决策中的一项重要工作，也是企业物流技术和管理人员所关注的主要问题。

在选择和配置过程中，都希望选择技术可靠、经济合理、操作方便的搬运车辆，然而，在实际当中，常会存在着一些矛盾，例如技术上先进的机械价格却很高。因此在实际选用和配置过程中，必须根据企业的实际情况和侧重点进行合理的选择和配置。

### 一、根据指标体系进行配置、选择

搬运车辆配置、选择的指标体系主要由 5 个部分所组成，即技术指标、经济指标、适用性指标、组织性指标和人机关系指标。可根据使用中对各性能的要求不同进行科学合理的选择。

1. 技术指标

技术指标是反映搬运车辆的主要性能的指标，也是反映搬运车辆在技术性能、自动化程度、结构优化、环境保护、操作条件、现代新技术的应用等方面是否具有先进性的指标。每一种搬运车辆都有自己的技术指标，为此，在选择搬运车辆时，应以搬运作业适用为前提，根据不同要求和具体情况，选择不同的技术指标。例如，在堆垛巷道较窄的仓库中，选择叉车时，主要考虑的技术指标是叉车的宽度，这样叉车的宽度指标在选择中就占有较大的权重。

2. 经济指标

经济指标是指搬运车辆在购置和使用过程中所涉及的成本效益问题。

任何搬运车辆的使用都受着经济条件的制约，低成本是衡量搬运车辆

的技术可行性的重要标志和依据之一。在多数情况下,搬运车辆的技术先进性与低成本可能会发生矛盾。但在满足使用的前提下应对技术先进与经济上的耗费进行全面考虑和权衡,作出合理的判断,这就需要进一步做好成本分析。

搬运车辆的成本费用主要有原始费用和运行费用两大部分。原始费用是购置设备发生的一切费用,它包括设备购置价格、运输费、调试费、备品备件购置费、人员培训费等;运行费用是维持设备正常运转所发生的费用,它包括间接或直接劳动费用、服务与保养费用、能源消耗费用、维修费用等等。在配置和选择设备时,需要同时考虑这两部分费用支出。然而,在实际中,许多时候往往只注意了搬运车辆的原始费用,而忽略了其运行费用。结果,造成搬运车辆整个寿命周期费用高,投资增大。有些搬运车辆原始费用比较低,但其能源消耗量大、故障率高、维修费用高而导致了运行成本很高。相反,有些搬运车辆的原始费用高,但其性能好、能耗小、维修费用低,因而运行成本较低。因此,全面考查搬运车辆的价格和运行费用,选择整个寿命周期费用低的搬运车辆,才能取得良好的经济效益。

从搬运车辆的经济性考虑,一般情况下,电动叉车的购置费用较高,但其流动费用较低,经济寿命较长,总的经济性能良好。

### 3. 组织性指标

组织性指标是指搬运车辆作业和供货的及时性和可靠性。为了保证搬运车辆正常工作,在配置、选择搬运车辆时,必须考虑搬运车辆以及配件备件的供应及时性和可靠性、维修网点、供应商服务内容等情况,以便最大限度地发挥搬运车辆的效能。

### 4. 适用性指标

适用性指标是搬运车辆满足使用要求的能力,它基本包括适应性和实用性。在配置与选择搬运车辆时,应充分注意到与搬运作业的实际需要,应符合货物的特性,适应货运量的需要,适应不同的工作条件和多种作业性能要求,操作使用灵活方便。因此,首先应明确搬运车辆的必要功能是什么。根据具体的作业任务来确定需要什么样的搬运车辆,做到搬运车辆作业配套,发挥各搬运车辆的效能。所以,在配置与选择搬运车辆时应根据物流作业特点,找到必要功能,选择相应的搬运车辆。这样的搬运车辆才有针对性,才能充分发挥其功能。只有充分考虑使用要求,去选择搬运车辆的功能,才能充分体现搬运车辆的适用性,获得较大的投资效益。

### 5. 人机关系指标

人机关系指标也越来越受到人们的重视,人机关系问题目前已经发展成为一个重要的科学分支——人机工程学。人机关系指标主要反映搬运车辆操作的舒适性。为此,在配置和选择搬运车辆时,要看搬运车辆外观是否符合现代美学观念,是否视野宽阔,是否给人以美的感受,是否容易操作,是否无噪声或较小的噪声等因素,从而,选择具有较好舒适性的搬运车辆。

## 二、根据使用条件进行配置、选择

明确使用条件,可选择更合适的搬运车辆。一般考虑以下使用条件:

1. 作业场合

要明确所配置的搬运车辆是在室内、室外,还是在室内外作业;作业环境的温度、湿度、大气压力如何,是否易燃易爆;地面状况,有无坡道,地面、楼层或货梯的承载能力;通过空间情况,如门的最小尺寸(高×宽)、最低楼层的净空高度等。一般情况下,以室内作业为主且对路面要求较高的搬运作业,常选择电动车辆;以室外作业为主的搬运作业,常选择内燃机车辆。

2. 作业性质

要明确是搬运作业,还是码垛作业,或者两者都有;是货架存放还是堆叠码垛;最低层和最高层的堆放支撑高度;通道的最大和最小宽度等等。

一般来说,高层货架可选择高架叉车或起升高度较高的叉车。

3. 作业的配套性

在搬运过程中,为了保证搬运高效、经济,要特别注意搬运车辆与整个搬运装卸系统的配套性,尽量做到在作业能力、作业时间上等方面的配套。

4. 搬运距离

每一种搬运车辆都有经济搬运距离,因此,要明确搬运距离的大小。一般情况下,当搬运距离小于 50 m 时,应该选择堆垛用起升车辆,如巷道堆垛机和叉车;当搬运距离在 50~300 m 之间时,一般应选择堆垛用起升车辆和非堆垛用搬运车辆相搭配,如叉车和平台搬运车的搭配使用;当搬运距离超过 300 m 时,应选用牵引车或平台搬运车来进行搬运作业。

5. 搬运作业量

搬运作业量大小关系到搬运车辆应具有的作业能力,从而影响到所需配备的机械设备的类型和数量。作业量大时,应配备作业能力较高的大型搬运车辆;作业量小时,最好采用构造简单、造价低廉而又能保持相当生产能力的中小型通用搬运车辆;对于作业量很小的货物的搬运,可选用人力搬运车辆。

在考虑上述搬运车辆的配置、选择方法的同时,要根据企业实际情况和财力的可能,综合各方面因素,进行经济、技术可行性评估,最终选定所需要的搬运车辆。

## 小结和学习重点

- 搬运车辆及其分类
- 手推车、搬运车、自动导引小车的基本知识
- 叉车的特点、分类和作用,叉车的基本构造、技术参数和选用原则
- 搬运车辆的配置、选择与管理

搬运车辆是指用于企业内部对成件货物进行装卸、堆垛、牵引或推顶,以及短距离运输作业的各种轮式搬运车辆,其中还包括非铁路干线使用的各种轨道式搬运车辆。搬运车辆作业的目的是为了改变货物的存放状态和空间位置。由于搬运车辆往往兼有装卸与运输作业功能,并可装设各种可拆换工作属具,故能机动灵活地适应多变的物料搬运作业场合,经济高效地满足各种短距离物料搬运作业的要求。搬运车辆已经广泛地用于港口、车站、机场、仓库、货场、工厂车间等处,并可进入船舱、车厢和集装箱内进行件货的装卸搬运作业。

【案例分析】

### 海内外叉车论战中国大陆物流渠道

中国叉车市场正在启动,有资料显示,近年来国内对叉车的需求速度已实现 30%~45% 的增长。面对市场强劲的增长诱惑,全世界排名前十位的叉车品牌已蜂拥进入中国大陆。

然而,受国外品牌代理商和国内鱼龙叉车厂的搅局,目前中国叉车市场的整体竞争情况混乱,行业缺少相应的自律标准。有关物流专家认为,中国大陆叉车市场还需培养。

"一个40尺的货柜,用手动叉车装卸大概要2~3个小时,而且是五六个工人同时操作,但使用一台H30D的叉车,一个工人只需耗时15分钟。"林德-厦门叉车有限公司广州公司老总表示,基于这种省时、省力、高效的运输效果,2005年中国大陆的叉车需求量为25 000台,2006年预计将继续增长45%,总需求量有可能突破35 000台,总销售约为45亿元人民币,其中广东约有7 000多台,占全国总量的20%。

面对这种市场增长诱惑,全世界排名前十位的叉车品牌已蜂拥进入中国大陆。其中,名列第一销售品牌的德国林德叉车在厦门已卧薪尝胆10年,并在高端市场占据了50%的份额。最近,酝酿多时的丰田叉车国内建厂计划已经实施,首批组装的20多台丰田样机将驶出生产线。

1. 跨国资本掀起并购潮

据未经证实的消息透露,美国克拉克叉车公司即将实施重组,而尼桑叉车不久后也将与三菱叉车合并。此前,排名第三的日本丰田并购了瑞典BT,德国的永恒力吞下了英国BOSS,林德参股日本小松,国际叉车市场整合趋势明显。

不仅如此,以林德为首的外资叉车巨鳄也在进行集团内调整。据悉,林德日前将旗下四种品牌进行了重新定位后分为两大军团:一个是以林德为核心的高档叉车品牌;另一个是整合小松等品牌的中低档价位叉车。

业内人士认为,工业机械产品的竞争日益激烈,利润不断下降,一些未达到一定规模的企业生存出现危机是导致国际叉车市场并购行为频繁的原因之一。其次,近年来日本经济低迷,大的银行无法支撑一些不良资产的贷款,间接促使国内公司趋向健康的整合。与此同时,类似尼桑、小松等企业开始专注于汽车、挖土机等主业,于是卖掉一部分非主营业务,进而造成了日本叉车公司重组集中的现象。

"欧美市场在过去的20年中,叉车市场始终处于停滞状态或以1%~2%的比率增长或下降,与日本、欧美大气候相比,中国大陆是世界唯一对叉车需求量保持持续增长的地区",业内人士认为,这就是吸引所有日本、韩国和中国台湾的品牌齐集中国大陆的关键所在。

2. 外资巨头转攻低端

广州的一位知名物流专家认为,中国市场还要不断培育,令其发挥整体效益。而整个市场的不断扩大,才能孕育中国内地叉车企业做强做大。

国外高端叉车的市场份额占50%以上,但在中国内地,中、低端叉车可占据半壁江山。经验表明,叉车市场的启动往往先从低端市场开始,这一特性令国产叉车品牌受益匪浅,但国内叉车的质量、售后服务均缺少保障。一些不想做很大投资但又想用好车的企业只好聚集于中低端市场。为此,日本TCM专门推出了针对中国内地低端市场的ATF品牌,而林德也计划以小松为代表推出略高于ATF的中档叉车。

广东企业用叉车的意识较强,可能是受香港的经济文化影响,但目前一些台资、私营、外资公司的总部北上长三角,今后那里的叉车市场很可能会赶超广东。除了传统的造纸、汽车产业外,物流、零售将是叉车市场新的增长点。仓储配送中心的购买叉车率几乎达到了100%。

**思考题**

收集国内主要叉车生产企业的有关资料(包括其生产的主要品牌、品种和市场份额等)。

# 练习与思考

**(一) 名词解释**

搬运车辆　自动导引搬运车

**(二) 填空题**

1. 叉车可按其动力装置不同,分为_____和_____;按其结构和用途不同分为_____、_____、_____、_____、_____以及其他特种叉车等。

2. 叉车的动力装置可以分为_____和_____两大类。

3. 搬运车辆配置、选择的指标体系主要由 5 个部分所组成,即:_____、_____、_____、_____和_____。

4. 合理选择搬运车辆时,一般考虑的使用条件有_____、_____、_____、_____和_____。

**(三) 简答题**

1. 搬运车辆按其作业方式如何分类?
2. 简要阐述各类叉车的应用场合。
3. 如何合理选用叉车?
4. 阐述自动导引搬运车的基本结构和工作原理。
5. 自动导引搬运车安全装置的作用是什么?

## 部分参考答案

**(二) 填空题**

1. 内燃叉车　电瓶叉车　平衡重式　插腿式　前移式　侧叉式　跨车
2. 内燃机　蓄电池-电动机
3. 技术指标　经济指标　适应性指标　组织性指标　人机关系指标
4. 作业场合　作业性质　作业的配套性　搬运距离　搬运作业量

# 第四篇 物流设施与设备

物流中心设施与设备

# 第十二章 储存设备

## ■ 学习目标 ■

学完本章,你应该能够:
1. 了解储存设备的分类;
2. 物流容器、托盘的标准化;
3. 仓储货物的集装单元化;
4. 货架的作用与分类;
5. 储存设备的选用。

## ■ 基本概念 ■

储存设备　托盘　集装　集装单元化　货架

## 第一节　储存设备概述

为了建设一个高效化、省力化和自动化的物流配送中心,除了要有良好的软件系统之外,适用的硬件系统也是不可缺少的。储存设备形式种类很多,因储存物品形状、重量、体积、包装形式等特性的不同,其使用的储存方式也不相同。例如流体使用桶装包装,适用重力货架;一般散品使用袋装或箱装包装,适用轻型货架;而长形物件如钢材、木材则适用悬臂式货架。

一般物流中心的储存设备,主要是以单元负载的托盘储存方式为主,配合各种拣货方式的需要,另有容器及单品等储存设备。本章将以这一类的储存设备为主,加以探讨比较,以便作为规划物流中心时,选用、设计储存设备的参考。每一类型因其设计结构不同,又可分为多种形式,如表 12-1 所示。下文将逐一地介绍各型设备的功能规格与特点,并说明常用各型设备的设计方式及选用参考原则。

表 12-1 物流中心常用储存设备

## 第二节 物流容器与物流容器标准化

物流容器或货箱是工厂、企业、商业等部门用来盛放小型物料,以供人工或机具搬运的常见器具。容器使用范围广,需用量大,广泛使用于车间内部的工序间或工序内,由人工或配以重力式输送机进行搬运,可单个贮存于仓库货架上,也可堆码作工序间的临时贮存,在商业上被广泛用作商品周转、陈列和贮存。

物流容器的结构应便于互相堆垛、折叠[见图 12-1(a)]或相互套叠[图 12-1(b)],以利于回空及堆码。其中折叠式的物流箱折叠后的体积只有组合时体积的 1/4,具有重量轻、占地少、组合方便等优点。斜插式带盖物流箱在空箱的时候由于具有可互相插入堆放的特点,从而节约 57% 的堆放空间,特别是在空箱摆放、运输过程中可大大减少空间,节约成本。

可折叠周转箱

折叠示意

(a) 折叠式物流箱　　　　　(b) 斜插式套叠带盖物流箱

图 12-1　物流容器

## 一、物流容器分类

按容器的材质可分为木材、塑料、金属等几类。按容器的适用范围和有无存放结构可分为通用容器和专用容器两种。

通用容器是指各种尺寸均符合包装容器尺寸系列,容器内没有特殊存放结构的箱形容器。专用容器是指在容器内设有保证存放物定位、不碰碰的特殊存放结构(固定或可拆装)的容器。专用容器又可按其存放结构方式分为:格板式(容器内部设有固定或拆装式格板、工件分格放置)、架放式(容器内设有适应特定货物或工件搁放的支架)、插放式(容器内设有特定孔板或插杆,以供工件插入定位)、小车式(容器底部装有车轮,便于在台面或滑道上滚动)。

## 二、物流容器系列与托盘

容器一般集装在通用平托盘或柱式托盘上,用机械搬运;也可将容器集装于专用手推车上,或直接使用输送机等运输设备进行搬运。因此,容器尺寸应成系列,且与托盘尺寸有关系。根据物流标准化的配合性原则,容器的长和宽尺寸应按物流集装模数确定,图12-2表示了基于物流集装模数的托盘尺寸与容器尺寸系列的配合关系。

图12-2 托盘与物流容器的组合

表12-2为某公司生产的物流箱的标准尺寸。

表12-2 物流箱标准尺寸　　　　　　　　　　　　　　　　单位:mm

| 代　号 | 规　　格 |
| --- | --- |
| A | 内空:250×150×123　外形:300×200×148 |
| B | 内空:350×250×123　外形:400×300×148 |
| C | 内空:350×250×123　外形:400×300×280 |
| D | 内空:500×350×255　外形:600×400×280 |
| E | 内空:950×550×325　外形:1 000×600×340 |
| H | 内空:500×350×123　外形:600×400×148 |

## 第三节 托盘与托盘标准化

### 一、托盘

托盘是为了使货物能有效地装卸、运输、保管,将其按一定数量组合放置于一定形状的台面上,这种台面有供叉车从下部叉入并将台面托起的叉入口。以这种结构为基本结构的平台和在这种基本结构上形成的各种形式的集装器具均可称为托盘。

托盘是一种重要的集装器具,是在物流领域中适应装卸机械化而发展起来的一种常用集装器具。托盘的发展总是与叉车同步,叉车与托盘的共同使用,形成的有效装卸系统大大地促进了装卸活动的发展,装卸机械化水平得到大幅度提高,使长期以来在运输过程中的装卸瓶颈得以改善。所以,托盘的出现也有效地促进了全物流过程水平的提高。

托盘最初是在装卸领域出现并发展的。20世纪30年代,托盘首先在工业部门得到广泛应用。二战期间,为解决大量军用物资的快速装卸问题,托盘的应用得到进一步发展。第二次世界大战后,随着经济活动总量的增长,仓库发挥的作用越来越大,为提高仓库的出入库效率和仓库的库容量利用系数,实现仓储作业的机械化、自动化,托盘又成了一种储运工具。为消除货物转载时码盘、拆盘的重复而又繁重的体力劳动,各发达国家开始建立托盘交换、联营和共用租赁体系,如德国铁路(DB)和CHEP,使托盘从企业、港口、货场的使用发展到随车、随船运输,使托盘又成为一种运输工具。一些国家还随货直接将托盘运至商店,陈列在柜台上售货,使托盘又发展成售货工具,即从托盘装卸—托盘储存—托盘运输—托盘销售,连贯发展成托盘物流。托盘不仅是仓储系统的辅助设备,而且是仓储货物集装单元化的必要条件。

### 二、托盘的种类

托盘的种类繁多,就目前国内外常见的托盘种类来说,大致可以划分为五大类。

#### 1. 平托盘

一般所称之托盘,主要指平托盘,平托盘是托盘中使用量最大的一种,可以说是托盘中之通用型托盘。平托盘又进一步按三个条件分类:

(1) 按台面分类。

按承托货物台面分成单面型、单面使用型和双面使用型、翼型四种。

(2) 按叉车叉入方式分类。

可分为单向叉入型、双向叉入型、四向叉入型三种。四向叉入型,叉车可从四个方向进叉,因而叉车操作较为灵活。单向叉入型只能从一个方向叉入,因而在叉车操作时较为困难。

图 12-3 分别展示了不同台面和叉入方式的平托盘。

图 12-3　各种平托盘形状构造

(3) 按材料分类,分成:

① 木制平托盘。木制平托盘制造方便,便于维修,本体也较轻,是使用广泛的平托盘。

② 钢制平托盘。用角钢等异型钢材焊接制成的平托盘,和木制平托盘一样,也有叉入型和单面、双面使用型等各种形式。钢制平托盘自身较重,比木制平托盘重,人力搬运较为困难。最近采用轻钢结构,最低重量可制成 35 kg 的 1 100 mm×1 100 mm 钢制平托盘,可使用人力搬移。钢制平托盘的最大特点是强度高,不易损坏和变形,维修工作量较小。钢制平托盘制成翼形平托盘有优势,这种托盘不但可使用叉车装卸,也可利用两翼套吊器具进行吊装作业。

③ 塑料制平托盘。采用塑料模制平托盘,一般是双面使用型、两向叉入或四面叉入型三种形式,由于塑料强度有限,很少有翼型的平托盘。塑料制平托盘最主要的特点是本体重量轻,耐腐蚀性强,便于各种颜色分类区别。托盘是整体结构,不存在被钉刺破货物的问题,但塑料托盘的承载能力不如钢、木

制托盘。

④ 胶板制平托盘。用胶合板钉制台面的平板型台面托盘,这种托盘质轻,但承重力及耐久性较差。

2. 柱式托盘

柱式托盘的基本结构是托盘的四个角有固定式或可卸式的柱子,这种托盘的进一步发展又可从对角的柱子上端用横梁连接,使柱子成门框型(图12-4)。柱式托盘的柱子部分可用钢材制成,按柱子固定与否分为柱式、可卸柱式、可套叠式、折叠式等。

图12-4　柱式托盘

柱式托盘的主要作用有两个:其一是防止托盘上所置货物在运输、装卸等过程中发生塌垛;其二利用柱子支撑重量,可以将托盘上部货物悬空载堆,而不用担心压坏下部托盘上的货物。

3. 箱式托盘

箱式托盘的基本结构是沿托盘四个边有板式、栅式、网式等栏板和下部平面组成的箱体,有些箱体有顶板,有些箱体上没有顶板,见图12-5。箱板有固定式、折叠式和可卸式三种。

由于四周栏板不同,箱式托盘又有各种叫法,如四周栏板为栅栏式的也称笼式托盘或集装笼。箱式托盘的主要特点有二:其一,防护能力强,可有效防止塌垛,防止货损;其二,由于四周的护板护栏,这种托盘装运范围较大,不但能装运可码垛的整齐形状包装货物,也可装运各种形状不规则的散件。

图12-5　箱式托盘

图12-6　轮式托盘

4. 轮式托盘

轮式托盘的基本结构是在柱式、箱式托盘下部装有小型轮子,见图12-6。这种托盘不但具有一般柱式、箱式托盘的优点,而且可利用轮子做短距离运动,可不需搬运机械实现搬运。可利用轮子做滚上滚下的装卸,也有利于装放车内、舱内后,移动其位置,所以轮式托盘有很强的搬运性。此外,轮式托盘在生产物流系统中,还可以兼做作业车辆。

5. 特种专用托盘

上述托盘都带有一定通用性,可适装多种中、小件杂、散、包装货物。由于托盘制作简单、造价低,所以对于某些运输数量较大的货物,可按其特殊要求制造出装载效率高、装运方便的专用托盘。

(1) 航空托盘。航空货运或行李托运用托盘,一般采用铝合金制造,为适应各种飞机货舱及舱门的限制,一般制成平托盘,托盘上所载物品以网络覆罩固定之。

(2) 平板玻璃集装托盘。又称平板玻璃集装架。这种托盘能支撑和固定平板玻璃,在装运时,平板玻璃顺着运输方向放置以保持托盘货载的稳定性。平板玻璃集装托盘有若干种,使用较多的是 L 型单面装放平板玻璃、单面进叉式托盘,A 型双面装放平板玻璃、双向进叉托盘,吊叉结合式托盘及框架式双向进叉式托盘。

(3) 油桶专用托盘。专门装运标准油桶的异型平托盘,托盘为双面型,两个面皆有稳固油桶的波形表面或侧挡板。油桶卧放于托盘上面,由于波形槽或挡板的作用,不会发生滚动位移,还可几层堆垛,解决桶形物难堆高码放的困难,也方便了储存。

(4) 货架式托盘。其结构特点,是一种框架形托盘,框架正面尺寸比平托盘稍宽,以保证托盘能放入架内;架的深度比托盘宽度窄,以保证托盘能搭放在架上。架子下部有四个支脚,形成叉车进叉的空间。这种架式托盘叠高组合,便成了托盘货架,可将托盘货载送入内放置。这种架式托盘也是托盘货架的一种,是货架与托盘的一体物。

(5) 长尺寸物托盘。专门用于装放长尺寸材料的托盘,这种托盘叠高码放后便形成了组装式长尺寸货架,如图 12-7 所示。

(6) 轮胎专用托盘。轮胎本身有一定的耐水、耐蚀性,因而在物流过程中无须密闭,且本身很轻,装放于集装箱中不能充分发挥箱的载重能力。其主要问题是储运时怕压、挤,采用这种托盘是一种很好的选择。

图 12-7
用于装放长尺寸材料的专用托盘

## 三、托盘的标准化

以托盘作为仓储货物集装单元化的装载工具,可始终用机械装备如叉车等来装卸、搬运、保管货物。在整个物流环节中,同一托盘可以连续使用,不需更换。但是如果托盘规格不统一,在各作业环节间不能通用与互换,势必因更换托盘而增加人力、时间与资金投入,造成不必要的麻烦与浪费。因此要实行托盘化,必须做到托盘规格的统一。

由于世界各国使用托盘的历史不同,各国的托盘尺寸均有不同。为了达到国际联运的目的,托盘的尺寸规格应有国际统一标准,但目前还很难做到。根据ISO6780《联运通用平托盘重要尺寸及公差》规定,托盘现有4个系列:

① 1200系列(1 200 mm×800 mm 和 1 200 mm×1 000 mm)。

1 200 mm×800 mm 托盘也称欧洲托盘,它的应用范围最广;1 200 mm×1 000 mm托盘多用于化学工业。

② 1100系列(1 100 mm×1 100 mm)。

这个尺寸系列是由发展较晚的国际集装箱最小内部宽度尺寸2 330 mm确定形成的。

③ 1140系列(1 140 mm×1 140 mm)。

是对1100系列的改进,目的是为了充分利用集装箱内部空间。

④ 1219系列(1 219 mm×1 016 mm)(48 in×40 in)。

这是考虑北美国家习惯以英寸为单位制定的系列。

我国于1982年制定了联运平托盘外形尺寸系列的国家标准。将联运托盘即平托盘的平面尺寸定为 800 mm×1 200 mm、800 mm×1 000 mm 和 1 000 mm×1 200 mm 三种,见表12-3。

表12-3 GB2934—82 联运平托盘外形尺寸系列/mm  单位:mm

| 代号 | 公称尺寸 | 长度公差 | 宽度公差 | 叉孔高度尺寸 | 公差 | 载重量 |
| --- | --- | --- | --- | --- | --- | --- |
| TP1 | 800×1 000 | ±3 | ±3 | 使用托盘搬运车100;使用叉车或其他机具70 | ±6 | 1 000 kg |
| TP2 | 800×1 200 | | | | | |
| TP3 | 1 000×1 200 | | | | | |

# 第四节 仓储货物的集装单元化

## 一、集装

什么是集装?简言之,就是以最有效地实行物资搬运作为基本条件,把若干物品和包装货物或者零散货物恰当地组合，达到适合于装卸搬运设备和机械机器操作的程度，这种对货物的处理过程叫做集装。集装从包装角度来看，是一种按一定单元将杂散物品组合包装的形态，是属于大型包装的形态。

在多种类型的产品中，小件杂散货物很难像机床、构件等产品进行单件处理，由于其杂、散，且个体体积重量都不大，所以，总是需要进行一定程度的组合，才能有利于销售，有利于物流，有利于使用。比如箱、袋等都是杂散货物的组合状态。

杂散货物的组合方式，是随着科学技术进步而发展的。在科学不太发达的时期，起重、装卸机具没有普遍采用，装卸工作全要依靠人。杂散货物的组合包装主要受两个因素制约，一个因素是包装材料的限制，包装材料强度和材料自重约束了包装体的大型化；另一个是人力装卸能力的限制，包装必须限制在人的最大体能范围之内。所以，那时的组合体，重量一般在 50 kg 以下。

集装是材料科学和装卸技术两个方面有了突破进展之后才出现的，是整个包装技术的一大进展。

## 二、仓储货物的集装单元化

仓储货物的集装单元化也称为托盘货物单元化，是通过码盘机械将包装货物、袋装货物、桶（瓶）装货物和捆装货物，按照一定的方式逐件（逐个）在托盘上码放而成的，如图 12-8 所示。

图 12-8　码盘机

码盘工作时要考虑托盘的面积和堆码货物的面积，要充分利用托盘面积并保证堆垛的稳定性。货物的单元集装过程如图 12-9 所示。

## 三、托盘货体紧固

托盘货体的紧固是保证货体稳固、防止塌垛的重要手段。常用的托盘货体紧固方法有捆扎、网罩紧固、加框紧固、夹摩擦材料紧固、收缩或拉紧薄膜加固等方法，如图 12-10 所示。

图 12-9　货物单元集装化流程

图 12-10　常用托盘货体加固方法

常见的胶带加固设备如图 12-11 所示,该设备所用胶带的最大厚度为 200 μm,其工作效率为 150 托盘/h。工作时,货体放在转盘上,由电机驱动,胶带放在胶带架上,胶带架可以沿支柱上下运动。胶带架上带有独立驱动的两个拉伸滚筒,其转动速度构成一定关系,为胶带提供必要的拉伸力,并使胶带作用在货体上的力接近零。

## 四、无托盘的货物集装单元化

托盘货物的集装单元化的优点是可以用叉车完成货物的收发和运输,缺点

图 12-11　胶带加固设备

是产生了码垛费用、空托盘返回费用和存储费用。为了克服这些缺点,有必要发展无托盘的货物集装单元化,例如集装袋和与之配套的仓库。

集装袋又称柔性货运集装箱,适于散状货物,如水泥、化肥、粮食、饲料、砂糖、盐、纯碱等。配以叉车或吊车及其他运输工具,就可实现集装单元化运输。集装袋的分类一般可按使用的型式、形状、材料与制袋方法等进行区分,常见的几种集装袋如图 12-12 所示。

常见的集装袋可重复使用,其中尤以圆筒形使用得最广,如图 12-12(a)、(b)。近几年,由于方形集装袋有较高的装载效率,能保证运输的稳定性,同容量的方形集装袋比圆形集装袋的高度可以降低 20% 左右,所以方形集装袋发展非常迅速,如图 12-12(c)。圆锥形集装袋主要用来装载粒度比较小而排料困难的物料,如图 12-12(d)。

一次使用型集装袋多为圆形,其构造强度虽较重复使用型小得多,但足能保证一次使用的强度要求。在实际使用中往往不止使用一次,大多数可使用 5 次左右。它适于装载各种散状物料。

集装袋还有其他多种形式,但多属于专用性质,例如,图 12-12(e)是一种存放服装的折叠式集装袋;图 12-12(f)为单元型集装袋,它可集装各种袋装品,形成一个整体进行搬运,也可和托盘、集装箱等单元化器具配合,进行集装单元化运输。

集装袋的特点是结构简单、制造容易、不易破损、密封性能好,不易混入水分和杂质,重量轻、空回时可以折叠,所占空间很小。与传统的麻袋、纸袋搬运散装物料相比,集装袋可提高装卸效率 2~4 倍。

图 12-12 集装袋

# 第五节　仓储货架技术

## 一、货架的概念和作用

1. 货架的概念

就一般字面而言,货架泛指存放货物的架子。在仓库设备中,货架是指专门用于存放成件物品的保管设备。货架在仓库中占有非常重要的地位,随着现代工业的迅猛发展,物流量的大幅度增加,为实现仓库的现代化管理、改善仓库的功能,不仅要求货架数量多,而且要求具有多功能,并能实现机械化、自动化要求。

2. 货架的作用及功能

货架在现代物流活动中,起着相当重要的作用,仓库管理实现现代化,与货架的种类、功能有直接的关系。

货架的作用及功能有如下几方面:

(1) 货架是一种架式结构物,可充分利用仓库空间,提高库容利用率,扩大仓库储存能力;

(2) 存入货架中的货物,互不挤压,物资损耗小,可完整保证物资本身的功

能,减少货物的损失;

(3) 货架中的货物,存取方便,便于清点及计量,可做到先进先出;

(4) 保证存储货物的质量,可以采取防潮、防尘、防盗、防破坏等措施,以提高物资存储质量;

(5) 很多新型货架的结构及功能有利于实现仓库的机械化及自动化管理。

## 二、货架的分类

1. 按货架的发展分类

(1) 传统式货架。包括层架、层格式货架、抽屉式货架、橱柜主货架、U形架、悬臂架、栅架、鞍架、气罐钢筒架、轮胎专用货架等。

(2) 新型货架。包括旋转式货架、移动式货架、装配式货架、调节式货架、托盘货架、进车式货架、高层货架、阁楼式货架、重力式货架、臂挂式货架等。

2. 按货架的适用性分类

(1) 通用货架;

(2) 专用货架。

3. 按货架的制造材料分类

(1) 钢货架;

(2) 钢筋混凝土货架;

(3) 钢与钢筋混凝土混合货架;

(4) 木制货架;

(5) 钢木合制货架等。

4. 按货架的封闭程度分类

(1) 敞开式货架;

(2) 半封闭货架;

(3) 封闭式货架等。

5. 按结构特点分类

(1) 层架;

(2) 层格架;

(3) 橱架;

(4) 抽屉架;

(5) 悬臂架;

(6) 三角架;

(7) 栅型架等。

6. 按货架的可动性分类

(1) 固定式货架；

(2) 移动式货架；

(3) 旋转式货架；

(4) 组合货架；

(5) 可调式货架；

(6) 流动储存货架等。

7. 按货架的构造分类

(1) 组合可拆卸式货架；

(2) 固定式货架，其中又分为单元式货架、贯通式货架。

8. 按货架高度分类

(1) 低层货架，高度在 5 m 以下；

(2) 中层货架，高度在 5～15 m；

(3) 高层货架，高度在 15 m 以上。

9. 按货架重量分

(1) 重型货架，每层货架载重量在 500 kg 以上；

(2) 中型货架，每层货架(或搁板)载重量 150～500 kg；

(3) 轻型货架，每层货架载重量在 150 kg 以下。

## 三、固定货架

1. 组合式货格货架

传统的焊接货架是采用型钢焊接而成，费工费料，不易拆装。20 世纪 80 年代出现了各种组合式货架。这种货架由于美观经济、装拆方便，比相同规格的焊接式货架节约钢材，且能根据货物的大小随时调节尺寸，能适应仓储货物品种、规格、形式和大小的经常性变化，因此得到快速发展。组合式货格货架的基本构件是用薄壁钢板冲压或轧制而成的带孔立柱，再加以横梁、搁板和其他各种附件构成，如图 12-13、图 12-14 所示。

横梁与立柱的联结通过挂片或螺栓实现，挂片焊在横梁上且带有 2～3 个小钩，组装时由挂片的小钩挂到立柱的小孔中，见图 12-14。

根据结构组成的不同，这种货架又可分为搁板式、横梁式和牛腿式三种结构。搁板式货架储存的货物可以用尺寸大小统一的容器盛装，也可以用包装箱的形式直接放在搁板上，所用搁板可以是木板，也可是薄钢板，货物的上下架作业均由人工拣选完成，故也称作拣选式货架，如图 12-15 所示；与搁板式货架不同，横梁式货架上没有搁板，一般用来储存托盘单元货物，如图 12-16

图 12-13 组合式货格货架

图 12-14 组合式货格货架的组装方式

所示；牛腿式货架也用于托盘单元货物的储存，但每个货格只能存放一个货物单元。

图 12-15 搁板式货架

图 12-16 横梁式货架

2. 重力式货架

重力式货架的特点是每一个货格就是一个具有一定坡度的滑道,如图 12-17 所示。由叉车或堆垛机装入滑道的货物单元能够在重力作用下,自动地由入库端向出库端滑动,直到滑道的出库端或碰上滑道上的已有货物单元停住为止。位于滑道出库端的第一个货物单元取走之后,在它后面的各货物单元便在重力作用下依次向出库端移动一个货位。

图 12-17 重力式货架

重力式货架的每个滑道只能存放一种货物,货物进入后始终处于流动状态,存取迅速,先进先出。故重力式货架适宜于少品种、大批量货物的存储。

重力式货架的滑道根据其滑动原理和结构的不同,可分为滚道式、气囊式和气膜式三种。为防止货物单元滑到出库端时与端挡或与前面货物产生冲击和碰撞,在滚道式滑道上一般每隔一定距离要安装一个限速器,降低货物单元的滑行速度从而减小碰撞时所产生的冲击力。同时,为保证出货作业的顺利完成,在出货端都设有停止器。气囊式和气膜式滑道则是通过脉冲式充气和放气,使货物单元在滑道上时动时停,从而保证货物以平稳的速度滑到出库端。

对于滚道式重力货架,滑道坡度的大小是一个非常重要的参数,坡度的大小主要取决于货物单元底部的材质。对于木托盘,可取为 3.5%~3.0%;对于塑料托盘,可取为 2.5%～2.0%;对于钢质托盘,可取为 2.0%～1.5%。

重力式货架的优点是能充分利用仓库的面积,但滑道越长时,货架的下"死角"也越大,从而造成仓库的容积不能充分利用。由于重力式货架的进货端和出货端分在不同区域,对货架进行补货时不会影响货物的出货,所以在配送仓库的分拣区及工厂装配车间中应用广泛。重力式货架的出货及补货方式见图 12-18 所示。

图12-18 重力式货架的出货及补货方式　　图 12-19 贯通式货架

### 3. 贯通式货架

采用货格货架,必须为作业机械安排工作巷道,因而降低了仓库单位面积的库容量。贯通式货架,如图 12-19 所示,取消了两排货架之间的巷道,将所有货架合并在一起,使同一层、同一列的货物互相贯通,托盘或货箱搁置于货架的牛腿上,叉车可直接进入货架每列存货通道内作业。这种货架比较适合于同类大批货物的储存。

图 12-20 动力式贯通货架　　图 12-21 悬臂式货架

由于贯通式货架的巷道较窄,司机的视线较差,叉车进出巷道作业时容易与货架相碰,从而造成事故,故而产生了动力式贯通货架,如图 12-20 所示。

这种货架用链式输送机取代了传统贯通式货架的牛腿,货物放在链式输送机上,由输送机将货物从入库端送到货架的出库端,再由叉车在货架的出货端将货物取走。

4. 悬臂式货架

悬臂式货架,如图12-21所示,又称树枝形货架,由中间立柱向单侧或双侧伸出悬臂而成。悬臂可以是固定的,也可以是可调节的,一般用于储存长料货物,如圆钢、型钢、木板和地毯等。此种货架可采用起重机起吊作业,也可采用侧面叉车或长料堆垛机作业。

5. 卫星小车式货架

卫星小车式货架也是一种贯通式货架,所不同的是在货架中还有一些能在各自通道内自行的小车。货架上的托盘放置在通道中两根水平轨道上,由穿梭小车在通道搬运货物,再由堆垛机或分配小车及升降机在通道口接过小车送出的货物,如图12-22和图12-23所示,从而沟通了贯通式货架内处于不同层的存货通道之间及与出入库作业的联系。

图12-22 堆垛机与卫星小车式货架　图12-23 分配小车与卫星小车式货架

通道内的穿梭小车可作为堆垛机或叉车及其他装卸搬运装置的卫星设备,故称其卫星小车,它加长了堆垛机或叉车货叉的作业深度和作业范围,能在一条巷道的存取作业完成后,由堆垛机或叉车转移到其他通道作业。采用卫星小车式货架,存储的货物可以是大批量少品种,也可是中等批量多品种的货物,货物的存取可按"先到先取",也可按"后到先取"的原则进行,其最大处理能力每小时可达240托盘。

6. 阁楼式货架

阁楼式货架,如图12-24所示,其特点是可充分利用仓储空间,适用于库房较高、货物较轻、人工存取且储货量大的情况,特别适用于现有旧仓库的技术改造,提高仓库的空间利用率。货架的底层货架不但是保管物料的场所,而且是上层建筑承重梁的支撑(柱)。货架可设计成多层楼层(通常2~3层),配有楼梯、扶手和货物提升电梯等。适用于五金、汽配、电子元件等的分类存储。

图 12-24 阁楼式货架　　图 12-25 抽屉式货架

**7. 抽屉式货架**

抽屉式货架内的货物储存在封闭的抽屉内,分层保管,抽屉由薄钢板或木板制成,如图 12-25 所示。在仓库内货架按列布置,抽屉可从货架中向巷道方向抽出。储存的货物一般是经过包装后放入抽屉的,其包装体积大小必须与抽屉容积相符。该货架具有防尘、防潮、避光等作用,用于贵重物品如刀具、量具、精密仪器、药品的存放。

## 四、移动货架

**1. 水平移动式货架**

水平移动式货架将货架本体放置在轨道上,在底部设有行走轮或驱动装置,靠动力或人力驱动使货架沿轨道横向移动,如图 12-26 所示。因一组货架只需一条通道,大大减少了货架间的巷道数,所以在相同的空间内,移动式货架的储货能力要比货格式货架高得多。

在不进行出入库作业时,各货架之间没有通道相隔,紧密排列,全部封闭,并可全部锁住,可确保货物安全,同时又可防尘、防光;当进行存取货物时,可以使货架移动,使相应的货架开启成为人员或存取设备的通道。

为了减小运行阻力,移动货架一般采用钢轮支承,在钢轨上移动,其结构见图 12-27。对于载重较轻的或较矮的货架,可以采用人力驱动方式;对于载重

图 12-26 水平移动式货架

较大的货架,必须采用动力驱动,并设置必要的安全保护装置。例如在货架底部设缓冲停止器,一旦碰到障碍物,可以自动停止运动,避免挤伤滞留在通道内的拣货人员。

图 12-27 水平移动式货架的结构

水平移动式货架在存取作业时,需不断移动货架,所以存取货时间要比一般货架长,故一般用于出入库作业频率很低的轻小货物的储存。

为近一步提高仓库的空间利用率,这种货架还可设置一个固定的拣货平台,并附加一个垂直方向的运动,如图 12-28 所示。

2. 自行式货架

这种货架不同于一般用于存放档案的人力驱动的水平移动货架,它是由轨道、底座和货架组成。轨道安装于地面,每个货架的底座上有多个轮子,由电动机驱动沿轨道运行,如图 12-29 所示。

图 12-28　有固定拣货平台的移动式货架　　图 12-29　自行式货架

货架为通用货架,安装于底座上。整套装置可以手控、遥控或集中控制,并且具有完善的安全保护装置。由于货架的重量全都要由几个轮子承受,因而对轮子的要求较高。

该货架具有灵活储存不同货物的优点,不仅适应包装货物,也适于托盘和长杆货物储存,也适于作"货到人"方式分拣的货架。目前其单元货物重量可达 1 200 kg,底座的最大承载能力可达 200 t。

## 五、旋转货架

传统仓库是由人或机械到货架前取货,而旋转货架是将货架上的货物送到拣货点,再由人或机械将所需货物取出,所以拣货路线短,操作效率高。

旋转货架的货格样式很多,一般有货架式、盘式、槽式、提篮式、抽屉式等,如图 12-30 所示,可根据所存货物的种类、形状、大小、规格等的不同进行选择,货格可由硬纸板、塑料板、钢板制成。

旋转货架适用于以分拣为目的的小件物品的存取,尤其对于多品种的货物分拣更为方便。它占地面积小,储存密度大,易于管理。如采用计算机控制,可使操作员摆脱人工寻货的负担,避免看错、看丢的现象,提高分拣质量并缩短拣货时间。另外由于拣货人员工作位置固定,故可按照人机工程的原理,设计操作人员的工作条件。这种货架的规模可大可小,企业可根据实际情况,控制投资规模。

旋转货架分为整体旋转式(整个货架是一个旋转整体)和分层旋转式(各层分设驱动装置,形成各自独立的旋转体系),其中整体旋转式又分为垂直旋转式、水平旋转式两种。

图 12-30 旋转货架的货格形式

1. 垂直旋转货架

这种货架本身是一台垂直提升机。提升机的两个分支上悬挂着成排的货格。根据操作命令，提升机可以正反向回转，使需要拣取的货物停到拣选平台，如图 12-31 所示。

图 12-31 垂直旋转货架

图 12-32 垂直旋转货架的其他型式

这种货架的高度一般为 2~3 m，为了利用空间也有高达 6 m 的。拣货平台可以是一个，也可设置多个；当高度有限制，而储存的货物种类较多，需要更多的货格时可采用图 12-32 所示的其他型式。

## 2. 水平旋转货架

水平旋转货架的原理与垂直旋转货架相似，只是货格在水平方向回转。各层货格同时回转的水平旋转货架称作整体水平旋转货架；各层可以独立地正反向旋转的货架称为分层水平旋转货架。

整体水平旋转货架，如图 12-33 所示，是由多个独立的货柜构成，用一台链式输送机将这些货柜串联起来，每个货柜下方都有支承滚轮，上部都有导向滚轮。链式输送机运转时，带动货柜运动。需要拣取某种货物时，操作人员只需在控制台上给出指令，货柜便自动转到拣货点并停止，拣货人员就可从中拣选货物。

分层水平旋转货架是由环状排列的货盘多层重叠而成，如图 12-34 所示。每层的货盘都用链条串在一起，各层都有相应的轨道，由分设的驱动装置驱动，形成各自独立的旋转体系。这种货架可同时执行几个命令，效率高于整体水平旋转货架。

图 12-33　整体水平旋转货架　　　　图 12-34　分层水平旋转货架

## 六、其他特殊货架

### 1. 自动货柜

自动货柜是集机电、信息和管理为一体的小型自动化仓库。它充分利用了仓库的高度空间，最大限度地优化了存储管理，与其他外部自动化输送设备相连，就可形成一个高效、便捷的小型 AS/RS 系统。

自动货柜主要由货架、升降装置、信息控制系统和存取装置组成，如图 12-35 所示。

工作时，货柜内的升降装置缓慢下降复位并寻找基点，完毕后，操作终端显示待命信息。在用户输入命令信息（如存货、取货、查阅库存信息等）后，控制升降装置将货物送到经运算后所确定的货位，同时对货物的货位和货盘进行记忆，

图 12 - 35　自动货架

以备查询和取货。

2. 24 小时塔

由于 BtoC 电子商务的快速发展，今天在德国有 63% 的人经常通过 Internet 订货，有 50% 的人每天都在 Internet 上购物，有 35% 的人希望能在 24 小时内收到所购货物。为了满足这种要求，德国多特蒙德大学物流研究所于 2002 年推出了分布式的 AS/RS 系统 24 小时塔。

24 小时塔的推出较好地解决了"门到门"物流配送中的运输路线管理和运输成本控制问题，提高了配送效率，降低了配送成本，拉近了生产厂与消费者之间的距离。整套系统由供货终端、环状货架、自动堆取装置、顾客身份认证系统组成，如图 12 - 26 所示。借助于这种分布式的 AS/RS 系统，顾客只要通过 Internet 订货，生产厂就将货物直接送到 24 小时塔，由塔内的计算机管理、控制系统通过堆垛机将货物送到确定的货位存放，不需要与顾客直接接触。顾客取货时，通过身份认证终端，就可取到自己所需要的货物。

根据塔的规模大小，塔内有 200～600 个货位，货位深度方向可存两件货物，货物的重量一般为 50 kg。进货

图 12 - 36　24 小时塔

时,每小时可处理 300 件入库申请;出货时,每个出货申请的满足仅需 10～30 s,付款可通过电子货币进行。塔内设有温度控制装置对货物进行保鲜存储。

3. 高速巷道小车货架

20 世纪 60 年代,就出现了可以自装自卸的高层货架,如动力式贯通货架和穿梭小车式贯通货架等,较好解决了货架和货架作业机械的一体化问题。高速巷道小车自动货架是德国乌尔姆大学于 2001 年 12 月份研制出来的一种用于仓库的高速装卸系统,这种货架的出现把自带动力货架的工作效率提高到了一个较高水平。

这种货架是在同一条货架巷道的上方根据出入库频率的不同要求,在不同平面安装一台可以高速行驶和高速提升的自行式起重小车,如图 12-37 所示,小车通过四根钢丝绳与载货平台相连。进货时,小车开到出入库台的上方,由其他设备将货物放在载货平台上,然后由小车起升、运行将货物送入确定的货位;出货时,过程相反。与高架堆垛机相比,小车的自重轻,仅为 2 吨,不到高架堆垛机重量的五分之一,而且不需在巷道内铺设轨道。由于小车是通过钢丝绳与载货平台相连,在货架堆码层数继续增加时,只需改变钢丝绳的长度

图 12-37 高速巷道小车货架

就可继续使用。因此,该设备具有极好的柔性,非常适合仓库扩容的要求。另外由于巷道小车安装在不同的水平面,通过速度参数的优化,每台小车的平均作业周期优于高架堆垛机。

## 第六节 储存设备的选用

### 储存设备选用的一般步骤

储存设备选用设计包括如下步骤,如图 12-38 所示。

图 12-38 储存设备选用设计流程与重点

1. 储存系统分析规划

物流配送中心储存商品种类多达数十万种,每种商品的发货量、储存方式、拣取单位和包装形式都不一样。为此,必须根据储存单位和拣取单位来区分商品,依据出入库量大小进行分类,以便选择适当的储存设备和提高作业效率。

2. 储存设备的型号选择

一般在选择储存设备时主要考虑经济性和效率及其他综合因素。

(1) 物品特性。储存物品的外形、尺寸直接影响到货架规格的选择;物品重量关系到选择什么强度的货架;储存单位直接关系到用什么货架来储存,对于托盘、容器和单件物品所对应的货架类型是不同的。从发展眼光看,储位数量应略有富余。这些数据通过储存系统分析才能得到。

(2)存取性。一般情况下存取性与储存密度是矛盾的。储存密度大必然影响物品的存取性。有的货架形式有较高的储存密度,但储位管理较难,难以实现先进先出原则。自动化立体仓库可向高度发展,做到存取性和储存密度两者俱佳,但投资成本较高。为此,用户必须结合实际情况,优化选择为宜。表12-4为储存设备特性表。

(3)出入库量。出入库量是选择储存设备的重要指标,表12-5是各种储存设备出入库频率比较表。

表12-4 储存设备特性表

表12-5 储存设备以出入库频度区分

| 储存单位 | 高频度 | 中频度 | 低频度 |
|---|---|---|---|
| 托盘 | • 托盘流动式货架(20～30托盘/h)<br>• 立体自动仓库(30托盘/h)<br>• 水平旋转自动仓库(10～60 s/单位) | • 托盘式货架(10～15托盘/h) | • 驶入式货架(10托盘/h以下)<br>• 驶出式货架<br>• 推后式货架<br>• 移动式货架 |
| 容器 | • 容器流动式货架<br>• 轻负载自动仓库(30～50箱/h)<br>• 水平旋转自动仓库(20～40 s/单位)<br>• 垂直旋转自动仓库(20～30 s/单位) | • 轻型货架(中量型) | • 托盘流动式货架 |
| 单品 | • 单品自动拣取系统 | • 轻型货架(轻量型) | • 抽屉式货架 |

(4)搬运设备。物流中心的储存作业是通过搬运设备来完成的。为此,应

慎重选择搬运设备,才能实现高效低成本运行。叉车或堆垛机是常用的搬运设备,在对其选型时必须考虑货架通道宽度。

(5)厂房结构。新建厂房时,根据货架高度决定梁的高度。同时,根据货架实际与安装条件,对地板强度、地面平整度也有要求。此外,要考虑防火设施和照明设施等一系列问题。

## 小结和学习重点

- 储存设备的分类
- 物流容器、托盘的标准化
- 仓储货物的集装单元化
- 货架的作用与分类
- 储存设备的选用

通过本章的学习,可以掌握储存设备的分类、物流容器、托盘的标准化、集装多元化和货架分类等内容。储存设备形式种类很多,因储存物品形状、重量、体积、包装形式等特性的不同,使用的储存方式也不相同。一般物流中心的储存设备,主要是以单元负载的托盘储存方式为主,配合各种拣货方式的需要,另有容器及单品的储存设备。在选择储存设备时一般主要考虑经济性和效率及其他综合因素。

【案例分析】

## 塑料托盘迎来发展绝好机遇

托盘在仓储、运输业中被广泛使用。随着我国国际贸易以及物资存储和运输业发展,粗放散装式的储运方式已逐步向集中整箱集约方式转变,托盘在这一转变中起着重要作用。

20世纪80年代以前几乎是木质托盘一统天下。从80年代后期至90年代初期,出现了其他材质的托盘,如金属、塑料甚至是纸浆模塑托盘等,以后又出现了填充塑料托盘。到20世纪末出现了木塑复合结构托盘。

目前各种材质托盘同时存在,以满足不同层次、不同工况条件的使用要求。金属托盘因其质重、易锈蚀、能耗高、成本大等因素,限制了其进一步发展。目前

95%是木制托盘,每只木制托盘耗用 0.05 m³ 木材。随着社会环保意识增强,制止水土流失,减少土地沙漠化,减少沙尘暴等自然灾害的呼声日益高涨,为保护人们赖以生存的地球环境,我国政府已明令禁止滥伐森林,同时还要进一步加大植树造林力度,提高我国森林覆盖面积。另外,木制托盘需经蒸煮或高温处理,否则国外拒绝入境。这给木质托盘的发展带来不小的影响,但反过来又为塑料托盘的发展提供了绝好的机遇。

塑料托盘质轻、耐水,不易受虫害影响,美观、整洁,可反复使用,有利于露天作业和存放。与木质托盘相比,其硬度及周转使用率可提高 3~5 倍。塑料托盘在我国正处于高速增长期。目前,国内流通所需托盘每年约为 8 000 万只,其中港口用 2 000 万只(出口),总的需求还会进一步增长。塑料托盘尽管面市较晚,成本相对较高,但每年仍以大于 10%的速度增长。

塑料托盘有单面型和双面型两种型式,双面型又分为整体式和组装式两种。其成型方法有四种:注塑成型法、挤出-中空吹塑成型法、真空吸塑成型法和挤出成型法。目前国内塑料托盘尚以注塑成型为最多,挤出-中空吹塑成型法次之,真空吸塑成型(双面型)法尚未见报道,挤出成型产品使用还不太多。

**思考题**

1. 塑料托盘和木质托盘相比有哪些优点?
2. 制约塑料托盘发展和应用的主要因素有哪些?

# 练习与思考

**(一) 名词解释**

托盘　集装　集装单元化　货架

**(二) 简答题**

1. 物流中心的储存设备可分为哪几种形式?
2. 物流容器与托盘尺寸的系列配合关系是如何解决的?
3. 目前国内外常见的托盘可以划分为哪几类?
4. 如何实现无托盘的货物集装单元化?
5. 货架有哪些形式?货架的作用主要是什么?
6. 什么是 24 小时塔?它的工作原理是什么?
7. 储存设备选用的一般步骤是什么?

# 第十三章 垂直提升机械

## ■ 学习目标 ■

学完本章,你应该能够:
1. 了解垂直提升机械的作用和原理;
2. 了解载货电梯的工作原理;
3. 了解液压升降机的工作原理;
4. 了解板条式提升机的工作原理;
5. 了解巷道式起重堆垛机的工作原理;
6. 了解装卸堆垛机器人的类型与工作原理。

## ■ 基本概念 ■

垂直提升机械　载货电梯　液压升降机　板条式提升机　巷道式堆垛机
装卸堆垛机器人

## 第一节　载货电梯

载货电梯一般由钢丝绳、链条和液压缸驱动。运送的对象是托盘货物、容器、件货或人。与起重机不同,电梯运送的货物是放在轿箱内,沿着垂直的(或倾斜的)、固定的导轨进行运输的。

钢丝绳牵引电梯的牵引绳的一端与轿箱相连,另一端与活动配重相连。轿箱和配重都在各自的导轨内行走。通过牵引绳的绕绳倍率,可使配重的行程变短、速度变低。如图13-1(a)所示。

液压顶升电梯的轿箱的驱动采用多级油缸顶升,不需要活动配重,只能沿垂直方向运行。如图13-1(b)所示。其特点是载重量大、运行平稳、停位精确,但提升距离有限。

图 13-1 电梯
(a) 钢丝绳牵引方式　(b) 液压顶升方式　(c) 倾斜式电梯

倾斜式电梯的轿箱沿倾斜轨道运行,轿箱通过钢丝绳或链条牵引,如图 13-1(c)所示。轨道的坡度一般为 30%,一般用在室外。只要电梯的载重能力和轿箱尺寸足够,搬运车辆也可单独或随同货物一起运送。载货电梯的载重能力可达 10 000 kg,速度一般在 0.3~4 m/s 之间;常用的载货电梯的载重量为 250~3 000 kg,其速度一般定在 1 m/s。

为了保证电梯工作的安全,除了配备一般起重机常备的安全保护措施外,必须在电梯的电器控制上增设钢丝绳断绳保护、轨道夹钳和缓冲装置等。

## 第二节　液压升降机

液压升降机是一种相对简单,且适应能力很强的起重机械。与其他起升设备相比,它速度低,能精确定位在各种高度,适合于不需要经常性提升货物的场所。按功能来分,液压升降平台可分为起重平台及维修安装工作平台。最新的液压升降平台还装备了行走机构,可在轨道上行驶,在仓库中被广泛用作拣货设备。液压升降平台主要由载货平台、剪式支臂、液压油缸和电动油泵等组成,其升降由油缸驱动剪式支臂来完成,可在起升高度范围内的任意位置停止,将搬运人员和机械、货物一起运输,常用于楼层间的垂直运输、车辆的装卸、货架巷道内的储存或拣货作业。

液压升降机主要有单剪支臂液压机和双剪支臂液压机两种型式。单剪支臂液压机的起重能力为 500~10 000 kg,如图 13-2 所示;双剪支臂液压机有两种,一种是两个剪式支臂平行布置,另一种是两个剪式支臂垂直串联。平行布置的剪式支臂的液压机用来提升车辆或长大件货物,垂直布置剪式支臂的液压机用在提升高度较大的场合。

单剪支臂液压机的升降高度约为液压平台长度的 60%。双剪支臂液压机的升降高度是液压平台长度的 100%。电动油泵采用的是高压齿轮泵并带有超负荷保护装置。

维修安装工作平台一般用作设备的安装或维修。支臂的型式一般为多层剪式支臂，如果配上多级伸缩油缸，其工作高度可达 25 m。液压升降机的工作方式如图 13-3 所示。

图 13-2　单剪支臂液压升降机

图 13-3　液压升降机的工作方式

## 第三节　板条式提升机

板条式提升机，如图 13-4 所示，是在多层仓库内用作件货和托盘货物垂直运输的起重设备，其特点是占地面积小。它是将若干根板条组成的载货台安装在四根无端链条上，由板条组成的载货台具有足够的柔性，在链条运行过程中，可绕过链轮转向。提升过程中，载货台保持水平；回程时载货台由水平位置变成垂直位置；回程结束时，又恢复到水平位置，从而减少提升机的占地面积。板条式提升机根据进货口和出货口安排可分为 S 形和 C 形。S 形的进货口与出货口在不同方向，而 C 形进货口与出货口在同一方向。C 形提升机的出货口和载货台的回程交叉，容易发生事故，而 S 形出货口的作业不受载货台回程的影响。

板条提升机工作时，每一个载货台载运一件货物。为了保证货物准确送到载货台上的规定位置，不发生跌落危险，一般在提升机入口处的前端装有光电管和限位开关进行自动控制。

板条提升机的工作能力除与提升速度有关外，还取决于载货台的长度和提升货物的高度。提升机的提升速度大多在 1 m/s 之内，每小时能运送 3 000 件货物。

除了上面介绍的几种机型外，还有图 13-5 所示的秋千式的垂直提升机和图 13-6 所示的念珠式垂直提升机。秋千式的垂直提升机不仅可解决垂直运输问题，还可同时解决水平运输问题；采用念珠式垂直提升机则可解决圆桶状货物的垂直提升问题。

第十三章　垂直提升机械

图 13-4　C形和S形板条提升机

图 13-5　秋千式的垂直提升机

图 13-6　念珠式垂直提升机

## 第四节　堆　垛　机　械

　　早期的堆垛机是在桥式起重机的起重小车上悬挂一个门架（立柱），利用货叉在立柱上的上下运动及立柱的旋转运动来搬运货物，通常称之为桥式堆垛机。1960年左右在美国出现了巷道式堆垛机。这种堆垛机是在地面上的导轨行走，利用地面导轨防止倾倒。其后，随着计算机控制技术和自动化立体仓库的发展，堆垛机的运用越来越广泛，技术性能越来越好，高度越来越高。目前，堆垛机的高度可以达到40 m，事实上，如果不受仓库建筑和费用限制，堆垛机的高度还可以更高。

立体仓库常用的堆垛机按有无导轨一般分为两大类：有轨巷道式堆垛机和无轨堆垛机。按结构形式分为单立柱和双立柱堆垛机。此外还可分为单元式堆垛机、拣选式堆垛机和拣选-单元混合式堆垛机：

① 单元式堆垛机是对托盘（或货箱）单元进行出入库作业的堆垛机；

② 拣选式堆垛机是由操作人员从货格内的托盘中存入（或取出）少量货物，进行出入库作业的堆垛机，其特点是没有货叉；

③ 拣选-单元混合式堆垛机具有单元式和拣选式堆垛机的综合功能。

下面将重点介绍巷道式堆垛机的工作原理和使用方法。

## 一、巷道式堆垛机

巷道式起重堆垛机是立体仓库的主要存取作业机械，它是随着立体仓库的出现而发展起来的专用起重机械。

### 1. 用途

巷道式起重堆垛机的主要用途是在立体仓库高层货架的巷道内来回运行，将位于巷道口的货物存入货架的货格，或者取出货格内的货物运送到巷道口。由于其使用特点，对巷道式堆垛机的结构和性能方面提出了一系列严格的要求。

### 2. 分类

立体仓库内常用的堆垛机械有两大类：有轨巷道式堆垛机和无轨堆垛机。

（1）有轨巷道式堆垛机。

图 13-7 为有轨巷道式堆垛机的整机外观示意图，它是在中高层货架的窄巷道内进行作业的起重机，是自动化仓库的主要设备，又称有轨堆垛机。它沿着仓库内设置好的轨道水平运行，高度视立体仓库的高度而定。使用有轨堆垛机可大大提高仓库的面积和空间利用率。起重量一般在 2 t 以下，有的可达 4～5 t，高度一般在 10～25 m 之间，最高可达 40 多米。它的结构特点如下：

① 整机结构高而窄；

② 堆垛机金属结构的设计除需满足强度要求外，还应具有足够的刚度和精度；

③ 堆垛机配备有特殊的取物装置。常用的有伸缩货叉或伸缩平板，能向两侧货格伸出存取货物；

图 13-7 有轨巷道式堆垛机

④ 其运行应同时满足快速、平稳和准确三方面要求;

⑤ 必须配备齐全的安全装置,并在电气控制上采取一系列联锁和保护措施。

(2) 无轨巷道式堆垛机。

无轨巷道式堆垛机又称三向堆垛叉车或高架叉车,高架叉车系列是为高货架而特别设计的叉车。它与有轨巷道式堆垛机的主要区别是它可以自由地沿着不同的路径水平运行,不需要设置水平运行轨道。其作业特点是可以从三个方向进行货物的存取操作——向前、向左及向右。关于高架叉车部分参见装卸搬运机械相关内容。

## 二、巷道式堆垛机的基本构造

目前,在立体仓库中常用的堆垛机是有轨巷道式堆垛机,按具体结构可分为单立柱型巷道堆垛机和双立柱型巷道堆垛机。以单立柱型巷道堆垛机为例,如图13-8所示。它的基本结构由五部分组成:运行机构、起升机构、装有存取货机构的载货台、机架(车身)和电气设备。

图13-8 单立柱型巷道堆垛机
1—载货台 2—上横梁 3—立柱 4—起升机构 5—运行机构 6—下横梁

存取货装置是堆垛机的特殊工作机构。取货的那部分结构必须根据货物外形特点设计。最常见的是一副伸缩货叉,也可以是一块可伸缩的取货板,也有其他形式的结构。伸缩货叉机构装在载货台上,载货台在辊轮的支撑下沿立柱上的导轨作垂直方向的运动,实现货物的升降。

堆垛机的电气设备主要包括电力驱动、控制、检测和安全保护装置。在电力驱动方面,多用交流电动机驱动。如果调速要求较高,采用直流电动机进行驱动。对堆垛机的控制一般采用可编程控制器、单片机、单板机和计算机等,控制装置的控制方式有手动、半自动和自动三种,其中自动控制方式包括机电控制和远距离控制两种方法。堆垛机必须具有自动认址,货位虚实检测以及其他检测功能。电力拖动系统要同时满足快速、平稳和准确三个方面的要求。

堆垛机的结构设计除需满足强度要求外,还要具有足够的刚性,并且满足精度要求。为了保证人身及设备的安全,堆垛机除必须配备有完善的硬件及软件的安全保护措施外,还应根据实际需要,增设各种保护装置。

### 三、堆垛机的主要技术参数及选择

堆垛机的技术参数是表明堆垛机工作性能好坏的参数,一般包括质量参数、速度参数、尺寸参数等。

(1) 载重量。载重量是指堆垛机能够装载的货物重量,一般为几十公斤到几吨,其中载重量为 0.5 t 的堆垛机使用最广泛。

(2) 运行速度。运行速度是指堆垛机在水平方向上的行驶速度,一般为 4～120 m/min。

(3) 起升速度。起升速度是指堆垛机在垂直方向上的提升速度,一般为 3～30 m/min。

(4) 货叉伸缩速度。货叉伸缩速度是指存取货叉在进行叉取作业时的水平伸缩速度。

(5) 尺寸参数。堆垛机的尺寸参数包括堆垛机的外廓尺寸(长、宽、高)、起升高度、最低货位极限高度和货叉的下挠度等。堆垛机的货叉下挠度是指在额定起重量下,货叉上升到最大高度时,货叉最前端下弯的高度,这一参数反映了货叉抵抗变形的能力,它与货叉的材料、结构形式以及加工货叉的制造工艺等因素有关。最低货位极限高度是指货叉在最低位置时其下表面到运行轨道安装水平面之间的垂直距离。

合理选择堆垛起重机的类型和主要使用性能参数,是正确使用堆垛起重机的重要前提条件。对提高装卸搬运的作业效率,充分发挥堆垛起重机的有效功能,降低使用成本,提高经济效益,确保运行安全都有现实的重要意义。选型的基本要求是技术先进、经济合理、适合生产需要。选型的主要内容有:类型选择、具体结构形式选择和技术性能参数的选择,所需数量的确定,性能价格比评价和技术经济评估，其选型过程中应遵循的基本工作程序如图13-9所示。

图13-9 堆垛起重机选型的基本工作程序

## 第五节 装卸堆垛机器人

机器人是一种典型的机电一体化产品，在物流领域主要用于自动化仓库各输送装置之间的物料搬运以及自动生产线各工序之间物料的搬运。

### 一、机器人的用途和作业特点

**1. 机器人的用途**

随着物流系统新技术的应用开发，装卸机器人得到了广泛应用，机器人在物流活动中主要完成以下作业：

（1）搬运。被运送到仓库中的货物通过人工或机械化手段放到载货平台上，由于机器人具有智能系统，它将放在载货平台上的货物进行识别并分类，然后将货物搬运到指定的输送系统上。

（2）堆垛和拣选。仓库中作业的机器人与典型加工制造工厂用的机器人有很大的不同，在加工制造工厂，机器人的动作是固定的，而仓库中的机器人的作业会因客户的要求不同而不同。因而仓库的机器人必须能够根据计算机控制系统发出的指令完成堆垛作业，同理，机器人还可以根据出库信息完成拣选作业。

**2. 作业特点**

（1）通用性。机器人的用途非常广泛，它除了可以进行搬运功能以外，还广泛应用于装配、焊接、探测等作业领域。

（2）生产柔性。当生产环境发生变化时，如产品的品种和规格发生变化、生产工艺改进等，要求机器人实现新的操作，这时，只要对机器人软件系统进行改造即可，而硬件设备无须改变。

（3）自动性。机器人完全依据其软件系统自动地进行一系列的动作，无需人的参与,从而节省了劳动力。

(4) 准确性。机器人的各零部件的制作和安装都非常精确,同时机器人依据其软件系统进行工作,因而机器人的动作具有高度的精确性。

## 二、机器人的类型

按照机器人的本体结构可将机器人分成以下五类,如图 13-10 所示。

1. 角坐标型机器人

如图 13-10(a)所示,这种机器人具有三个互相垂直的移动轴线,其工作空间为一个长方体。其特点是结构简单,定位精度高,但占地面积大,工作范围小,灵活性差。

2. 圆柱坐标型机器人

如图 13-10(b)所示,这种机器人其水平臂能沿立柱上下移动,绕立柱转动,并能伸缩,作业空间为圆柱形。其特点是结构简单,占地面积小,操作范围较大,但定位精度不高。

3. 球坐标型机器人

如图 13-10(c)所示,这种机器人的手臂能上下俯仰、前后伸缩、绕立柱回转,其作业空间为一球体。其特点是作业灵活,作业范围大,但结构复杂,定位精度不高。

图 13-10　机器人的几种常见结构

#### 4. 垂直多关节型机器人

如图 13-10(d)所示,这种机器人由立柱、大小手臂和手爪组成,立柱与大臂间形成肩关节,大臂与小臂之间形成肘关节,小臂与手爪之间形成腕关节。其特点是动作灵活,工作范围大,占地面积小,通用性强,作业速度高。

#### 5. 多关节型机器人

如图 13-10(e)所示,这种机器人除了具有垂直多关节机器人的特点以外,它的臂部和腕部均可绕垂直轴在水平面内旋转,末端工作部分可沿垂直轴上下移动。其特点是动作灵活,速度快,结构复杂,定位精度高。

## 三、机器人的结构组成

机器人主要由五部分组成。

1. 执行机构

执行机构的功能是可以抓取工件,并按照规定的运动速度、运动轨迹将工件送到指定的位置,然后放下工件。它由以下几部分组成。

(1)手部。手部是机器人用来抓取工件或工具的部位,直接与工件或工具接触。有一些机器人将工具固定在手部,这样就无须安装手部了。

(2)腕部。腕部是将手部和臂部连接在一起的部件。它的主要作用是调整手部的位置和姿态,并扩大臂部的活动范围。

(3)臂部。臂部支撑手腕和手部,使手部的活动范围扩大。在多关节机器人中,有大臂和小臂,两者由肘关节连接。

(4)机身。机身又称立柱,是用于支撑臂部,安装驱动装置和其他装置的部件。

(5)行走机构。行走机构是扩大机器人活动范围的机构,被安装于机器人的机身下部,有多种结构形式,可以是轨道和车轮式,也可以是模仿人的双腿。

(6)头部。有一些机器人具有头部,用于安装视觉装置和天线。

2. 驱动系统

驱动系统是为机器人提供动力的装置。一般情况下,机器人的每一个关节设置一个驱动系统,它接受动作指令,准确控制关节的运动位置。

3. 控制系统

控制系统控制着机器人按照规定的程序运动,它可以记忆各种指令信息,同时按照指令信息向各个驱动系统发出指令。必要时,控制系统还可以对机器人进行监控,当动作有误或者发生故障时发出报警信号,同时还实现对机器人完成作业所需的外部设备进行控制和管理。

4. 检测系统

检测系统主要是检测机器人执行系统的运动状态和位置,并随时将执行系统的执行情况反馈给控制系统,并与设定的位置进行比较,然后通过控制系统进行调整,使执行系统以一定的精度达到设定的位置。

5. 人工智能系统

人工智能系统赋予机器人具有思维判断能力,具有学习、记忆、逻辑判断能力。

## 四、机器人的主要技术参数

1. 抓取重量

抓取重量是指机器人在正常运行速度时所能抓取的重量。当机器人运行速度可调时,随着运行速度的增大,其所能抓取的工件的最大重量减小。

2. 运动速度

运动速度与机器人的抓重、定位精度等参数有密切关系,同时也直接影响机器人的运动周期。目前机器人的最大运行速度在 1 500 mm/s 以下,最大回转速度在 120 mm/s 以下。

3. 自由度

自由度是指机器人的各个运动部件在三维空间坐标轴上所具有的独立运动的可能状态,每个可能状态为一个自由度。机器人的自由度越多,其动作越灵活,适应性越强,结构越复杂。一般情况下,机器人具有 3~5 个自由度即可满足使用要求。

4. 重复定位精度

重复定位精度是衡量机器人工作质量的一个重要指标,是指机器人的手部进行重复工作时能够放在同一位置的准确程度。它与机器人的位置控制方式、运动部件的制造精度、抓取的重量和运动速度有密切的关系。

5. 程序编制与存储容量

程序编制与存储容量是指机器人的控制能力,用存储程序的字节数或程序指令数来表示。存储容量大,机器人的适应性强,通用性好,从事复杂作业的能力强。

## ■ 小结和学习重点 ■

- 垂直提升机械的作用和原理
- 载货电梯的类型和工作原理

- 液压升降机的工作原理
- 板条式提升机的工作原理
- 巷道式起重堆垛机的工作原理及用途
- 装卸堆垛机器人的类型与用途

通过对本章的学习,可以掌握配送中心常用的垂直提升机械的类型、功用和工作原理等内容。垂直提升机械一般是指在楼房仓库或高层建筑各层之间进行运输装卸作业的机械设备。合理选择垂直提升机械的类型和主要使用性能参数,是正确使用此类机械的前提条件,对提高装卸搬运的作业效率,充分发挥垂直提升机械的有效功能,降低使用成本,提高经济效益,确保运行安全都有现实的重要意义。

【案例分析】

## 双货叉有轨巷道堆垛起重机在卷烟厂原料立体仓库中的应用

有轨巷道堆垛起重机(以下简称堆垛机)是自动化立体仓库最主要的作业机械,是随立体仓库的出现而发展起来的专用起重机,主要包括行走、升降和货叉三部分。通过三部分的协调工作完成货物在货架范围内的纵、竖和横向移动,实现货物的三维立体存取。堆垛机在国内烟草行业经过了从双立柱到单立柱、从链式提升到钢丝绳提升、从单伸到双伸的应用历程,走过了技术含量由低到高、设备类型由基本型到延伸型、设备功能由单一到复杂的路程。

下面以某卷烟厂易地技术改造项目中原料立体库的设计为例探讨双货叉堆垛机的应用问题。

一、工程概况

某卷烟厂易地技术改造项目,规划生产规模100万箱/年,并预留发展余地。工程占地36万余平方米,主要包括制丝工房、卷包工房、技术中心、办公楼等建筑。

制丝工房为主体两层建筑,原料立体库位于制丝工房端部,制丝生产线原料入口和主要设备在二层;根据场地条件,靠近原料立体库的物流道路标高与制丝工房二层平齐。所以,原料立体库的入、出库部分皆位于二层。

二、原料立体库设计条件

1. 建筑条件

根据建筑设计的需要,原料立体库(含入、出库区)的长度宜与制丝工房的宽度相同,为114 m;高度宜与制丝工房相同,为梁下19 m;原料立体库的宽度可根据自身设计需要调整。

2. 库容量条件

根据《卷烟厂设计规范》和目前生产运行的经验,库容量3 d以上即能消除一般雨、雪天气对运输的影响,基本保证正常生产。这个库容量对于自动化立体库而言比较小。

3. 出入库流量条件

根据物流设计的一般优化原则,尽量避免不必要的货物搬动。此前所见应用实例中因为原料立体库的入库能力较小,不能与叉车卸货速度匹配,所以用叉车先将烟叶包快速卸到地面,再用叉车单件入到原料立体库。这种做法经过两次搬运才完成卸车和入库,不必要地增加了叉车的工作量。所以,该库需要较大入库能力,解决一次搬运完成卸车入立体库问题。

三、方案设计

根据该原料立体库的设计条件和与制丝生产线的接口位置,货架区的长度和高度基本不可调整,所以库容量将随宽度即巷道数量的增减而增减,根据库容量的条件计算,宜为两个巷道。因为立体仓库将来很难扩充容量,根据总体规划预留发展余地的要求,宜适当增加库容量,目的在于:近期,增加了缓冲库存,提高了安全性;远期,作为生产规模扩大的容量预留,并考虑到一台堆垛机出现故障时能保证出库,不影响制丝生产线的正常运行,所以设计增加到三个巷道。

因为原料立体库的出库系统与自动化制丝生产线连接,所以出库流量相对稳定均衡,并且必须保证,所以该库的设计主要在满足库存需求的情况下达到系统入库能力与运输、叉车卸货入库能力需求之间的平衡。根据设计计算,该库入库能力的瓶颈在堆垛机。通过提高堆垛机行走、升降和伸叉的速度与加速度来提高整机能力效果不明显,因为现在的速度和加速度已经比较高,继续提高会对安全性、故障率、噪声、机械性能等产生较大负面影响。所以,有些厂为了提高系统的入库能力而增加堆垛机的台数。根据该卷烟厂的设计参数和汽车运输、叉车卸货能够接受的入库流量计算,如果采用单货叉堆垛机,需要五个巷道(为便于比较,采用同一厂家的单、双货叉堆垛机性能参数进行方案设计比较)。

可以看出,该库的入、出库流量与库容量之间存在较大矛盾。五个巷道的设计固然可行,但无疑会较大地增加投资,因为投资的增加不仅限于堆垛机的价格,增加堆垛机的台数就需要增加建筑面积,就需要增加入、出库输送机的数量,就需要增加货架、托盘等相关设施的数量,总投资增加很多。很明显,提高单台堆垛机的能力可以减少总投资,那么有没有更好的途径提高单台堆垛机的能力呢?提高堆垛机能力的另一条途径是采用双货叉堆垛机,根据设计计算,如果采用双货叉堆垛机,仅需要三台即可相当于五台单货叉堆垛机的入、出库能力。

为保证双货叉堆垛机的高效运行,在存储货位的设计上应保证相邻货位及货格的一致性。在系统软件设计上通过设置优先级,进行算法优化,获得不同的存取优化策略。如采用先进先出、按批发货、均匀存放、分区存放、紧急优先出/入库等。在保证存储期限的条件下,完成存二取二、存二取一、存一取二、单盘作业、就近存取。以存二取二策略为优先,存二或取二以相邻两货位为优先。在入库时最大可能保证一组(双货位)相邻货位存放相同原料(双货叉入),相邻组货位存放生产计划原料配方中不同原料(双货叉出),在只出库不入库的时间段,以不相邻货位双货叉出库为佳,借以同时完成调整货位的功能,为双货叉入库做好准备工作。

四、经济分析

采用双货叉堆垛机方案与采用单货叉堆垛机方案投资差额比较:

| 项　　目 | 节约投资/万元 |
| --- | --- |
| 1. 建筑面积减少 1 400 m² | 140 |
| 2. 三台双货叉堆垛机代替五台单货叉堆垛机 | 186 |
| 3. 输送机减少 22 台 | 25 |
| 4. 货架减少 2 396 货位 | 62 |
| 5. 托盘减少 2 396 个 | 62 |
| 合　　计 | 475 |

五、结论与讨论

(1) 双货叉堆垛机适用于库存量需求较小而出入库能力需求较大的立体库系统,恰当的应用可以达到提高系统性能、降低系统投资的效果,具有良好的应用前景。

(2) 双货叉堆垛机单机能力计算比单货叉复杂得多,需综合计算和估算多种工况下的能力和概率,如单循环工况包括单存、单取、双存、双取,复合循环工况包括单存单取、单存双取、双存单取、双存双取,所以计算难度大、精度低。因为远不如单货叉堆垛机应用量大,所以针对该类堆垛机开发的计算机仿真软件市场较小,目前尚未找到合适的仿真软件帮助核对计算结果,有待投入使用后测试验证。

**思考题**

双货叉堆垛机与单货叉堆垛机相比较有何特点?

# 练习与思考

**(一) 名词解释**

垂直提升机械　堆垛机

**(二) 填空题**

1. 液压升降机主要有两种形式:_____和_____。
2. 板条式提升机根据进货口和出货口安排可分为_____和_____。
3. 堆垛机的技术参数是表明堆垛机工作性能好坏的参数,一般包括_____、_____和_____等。

**(三) 简答题**

1. 板条式提升机主要有哪两种?它们各自的特点是什么?
2. 巷道式堆垛机有几种类型?巷道式堆垛机的基本构造是什么?
3. 机器人的用途和作业特点是什么?
4. 如何对垂直提升机械进行选择和管理?
5. 堆垛机常用的安全保护措施有哪些?

# 部分参考答案

**(二) 填空题**

1. 单剪支臂液压机　双剪支臂液压机
2. S形　C形
3. 质量参数　速度参数　尺寸参数

# 第十四章 分拣机械

### ■ 学习目标 ■

学完本章,你应该能够:
1. 了解分拣设备的基本概念和作用;
2. 掌握分拣设备系统的工作过程;
3. 掌握分拣机械的主要类型;
4. 了解分拣设备选型原则。

### ■ 基本概念 ■

分拣机械　带式分拣机　托盘式分拣机　翻板分拣机　悬挂式分拣机

## 第一节　分拣机械概述

### 1. 分拣设备的概念及作用

在大型自动化仓库和配送中心中,分拣工作十分繁忙。为了实现大批量货物的高效率、少差错的拣选、分货、分放等作业,必须运用自动化程度较高的分拣设备。近年来,随着分拣技术的迅速发展,分拣系统的规模越来越大,分拣能力越来越高,应用范围也越来越广,分拣设备已成为仓储设备中的重要设备。

分拣设备是完成仓库、配送中心拣选、分货、分放作业的现代化设备,是开展分拣、配送作业的强有力的技术保证。目前国内外出现的大容量的仓库和配送中心里,几乎都配备有自动分拣机。自动分拣机具有很高的分拣能力,能处理各种各样的货物。如日本福冈配送中心采用的灯光控制分拣系统是较为先进的分拣系统,它对到达、中转、发送的货物进行灯光控制处理,分拣系统的处理量包括灯光控制系统及其他系统的处理量,一般日处理量为 17 000 个,另外冬夏旺季日处理量可达75 000个,始发和到达的货车数量每日约为150台。分拣系统采用直线分拣机,方式为倾斜式托盘,分拣能力为8 160箱/h到10 880箱/h,分拣货物质量最大为50 kg,最小为0.1 kg。

实践表明,分拣设备具有劳动生产率高、自动化程度高、技术密集、分拣能力强等优点,它是现代仓库不可缺少的先进的设备,决定着仓库的作业能力和作业规模,反映着物流技术水平的高低。

2. 分拣设备的分类

根据分拣设备的作业性质,常把分拣设备分为拣选机械设备和分货机械设备两大类。

拣选机械设备主要包括拣选式叉车、拣选式升降机、拣选式巷道堆垛机等。分拣作业用的拣选机利用电子计算机,可在其显示盘上显示要求拣选货物的品种、数量、层数,分拣人员根据显示盘的指令,便可把拣选机升或降到指定位置,直接进行拣选作业。对于回转货架,在拣选过程中,计算机根据指令让货架回转,回转货架把下一个要拣选的货格回转到拣选位置,拣选完一种货物之后,只要按一下电钮,拣选机就上升或下降到下一个需要拣选的货架,实现连续拣选。使用回转货架,拣选货物单元重量一般在100 kg以下,拣选的生产率范围为15～60 s/件,拣选的物品一般为400～800种,最高可达2 000多种。

分货机械设备又称为分拣机。现代仓库和配送中心的分货工作,大多由自动分拣机来完成。因此,本章所阐述的分拣设备主要指的是自动分拣机。

3. 分拣设备的特点

(1) 能连续、大批量地分拣货物。

由于采用大生产中使用的流水线自动作业方式,自动分拣不受气候、时间、人的体力的限制,可以连续运行100 h以上;同时由于自动分拣设备单位时间分拣货物件数多,因此,分拣能力是人工分拣系统的数倍。

(2) 分拣误差率很低。

分拣误差率的大小主要取决于所输入分拣信息的准确性,准确程度又取决于分拣信息的输入机制。如果采用人工键盘或语音识别方式输入,则误差率在3‰以上;如采用条形码扫描输入,除非条形码的印刷本身有差错,否则不会出错。目前,分拣设备系统主要采用条形码技术来识别货物。

(3) 分拣基本实现了无人化。

自动分拣设备系统能最大限度地减少人员的使用,减轻员工的劳动强度。分拣作业本身并不需要使用人员,能基本实现无人化作业。

# 第二节 分拣机械的基本构成与工作过程

## 一、分拣设备系统的构成

一个分拣设备系统主要由5个部分构成。

1. 设定装置

设定装置是在货物的外包装上贴上或打印上表明货物品种、规格、数量、货位、货主等的标签。根据标签上的代码,在货物入库时,它可以表明入库的货位,在输送货物的分叉处,可以正确引导货物的流向;堆垛起重机可以按照代码把货物存入指定的货位。当货物出库时,标签可以引导货物流向指定的输送机的分支上,以便集中发运。

设定装置种类很多,在自动分拣机上可使用条形码、光学字符码、无线电射频码、音频码等。其中,条形码是国际通用码,应用极为广泛。

2. 控制装置

控制装置的作用是识别、接收和处理分拣信号,根据分拣信号的要求指示自动分拣装置对货物进行分拣。分拣信号通过磁头识别、光电识别和激光识别等多种方式输入到分拣控制系统中去,分拣控制系统根据对这些分拣信号的判断,决定某一种商品该进入哪一个分拣道口。

3. 自动分拣装置

自动分拣装置根据控制装置传来的指令,对货物进行分拣。把货物输送到按照货物的类型,或按照货主,或按照尺寸、重量等分类的输送机分支或倾斜滑道上去,完成货物的分拣输送。

4. 输送装置

输送装置的主要组成部分是传送带或输送机,其主要作用是使待分拣商品通过控制装置和分拣装置。在输送装置的两侧,一般要连接若干分拣道口,使分好类的货物滑下主输送机,以便进行后续作业。

大型仓库或配送中心设置的大型分拣输送机,它可以高速度地把货物分送到数十条输送分支上去,完成众多货主的配货工作。它是配货发送场的主机。

一般的仓库或配送中心要在入库端、出库端、输送机分叉处设置若干个自动分拣机,引导货物的正确流向。

小型仓库或配送中心可利用输送机进行分拣,输送机上连续输送货物,在输送机的有关位置设立分拣工位,配备分拣人员,看到标签、编号、色标等分拣标志,就进行分拣,并放入边上的简易传递带或小车上。

5. 分拣道口

分拣道口是已分拣货物脱离主输送机(或主传送带)进入集货区域的通道,一般由钢带、皮带、滚筒等组成滑道,使商品从主输送装置滑向集货站台,在那里工作人员将该道口的所有货物集中后,或是入库储存,或是组配装车并进行配送作业。

以上5部分装置通过计算机网络联结在一起,配合人工控制及相应的人工处理环节,构成一个完整的自动分拣系统。

## 二、分拣设备系统的工作过程

自动分拣机一般由接受分拣指令的控制装置、把到达分拣位置的货物取出的搬运装置、在分拣位置把货物分送的分支装置和在分拣位置存放货物的暂存装置等组成。自动分拣机种类很多,分类方法也不尽相同,按照它的用途、性能、结构和工作原理,一般分为带式、托盘式、翻板式、浮出式、悬挂式、滚柱式等多种类型。

虽然各种分拣机在具体结构上有所不同,但分拣的程序基本相同。货物到达分拣点以前,先要经过输送、信号设定、合流、主传送带等工作过程。到达分拣点时,发出指令把货物传送到分拣机,由分拣机的瞬时动作将货物分拣到指定的滑道。

为了把货物按要求分拣出来,并送到指定地点,一般需要对分拣过程进行控制。通常是把分拣的指示信息记忆在货物或分拣机上。当货物到达时,将其识别并挑出,再开动分支装置,让其分流。控制方式分为外部记忆和内部记忆两种方式。外部记忆是把分拣指示标贴在分拣货物上,工作时用识别装置将其区分,然后做相应的操作。内部记忆是在自动分拣机的货物入口处设置控制盘,操作者在货物上输入分拣指示信息,这个货物到达分拣位置时,分拣机接受到信息,开启分支装置。

在设计分拣系统时,控制方式的选择是一个需要考虑的重要因素,它对分拣系统的能力和成本有很大的影响。目前比较常用的分拣控制技术是扫描识别技术,在货场的固定位置上贴有某种标识,货物到达分拣位置时,扫描仪对标识进行扫描识别,然后按预先设定的程序运行,使货物按指定路线运送到指定的滑道滑下,完成分拣作业。

采用自动分拣机使分拣处理能力大大提高,分类数量大,准确率高。

# 第三节 分拣机械的主要类型

## 一、带式分拣机

带式分拣机是利用输送带载运货物完成分拣工作的机械设备。按带的设置形式常分为平带式和斜带式分拣机两种类型;按带的材料,又可分为胶带式和钢带式两种。图 14-1 是平钢带分拣机示意。

图 14-1 平钢带分拣机示意

1—编码带 2—缓冲存储器 3—平钢带 4—导向接板 5—过渡板 6—滑槽 7—编码键盘
8—监视器 9—货物检验器 10—消磁、充磁装置 11—控制柜 12—信息读出装置 13—满量检出器

平钢带分拣机分拣过程如下:

分拣人员阅读编码带上的货物地址,在编码键盘上按相应的地址键,携带有地址代码信息的货物即被输送至缓冲储存带上排队等待。

当控制柜中的计算机发出上货信号时,货物即进入平钢带分拣机。其前沿挡住货物探测器时,探测器发出货到信号,计算机控制紧靠探测器的消磁、充磁装置,首先对钢带上的遗留信息进行消磁,再将该货物的地址代码信息以磁编码的形式记录在紧挨货物前沿的钢带上,成为自携地址信息,从而保持和货物同步运动的关系。

在分拣机每一个小格滑槽的前面都设置了一个磁编码信息读出装置,用来阅读和货物同步运行的磁编码信息。当所读信息就是该格口滑槽代码时,计算

机就控制导向挡板,快速地运动到钢带上方,导向挡板和钢带运动方向呈35°左右的夹角,可以顺利地将货物导入滑槽,完成分拣任务。

平钢带分拣机的适用范围较大,除了易碎、超薄货物及木箱外,其余货物都能分拣,最大分拣重量可达70 kg,最小分拣重量为1 kg,最大分拣尺寸为1 500 mm×900 mm×900 mm,最小分拣尺寸为50 mm×150 mm×50 mm,分拣能力可达5 000箱/h,甚至更高。该分拣机主要优点是强度高,耐用性好,可靠性程度高,但设置较多的分拣滑道较困难,系统平面布局比较困难。另外,对货物冲击较大,运行费用较高,价格较高。

斜带分拣机最大优点是利用重力卸载,因而卸载机构比较简单,同时,可设置较多的分拣滑道。

## 二、托盘式分拣机

托盘式分拣机是一种使用十分广泛的机型,它主要由托盘小车、驱动装置、牵引装置等构成。其中,托盘小车形式多种多样,有平托盘小车、U形托盘小车、交叉带式托盘小车等。传统的平托盘小车、V形托盘小车利用盘面倾翻、重力卸落货物,结构简单,但存在着上货位置不准、卸货时间过长的缺点,结果造成高速分拣时不稳定以及格口宽度尺寸过大。

### 1. 交叉带式托盘分拣机

图14-2是交叉带式托盘分拣机的示意图。交叉带式托盘小车的特点是取消了传统的盘面倾翻、利用重力卸落货物的结构,而在车体上设置了一条可以双向运转的短传送带(称为交叉带),用它来承接从上货机来的货物,由链牵引运行到相应的格口,再由交叉带运转,将货物强制卸落到左侧或右侧的格口中。

交叉带式托盘小车有下列两个显著优点:

(1) 能够按照货物的质量、尺寸、位置等参数来确定托盘带承接货物的启动时间、运转速度的大小和变化规律,从而摆脱了货物质量、尺寸、摩擦系数的影响,能准确地将各种规格的货物承接到托盘中部位置。这样一来,就扩大了上机货物的规格范围。在业务量不大的中小型配送中心,可按不同的时间段落,处理多种货物,从而节省了设备

图14-2 带式托盘分拣机
1—上货机  2—激光扫描器
3—带式托盘  4—格口

的数量和场地。

（2）卸落货物时，同样可以根据货物质量、尺寸及在托盘带上的位置来确定托盘的启动时间、运转速度，可以快速、准确、可靠地卸落货物，能够有效地提高分拣速度、缩小格口宽度，从而缩小机器尺寸，有明显的经济效益。

交叉带式托盘分拣机的适用范围比较广泛，它对货物形状没有严格限制，箱类、袋类，甚至超薄形的货物都能分拣，分拣能力可达 10 000 件/h。

2. 翻盘式分拣机

翻盘式分拣机，如图 14-3 所示，是链式分拣机的主要机型。它是在一条沿分拣机全长的封闭环形导轨中，设置一条驱动链条，并在驱动链条上安装一系列载货托盘，将分拣物放在载货托盘上输送，当输送到预定分拣出口时，倾翻机构使托盘向左或向右倾斜，使分拣物滑落到侧面的溜槽中，以达到分拣的目的。

翻盘式分拣机各托盘之间的间隔很小，而且可以左右两个方向倾翻，所以这种分拣机可设有很多分拣口。由于驱动链条可以在上下和左右两个方向弯曲，因此，这种分拣机可以在各个楼层之间沿空间封闭曲线布置，总体布置方便灵活；分拣物的最大尺寸和质量受托盘的限制，但对分拣物的形状、包装材质等适应性好，适用于要求在短时间内大量分拣小型物品的系统。

图 14-3 翻盘式分拣机

图 14-4 翻板式分拣机

3. 翻板分拣机

翻板分拣机，如图 14-4 所示，是用途较为广泛的板式传送分拣设备，其结构与翻盘式分拣机基本相似，只是将承载托盘作成没有边缘的平板形。翻板分拣机是由一系列相互连接的翻板、导向杆、牵引装置、驱动装置、支承装置等组成，其工作原理如图 14-5 所示。

当货物进入分拣机时，光电传感器检测其尺寸，连同分拣人员按键的地址信息一并输入计算机中。当货物到达指定格口时，符合货物尺寸的翻板即受控倾翻，驱使货物滑入相应的格口中。每块翻板都可由倾翻导轨控制向两侧倾翻。每次有几块翻板翻转，取决于货物的长短，而且，货物翻落时，翻板依序翻转，可

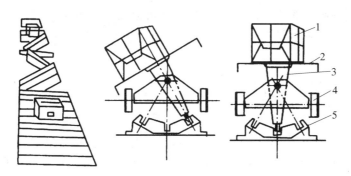

图 14-5 翻板式分拣机工作原理
1—货物　2—翻板　3—导向杆　4—链条走轮　5—导轨

使货物顺利地进入滑道,这样就能够充分利用分拣机的长度尺寸,从而提高分拣效率。

翻板分拣机的适用范围大,可分拣箱类、袋类等货物。这种分拣机打破了托盘之间的界线,扩大了对大型分拣物的适用性,它的分拣能力可达 5 400 箱/h。但该分拣机分拣席位较少,且只能直线运行,占用场地较长,而且控制较复杂。

4. 翼盘式分拣机

翼盘式分拣机,如图 14-6 所示,其托盘由像鸟翼一样的两块板组成,中间由铰链连接。平时翼盘呈 V 字形,被分拣物承载其中。分拣时,两块翼板分别向左右翻转,使分拣物落入溜槽。这种分拣机可以分拣易滚动的圆柱形物品。

图 14-6　翼盘式分拣机

图 14-7　三维翻转式翻盘分拣机

5. 三维翻转式翻盘分拣机

三维翻转式翻盘分拣机,如图 14-7 所示,这种分拣机与普通翻盘式分拣机的区别在于其倾翻机构比较特殊。它能使托盘倾翻时还沿垂直轴旋转 90°,使其中长形分拣物沿其长度方向滑入溜槽,这样可以减少分拣口开口尺寸,使分拣口的数目增加。这种翻转方式还能使分拣物下落的速度减慢,以减少对分拣物的冲击。

## 三、浮出式分拣机

浮出式分拣机,如图14-8所示,是把货物从主输送机上托起,而将货物引导出主输送机的分拣机。根据结构,它可以分为滚轮浮出式分拣机和皮带浮出式分拣机两种。

滚轮浮出式分拣机主要由两排旋转的滚轮组成,滚轮设置在传动带下面,每排由8~10个滚轮组成。滚轮的排数也可设计成单排,主要根据被分拣货物的重量来决定单排或双排。滚轮接收到分拣信号后立即跳起,使两排滚轮的表面高出主传送带10 mm,并根据信号要求向某侧倾斜,使原来保持直线运动的货物在一瞬间

图14-8 滚轮浮出式分拣机

转向,实现分拣。

浮出式分拣机由于分拣滑道多、输送带长,不可能是一条上料输送带,一般有5条左右。主传送带的速度为100~120 m/min,比输送带的速度要快得多。该分拣机对货物的冲击力较小,适合分拣底部平坦的纸箱、用托盘装的货物,不能分拣很长的货物和底部不平的货物。

浮出式分拣机适用于包装质量较高的纸制货箱,一般不允许在纸箱上使用包装袋,分拣能力可达7 500箱/h。该分拣机的优点是可以在两侧分拣,冲击小,噪声低,运行费用低,耗电少,并可设置较多分拣滑道。但它对分拣货物包装形状要求较高,对重物或轻薄货物不能分拣,同时也不适用于木箱、软性包装货物的分拣。

## 四、悬挂式分拣机

悬挂式分拣机是用牵引链(或钢丝绳)作牵引件的分拣设备,用于分拣、输送货物,它只有主输送线路,吊具和牵引链是连接在一起的,如图14-9所示。悬

挂式分拣机主要由吊挂小车、输送轨道、驱动装置、张紧装置、编码装置、夹钳等组成。分拣时，货物吊夹在吊挂小车的夹钳中，通过编码装置控制，由夹钳释放机构将货物卸落到指定的搬运小车上或分拣滑道上。

悬挂式分拣机具有悬挂在空中、利用空间进行作业的特点，它适合于分拣箱类、袋类货物，对包装物形状要求不高，分拣货物重量大，一般可达 100 kg 以上，但该机需要专用场地。

图 14 - 9　悬挂式分拣机
1—吊挂小车　2—格口　3—张紧装置
4—货物　5—输送轨道　6—编码台　7—传送带

## 五、横向推出式辊道分拣机

横向推出式辊道分拣机，又称推块式分拣机，如图 14 - 10 所示。它以辊道输送机为主，在分拣口处的辊子间隙之间，安装一系列的由链条拖动的细长导板（推块）。平时导板位于辊道侧面排成直线，不影响分拣物的运行；在分拣时，导板沿辊道间隙移动，逐步将分拣物推向侧面，进入分拣岔道。推块式分拣机呈直线布置，结构紧凑、可靠、耐用，使用成本低，操作安全，可以单、双侧布置。这种分拣机动作比较柔和，适用于分拣易翻倒或易碎的物品。

图 14 - 10　横向推出式辊道分拣机

图 14 - 11　辊道式分拣机局部段落
1—辊道　2—货物　3—支线辊道　4—推送器

横向推出装置也可以采用气缸推出式或摇臂推出式。气缸推出式辊道式分拣机的每组辊子（一般由 3～4 个辊子组成，与货物宽度或长度相当）均各自具有独立的动力，可以根据货物的存放和分路要求，由计算机控制各组辊子的转动或停止。货物输送过程中在需要积放、分路的位置均设置了光电传感器进行检测。图 14-11 中,当货物输送到需分路的位置时,光电传感器给出检测信号,由计算机分析,控制货物下面的那组辊子停止转动,并控制气缸推送器动作,将货物横向推入相应路向的支线,实现货物的分拣工作。

以上几类分拣机,在运用时具体选择哪种类型,需要综合考虑以下因素才能决定:分拣货物的形状、体积、重量、数量,输送的路线及变动性,单位时间内的处理能力、分拣量、设备费用、占地面积、周围环境等。

## 第四节　分拣机械的选型

现代化分拣设备是仓库、配送中心的重要生产工具,它的正确选用和合理使用,不仅能提高货物分拣效率和整个配送系统自动化程度,而且也是实现物流现代化和社会化的重要标志之一。因此,在选用分拣设备时,要根据仓库、配送中心的分拣方式、使用目的、作业条件、货物类别、周围环境等条件慎重认真地选用,一般来说,应考虑以下几个原则:

1. 设备的先进合理性

在当前高新技术不断发展的条件下,设备先进性是选用时必须考虑的因素之一,只有先进的分拣设备,才能很好地完成现代配送作业。否则,使用不久就需要更新换代,就很难建立起行之有效的配送作业体制。因此,在选用分拣设备时,要尽量选用能代表该类设备发展方向的机型。同时,设备的先进性是相对的,选用先进设备不能脱离国内外实际水平和自身的现实条件,应根据实际条件,具体问题具体分析,选用有效、能满足用户要求的设备。实际上,选用分拣设备就是选用那些已被实践证明技术成熟、技术规格和指标明确,并能在性能上满足要求的分拣设备。

2. 经济实用性

选用的分拣设备应具有操作和维修方便、安全可靠、能耗小、噪声低、能保证人身健康及货物安全、投资少、运转费用低等优点。只有这样,才能节省各种费用,做到少花钱、多办事,提高经济效益。

3. 兼顾上机率和设备技术经济性

上机率是上机分拣的货物数量与该种货物总量之比。追求高的上机率,必将要求上机分拣的货物的尺寸、质量、形体等参数尽量放宽,这将导致设备的复杂化、技术难度及制造成本增加、可靠性降低。反之,上机率过低,必将影响设备的使用效果,增加手工操作的工作量,既降低了设备的性能价格比,也使分拣作业的效益降低。因此,必须根据实际情况,兼顾上机率和设备技术经济性两方面因素,确定较为合理的上机率和允许上机货物参数。

4. 相容性和匹配性

选用的分拣设备应与系统其他设备相匹配,并构成一个合理的物流程序,使系统获得最佳经济效果。我国有个别配送中心购置了非常先进的自动分拣设备,但自动分拣货物与大量的人工装卸搬运货物极不相称,因而,不可能提高分拣设备利用率,整体综合效益也不高。因此,在选用时,必须考虑相容性和协调性,使分拣与其他物流环节做到均衡作业,这是提高整个系统效率和保持货物分货、配送作业畅通的重要条件。

5. 符合所分拣货物的基本特性

分拣货物的物理、化学性质及其外部形状、重量、包装等特性千差万别,必须根据这些基本特性来选择分拣设备,如浮出式分拣机只能分拣包装质量较高的纸箱等。这样,才能保证货物在分拣过程中不受损失。

6. 适应分拣方式和分拣量的需要

分拣作业的生产效率取决于分拣量大小及设备自身的分拣能力,也与分拣方式密切相关。因此,在选择分拣设备时,首先要根据分拣方式选用不同类型的分拣设备。其次,要考虑分拣货物批量大小,若批量较大,应配备分拣能力高的大型分拣设备,并可选用多台设备;而对于批量小,宜采用分拣能力较低的中小型分拣设备。另外,还应考虑对自动化程度的要求,可选用机械化、半自动化、自动化分拣设备,这样,既能满足要求,又能发挥设备的效率。在此值得注意的是不可一味地强调高技术和自动化,不结合当时当地的实际条件。不从实际出发,不仅不能提高经济效益,还可能导致重大的损失和惊人的浪费,这种事例在我国也曾出现过。在选用中应尽量避免此类现象的发生。

总之,选用分拣设备时,要做好技术经济分析,尽量达到经济合理的要求;同时,还要考虑分拣作业方式、作业场地以及与系统匹配等综合因素,以保证分拣工作正常、安全运行,提高经济效益。

## 小结和学习重点

- 分拣设备的基本概念和作用
- 分拣设备系统的工作过程
- 分拣机械的主要类型
- 分拣设备选型原则

通过本章的学习,可以掌握常用的分拣设备的类型、功用和分拣工作过程等内容,并了解分拣设备选型的原则。分拣设备是完成仓库、配送中心拣选、分货、分放作业的现代化设备,是开展分拣、配送作业的强有力的技术保证。分拣设备具有劳动生产率高、自动化程度高、技术密集、分拣能力高等优点,它是现代仓库不可缺少的先进的设备,决定着仓库的作业能力和作业规模,反映着物流技术水平的高低。在选用分拣设备时,要做好技术经济分析,还要考虑分拣作业方式、作业场地以及与系统匹配等综合因素,以保证分拣工作正常、安全运行,提高经济效益。

## 国产扁平邮件分拣机系统

90 年代中期,国外已经广泛使用了扁平邮件分拣机,实现扁平邮件分拣作业的机械化和自动化。但我国邮件的规格标准及处理方式与国外存在着较大差异,国外设备功能不能完全适应我国扁平邮件分拣的作业要求。根据对全国十多个邮政分拣中心进行调查的结果表明,扁平印刷品邮件中,厚度在 30 mm 以下的邮件占到扁平印刷品邮件总量的 93%～95%。而国外设备分拣范围限制在 0.5～20 mm 内,上机率只为扁平印刷品邮件总量的 70% 左右,大量邮件只能手工分拣,处理效率较低。因此,尽快研究开发适合我国邮政实际的扁平邮件分拣系统就显得十分迫切和日益重要。

邮政科学研究规划院技术人员认真分析了国外扁平邮件分拣设备的优缺点,并结合我国扁平邮件的形状特点,制订了项目总体技术方案。对关键技术进行攻关,研制出了扁平邮件分拣系统。该分拣系统包括人工供件输入模块、自动供件输入模块、驱动模块、主传输输出模块、张紧模块、主机中央控制模块和上位管理计算机模块,如下图所示。

扁平邮件分拣系统示意

扁平邮件分拣系统是新型设备,涉及光、机械、电子、计算机科学等方面的专业知识,发达国家为了保持其竞争优势,对关键技术进行封锁。在这种情况下,项目开发人员发扬艰苦奋斗、不屈不挠的精神,结合国内邮件的特点,进行了大量的模拟试验,大胆创新,忘我工作,克服了资料匮乏的困难,终于解决了OCR/OVCS自动供件输入技术、扁平邮件分拣控制技术、分拣单元斗格垂直分拣技术等难题;同时,设计了主机驱动部分的同步供件装置,选择以时间作为同步设计的基点;分析计算了在同等时间条件下,各运动装置的速度、同步速比、部件尺寸,并确定了18格的投入轮与三个斗格的分拣小车、驱动大链轮、主传输道及其他相关运动部件的同步关系。该设备同国外的同类设备相比,投入轮供件方式对邮件无破损,分拣机格口盒袋兼容,处理邮件的最大厚度为32 mm,可以解决95%扁平邮件的上机问题,工作效率18 000件/h,噪声也低于国外同类设备。此外该设备造价比国外设备低40%以上,维护和备件费用也远远低于引进的国外设备。

**思考题**

何谓扁平邮件?国产扁平邮件分拣系统有哪些特点?

# 练习与思考

**(一)名词解释**

分拣设备

**(二)填空题**

1. 根据分拣设备的作业性质,常把分拣设备分为_____和_____两大类。

2. 分拣设备的主要特点是_____、_____和_____。

**(三)简答题**

1. 简述主要分拣机的特点和使用范围。
2. 分拣设备系统由哪几部分构成?
3. 简述分拣设备选用的基本原则。

# 部分参考答案

**(二)填空题**

1. 拣选机械设备　分货机械设备
2. 能连续、大批量地分拣货物　分拣误差率很低　分拣基本实现了无人化

# 第十五章 流通加工设备

■ 学习目标 ■

学习完本章,你应该能够:
1. 明确流通加工的作用和不合理的流通加工形式;
2. 熟悉常用的几种流通加工设备;
3. 了解包装机械的类型;
4. 了解其他流通加工机械的适用范围。

■ 基本概念 ■

流通加工　流通加工的作用　不合理流通加工形式　包装机械的类型　其他流通加工机械

## 第一节　流通加工概述

流通加工是在物品从生产领域向消费领域流动的过程中,根据需要施加包装、分割、计量、分拣、印刷、贴标签等作业的总称,是在流通领域中对生产加工的辅助性加工。从某种意义来讲,它不仅是生产过程的延续,而且是生产本身或生产工艺在流通领域的延续。流通加工设备就是完成各项流通加工作业的专用机械设备。

### 一、流通加工的作用

通过流通加工设备改变和完善物品原有的形态,将生产和消费联系起来,促进了消费、维护了产品质量、提高了物流效率。利用流通加工设备进行流通加工的主要作用表现在以下几个方面。

（1）提高了原材料的利用率和加工效率。由于利用专门的流通加工设备对流通对象进行集中加工，采用集中下料的方法，提高了原材料的利用率。例如北京、济南等城市对平板玻璃进行集中裁制、开片供应，玻璃利用率从原来的60%左右提高到了85%～95%。在流通加工中采用了专门的加工设备，既提高了加工质量，也提高了加工效率，降低了加工费用和原材料成本。

（2）提高产品档次，增加收益。在流通过程中，利用流通加工设备对流通对象进行简单的分装、包装，改变了产品的外观和档次，从而可以提高其销售价格，增加了收益。

（3）充分发挥各种运输手段的最高效率。流通加工将物品的流通分为了两个阶段。流通加工环节一般设置在消费地。因此，从生产厂到流通加工的第一阶段输送距离长，而从流通加工到消费环节的第二阶段距离短。第一阶段是在数量有限的生产厂与流通加工点之间的定点、大批量的远距离直达运输，可采用铁路、水路等廉价、大宗的干线运输手段。第二阶段多利用公路运输流通加工后的多规格、多用户、小批量产品，可实现"门到门"的末端配送。这样可以充分发挥各种运输手段的最高效率，加快运输速度、节省运力运费。

## 二、不合理的流通加工形式

值得注意的是，不合理的流通加工形式，也会对生产流通带来负面影响。不合理的流通加工形式主要有：

（1）流通加工地点设置的不合理。流通加工地点设置即布局状况是整个流通加工是否能有效的重要因素。一般而言，为衔接单品种大批量生产与多样化需求的流通加工，加工地设置在消费地，才能实现大批量的干线运输与多品种末端配送的物流优势。如果将流通加工地设置在生产地区，其不合理之处在于：第一，多品种、小批量由生产地向消费地的长距离运输会出现不合理；第二，在生产地人为地增加了一个加工环节，同时增加了近距离运输、装卸、储存等一系列物流活动，在这种情况下，不如由原生产单位完成这种加工而无须设置专门的流通加工环节。

（2）流通加工方式选择不当。流通加工方式包括流通加工对象、流通加工工艺、流通加工技术、流通加工程度等。流通加工方式的确定实际上是与生产加工的合理分工。分工不合理，本来应由生产加工完成的，却错误地由流通加工完成。本来应由流通加工完成的，却错误地由生产过程去完成，都会造成不合理性。流通加工不是对生产加工的代替，而是一种补充和完善。因此，一般而言，如果工艺复杂，技术装备要求较高，或加工可以由生产过程延续或轻易解决的都不宜再设置流通加工，尤其不宜与生产过程争夺技术要求较高、效益较高的最终生产环节,更不宜利用一个时期市场的压迫力使生产者变成初级加工或前期加工,而流通企业完成装配或最终形成产品的加工。如果流通加工方式选择不当,就会出现与生产夺利的恶果。

(3) 流通加工作用不大,形成多余环节。有的流通加工过于简单,或对生产及消费者作用都不大,甚至有时流通加工存在盲目性,同样未能解决品种、规格、质量、包装等问题,相反却实际增加了环节,这也是流通加工不合理的重要形式。

(4) 流通加工成本过高,效益不好。流通加工之所以能够有生命力,重要优势之一是有较大的产出投入比,因而对生产加工起着有效的补充、完善作用。如果流通加工成本过高,则不能实现以较低投入实现更高使用价值的目的。因此,除了一些必需的、从政策要求即使亏损也应进行的加工外,都应看成是不合理的。

### 三、流通加工作业的类型

以满足顾客需要和有利于配送的角度来看,流通加工的作业类型可分为以下五种类型。

#### 1. 满足需求多样化的加工

从需求角度看,顾客需求存在着多样化和动态化的特点。为了满足这种需求,经常是用户自己设置加工环节,例如,生产消费型用户的再生产往往从原料初级处理开始。

就用户来讲,现代生产的要求,使生产型用户能尽量减少流程,尽量集中力量从事较复杂的技术性较强的劳动,而不愿意将大量初级加工包揽下来。这种初级加工带有服务性,由流通加工来完成,生产型用户便可以缩短自己的生产流程,使生产技术密集程度提高。对一般消费者而言,则可以省去繁琐的预处置工作,而集中精力从事较高级能直接满足需求的劳动。

#### 2. 保护产品的加工

在物流过程中,直到用户投入使用前都存在对产品的保护问题,以防止产品在运输、储存、装卸、搬运、包装等过程中遭到损失,使使用价值能顺利实现。这种加工并不改变进入流通领域的"物"的外形和性质。这种加工主要采用稳固、改装、冷冻、保鲜、涂油等方式。

#### 3. 提高物流效率的加工

有一些产品本身的形态使之难以进行物流操作。如鲜鱼的装卸、搬运、储存操作困难;过大设备搬运、装卸困难;气体物运输、装卸困难等。进行流通加工,可以使物流各环节易于操作,如鲜鱼冷冻、过大设备解体、气体液化等。这种流通加工往往改变了"物"的物理状态,但并不改变其化学性质,并最终仍能恢复原物理状态。

4. 促进销售的流通加工

流通加工可以从若干方面起到促进销售的作用。如将过大包装或散装物分装成适合一次销售的小包装的分装加工；将原以保护产品为主的运输包装改换成以促进销售为主的装潢性包装，以起到吸引消费者、指导消费的作用；将零配件组装成用具、车辆以便于直接销售；将蔬菜、肉类洗净切块以满足消费者需求等等。这种流通加工可能是不改变"物"的本体，只进行简单改装的加工，也有许多是组装、分块等深加工。

5. 便于运输的流通加工

在干线运输及支线运输的结点，设置流通加工环节，可以有效解决大批量、低成本、长距离干线运输和多品种、少批量、多批次末端运输及集货运输之间的衔接问题，在流通加工点与大生产企业间形成大配送，也可以在流通加工点将运输包装转换为销售包装，从而有效衔接不同目的的运输方式。

## 四、流通加工设备的种类

从流通加工的任务上看，流通加工大多是对物品进行较为简单的多规格、多用户、小批量的初级加工，其中大部分需要借助机械加工设备。而且流通领域物品的品种繁多，因此，流通加工设备的类型也很多。按照流通加工的方式不同，可以将流通加工设备分为包装机械、称量设备、标签印贴或条形码打印设备、切割机械设备等。

# 第二节 包装机械

包装是产品进入流通领域的必要条件，而实现包装的主要手段是采用包装机械。包装机械是指完成全部或部分包装过程的一类机器。运用高效率的包装机械，可以实现自动化和提高作业效率。随着时代的发展和技术的进步，包装机械在流通领域中正起着越来越大的作用。

## 一、包装概述

1. 包装的定义

我国的国家标准 GB/T4122.1—1996《包装术语　基础》中对包装的定义是：包装是指为在流通过程中保护产品、方便储运、促进销售，按一定技术方法而采用的容器、材料及辅助材料等的总体名称。包装也指为了达到上述目的而采用容器、材料、辅助材料的过程中施加一定技术方法等的操作活动。

按包装在流通领域中的作用,包装大致可以分为销售包装和运输包装两类。

(1) 销售包装。又称商业包装或消费者包装,主要是根据商业零售业的需要,作为商品的一部分或为方便携带所作的包装。销售包装主要起美化、识别和促销作用,以利于商品的流通和销售。

(2) 运输包装。又称工业包装,是以运输、保管为主要目的的包装。运输包装的主要作用是对流通产品在运输、搬运和保管过程起保护、定量的作用,便于产品的装卸、运输和储存,提高作业效率。

在有些情况下,产品的销售包装同时又是运输包装。例如家电产品的外包装兼有销售包装和运输包装两方面的作用。

2. 常用包装材料

(1) 纸质包装。纸是传统的包装材料。造纸的原材料来自植物纤维,如木材、芦苇、稻草等,资源比较丰富。纸质包装具有质地轻、易加工、成本低、易回收处理的特点,广泛地应用于现代包装工业。

(2) 木材包装。是指以木板、胶合板、纤维板为材料制成的包装,主要有各种木质托盘、木质包装箱等。由于木材资源有限,应尽量少用木材作为包装材料,推广应用蜂窝纸板、纸浆模塑和植物纤维等绿色包装材料和制品,替代木质托盘、木质包装箱等木材包装。

(3) 塑料包装。塑料是目前使用广泛的一种包装材料,具有气密性好、易于成形、防潮、防渗漏、耐酸碱腐蚀等优点。主要的塑料品种有聚乙烯(PE)、聚氯乙烯(PVC)、聚丙烯(PP)、聚偏二氯乙烯(PVDC)、聚苯乙烯(PS)等,广泛应用于食品、医药、日化、农副产品、建材、仪表和家电等产品的包装。为适应新时代的要求,塑料包装材料除要求能满足市场包装质量、效益等日益提高的要求外,还要求其节省能源、节省资源,用后易回收利用或易被环境降解。为此,塑料包装材料正向高机能、多功能、环保要求,及采用新型原材料、新工艺、新设备,拓宽应用领域等方面发展。

(4) 金属包装。金属材料在产品包装材料中占有一定地位,广泛应用于食品、碳酸饮料、气雾剂、油脂等产品的包装。常用的金属包装材料有马口铁、铝等,均可回收再加工。马口铁的价格较铝便宜,强度高,但容易生锈;铝质轻,对涂料的附着力强,保护性能好。

3. 常用包装技术

(1) 防震包装技术。是为了防止在产品装卸、运输过程中的震动、冲击而造成损伤所采用的包装技术。通常采用在被包装产品和外包装之间插入各种吸震材料,主要有泡沫塑料、气泡塑料薄膜等。

(2) 防潮及防水包装技术。防潮包装技术是为防止空气中的水蒸气造成产品发生变质、凝结、潮解、锈蚀和霉变所采用的包装技术;防水包装技术是防止包装中的产品受雨水或海水的侵蚀所采用的包装技术。常用的防潮、防水材料主要有各种经过防湿处理的纸系材料、塑料以及铝箔等。

(3) 防霉包装技术。是在流通过程中,为防止霉变侵蚀包装及内装物品而采取的一种包装技术。常用的防霉包装材料主要有各种金属材料和钙塑等非金属材料;还有采用五氯酚钠、水杨酰苯胺等药剂防霉;还有将氮气或二氧化碳等气体充入密封包装防霉;此外还有在包装内采用硅胶等干燥剂防霉。

(4) 防锈包装技术。是为防止金属材料及其制品在储运过程中产生锈蚀的包装技术。金属防锈的主要方法是涂防锈油(剂)进行"油封",或用防潮隔断材料覆盖,内置干燥剂进行密封包装。

(5) 防虫及防鼠包装技术。是为防止包装内的物品被昆虫或鼠所损害而采用的包装技术。主要是采用各种杀虫剂处理过的防虫包装材料防虫害,采用涂布或混入福美锌的纸、塑料薄膜等包装材料防鼠害。值得注意的是在使用药剂处理过的包装材料时,应避免直接接触包装内的物品。

## 二、包装机械概述

各种产品除了应提高其内在质量外,包装也是直接关系到产品营销成败的关键之一。包装机械化是提高包装工作效率和包装质量的重要手段,是促进产品生产与流通的积极措施。

1. 包装机械的分类

包装机械的种类很多,分类方法也很多,主要有以下四种。

(1) 根据包装物和包装材料的供给方式,可以分为全自动包装机械和半自动包装机械。全自动包装机械是由机械自动供给包装物和包装材料,半自动包装机械是由人工供给。

(2) 根据包装物的使用范围,可以分为通用包装机械、专用包装机械和多用包装机械。通用包装机械适用于多种不同类型产品的包装;专用包装机械仅适用于某一种特定产品的包装,具有较高的作业效率和包装质量;多用包装机械可以通过调整或更换机器上的某些部件,以适应多种产品的包装。

(3) 根据包装机械的功能,可以分为充填、计量、封口、裹包、捆扎、标记、清洗、灭菌等多种机械。

(4) 按照包装的产品,可以分为食品、药品、工业品、化工产品、建材等包装机械。

此外还有根据包装容器、包装大小、包装物形态等对包装机械进行分类。

2. 包装机械的基本组成

虽然包装机械的种类很多,结构也很复杂,但其基本结构一般都是由以下几部分组成：

(1) 进给机构。是将包装材料和被包装物品整理、排列，并输送到预定工位的机械装置。

(2) 计量装置。是对被包装物品进行计量的设备。主要有容积计量、重量计量、数量计量装置等。

(3) 传动机构。起着传递动力的作用，以驱动包装机械的各执行机构动作，完成各种包装作业。

(4) 执行机构。是直接完成各种包装操作的机构。

(5) 输送装置。是将包装材料和被包装物品由一个工位传送至下一个工位的装置。

(6) 动力装置。是包装机械工作的原动力，通常是采用电动机。

(7) 控制系统。是由各种手动装置和自动装置组成，用以控制其他组成部分正常运转，是包装机械的核心。

(8) 机身。又称机架，是用来安装、固定、支承包装机械的其他部分的基础件，要求机身具有足够的强度、刚度和稳定性。

3. 包装机械的作用

包装机械在物流领域起着相当重要的作用，主要体现在以下几个方面。

(1) 降低劳动强度，提高生产效率。采用手工包装，劳动强度大，采用机械化操作后，能够改善工人的劳动条件，大大提高生产效率。

(2) 保证产品质量，提高包装的技术水平。采用机械包装，可以减少污染机会，保证了产品的质量。例如采用真空、充气和无菌包装机械，可以延长食品的保质期。机械包装易于实现包装的规格化、标准化，被包装物品外观整齐、美观。

(3) 节约原材料，降低成本。采用机械包装能防止物品散失，节约了原材料。对于松散产品，如棉花、烟叶等，采用机械压缩包装，可减少体积，降低包装成本，有利于装卸、运输和保管作业，节约储运费用。

4. 包装机械的发展趋势

从目前情况看，全球的包装机械需求预计将以每年5.3%的速度增长，2005年达290亿美元。美国拥有最大的包装设备生产商，其次是日本，其他主要生产商还包括德国、意大利和中国。当前的包装机械市场竞争日趋激烈，未来的包装机械正朝着以下方向发展：

(1) 自动化程度渐高。包装机械与计算机紧密结合，实现机电一体化控制，将自动化操作程序、数据收集系统、自动检测系统更多应用于包装机械之中。把机械、计算机、微电子、传感器等多种学科的先进技术融为一体，给包装机械在设计、制造和控制方面都带来了深刻的变化。

(2) 高的生产率。把提高包装机械的机器转数、提高生产率作为设计追求的重要指标。德国目前饮料灌装速度可高达1 200瓶/h,香烟包装12 000支/min;集制袋、称重、充填、抽真空、封口等工序于一体的世界上最高速的茶叶包装机速度达到350袋/min。

(3) 良好的柔性和灵活性。随着市场竞争日益加剧,产品更新换代的周期已越来越短,因此要求包装机械具有好的柔性和灵活性,使包装机械的寿命远大于产品的寿命周期,这样才能符合经济性要求。许多专家预测,多用途、高效率、简洁化、组合化、可移动、更小型、更加柔性和灵活性将是未来包装机械发展的重要趋势。为使包装机械具有好的柔性和灵活性,更要求提高自动化程度,大量采用电脑技术、模块化技术和单元组合形式。

(4) 注重成套性和配套性。包装机械设备的成套性和配套性关系到包装机械的功能能否全部发挥,只重视主机生产,而不考虑配套设备完整,将使包装机械应有的功能不能发挥出来。因此开发配套设备,使主机的功能得到最大的发挥,是提高设备的市场竞争力和经济性至关重要的因素。

### 三、常用包装机械

1. 充填机械

充填机械是将精确数量的产品充填到各种包装容器中的机械。按照计量方式的不同,可以分为容积式充填机、计数式充填机和称重式充填机三种;根据包装产品的物理形态,又可以分为粉料充填机、颗粒物充填机、块状物充填机、膏状物充填机等。充填机械的基本构成包括供给装置、计量装置和下料装置等。

(1) 容积式充填机,是将精确容积的产品充填到包装容器中充填机械,适用于干料或膏状料的充填。它具有结构简单、体积较小、计量速度快的特点,但计量精度较低,因此适合于价格比较便宜的产品的包装作业。容积式充填机可以分为量杯式充填机、螺杆式充填机、计量泵式充填机等多种类型。量杯式充填机利用量杯来计量物料的容积,适用于颗粒较小且均匀的物料,计量范围一般在200 ml以下为宜;螺杆式充填机是利用螺杆螺旋槽的容腔来计量物料,适用于粉料、小颗粒状物料的计量;计量泵式充填机是利用转鼓上的计量腔来计量物料,适用于颗粒状、粉状物料的计量,尤其适用于流动性好、无结块的细粉粒物品,如茶叶末、精盐等小定量值的包装计量。

(2) 计数式充填机,是将精确数目的产品充填到包装容器中的充填机械,具有结构复杂、计量速度快的特点,如图15-1所示。常见的计数机构有长度式、容积式和堆积式等几种形式。长度计数式充填机主要用于长度固定的产品的充填,例如饼干等食品的包装;容积计数式充填机通常用于等径、等长类产品的包装,如钢珠、药丸等产品的充填包装;堆积计数式充填机主要用于粮食、化工产品、水泥等大袋产品的计数包装。其他还有转鼓式、转盘式和推板式计数充填机,主要用于小颗粒产品的计数充填包装,例如胶囊、药片的计数包装。

图 15-1　计数式充填包装机

图 15-2　称重式充填包装机

(3) 称重式充填机,是将精确质量的产品充填到包装容器中的充填机械,具有结构复杂、体积较大、计量速度低、但计量精度高的特点,如图 15-2 所示。根据称量机构的不同,可以分为无称斗式、单称斗式、多称斗式、电子组合式和连续式称重充填机等。主要适用于粉状、颗粒状和块状散装产品的称重计量包装,例如水泥、粮食等。

2. 灌装机械

灌装机械,如图 15-3 所示,是将定量的液体物料充填到包装容器中的充填机械,主要用于食品领域中对非酒精饮料、乳品、酒类、植物油和调味品的包装,还包括牙膏和洗涤剂、矿物油以及农药等化工类液体产品的包装。包装所用容器主要有玻璃瓶、金属罐、塑料瓶、复合纸盒、复合纸袋等。

灌装机械的类型很多,按照灌装产品的工艺,可分为常压灌装机、真空灌装机、加压灌装机等。其主要结构包括包装容器的供给装置、灌装液料的供给装置和灌装阀三部分组成。

（1）包装容器供送装置，主要作用是将包装容器传送至灌装工位，并在灌装工序完成后，再将容器输送出灌装机；

（2）灌装液料供送装置，主要作用是将液料输送至灌装阀。根据灌装工艺不同，可以分为常压供料、压力供料和真空供料装置；

（3）灌装阀，主要作用是根据灌装工艺要求切断或沟通液室、气室和待灌装容器之间液料流通的通道，是灌装机控制灌装的关键部件。不同的灌装工艺采用不同的灌装阀，主要有常压灌装阀、压力灌装阀、真空灌装阀等。

灌装机械通常与封口机、贴标机、打码机等联合使用。

图 15-3　液体定量灌装机

**3. 封口机械**

封口机械是指在包装容器充填物料后对容器进行封口的机器。对包装容器进行封口可以使产品得以密封保存，保持产品质量，避免产品流失。

由于包装容器的种类很多，制作包装容器的材料也很多，不同的包装容器有不同的封口方式。根据封口方式的不同，封口机可以分为以下几种类型：

（1）热压式封口机。如图 15-4 所示，是采用加热和加压的方式封闭包装容器的机器，主要用于各种塑料包装袋的封口。

（2）熔焊式封口机。是通过加热使包装容器封口处熔化而将包装容器封闭的机器。常用的加热方式有超声波、电磁感应和热辐射等，主要用于封合较厚的包装材料等。

（3）缝合式封口机。是使用缝线缝合包装容器的机器。主要用于麻袋、布袋、复合编织袋等的封口。

（4）卷边式封口机。又称封罐机，是用滚轮将金属盖与包装容器开口处相互卷曲勾合以封闭包装容器的机器。主要用于罐头类食品的密封包装。

图 15-4　热压式塑料薄膜封口机　　　图 15-5　旋合式封口机

图 15-6 液压式封口机

(5) 旋合式封口机。如图 15-5 所示,是通过旋转封口器材以封闭包装容器的机器。主要用于饮料、植物油、日化用品的包装封口。

(6) 液压式封口机。如图 15-6 所示,是用液压装置挤压金属盖使之变形而封闭包装容器的机器。主要用于酒类产品的包装封口。

(7) 结扎式封口机。是使用线、绳等结扎材料封闭包装容器的机器。主要用于小包装件的集束封口,如糖果、面包等食品袋袋口的结扎。

4. 裹包机械

裹包机械是指用挠性包装材料(玻璃纸、塑料薄膜、复合膜、拉伸膜、收缩膜等)进行全部或局部裹包产品的包装设备。适合于对块状并具有一定刚度的物品进行包装,广泛用于食品、烟草、药品、日化用品、音像制品等的外包装。

裹包机械的种类很多,结构也较复杂。常用的裹包机械的类型主要有:

(1) 折叠式裹包机。是将挠性包装材料按照一定工艺方式折叠封闭的裹包机器。主要用于对长方体物品的裹包,包装后外观规整、视觉效果好。

(2) 接缝式裹包机。是将挠性包装材料按同面粘接的方式加热、加压封闭、分切的裹包机器。主要用于各类固定形状物品的单件或多件的连续枕形包装。

(3) 覆盖式裹包机。是用两张挠性包装材料覆盖在产品的两个相对面上,采用热封或粘合的方法进行封口的裹包机器。

(4) 缠绕式裹包机。如图 15-7 所示,是用成卷的挠性包装材料对产品进行多圈缠绕裹包的机器。

(5) 拉伸式裹包机。是使用拉伸薄膜,在一定张力下对产品进行裹包的机器。常用于集积在托盘上的产品连同托盘一起裹包。

(6) 收缩包装机。如图 15-8 所示,是用热收缩薄膜对产品进行裹包封闭,然后再进行加热,使薄膜收缩后裹紧产品的裹包机器。收缩包装机又可分为烘道式、烘箱式、柜式、枪式等多种。

(7) 贴体裹包机。是将产品置于底板上,用覆盖产品的塑料薄片在加热和抽真空作用下紧贴产品,并与底板封合的裹包机器。贴体包裹可使被包装物品有较强的立体感。

图 15-7 缠绕式裹包机

图 15-8 透明膜电脑自动包装机

5. 捆扎机械

捆扎机械是利用带状或绳状捆扎材料将一个或多个包件紧扎在一起的机器,属于外包装设备,如图 15-9 所示。对流通物品进行机械捆扎,可以起到减少体积、加固包件的作用,便于装卸、运输和保管。

捆扎机的类型较多,按自动化程度,可以分为自动、半自动和手提电动式捆扎机;按捆扎材料,可以分为塑料带、钢带、聚酯带和塑料绳捆扎机。目前我国生产的捆扎机基本上都是采用宽度为 10~13.5 mm 聚丙烯塑料带作为捆扎材料,利用热熔搭接的方法使紧贴包件表面的塑料带两端加压黏合,从而达到扎紧包件的目的。

图 15-9 全自动捆扎机

各种类型的捆扎机的结构基本相似,主要由导轨和机架、送带机构、收带紧带机构、封接装置和控制系统组成。

6. 贴标机和打码机

贴标机,如图 15-10 所示,是将标签粘贴在包装件或产品上的机器。贴标机的基本组成包括供标装置、取标装置、涂胶装置、打印装置和连锁装置等几部分。

打码机,如图 15-11 所示,是在产品包装上打印出产品批号、出厂日

物流设施与设备

期、有效期等字样的机器。根据打码方式的不同,可以分为打击式和滚印式两种。

图 15-10 贴标机

图 15-11 打码机

## 第三节 其他流通加工机械

流通加工机械的种类很多,除了上面所讲的包装机械外,根据流通加工的对象不同,可以分为金属加工机械、玻璃加工机械、搅拌混合机械、木材加工机械等等。

### 一、金属加工机械

流通领域的金属加工机械主要是指对金属进行剪切、弯曲、下料、切削加工的机械。应用较多的是剪板机和折弯机。由于钢铁厂生产的钢材都是按照统一规格生产的,规格和卷重较大。通过剪板机可以将大规格的钢材裁小或剪切成毛坯,降低了销售起点,便于用户采购使用。在钢材流通领域采用集中下料加工,可以使钢材的利用率大大提高,减少了废料和边角料;集中下料加工可保证批量和生产的连续性,提高效率、降低成本;可以使用户简化生产环节,节省设备和人员的投入。

1. 剪板机

如图 15-12 所示,主要用于金属板料、带料的剪切加工。钢板剪切机的类型,按照工艺用途,可分为多用途

图 15-12 液压摆式剪板机

剪板机和专用剪板机;按照传动方式不同,可以分为机械传动式和液压传动式;按上下刀片的相对位置,可以分为平刃和斜刃剪板机;按刀架运动方式,可以分为直线式和摆动式。

2. 折弯机

如图 15-13 所示,主要用于板料、带料的折弯成形加工。

图 15-13 折弯机　　　　　　图 15-14 冲剪机

3. 冲剪机

如图 15-14 所示,采用机械传动机架为钢板焊接结构,有足够的强度和刚度,能对方钢、圆钢、槽钢、工钢、角钢进行剪切、冲孔、模剪。

## 二、玻璃加工机械

流通领域的玻璃加工机械主要是指对玻璃进行切割的各种专用机械。平板玻璃的"集中套裁、开片供应"是重要的流通加工方式。这种加工方式可以大大提高平板玻璃的利用率,可由不实行套裁时的 60% 左右提高至 85%~95%。套裁中心按用户的需求进行裁制,有利于玻璃生产厂家简化规格,按单一品种大量生产,简化了生产工序,提高了生产效率。

玻璃切割机的种类很多,大多数玻璃套裁中心都装备有全自动数控玻璃切割机,如图 15-15 所示。全自动数控玻璃切割机从取玻璃、切割玻璃,到分离玻璃都由计算机自动控制,操作简单方便,生产效率高。该机可切割各种厚度的平板玻璃,同步带记数,切割精度高,适用于大批量高效切割。

此外,还有一种万能水切割机,如图 15-16 所示,适用于玻璃、石材等的切割加工。它采用超高压水枪进行切割加工,能够用于切割任意平面图形和文字,切割的物体表面平整、光洁,设备操作方便,无粉尘污染。

图 15-15　数控玻璃切割机

图 15-16　万能水切割机

## 三、混凝土搅拌机械

混凝土搅拌机械是将水泥、骨料、砂石和水均匀搅拌,制备混凝土的专用机械。它主要包括混凝土搅拌机、混凝土搅拌站、混凝土输送车、混凝土输送泵、车泵等。

水泥流通加工的主要方式有两种:一种是将粉状水泥供给用户,由用户在工地现场现制现拌混凝土;另一种是将粉状水泥输送到使用地区的集中搅拌混凝土工厂,在那里搅拌成商品混凝土,然后供给各个工地或小型构件厂使用。后一种流通加工方式的经济技术效果要优于前一种。它把水泥的使用从小规模的分散状态改变为大规模集中加工状态,可以大大提高混凝土的生产效率;采用集中配料、集中搅拌,可以保证混凝土的配比、质量稳定。

1. 混凝土搅拌站(楼)

如图 15-17 所示,混凝土搅拌站(楼)是用来集中搅拌混凝土的联合装置。主要特点有:

(1) 机械化、自动化程度高,因此生产效率高;

(2) 能够保证混凝土的质量和节省水泥;

(3) 常用于混凝土工程量大、施工周期长、施工地点集中的大、中型工程的工地。

2. 混凝土搅拌机

如图 15-18 所示,混凝土搅拌机适用于各类中、小型预制构件厂及公路、桥梁、水利、码头等工业及民用建筑工程,除作为单机使用外,还可与配料机组合成简易搅拌站。

图15-17　大型混凝土搅拌站

图15-18　移动式混凝土搅拌机

**3. 混凝土搅拌车**

混凝土搅拌站所生产的混凝土需要输送到施工现场，并且在输送过程中，混凝土拌合物不得发生分层离析与初凝。混凝土搅拌输送车就是适用这一要求的专用机械，如图15-19所示。

图15-19　混凝土搅拌车

图15-20　混凝土输送泵车

**4. 混凝土输送泵车**

混凝土输送泵车是在拖式混凝土输送泵基础上发展起来的一种专用机械设备，如图15-20所示。它的应用，将混凝土的输送和浇筑工序合二为一，节约了劳动和时间。同时完成水平和垂直运输，省去了起重设备。

### 四、木材加工机械

对木材进行加工的机械主要有以下两种。

**1. 磨制、压缩木屑机械**

木材是容重轻的物资，在运输时占用相当大的容积，往往使车船满装而不能满载，同时，装车、捆扎也比较困难。从林区外送的原木中有相当一部分是造纸树，美国采取在林木生产地就地将原木磨成木屑，然后采取压缩方法使之成为容重较大、容易装运的形状,然后运至靠近消费地的造纸厂,取得了良好的效果。根据美国的经验,采取这种方法比直接运送原木节约一半的运费。

2. 锯木机械

在流通加工点利用木锯机等机械将原木锯裁成各种规格锯材,将碎木、碎屑集中加工成各种规格板,还可以根据需要进行打眼、凿孔等初级加工。对原木集中下料,按用户要求供应规格料,可以使原木利用率提高到95%,出材率提高到72%左右,有相当大的经济效果。

木工锯机是用有齿锯片、锯条或带齿链条切割木材的机床。锯机按刀具的运动方式可分为刀具作往复运动的锯机,有线锯机和框锯机,如图15-21所示;刀具作连续直线运动的锯机,有带锯和链锯,如图15-22所示;刀具作旋转运动的锯机,有各种圆锯,如图15-23所示。

图15-21 框锯机

图15-22 木工带锯

图15-23 木工圆锯

## 小结和学习重点

- 流通加工的概念、作用、不合理的流通加工形式
- 包装机械的主要类型
- 其他常用的流通加工设备种类

流通加工是在物品从生产领域向消费领域流动的过程中,根据需要施加包装、分割、计量、分拣、印刷、贴标签等作业的总称,是在流通领域中对生产加工的辅助性加工。通过流通加工设备改变和完善物品原有的形态,将生产和消费联系起来,促进了消费、维护了产品质量、提高了物流效率。从流通加工的任务上看,流通加工大多是对物品进行较为简单的多规格、多用户、小批量的初级加工,其中大部分需要借助机械加工设备。而且流通领域物品的品种繁多,因此,流通

加工设备的类型也很多。

【案例分析】

## 混凝土搅拌车的选型

在 20 世纪 70 年代后期,我国逐渐采用了混凝土集中搅拌、商品化供应的方式。混凝土由专门的混凝土搅拌站提供,由混凝土搅拌运输车运送到各施工场所。一个搅拌站可以为半径 20 km 以内的工地服务。预拌混凝土主要用于城市公用、民用建筑中。目前,预拌混凝土的年消耗量,小城市约为 100 万 $m^3$,中等城市为 100~300 万 $m^3$,大城市为 300~500 万 $m^3$,特大城市超过 500 万 $m^3$,将这些预拌混凝土从搅拌站运到施工工地是预拌混凝土使用中的重要一环。按每辆混凝土搅拌运输车每年可运输预拌混凝土 1.5 万 $m^3$ 计,每个城市就需要几十到几百辆混凝土搅拌运输车,这就造就了一个特殊的运输行业——混凝土运输业,其主要特点如下:

(1) 专业性强。预拌混凝土的运输必须由专门的混凝土搅拌运输车来完成。混凝土搅拌运输车属于一种特种重型专用运输车辆,要求能够自动完成装料和卸料,运输过程中要对车内的预拌混凝土不停地进行搅拌,以保证预拌混凝土的质量。

(2) 服务性强、均衡性差。预拌混凝土的运输是直接为建筑工地服务,一切工作必须围绕用户(工地)的施工进度来安排。只要用户施工需要,就必须马上将预拌混凝土送到用户指定的地点,真正做到"二十四小时随叫随到",不能提前,也不能推迟,否则不但将造成预拌混凝土的浪费,还会给企业的信誉带来负面影响。

(3) 时间性强。预拌混凝土生产出来以后一般必须在 2 h 以内使用到工作面上(这个时间要求因预拌混凝土的型号不同而有所不同,个别特殊型号的预拌混凝土必须在 20 min 内使用),在此时间内搅拌不能停止,一个工作面完工前预拌混凝土的供应不能中断。这些要求必须一环扣一环地严格满足,没有"灵活掌握"的余地。

(4) 运距短。一般合理的运距在 20 km 以内。

根据以上特点,在混凝土搅拌运输车选型时要注意的要点如下:

(1) 使用要可靠。混凝土装入车内以后,要求在 2 h 或更短的时间内卸到工作面上,在此期间必须不停地搅拌;如果在规定时间内不能运到工地或因各种原因停止搅拌,车内混凝土就会报废,严重的会导致混凝土凝固在车内,造成搅拌运输车报废。这对搅拌运输车的可靠性提出了严格的要求,绝对不允许搅拌运输车在工作时发生停机的故障,因此混凝土搅拌运输车选型首先要考虑的就是车辆必须十分可靠,关键部位如发动机和传动、驱动装置发生故障的可能性要越低越好。

(2) 装载量要合适。理论上说,运输车辆的装载量越大,运输效率就越高,但这也会导致车辆购置成本直线上升和通过性下降。装载量为 $8\sim 9\ m^3$,$8\times 4$ 底盘的混凝土搅拌运输车要比装载量为 $6\sim 7\ m^3$,$6\times 4$ 底盘的价格贵 $30\%\sim 40\%$,同时,建筑工地一般地域狭小,临时施工道路路况很差,大车尤其是半挂车行动不便的问题必须充分考虑到。因此,确定车辆的装载量时一定要综合考虑各方面的因素,不可顾此失彼。

(3) 混凝土贮罐及进、出料口要耐磨。沙和砾石是混凝土的主要组成成分。它们使混凝土贮罐及进、出料口在工作时磨损严重。一般情况下,采用低合金钢制造的混凝土贮罐使用寿命为 5 万~8 万 $m^3$,混凝土贮罐内的螺旋叶片寿命只有 3 万~4 万 $m^3$。国产混凝土贮罐一般由高强度低合金钢钢材制成,比普通 A3 钢材耐磨度提高 1~2 倍。一些进口混凝土贮罐采用锰硼专用耐磨钢材,并且在易磨损部位镶耐磨材料加固,因此其使用寿命比低合金钢制造的又可提高 1 倍。由此可知,采用材料不同其工作寿命则大不相同。

(4) 机构设计合理,操作方便,混凝土贮罐卸料彻底。这些使用中经常遇到的问题也必须考虑到。比如若卸料不完全,留在罐内的混凝土就会越积越多,使贮罐容量减小,并且清理十分困难。

(5) 售后服务要好。混凝土搅拌运输车是一种专用重型车辆,保有量少,配件来源少,与一般通用汽车相比,对厂家的售后服务依赖性较大,因此,厂家是否能提供方便快捷可靠的售后服务,是选型中必须考虑的重要因素。

(6) 价格要合理。在满足上述要求的前提下再考虑价格因素。装载量为 $6\sim 7\ m^3$,$6\times 4$ 底盘的混凝土搅拌运输车是性能价格比最高的车型,装载量为 $10\sim 12\ m^3$ 的半挂车次之,装载量为 $8\sim 10\ m^3$,$8\times 4$ 底盘的性能价格比最低,因此一般选用 $6\sim 7\ m^3$ 的混凝土搅拌运输车。另外,为满足个别大型工程的需要,可适当配少量 $10\sim 12\ m^3$ 的半挂车。这样可以兼顾各种需要,是比较合理的配置。

目前我国使用的混凝土搅拌运输车大多是采用装载量为 $6\sim 7\ m^3$ 的车型,以产地来区分,有三种类型。一是用国产汽车底盘,如山东斯太尔、内蒙奔驰、重庆红岩等重型车底盘,安装利用引进技术生产的驱动装置及国产混凝土贮罐。这样的配置价格较低,配件供应有保障,修理费用也较低,但使用中的故障率较高。二是底盘和驱动装置进口,其他在国内生产安装。这种车型的底盘可以采用日本产三菱、五十铃、日产、日野或欧洲产奔驰、沃尔沃、依维柯、斯堪尼亚等15吨级的汽车底盘;驱动装置的关键部件如液压泵、液压阀、液压马达等从国外名牌厂家进口;其他如混凝土贮罐等在国内生产组装。这样的配置价格高于全国产,但系统的可靠性较高,由国内生产厂家提供技术支持,配件供应可以保证,性能价格比比较高,因此在国内得到比较广泛的采用。三是全进口车,质量无可非议,但价格昂贵、配件昂贵、技术服务不一定及时;还有一些在东南亚拼装生产的杂牌车则质次价高,配件及服务均无保障。

**思考题**

在选择流通加工设备时应考虑的因素主要有哪些?试举例说明。

# 练 习 与 思 考

**(一) 名词解释**

流通加工　包装

**(二) 填空题**

1. 按照流通加工的方式不同,可以将流通加工设备分为_____、_____、_____、_____等。
2. 按包装在流通领域中的作用,包装大致可以分为_____和_____两类。
3. 现代物流中常用的包装技术有_____、_____、_____、_____和_____。
4. 流通领域的金属加工机械主要是指对金属进行_____、_____、_____、_____的机械。
5. 平板玻璃的重要的流通加工方式是_____。

**(三) 简答题**

1. 流通加工的作用主要体现在哪几个方面?不合理的流通加工形式主要有哪些?
2. 流通加工作业的主要类型有哪些?
3. 在物流领域,包装机械的主要作用有哪些?
4. 在流通加工领域,对钢材、木材、混凝土采取集中下料,按需供给有哪些优点?

# 部分参考答案

**(二) 填空题**

1. 包装机械　称量设备　标签印贴或条形码打印设备　切割机械设备

2. 销售包装　运输包装
3. 防震包装技术　防潮及防水包装技术　防霉包装技术　防锈包装技术　防虫及防鼠包装技术
4. 剪切　弯曲　下料　切削加工
5. "集中套裁、开片供应"

# 第十六章 配送中心的公用设施规划

## 学习目标

学习完本章,你应该能够:
1. 明确物流配送中心基建设施的组成;
2. 了解基建设施的选址、布置的一般规定;
3. 了解物流配送中心(库区)安全及消防系统的组成和作用;
4. 了解物流配送中心照明、暖通系统和给排水的一般概念。

## 基本概念

物流配送中心设施的基本组成　安全及监控系统　消防系统　照明及供电系统　暖通系统　给排水系统

## 第一节　物流配送中心的基建设施

物流配送中心在物流业中的作用极大,它是连接生产与消费的流通部门,是利用时间及场所创造效益的设施。配送中心的公用设施主要包括各类建筑物、安全及监控、消防、照明、通风及采暖、动力等系统。它们为保证配送中心正常运营起到了重要作用。物流配送中心的建设,首先是合理选址,进行规划和布置设计。配送中心的设施是由卸货验收区、储存保管区、配送发货区、加工区、停车厂、办公室等组成,其主要基建设施是库房等各类建筑物及其配套设施。

### 一、基建设施的选址

在物流配送中心选址时,必须考虑当地的地质条件、水文条件、气候条件、地形条件和交通运输条件等工程条件。我国的南方和北方,有不同的地质、地貌情况,不同的承载力情况对厂房设计提出了不同的要求,如表16-1所示。

表16-1 不同地质条件的承载力

| 类　　别 | 承载力(t/m$^2$) | 类　　别 | 承载力(t/m$^2$) |
| --- | --- | --- | --- |
| 碎石(中密) | 40～70 | 细砂(很湿)(中密) | 12～16 |
| 角砾(中密) | 30～50 | 大孔土 | 15～25 |
| 黏土(固态) | 25～50 | 沿海地区淤泥 | 4～10 |
| 粗砂、中砂(中密) | 24～34 | 泥　　炭 | 1～5 |
| 细砂(稍湿)(中密) | 16～22 | | |

土木建筑要根据实际情况因地制宜,同时还要遵守国家的有关规定。首先选取地址,并对地址情况进行勘探,以确定厂房基础的形式。如根据货架区的沉降要求,基础可采用桩基或整片筏基等形式。其次,对墙体、屋面、地面、内墙、辅房、门窗、沟道等形式、所用材料、施工方法进行选择,以达到实用、安全、方便和美观的效果,在这些方面国家和地方都有专门的标准和规定。厂房中除了作业区外,还有中央控制室、行政办公室、更衣室、工具间等辅助区域。在布置时应分区规划设计,各区块平面布置完成后,就可以进行设备的平面布置。

## 二、库房建筑物

一般来讲,配送中心的所有设备和货物都安放在库房规定的范围内。配送中心的容量和货架等设备的规格是库房设计的主要依据。在新建物流配送中心库房时,主要考虑四个设计参数。

**1. 库房的长度和宽度**

在库房面积一定的情况下,只要确定库房长度或宽度中的一个变量就可以确定另一个变量。库房的宽度一般用跨度表示。库房的长宽比可在参照表16-2的基础上,按照 GBJ2—1986《建筑模数协调统一标准》进行调整。《建筑模数协调统一标准》以 Mo 表示 100 mm。当库房跨度小于等于 18 m 时,其跨度取为 30 Mo 的整数倍;库房跨度大于 18 m 时,应采用 60 Mo 的整数倍。因此库房的跨度一般为 6 m,9 m,12 m,15 m,18 m,24 m,30 m。库房的长度应为柱距的整数倍,柱距采用 60 Mo 的整数倍。

表 16-2　库房建筑长宽比

| 库房面积/m² | 宽度：长度 |
|---|---|
| ＜500 | 1∶2～1∶3 |
| 500～1 000 | 1∶3～1∶5 |
| 1 000～2 000 | 1∶5～1∶6 |

2. 库房的柱跨度

柱跨度的选择是否合理，对物流配送中心的成本、效益和运营费用都有重要影响。对建筑成本有利的柱跨度对物流中心的存储设备而言，不一定是最佳柱跨度。改变柱跨度可以显著提高仓库的保管效率和效益。为此，在决定柱跨度时除了考虑《建筑模数协调统一标准》的要求外，还必须考虑物流中心的存储设备型号和托盘规格尺寸。

3. 库房下弦高度

库房的下弦高度主要根据货物堆积高度、堆垛机起升高度和货架高度等参数来确定，同时还要考虑留有一定的安全余量。

4. 地面载荷

叉车、台车、堆垛机等是物流中心内的重要运输工具，为使其顺利行车，要求地面坡度在 2 000 mm 范围内误差为±20 mm。此外，还要求地面有足够的承载能力，即承受车轮和轨道的压力。

## 三、绿化布置

在物流配送中心进行平面布置时，还要考虑库区的绿化。在库区中，除道路、作业区域外，凡适合绿化的地方，都应大量种植树木、覆盖草皮。有些不能种植的地方，也应用一层碎砾石铺上，以避免扬土。

# 第二节　安全及监控系统

物流配送中心对安全防范的要求非常高，为了应付和防止各种盗窃与紧急事件的发生和危害，确保配送中心的安全，必须建立一套高效、可靠的安全监控系统。安全监控系统主要由入侵防范系统、门禁控制系统、电视监控系统、巡更系统等组成。

## 一、入侵防范系统

入侵防范是指如何防止犯罪分子非法入侵某一区域、建筑、单位或家庭，以保护生命和财产的安全。现代化的入侵防范系统是以电子技术、传感器技术和计算机技术为基础的技防系统。与由保安人员防范入侵的原始模式相比，可以大大减少巡逻值班人员，具有反应快、防范空间大、疏漏少的优点。

入侵防范系统主要由三部分组成，如图16-1所示。

图16-1 入侵防范系统的构成

（1）入侵探测器。又称入侵报警器，是用来感知和探测入侵者入侵时所发生的侵入动作和移动动作的设备。通常是由传感器和信号处理装置组成。常用入侵传感器的类型主要有：开关型入侵传感器、振动型入侵传感器、红外入侵传感器、声探入侵传感器等。信号处理装置的作用是将传感器产生的电信号放大、滤波、整形成为有效的报警信号。

（2）传输通道。是用以传输报警信号的各种类型的电缆。一般多采用具有屏蔽作用的同轴电缆。

（3）入侵报警控制器。入侵报警控制器是用以接收来自入侵探测器发出的报警信号，发出声光报警信号并能显示入侵发生位置的设备。根据用户的管理机制和对报警的要求，可组成独立的小系统、区域联防报警系统和大规模集中报警系统。

## 二、门禁控制系统

门禁控制系统就是对出入口通道进行管制的系统，它是在传统的门锁基础上发展而来的。门禁控制系统是新型现代化安全管理系统，它集计算机自动识别技术和现代安全管理措施为一体，它涉及电子、机械、光学、计算机技术、通讯技术和生物技术等诸多新技术。它是解决重要部门出入口实现安全防范管理的有效措施。适用于各种机要部门，如银行、宾馆、写字楼、机房、仓库、智能化小区、工厂等。

门禁系统按进出识别方式可分为密码识别、卡片识别和人像识别三种类型。

其中应用较多的卡片式门禁控制系统的基本组成为:

(1) 门禁控制器。是门禁系统的核心部分,它负责整个系统输入、输出信息的处理和储存、控制等。

(2) 读卡器(识别仪)。是读取卡片中数据(生物特征信息)的设备。

(3) 电控锁。是门禁系统中锁门的执行部件。用户应根据门的材料、出门要求等需求选取不同的锁具。主要有电磁锁、阳极锁、阴极锁等几种类型。

(4) 卡片。是开门的钥匙。可以在卡片上打印持卡人的照片,将开门卡、胸卡合二为一。

(5) 其他设备。主要有出门按钮、门磁、后备式电源等。

门禁控制系统的设备结构图如图 16-2 所示。

图 16-2 门禁控制系统的设备结构

## 三、监控系统

监控系统的主要功能是在控制室接警后,值班人员通过操作,进行监控跟踪,并实时录像、录音取证,把入侵活动信息记录存储下来,指挥调度防卫力量迅速出击,应对突发事件。目前常用的监控系统类型主要有两种。

(1) 闭路电视(CCTV)监控系统。是应用最为广泛的监控保安系统,主要用于交通、商业、金融、宾馆、仓库等领域。通过在某些特定场所设置一定数量的摄像头进行监视,可以清楚、准确、实时地记录这些场所的情况。闭路电视监控系统主要由以下几部分组成:

① 摄像机。是将被监视的对象的光、声信号转变为电信号进行传输。一般情况下,在室内采用半球摄像机比较美观;在室外采用枪型摄像机;如果现场光照度很差可以考虑采用带红外线的摄像机。

② 传输部分。是将摄像机产生的电信号传送至监控机房的同轴视频电缆,也有采用无线传输的。

③ 控制部分。是对摄像机远程遥控的装置,主要有云台和变焦。使用云台

可以控制摄像机的转动；使用变焦可以控制摄像机镜头拉近拉远。

④ 显示部分。视频的显示方式有模拟和数字两种。模拟的就是采用监视器，可以采用多个，有利于观看；数字的就是使用计算机技术，通过电脑显示器来观看，一个显示器可以监看多达 16 到 32 个摄像机。

⑤ 图像处理与记录部分。是对系统传输的图像进行切换、分割、编辑和储存的设备。模拟录像系统大多采用录像机保存影像信息。

（2）数字硬盘录像系统。是采用数字视频显示、记录技术，并以硬盘作为储存介质的一种先进的闭路电视监控系统。它以硬盘录像机为核心设备，与模拟录像系统相比性能上有很大的飞跃，如表 16-3 所示。

表 16-3 模拟录像机和硬盘录像机的对比

| 模 拟 录 像 机 | 硬 盘 录 像 机 |
| --- | --- |
| 录像时间短，需频繁更换录像带 | 录像时间长，增加硬盘容量可延长录像时间 |
| 画面清晰度和画面质量较差 | 画面清晰度和画面质量好 |
| 检索缓慢且不方便 | 检索方便迅速 |
| 磁带会消磁，不能永久保存 | 数字存储，可永久保存 |
| 磁头和磁带都易磨损，寿命短 | 使用寿命长 |
| 维修费用高 | 设备可靠性高，维修费用低 |
| 很难进行数据传送和远程控制 | 可方便地进行数据传送和远程控制 |

## 四、巡更系统

安全管理部门对特定区域安排专门的管理人员定时定点进行巡视检查，称为巡更。比较常见的是物业小区、仓库、码头、博物馆、大型商场、宾馆、工厂、工地的保安管理等。一般的巡更制度，靠管理员在巡更点的记录簿上签到，既难核实时间，管理层亦须几天复核一次；对于巡视内容多、人员多、管理要求高的公司来说，摆在管理层的一个现实问题是，如何能确实做到定时、定点、定人管理。因此电子巡更系统应运而生。

目前巡更巡检产品是以信息钮接触式为主，其优点是坚固耐用、故障率低、加密性强、使用方便、不易受外界恶劣因素影响等。按巡更系统硬件的组成方式，可以分为在线式巡更管理系统和后备式巡更管理系统。

(1) 在线式巡更管理系统。也称为实时巡更系统。其特点是,在各巡逻地点上,安装有标识地点的读卡机,所有读卡机通过连线系统联到管理电脑上。巡更人员携带标识人员和标识事件的感应卡片。巡逻到某地点后,在该地点的读卡机上,刷读人员卡,如果有事件发生,需加刷该事件相对应的事件卡。读卡机通过连线,即时把读卡数据上传到管理电脑上。这样,电脑中巡更软件就能够实时显示巡逻地点的巡逻状态、巡逻事件,以及未巡逻报警等。在线式巡更系统可以利用原有的门禁系统中读卡机、控制器和连线系统等硬件设备,进行巡更刷卡数据读取。

(2) 后备式巡更管理系统。其特点是在每个巡逻地点,布置一些制成如纽扣、钱币等形状的标识地点的感应卡片,巡更人员手持一个制成如巡逻棒或手机等形状、可标识人员的读取器。巡逻前先带上读取器及事件卡片本,先用读取器读取本人的标识人员感应卡片或通过软件下载人员组号,标定巡更器的使用人员便可去巡逻。巡逻到某地点后,巡更人员用读取器读取该地点的感应卡片,如该地点有事件发生,对应读取标识该事件的感应卡片。回到管理处,管理人员将巡逻回来读取器的读卡数据上传到管理电脑中。这样,电脑中的巡更软件就能够显示和管理巡更数据。但在时间上,则没有实时性的特点。因为该方式不需要布线连线,所以安装施工比较简单。

# 第三节 消 防 系 统

物流配送中心是物资储存集中、堆放数量大的场所,一旦发生火灾事故,火势蔓延速度快、扑救困难,造成物资的大量损失,燃烧和燃烧产生的有毒气体直接危及人员生命安全。火灾还会对建筑物、物流设备及设施等造成破坏,经济损失巨大。因此物流配送中心均应设有专职的消防组织和相配套的消防设施、器材等。

目前我国普遍采用的消防设施主要有消火栓系统、防火分区系统、火灾自动报警系统、自动喷水灭火系统等;常用的消防器材主要是各种灭火器。

## 一、消火栓系统

该系统在我国被作为最基本的灭火设备,在每一个重要建筑中都有配置。消火栓系统实施灭火需要有两个基本要素:一是消火栓设备,二是消火栓的使用者消防队员,两者缺一不可。灭火时,赶到火场的消防员从墙上消火栓箱内取下水枪及水龙带,在距火焰约 10 m 的范围内用水枪喷水灭火。

## 二、防火分区系统

防火分区系统的设置在我国和消火栓系统一样普遍。该系统主要由防火墙、防火板、防火门、防火卷帘、防火阀等及相应的火灾探测装置构成。探测装置探测到火情后,防火门及防火卷帘等自动关闭,把火势封闭在一个局部空间内,阻止其蔓延,以便于消防扑救。防火分区系统本身并不能灭火,必须有其他灭火系统配合才能把火灭掉。否则火势会把该区内可燃物燃尽,或破坏掉分隔物,向其他部分蔓延。

## 三、火灾自动报警系统

火灾自动报警系统(FAS)是人们为了早期发现和通报火灾,并及时采取有效措施,控制和扑灭火灾,而设置在建筑物中或其他场所的一种自动消防设施,是现代消防不可缺少的安全技术设施之一。火灾自动报警系统是由触发器件、火灾警报装置以及具有其他辅助功能的装置组成。它能够在火灾初期,将燃烧产生的烟雾、热量和光辐射等物理量,通过感温、感烟和感光等火灾探测器变成电信号,传输到火灾报警控制器,并同时显示出火灾发生的部位,记录火灾发生的时间。一般火灾自动报警系统和自动喷水灭火系统、室内消火栓系统、防排烟系统、通风系统、空调系统、防火门、防火卷帘等相关设备联动,自动或手动发出指令,启动相应的防火灭火装置。

火灾自动报警系统的基本形式有三种:区域报警系统、集中报警系统和控制中心报警系统。

(1) 区域报警系统。由区域火灾报警控制器和火灾探测器等组成,是功能简单的火灾自动报警系统,适用于较小范围的保护。

(2) 集中报警系统。由集中火灾报警控制器、区域火灾报警控制器等组成,或由火灾报警控制器、区域显示器和火灾探测器等组成,是功能较复杂的火灾自动报警系统。适用于较大范围内多个区域的保护。

(3) 控制中心报警系统。由消防控制室的消防控制设备、集中火灾报警控制器、区域火灾报警控制器和火灾探测器等组成;或由消防控制室的消防控制设备、火灾报警控制器、区域显示器和火灾探测器等组成,是功能复杂的火灾自动报警系统。系统的容量较大,消防设施控制功能较全,适用于大型建筑的保护。

## 四、自动喷水灭火系统

自动喷水灭火系统靠喷洒头喷水灭火。喷头集火情探测与喷水灭火于一身。失火点燃烧产生的热使其上方的喷头感温元件(玻璃球或易熔合金)启动,喷头喷水灭火。同时系统中的水流指示器向消防控制中心报警,并显示出失火地点。报警阀的压力开关也向消防控制中心报警并启动消防水泵。水力警铃也同时发出声音报警。

由于物流配送中心的仓库一般都比较大,货物和设备比较多而且密度大,而仓库的管理操作人员较少,所以现代化仓库的消防系统大都采用自动消防系统。

## 五、灭火器

灭火器是扑救初起火灾最常用的灭火器材,物流配送中心中均普遍配置有相当数量的手提式和推车式灭火器。根据灭火器中填装的灭火剂不同,可以分为以下几类,如表16-4所示。

表16-4 常用灭火器的特点

| 灭火器种类 | 使用的灭火剂 | 灭火原理 | 适用范围 |
| --- | --- | --- | --- |
| 清水灭火器 | 清水 | 主要依靠冷却和窒息作用进行灭火 | 适用于固体可燃物的火灾。如木材、纸张、棉、毛、麻等 |
| 干粉灭火器 | 碳酸氢钠或硫酸钾等具有灭火效能的无机盐粉末 | 通过灭火器中的气体压力喷出粉雾,与火焰接触、混合时发生的物理、化学作用而灭火 | 适用于扑救可燃液体、气体及带电设备的火灾 |
| 化学泡沫灭火器 | 硫酸铝和碳酸氢钠的水溶液 | 通过两种药剂的水溶液混合后反应产生的灭火泡沫,对火头起到阻隔、窒息和冷却的作用 | 适用于扑救油品火灾以及水溶性可燃液体火灾 |
| 二氧化碳灭火器 | 二氧化碳 | 主要依靠窒息作用和部分冷却作用灭火 | 主要用于扑救贵重设备、档案资料、仪器仪表、600伏以下电气设备及油类的初起火灾 |

续 表

| 灭火器种类 | 使用的灭火剂 | 灭 火 原 理 | 适 用 范 围 |
|---|---|---|---|
| 卤代烷灭火器 | 卤代烷 1211，1301，2402 | 主要通过抑制燃烧的化学反应过程，使燃烧中断，达到灭火的目的 | 适用于扑救可燃气体、可燃液体、带电设备的火灾。特别适用于扑救计算机、通讯设备等精密仪器的火灾 |

## 第四节　供电及照明系统

供配电系统是物流配送中心的动力系统，我们可以设想如果没有供配电系统，整个配送中心将处于瘫痪状态，无法正常运转。供配电系统是保证配送中心各个系统正常营运的充分必要条件。由于供配电系统中的电气设备和线路产生的电火花或危险温度，往往会导致产生火灾或爆炸事故。因此物流配送中心的供配电系统和电气设备的安全技术管理非常重要。

### 一、供电系统

物流配送中心的供电系统多采用三相四线制供电。这是因为在供电距离相等、导线导体总重量相等时，三相四线式供电比其他供电方式线路损耗小得多。

供电系统的动力电压为交流 380 V/220 V,50 Hz,根据所有设备用电量的总和来确定供电容量。供电系统中的主要设备有高低压进线、出线、高低压断路器、变压器、动力配电箱、电力电缆和电缆桥架等。为防止停电对配送中心的正常营运造成不利影响，还应配置后备应急电源。后备应急电源一般采用柴油发电机组，启动时间不超过 10 s。

供电系统的照明供电线路主要由进户线、配电盘、配电线路、开关、插座以及用电器等组成。室内照明供电线路的敷设，一般有明设和暗设两种。危险场所的照明一般采用 36 V 和 12 V 安全电压。

物流配送中心对电气线路的布线要求非常严格。电线、电缆必须采用铜芯，对芯线截面的大小也有严格的规定。截面应满足故障时热稳定和动稳定要求，并与线路的保护要求相适应。各种导线的连接端子和接头均应紧密可靠，导电良好。一般不采用普通导线或电缆，这是因为在受到外力作用或电气设备出现故障使电路短路,而保护系统失去作用时,由于短路电流非常大,导线或电缆就会发热而烧坏绝缘层,严重时将引起火灾事故。因此必须采用铠装电缆或钢管布线。在电气火灾中,电缆、电线事故率占30%以上。电缆一般是成束敷设,成束电缆群体燃烧时,火焰温度可达800～1 100℃;在距离水平布置电缆上方150～350 mm处的火焰温度可达800℃。电缆的绝缘层、填充物、护套多为可燃物,有些燃烧时还会散发出有毒气体,对人造成伤害。

接地故障为相线与电气装置的外露导电部分(包括电气设备金属外壳、敷线管槽及架桥等)、外部导电部分(包括金属材质的水、暖、煤气、空调管道和建筑的金属结构等)以及大地之间的短路。接地故障与一般短路相比,具有更大的危险性和复杂性。在配送中心内,除照明灯具外,其余电气设备都应采用专用接地或接零线。场所内所有不带电的金属部分、金属货架、通风管道、穿线用钢管、电缆架桥、钢索等,也需可靠地采取接地或接零保护。

## 二、照明系统

配送中心的照明有日常照明、维修和应急照明。为方便管理、操作和维护人员能进行正常生产活动,各区域应有适当的照明及相应的控制开关。

按照我国提出的"中国绿色照明工程",照明节电已成为节能的重要方面。节电就是在保证照度的前提下,推广高效节能照明器具,提高电能利用率,减少用电量。

1. 科学选用电光源

科学选用电光源是照明节电的首要问题。电光源按发光原理可分为两类。一类是热辐射电光源,如白炽灯、卤钨灯等;另一类是气体放电光源,如汞灯、钠灯、氙灯、金属卤化物灯等。各种电光源的发光效率有较大差异。气体放电光源的发光效率比热辐射电光源高得多。一般情况下,可逐步用气体放电光源替代热辐射电光源,并尽可能选用光效高的气体放电光源。各种电光源的性能和适用范围,如表16-5所示。

表16-5 各种类型电光源的特点及适用范围

| 电光源类型 | 特　　点 | 适　用　范　围 |
|---|---|---|
| 白　炽　灯 | 价格便宜、采购方便 | 开闭频繁、面积小,照明要求低的场合,可根据需要优先使用 |

续表

| 电光源类型 | 特　　点 | 适　用　范　围 |
|---|---|---|
| 荧光灯 | 比白炽灯节电70%；紧凑型荧光灯发光效率比普通荧光灯高5%；细管型荧光灯比普通荧光灯节电10% | 适用于在办公室、宿舍及顶棚高度低于5 m的车间等室内照明 |
| 高压钠灯 | 光效是白炽灯的8～10倍，寿命长、特性稳定 | 适合于在显色性要求不高的道路、广场、码头和室内高大的厂房和仓库等场所照明 |
| 金属卤化物灯 | 具有光效高、显色性好、功率大的特点 | 适用于剧院、总装车间等大面积照明场所 |

值得一提的是，如果选择白炽灯作为照明光源，为了保障安全和达到照明要求，采用60 W以下的灯具比较合理。这是因为在散热良好的条件下，60 W白炽灯的表面温度为135～180℃，40 W为56～63℃，75 W为136～194℃，100 W为170～216℃。由此可见，白炽灯功率越大，表面温度越高。超过60 W以上的白炽灯的表面温度就达到了一般可燃物质的燃点，一旦与可燃物质接触，容易引起火灾。

2. 合理选择照度

合理选择照度是照明设计的另一个重要问题。照度太低，会损害工作人员的视力，影响产品质量和生产效率。不合理的高照度则会浪费电力，选择照度必须与所进行的视觉工作相适应。配送中心场区照明可按国家颁布的GB50034—1992《工业企业照明设计标准》来选择照度和必要的照明质量，综合考虑照明系统的总效率。

在满足标准照度的条件下，节约电力应恰当地选用一般照明、局部照明、混合照明三种方式，充分发挥照明效果。大多数情况下，混合照明效果较好。此外，科学地安排光源分布，能获得满意的光照分布，更好地利用光能量。

充分利用自然光，正确选择自然采光，也能改善工作环境，使人感到舒适，有利于健康。另一方面充分利用室内受光面的反射性，能有效地提高光的利用率，如白色墙面的反射系数可达70%～80%，也能起到节约电能的作用。

对存储感光材料的黑暗库来说，由于不允许储存物品见光，照明系统应特殊考虑。

# 第五节 通风及采暖系统

通风和采暖的要求是根据所储存物品的条件提出的。在物流配送中心储存的物资,除因事故造成的损失外,物品由于受日常环境中的温度、湿度的影响而发生变化,引起物品锈蚀、霉烂、老化、挥发、潮解等变质现象,造成物品部分或完全丧失使用价值。温度、湿度是影响仓储物资质量发生变化的主要因素。控制和调节库房温度、湿度和洁净度,防止物品变质的主要措施是采用通风及暖通空调系统。

## 一、通风系统

通风是将未经处理过的室外新鲜空气送入室内,同时排出室内被污染的空气或用来冲淡室内被污染的空气,借以改善空气,以造成安全、卫生条件而进行的一种换气技术。为实现送风和排风所采用的一系列设备装置总称为通风系统。

按照工作动力的不同,通风系统一般可以分为自然通风和机械通风两大类。

(1) 自然通风。如图 16-3 所示,是利用空气自然流动规律的通风换气方法。通常利用库房顶部和侧面的通风窗进行自然通风,应尽量在晴天进行,风力不超过 5 级为宜,自然通风的效果取决于风力的大小。

(2) 机械通风。是利用通风机所产生的抽力或压力,并借助于通风管网进行室内外空气交换的通风换气方法。机械通风又可以分为局部通风和全面通风两种。

图 16-3 自然通风

局部通风用以排除建筑物内某些部位的被污染的空气;全面通风用于危害空气因素不固定或面积较大,需用新鲜空气来冲淡有害气体的场所。通常用库房屋顶及侧面的离心式通风机将有害气体排到室外。

## 二、暖通空调系统

暖通空调系统是保持室内温度适宜、湿度恰当、空气洁净,营造良好工作环境的设施。物流配送中心的占地面积较大,一般均采用大型的专业暖通空调系统。

暖通空调系统主要包括:新风机组、空调机组、冷却水系统、热力系统等。

(1) 新风机组。新风机组的作用是保证室内的新风量。新风机组中的空气-水换热器,在夏季通入冷水对新风降温除湿,冬季通入热水对空气加热。新风机组中的干蒸汽加湿器用于冬季对新风加湿。

(2) 空调机组。空调机组通过调节相应区域的温、湿度,以使特定区域的环境保持一定的舒适性。

(3) 冷却水系统。主要包括溴化锂冷水机组、冷却水泵、冷冻水泵、冷却塔等。冷却水系统的作用是通过冷却塔和冷却水泵及管道系统向空调机组的制冷机提供冷水,确保制冷机冷凝器侧有足够的冷却水通过。

(4) 热力系统。主要包括热水锅炉房、蒸气热交换器、主循环泵、补水泵及管道系统等。热力系统的作用是产生生活、空调及供暖用热水。

# 第六节 其他公用设施

物流配送中心的其他设施还包括给排水设施、避雷装置、防静电装置、煤气供应设施等。

## 一、给排水设施

### 1. 给水系统

给水的任务,是解决建筑物内部的用水问题。给水系统按照给水用途可以分为消防、工作和生活给水系统三类。

(1) 消防给水系统。供建筑物火灾扑救的消防用水。消防给水系统对水质的要求不高,但要保证水量和水压。

(2) 工作给水系统。供生产用水。如设备冷却、食品加工、生产蒸汽等,其水质随工业种类不同和生产工艺而定。为节约用水,在技术经济比较合理时,应设置循环或重复利用给水系统。

(3) 生活给水系统。供人们日常饮用、洗浴、冲洗、烹饪等生活用水。其水质必须符合国家颁布的生活饮用水水质标准。

以上三种基本给水系统,在实际中不一定需要单独设置,可根据具体情况,设置独立的或合并组合的给水系统。

给水系统的主要设备包括：

(1) 升压供水设备。当城市给水管网的水量、水压不能满足供水需要时,为保证给水系统的水压,需要设置升压、贮水设备,主要有水箱、水泵、水池、气压给水装置等。水箱一般设在屋顶,用来贮水和保证系统的水压；水泵是提升水的一种设备,在给水系统中常用的是离心式水泵。

(2) 给水管道。是供水的通道,主要由管道和各种管件、附件连接而成。给水常用的管材有钢管、铸铁管和聚乙烯塑料管等；给水管道常用的管件有各类水管接头、弯头、三通、四通、堵头等；给水管道常用的附件有各类水龙头、阀门、水表等。

2. 排水系统

排水设施是指工业废水、清洁废水及雨水排水系统。雨水排水系统可采用暗管排放,经系统管线排入附近的河中。

## 二、避雷装置

雷电是大自然中雷云之间或雷云对地之间的大规模放电现象。雷云放电时会产生瞬间功率十分强大的雷电流,具有特殊的破坏力,常常给人类带来巨大的损失。比如造成建筑物损坏、架空线短路,还会造成人员的伤亡。由于雷电对物流配送中心的建筑物和电气设备等有很大的破坏力,因此场区内的建筑物和电气设备都应设置避雷装置。常见的避雷装置主要有避雷针、避雷线、避雷网、避雷带和避雷器等,不同的避雷装置有着不同的保护对象。

(1) 避雷针。是发明最早的避雷装置,主要用于保护建筑物、变配电设备。避雷针比周围的其他物体更容易接闪雷电,避雷针被雷击中而其他物体受到保护,这就是避雷针的防雷原理。避雷针是由接闪器、引下线、接地体和支持物四部分组成。图 16-4 为避雷针的接闪器,接闪器的外观形状各异,但其防雷原理都是一样的。配送中心的仓库建筑物大多采用避雷针,露天堆场的四周也应设置避雷针。

(2) 避雷线、避雷网和避雷带。避雷带、避雷网、避雷线是避雷针的变形,其接闪原理与避雷针是一致的。避雷线主要用于保护电力线路；避雷网和避雷带主要用于保护建筑物。立体仓库属于高层建筑,也可以设置避雷网和避雷带防止雷击。

(3) 避雷器。主要用于保护电气设备,是并联在被保护的电力设备和设施上的避雷装置。它可以防止雷电流通过输电线路传入建筑物和用电设备而造成危害。避雷器的类型很多,配送中心的用电设备一般采用普通低压阀型避雷器,如图 16-5 所示。

图 16-4 接闪器

图 16-5 避雷器

## 三、防静电装置

在仓储活动的各个环节中,静电的产生是无法避免的。例如,在物品的装卸、搬运过程中会因摩擦而产生静电;油品在输送过程中也会产生静电;粉尘飞扬的场所会产生静电;操作人员的作业和行走过程也会产生静电。静电一旦积聚到一定程度,就会产生火花放电,严重时将会导致火灾、爆炸等严重事故。静电的产生和积聚既看不见,也摸不着。静电的危害瞬间即可完成,无法阻止。因此对静电的危害,只能采取积极的预防措施。静电虽然随时都会产生,但只要防范措施得当,不一定都会构成危害。

防静电装置的品种很多,适用的范围也较广。主要有静电测量仪、消静电器、增湿器、防静电作业器材、防静电服装等。

(1) 静电测量仪。如图 16-6 所示,是对静电的检测并对危险的静电作出报警的装置。该装置可以安装于静电防护区入口处,对进入工作区的人员的带静电状态进行检测报警。具有精度高、性能稳定、操作简单、使用方便等优点。适用于电子、弹药、火工品、石油、化工、纺织、造纸、橡胶、印刷、计算机等行业的科研和生产车间、仓库等重点静电防护区。为方便使用,还有便携式静电测量仪。

(2) 消静电器。又称静电中和器,是消除和减少带电体电荷的金属容器。该装置主要用于油品储运系统,安装在输油管道末端,通过不断向管道注入与油品电荷极性相反的电荷来达

图 16-6 静电测量仪

到消除静电的目的。目前常用的是感应式消静电器,具有结构简单、使用方便、效率高的特点。

(3)增湿器。环境增湿是消除静电危害的一种常用方法。一般常采用空调系统的加湿器,以及喷雾器等装置增加湿度,或采用向地面撒水的方法来增湿。

(4)防静电作业器材。主要有防静电工作台、地板、椅套、防静电工具、包装袋、周转箱和转运车等。

(5)防静电服装。主要有防静电工作帽、大褂、手套、袖套、工作鞋和防静电腕带等。

预防人体静电的危害也十分重要,特别是穿着化纤服装时,会产生和积聚大量静电;在橡胶地板或化纤地毯等绝缘地面上走路时,由于鞋底和地面的摩擦而产生静电;穿尼龙、羊毛和混纺服装从人造革面的座椅上起立时,也会产生近万伏的高压电。人体静电通常可达2~4千伏,能产生火花放电。对一些易爆燃的场所造成了很大的威胁。因此在易爆燃物资的储运场所,都应将设施设备静电接地,采用静电测量仪和消静电器,设置导电地面,工作人员需穿防静电服装,使用防静电作业器材,不宜坐人造革之类的高电阻材料制造的座椅等。

### ■ 小结和学习重点 ■

- 物流配送中心基建设施的组成
- 基建设施的选址、布置的一般规定
- 物流配送中心(库区)安全及消防系统的组成和作用
- 物流配送中心照明、暖通系统和给排水的一般概念

物流配送中心在物流业中的作用极大,它是连接生产与消费的流通部门,是利用时间及场所创造效益的设施。物流配送中心的公用设施主要包括各类建筑物、安全及监控、消防、照明、通风及采暖、动力等系统。它们为保证配送中心正常运营起到了重要作用。

【案例分析】

## 迪拜中国城仓库项目介绍

迪拜中国城是国务院副总理吴仪出访中东,与阿拉伯联合酋长国洽谈两国

经贸合作时签署的项目之一,是中阿两国政府间合作的产物。迪拜中国城(简称"龙城"或"DRAGONMART")辅以配套设施,包括 1.5 万 $m^2$ 展厅、市场、3 万 $m^2$ 仓库(龙城仓库)、生活区、高速公路、停车场等,交给中国商品迪拜分配中心(CHINA MEXMART)经营和管理。中远集团参与中国城商品的运输与仓储服务。中远物流与分配中心开展合作,分配中心将中国城配套仓库交给中远物流经营和管理 10 年。

龙城仓库位置介于龙城展厅与生活区之间,相隔只有 200 m 左右,建筑结构与龙城平行,占地面积 3 万 $m^2$,绵延 1.2 km,形如中国长城的联体仓库,设计划分为 8 个不同功能的库,包括 3 个平面库、3 个立体货架库、1 个恒温库、1 个冷藏库。库与库之间有带顶半封闭的包括装卸货平台、停车场在内的院子。每个库设置独立的小办公室、卫生间、配电房。位于联体库中央位置的 No.4 号库内设有仓库经营管理办公区。

仓库实际面积:建筑面积 30 000 $m^2$,库内使用面积 19 593 $m^2$。其中 3 个平面库仓库库内面积 7 329 $m^2$,5 个立体库设计货架共 8 584 个货位(7～8 号库只安装部分货架)。

室内最高温度:夏季 40~50℃,冬季 15~20℃。

高度:顶高 9 m,净高 7 m,门高 3 m,货架高 6 m。

安全设施:全部安装喷淋系统消防装置,每库合计有 5 个消防栓,有手提灭火器 10 个以上。

仓库布局:一侧有站台,在同侧站台共有 3 个入口,1 个出口,另侧有 1 个地平出口,两仓库之间有一半封闭庭院作为装卸区和停车场,5 个出入口安装电动闸门和闭路电视摄像头。

交通条件:仓库门口就是交通主干道,与高速公路相连,距迪拜市区 30 min 车程,距杰贝阿里港 1 h 车程,距拉希德港 30 min 车程,距机场 20 min 车程。

**思考题**

1. 仓库选址时应考虑的因素主要有哪些?
2. 在设计仓库的安全设施时,主要考虑哪些因素?

# 练习与思考

## (一)填空题

1. 安全监控系统主要由_____、_____、_____、_____等组成。
2. 目前我国普遍采用的消防设施主要有_____、_____、_____和_____等;常用的消防器材主要是_____。
3. 物流配送中心的供电系统多采用_____,原因是_____。

4. 按照工作动力的不同,通风系统一般可以分为_____和_____两大类。

**(二) 简答题**

1. 对物流配送中心选址、库房建筑物设计有何规定?
2. 常用的灭火器主要有哪些类型? 它们各适用于哪些场合?
3. 库房、厂房常用的照明灯具有哪些类型? 各有哪些特点?
4. 给排水系统的主要作用有哪些?
5. 静电会对安全生产带来哪些危害?

# 部分参考答案

**(一) 填空题**

1. 入侵防范系统 门禁控制系统 电视监控系统 巡更系统
2. 消火栓系统 防火分区系统 火灾自动报警系统 自动喷水灭火系统 各种灭火器
3. 三相四线制供电 在供电距离相等、导线导体总重量相等时,三相四线式供电比其他供电方式线路损耗小得多
4. 自然通风 机械通风

# 第五篇 物流设施与设备
## 物流信息技术设备

# 第十七章 物流信息技术设备

## 学习目标

学完本章,你应该能够:
1. 了解现代物流信息技术包含的基本内容;
2. 熟悉条形码技术的标准,了解条形码技术的设备、工作原理和应用;
3. 熟悉射频技术的标准,了解射频技术的设备、工作原理和应用;
4. 熟悉 GPS 和 GIS 技术的设备和应用;
5. 熟悉计算机网络硬件的基本知识;
6. 了解 EDI 技术标准和发展状况。

## 基本概念

条形码　RFID　GIS　GPS　计算机网络　EDI

## 第一节 条形码技术设备

### 一、条形码技术概述

条形码是由一组按一定编码规则排列的条、空符号,用以表示一定的字符、数字及符号组成的信息。条形码在国际包装上的应用是包装现代化的一个重要内容,也是包装标志国际化的一个方面。当今国际贸易中,竞争十分激烈。商品要进入各国的超级市场,除了商品的质量、包装要符合要求外,商品包装上还必须具备符合国际规范的条形码标志,否则,该商品只能进入低档商店。因而,条形码的研究和应用已成为目前国际包装业的一个重要课题。

条形码技术(barcode)是在计算机的应用实践中产生和发展起来的一种自动识别技术。它是为实现对信息的自动扫描而设计的。它是实现快速、准确而可靠地采集数据的有效手段。条形码技术的应用解决了数据录入和数据采集的"瓶颈"问题,为供应链管理提供了有力的技术支持。

条形码技术的特点具体体现在:它是实现各行业自动化管理的有力武器,有助于进货、销售、仓储管理一体化;是实现电子数据交换(electronic data interchange,EDI)、节约资源的基础;是及时沟通产、供、销的纽带和桥梁;是提高市场竞争力的工具;可以节约消费者的购物时间,扩大商品销售额。

条形码技术为我们提供了一种对物流中的物品进行标识和描述的方法,借助自动识别技术、POS系统、EDI等现代技术手段,企业可以随时了解有关产品在供应链上的位置,并及时做出反映。当今在欧美等发达国家兴起的ECR(有效客户响应)、QR(快速响应)、自动连续补货(ACEP)等供应链管理策略,都离不开条形码技术的应用。条形码是实现POS系统、EDI、电子商务、供应链管理的技术基础,是物流管理现代化、提高企业管理水平和竞争能力的重要技术手段。

## 二、条形码技术设备和原理

### 1. 条形码的阅读器及选择

条形码的制作和识别都需要一套专用设备。早期是由专用的条形码制作设备来制作条形码,成本较高。近几年,国内大多数用户使用计算机打印条形码,比较方便,成本也比较低。条形码的识别是由光电阅读器将条形码字符翻译为计算机用代码(ASCII码),然后用计算机对数据进行处理。阅读器的原理是发出一条光对条形码进行扫描,因黑色条纹吸收光线,白色条纹反射光线,阅读器接受了反射回来的光线,转变为电信号并加以翻译。常用的阅读器有"光笔读入器"和"激光枪"两种。"光笔"使用红外光作光源,使用时必须用光笔扫过条形码标签的表面方能识别。它的价格比较便宜,实用性强,多用于超级市场、仓库、图书馆和银行等场合。而"激光枪"以激光为光源,灵敏度较高,对条形码的清晰度要求不高。它特别适用于不同形状的物品(如表面不规则的物品)上条形码的识别,常用于生产流水线、物品自动分类等。但它价格较高,使用有一定的限度。

条形码阅读器的分类如图17-1所示。

图 17-1 条形码扫描器分类

目前,条形码阅读器的种类比较多,按光源分有普通光、CCD（charge coupled device,光电耦合感应器件）、激光;按物理结构分为手持式（光笔、枪式）、固定式（槽式、盒式）;按扫描方式分有固定光束、移动光束等。常见的条形码阅读器有光笔扫描器、手持式 CCD 扫描器和激光扫描器等。

（1）光笔扫描器。在阅读条码时需将光笔按一定速度和斜度（一般是 30°）划过条形码,需要用户有一定的经验。这种扫描器的优点是价格便宜、结实耐用、耗电量小;缺点是工作距离和扫描深度都较小,因此需要光笔和被扫描的条码接触,条码上至多允许有一层保护膜覆盖。

（2）槽式扫描器。是一种固定安装,固定光速接触式的扫描器。它的工作距离和扫描深度都很小,只允许印有条码符号的卡片或证件在槽内移动。它靠手持条码符号移动来实现扫描,多用于考勤、保安记录、图书借还、银行查账等,这种扫描器不受所扫描的条形符号长度的限制,价格便宜。

（3）手持式 CCD 扫描器。CCD 扫描器是利用光电耦合（CCD）原理,对条码印刷图案进行成像,然后再译码。它的优势是：无转轴、马达,使用寿命长,价格便宜。

选择 CCD 扫描器时,最重要的是两个参数：

① 景深。由于 CCD 的成像原理类似于照相机,如果要加大景深,则相应地要加大透镜,从而使 CCD 体积过大,不便操作。优秀的 CCD 应无须紧贴条码即可识读,而且体积适中、操作舒适。

② 分辨率。如果要提高 CCD 分辨率,必须增加成像处光敏元件的单位元素。低价 CCD 一般是 500 像素（pixel）,识读 EAN、UPC 等商业码已经足够,对于别的码制识读就会困难一些。中档 CCD 以 1 024 像素为多,有些甚至达到 2 048 像素,能分辨最窄单位元素为 0.1 mm 的条码。

（4）激光手持式扫描器。是利用激光二极管作为光源的单线式扫描器,它主要有转镜式和颤镜式两种。转镜式的代表品牌是 SP400,它是采用高速马达带动一个棱镜组旋转,使二极管发出的单点激光变成一线。颤镜式的制作成本低于转镜式,但这种原理的激光枪不易于提高扫描速度,一般为 33 次/s。个别型号,如 POTI—CON 可以达到 100 次/s,其代表品牌为 Symbol、PSC 和 POTI—CON。商业企业在选择激光扫描器时,最重要的是注意扫描速度和分辨率。

  在选择条形码阅读器时,比较重要的两个技术参数是扫描分辨率和扫描深度。扫描分辨率是指分辨条码符号最窄元素的宽度。条码符号最窄元素的宽度取决于现有的印刷技术、光学元件的工艺水平和光学系统的聚焦能力。通常将能分辨 0.15～0.3 mm 的光电扫描器称为高分辨率扫描器;能分辨 0.3～0.45 mm 的光电扫描器称为中分辨率扫描器;能分辨 0.45 mm 以上的光电扫描器称为低分辨扫描器。选择扫描器时应考虑到扫描器的分辨率与条码符号最窄元素相匹配。一般选择扫描器光电的直径(椭圆形光点的短轴)为条码符号中最窄元素宽度的 0.8～1 倍。扫描器的扫描深度是指扫描器可有效读取条码符号的范围,它由扫描器的光学系统设计所决定。扫描器的工作距离是指扫描器到条码符号之间必要的正常距离。扫描深度是指最大的工作距离与最小的工作距离之差,是工作距离的活动范围。扫描深度是条码符号的最窄元素 $z$ 的函数。$z$ 值越大,则扫描深度就越大。因此,想延长扫描深度,可以通过增大条码符号最窄元素的宽度来实现。通常所说的扫描深度是指在给定的分辨率状态下的扫描距离范围。

  译码器是条形码符号自动识别系统的核心。译码器的主要技术指标有译码范围、与各种扫描器连接的通用性、与计算机通信的接口能力等。按供电方式和数据传输方式的不同可将译码器分为三类,即联机式、便携式、无线便携式。联机式译码器由交流电源供电,译码器和计算机之间用电缆连接并将翻译的信息送入计算机,此种译码器通常安装在固定位置并靠近扫描器;便携式译码器存储容量较大,可带到数据采集现场,并将采集的数据存入译码器,然后再将数据送入计算机主机;无线便携式可以将数据通过无线电波实时地传送到计算机上。图 17-2 给出了阅读器的结构及作用范围示意。

  2. 扫描器读取原理

  由于不同颜色的物体,其反射的可见光的波长不同,白色物体能反射各种波长的可见光,黑色物体则吸收各种波长的可见光,如图 17-3 所示,所以当条形码扫描器光源发出的光经光阑及凸透镜 1 后,照射到黑白相间的条形码上时,反射光经凸透镜 2 聚焦后,照射到光电转换器上,于是光电转换器接收到与白条和黑条相应的强弱不同的反射光信号,并转换成相应的电信号输出到放大整形电路。白条、黑条的宽度不同,相应的电信号持续时间长短也不同。但是,由光电转换器输出的与条形码的条和空相应的电信号一般仅 10 mV 左右,不能直接使

图 17-2　扫描器组成及作用范围

用，因而先要将光电转换器输出的电信号送放大器放大。放大后的电信号仍然是一个模拟电信号，为了避免由条形码中的疵点和污点导致错误信号，在放大电路后需加一整形电路，把模拟信号转换成数字电信号，以便计算机系统能准确判读。然后整形电路的脉冲数字信号经译码器译成数字、字符信息。它通过识别起始、终止字符来判别出条形码符号的码制及扫描方向；通过测量脉冲数字电信号 0,1 的数目来判别出条和空的数目，通过测量 0,1 信号持续的时间来判别条和空的宽度。这样便得到了被辨读的条形码符号的条和空的数目及相应的宽度和所用码制，根据码制所对应的编码规则，便可将条形符号换成相应的数字、字符信息，通过接口电路送给计算机系统进行数据处理与管理，便完成了条形码辨读的全过程。

图 17-3　扫描器读取原理示意

## 三、条形码技术的应用

由于条形码技术具有输入速度快、信息量大、准确度高、成本低、可靠性强等优点,因而发展十分迅速。在仅仅 40 年的时间里,它已广泛应用于交通运输业、商业贸易、生产制造业、仓储业等生产及流通领域。它不仅在国际范围内为商品提供了一套完整的代码标识体系,而且为供应链管理的各个环节提供了一种通用的语言符号。

条形码技术在现代物流企业中的应用表现在如下几个方面。

1. 生产企业原材料供应管理

随着市场需求日益多元化,企业的生产模式已经从过去的大批量、单调品种的模式向小批量、多品种的模式转移,推行柔性生产,实现个性化生产,这就对原材料的供应和管理提出了更高的要求。条形码技术主要应用在四个方面:一是对采购的生产物料按照行业及企业规则建立统一的物料编码;二是对需要进行标识的物料打印其条形码标,以便于在生产管理中对物料的单件跟踪;三是利用条形码技术,对仓库进行基本的进、销、存管理,根据生产需要,及时进行原材料和部件的供应,并及时补充库存,控制库存数量,有效地降低库存成本;四是通过对原材料和部件编码,建立质量检验档案,保证原材料和部件的供应质量。

2. 装卸搬运管理

装卸搬运是物流企业一项很重要的职能,在这一环节中,货品种类繁多,信息量大,包装规格不同,且经常不能确定条形码标签的方向和位置,因此,这一系统应用的条形码技术与常用的技术有所不同,对条形码技术提出了较高的要求。一是必须保证扫描器每秒扫描的次数,并能够进行数据重组,保证得到完整的信息;二是由于装卸搬运的自然环境一般较差,因此,要保证扫描器在较高和较低温度下都能够正常工作,保证扫描器的使用寿命;三是要通过条形码显示的信息,将装卸搬运货物与作业单的信息进行进一步核实,提高装卸搬运的准确性。

3. 货物跟踪管理

货物跟踪系统是指物流运输企业利用条形码和 EDI 技术及时获取有关货物运输状态的信息,如货物品种、数量,货物在途情况、交货期间、发货地和到达地,货物的货主、送货责任车辆和人员等的方法。物流企业在向货主取货、装货时,在物流中心重新集装运输时或在向顾客配送交货时,利用扫描仪自动读取货物包装或者货物发票上的物流条形码等货物信息,通过公共通讯线路、专用通讯线路或卫星通讯线路把货物的信息传送到总部的中心计算机进行汇总整理,中心计算机集中所有被运送货物的信息。这样,顾客可以对货物的状态随时进行查询,物流企业可以即时确认货物交付给顾客的时间,从而提高运送货物的准确性和及时性,提高服务水平。如果再进一步运用地理信息系统和全球定位系统,在运输工具上安装实时跟踪系统,就可以实现对货物运输状态的实时查询和跟踪。

4. 仓储管理

条形码方案可对仓库中的每一种货物、每一个库位作出书面报告，可对库区进行周期性盘存，并在最大限度减少手工录入的基础上，确保将差错率降至零，且高速采集大量数据。一是根据货物的品名、型号、规格、产地、牌名、包装等划分货物品种，并且分配唯一的编码；二是将仓库分为若干个库房，每一个库房分若干个库位，明确定义存货空间，按仓库的库位记录仓库货物库存，在产品入库时将库位条形码号与产品条形码号一一对应；三是通过采集入库、出库、移库、盘库数据，使仓库货物库存更加准确。

5. 配送中心管理

配送中心的主要功能就是完成对商品的筛选、包装和分拣工作。配送中心管理最典型的模式是沃尔玛的配送中心。在配送中心，条形码技术无处不在，一是在商品进入配送中心时进行信息采集，完成对商品的筛选；二是根据配送要求，对商品进行重新分包、分拣，并打印新的条形码；三是根据订单，对同一批货物集中包装，再次打印新的条形码，送运。每一次信息采集，都及时输入中心计算机，中心对每一单配送进行实时监控，确保配送的准确性和及时性。

## 第二节　射频技术设备

### 一、射频技术及标准

1. 特征及分类

射频技术（radio frequency, RF）的基本原理是电磁理论。射频系统的优点是不局限于视线，识别距离比光学系统远，射频识别卡可具有读写能力，可携带大量数据，难以伪造，且有智能。

射频识别技术 RFID（radio frequency identification）于 20 世纪 80 年代出现，90 年代后进入实用化阶段。射频识别的标签与识读器之间利用感应、无线电波或微波进行非接触双向通信，实现标签存储信息的识别和数据交换。目前，RFID 是自动标识与数据采集领域最热门的技术，但是各厂商的格式一直不兼容。

射频识别技术最突出的特点是可以非接触识读（识读距离可以从 10 cm 至几十米），可识别高速运动物体、抗恶劣环境能力强，一般污垢覆盖在标签上不影响标签信息的识读，保密性强，可同时识别多个识别对象等，应用领域广阔。常用于移动车辆的自动识别、资产跟踪、生产过程控制等。由于射频标签较条码标签成本偏高，目前在物流过程中，很少像条码那样用于消费品标识，多数用于物流器具,如可回收托盘、包装箱的标识。

射频标识系统一般包括三个构件:天线、无线收发器(带解码器)、以电子形式编制了唯一信息的异频雷达收发器(称为 RF 标签)。

天线发射无线信号激活标签并读写其上的数据。天线是标签和无线收发器间的桥梁;天线有各种形状和大小,可置入门框内来接收通过门的人或物品上的标签数据,或固定在高速公路的收费站来检测交通流量。如果希望连续记录多个标签时,天线产生的电磁场可维持不变;如果不需要持续讯问,可由传感设备来激活电磁场。

天线可与无线收发器和解码器集成起来组成手持式或者固定式阅读器(讯问器)。阅读器发射出的无线电波可从 2.5 cm 到 30 m,通常依赖于其输出能力和所用频率。当 RFID 标签通过电磁场时探测阅读器的激活信号。阅读器对标签的集成电路内编码的数据进行解码并将数据传送给主机处理。

RFID 标签也有各种形状和大小。植入皮下的动物跟踪标签的直径只有铅笔头大,长 1 cm;标签可做成螺丝钉状用来识别树木或木制品;或作成信用卡状用在访问者控制;商店内商品上附着的防盗用的塑料标签就是 RFID 标签;用于跟踪联运集装箱或重型机器、卡车和铁路车辆的 12 cm×10 cm×5 cm 的大型异频雷达收发器也是 RFID 标签。

RFID 标签可分成主动式和被动式两类。主动式标签由内部电池供电,一般是可读写的。其存储容量取决于应用的要求,某些系统可达到 1 MB。流程式制造业所用的读写型 RFID 标签可向机器发出指令并接收机器报告的性能数据,这种编码后的数据作为所标记零件的历史数据。电池供电的主动式标签通常阅读范围更大,代价是更大的体积、更高的成本和有限的寿命(不超过 10 年,与现场温度和电池类型有关)。

被动式 RFID 标签不需要单独的内部电源,其工作能量来自阅读器。被动式标签比主动式标签更轻巧、更便宜,并且寿命几乎是无限的。但其阅读范围较小,需要高能阅读器。只读标签一般是被动式的、内置不可更改的标识数据(通常为 32~128 KB)。与一维条形码的作用一样,只读标签仅作为数据库的关键字,由数据库来存储可变的产品信息。

RFID 系统也可按其频率范围进行划分。30~500 kHz 的低频系统阅读范围小,系统成本也低,多用于访问者控制、物品跟踪和动物标识。850~950 MHz 和 2.4~2.5 GHz 的高频系统的阅读范围更大(30 m 以上),阅读速度更高,用作铁路车辆跟踪和自动收费,但系统成本也更高。

RFID 系统最重要的优点是非接触作业。它能穿透雪、雾、冰、涂料、尘垢和条形码无法使用的恶劣环境阅读标签;阅读速度极快,大多数情况下不到 100 ms。主动式 RFID 系统的读写能力也是重要的优点,可用于流程跟踪或维修跟踪等交互式业务。

因此尽管 RFID 系统与条形码相比成本较高,但还是在自动数据采集和标识领域获得广泛应用。

2. RFID 标准

RFID 系统的主要问题是不兼容的标准。RFID 的主要厂商提供的都是专用系统,导致不同的应用和不同的行业采用不同厂商的频率和协议标准。目前 RFID 的标准处于割据状态,铁路、公路、航空、收费、美国运输情报系统、国防部和其他专业领域都有各自的标准。这种混乱的状况已经影响了 RFID 整个行业的增长,并增加了跨行业应用时的成本。

但欧美的很多组织已经着手解决这个问题,并有望在彼此竞争的 RFID 系统间寻找出某些共性。1996 年 AIM 的美国分会已组成临时工作组开始制定 RFID 标准,ANSI 的"全国信息技术标准委员会(NCITS)"召集了主要的 RFID 厂商和用户起草 2.45 GHz 频率的草案,供 ISO 采用(ISO 已经采用动物跟踪国际标准,即 ISO11784 和 11785)。

正像标准化刺激了条形码技术的快速增长和广泛应用,RFID 厂商的合作对这种技术的发展和推广也是非常重要的。

## 二、射频技术的应用

美国和北大西洋公约组织(NATO)在波斯尼亚的"联合作战行动"中,不但建成了战争史上投入战场最复杂的通信网,还完善了识别跟踪军用物资的新型后勤系统。这是吸取了"沙漠风暴"军事行动中大量物资无法跟踪造成重复运输的教训,无论物资是在订购之中、运输途中,还是在某个仓库存储着,通过该系统,各级指挥人员都可以实时掌握所有的信息。

RF 适用于物料跟踪、运载工具和货架识别等要求非接触数据采集和交换的场合。由于 RFID 标签具有可读写能力,对于需要频繁改变数据内容的场合尤为适用。RFID 一般用于访问者控制、店铺的防盗系统、物品和库存跟踪、自动收费、野生和家养动物的跟踪、居室防盗系统、制造流程管理、联运集装箱和空运货物跟踪、航运与铁路车辆跟踪等。近年来美国国防部已加大了在后勤方面应用 RFID 技术的投资,将 RFID 标签用作海地、索马里和波西尼亚等军事行动中联运集装箱的电子载货单。

我国 RF 的应用也已经开始,一些高速公路的收费站口使用 RF 可以不停车收费,我国铁路系统使用 RF 记录货车车厢编号的试点已运行了一段时间,一些物流公司也正在准备将 RF 用于物流管理中。

射频识别识读器与标签之间的耦合方式有 3 种,静电耦合、感应耦合和微波。

第十七章 物流信息技术设备

静电耦合系统，识读距离在 2 mm 以下，我们常见的"信息钮"就是以静电耦合方式获取信息的，可用于固定货物的巡检等。

感应耦合系统，识读器天线发射的磁场无方向性，可以不考虑货物上射频标签位置和方向，常用于移动物品的识别、分拣。

微波射频识别系统，识读微波方向性很强，一般用于高速移动物体，如运输车辆的识别。

物流过程应用的射频识别一般是感应耦合方式的系统。感应耦合射频识别系统的工作过程通常是射频识读器的天线在其作用区域内发射能量形成电磁场，载有射频标签的物品在经过这个区域时被读写器发出的信号激发，将储存的数据发送给识读器，识读器接收射频标签发送的信号，解码获得数据，达到识别目的。由于射频识别技术应用涉及使用频率、发射功率、标签类型等诸多因素，目前尚没有像条形码那样形成在开环系统中应用的统一标准，因此主要是在一些闭环系统中使用。

1. 智能托盘系统

系统组成中的射频识读器，安装在托盘进出仓库必经的通道口上方，每个托盘上都安装了射频标签，当叉车装载着托盘货物通过时，计算机通过识读器了解货物出入库情况，如图 17-4 所示。叉车通过时，射频识读器自动识读装载托盘上的射频标签。包装箱上方是识读器天线，可识读包装箱上固定的射频标签。

(a) 叉车装载着托盘货物通过通道口情形

(b) 包装箱固定的射频标签

图 17-4 智能托盘系统

2. 通道控制系统

这是一个汽车制造业的仓库，创造性地使用射频识别技术"红、绿信号"系统，控制 3 500 个仓库进出的包装箱。这些包装箱上固定着射频标签，包装箱里是需要特殊标识的原材料。射频标签固定在包装箱上，记录着每个包装箱的唯一标识。在包装箱进出口处安装了射频识读器，识读器天线固定在上方。当包装箱通过天线所在处，系统将标签记录信息与主数据库信息进行比较，正确时绿色信号亮，包装箱通过；如果不正确，则激活红色信号，同时将时间和日期记录在数据库中。

3. 气瓶防盗系统

如图 17-5 所示,在该系统运行的每个气瓶上都装有射频标签。装有气瓶的卡车通过装有射频识读器的出口时,识读器可同时识别每个气瓶上的标签信息,如有非注册气瓶,可认为是被盗气瓶,被限制运出。该系统还同时获取气瓶的年检信息。该系统充分利用了射频识别系统可识别高速移动物体及可同时识别多个标签的特点,实现气瓶运输过程中多气瓶的实时监控及防盗。

(a) 通道门上方的射频识读器

(b) 每个气瓶上都装有射频标签

图 17-5 气瓶防盗系统

## 第三节 GPS 和 GIS 设施与设备

GPS 具有功能多、精度高、覆盖面广、定位速度快等特点,信息传输采用 GSM 公用数字移动通信网,构筑在国际互联网这一最大的网上公共平台上,具有开放度高、资源共享程度高等优点。而在地理信息系统(geographical information system,GIS)中,具有完整的 GIS 物流分析软件集成了车辆路线模型、最短路径模型、网络物流模型、分配集合模型和设施定位模型等。

物流管理的最终目标是降低成本、提高服务水平,这需要物流企业能够及时、准确、全面地掌握运输车辆的信息,对运输车辆实现实时监控调度。现代科技、通讯技术的发展,GPS/GIS 技术的成熟和 GSM 无线通讯技术的广泛应用,为现代物流管理提供了强大而有效的工具。3G(GPS/GIS/GSM)对物流企业优化资源配置、提高市场竞争力,将会起到积极的促进作用。

### 一、全球卫星定位系统(GPS)

1. 全球卫星定位系统

GPS 是美国从 20 世纪 70 年代开始研制,历时 20 年,耗资 200 亿美元,于 1994 年全面建成,具有在海、路、空进行全方位实时三维导航与定位能力的新一代卫星导航与定位系统。

经我国测绘等部门近10年的使用表明,GPS以全天候、高精度、自动化、高效益等显著特点,赢得广大测绘工作者的信赖,并成功地应用于大地测量、工程测量、航空摄影测量、运载工具导航和管制、地壳运动监测、工程变形监测、资源勘察、地球动力学等多种学科,从而给测绘领域带来了一场深刻的技术革命。

随着全球卫星定位系统的不断改进,硬、软件的不断完善,应用领域正在不断地开拓,目前已遍及国民经济各种部门,并开始逐步地深入人们的日常生活。该GPS系统包括三大部分:空间部分——GPS卫星星座;地面控制部分——地面监控系统;用户设备部分——GPS信号接收机。

2. GPS的构成和原理

GPS是利用卫星基本三角定位原理,GPS接收装置以量测无线电信号的传输时间来量测距离。由每颗卫星的所在位置,测量每颗卫星至接收器间距离,即可算出接收器所在位置之三维空间坐标值。

卫星可以不断地传送轨道运行资料和由所载原子钟产生的精确时间数据,GPS接收器上有一个专门接收无线电信号的接收器,同时也有自己的时钟,当接收器收到一个卫星传来的信号时,它可以经由内部微处理机换算成所在的位置数据,也就是说可以知道这个卫星离我们多远以及它的方向在哪里,但是这个位置有可能是地球表面一个大圆弧上的某一点。当有两个卫星信号时,接收器算出来的位置只是两个球状信号交会形成的一个圆形范围,而这个圆形范围到达地球表面时会有两个交会点,因此仍只能得到粗劣的位置。第三个卫星信号会在三个球状信号中产生两个交会点,其中一个交会点会到达地球表面,另外一点则在太空中卫星的另一侧,当然GPS会假定你不可能在太空那一点上。使用者只要利用接收装置接收到3个卫星信号,就可以定出使用者所在的位置。一般的GPS都是利用接收装置接收到4个以上卫星信号,来定出使用者所在的位置及高度。而当GPS连续收到5到6颗以上卫星信号时,就可以得到更精确的定位数据,每一个卫星都会产生一个不同的球状信号,接收器会自动算出所有球状信号共同的交会点在哪里。由于每个卫星发射出来的信号都不大一样,有时候还会失去信号,因此以其平均值来提高精确度。收到三个以上的卫星信号就可以知道我们身处何处,我们可以从卫星送出来的时间信号测得卫星是否仍在持续发送信号,所以GPS卫星接收器至少必须能计算出位于三度空间上的垂直位置。

GPS的原理如下。基本上GPS的卫星信号会不断传送轨道运行数据,其所载之原子钟也会不停产生精确的时间数据。而每个GPS接收器上也有自己的时钟与无线电接收器,所以最新的数据是不断地被接收。同时由于每个卫星都会产生一个不同的球状信号,因此常连续接收到三个卫星信号时,便会产生一个交点,此即为GPS之定位功能。

使用者接收器现有单频与双频两种,但由于价格因素,一般使用者所购买的多为单频接收器。使用者接收机主要目的是接收 GPS 卫星广播出来的定位信号,由接收机中的运算单元,计算出使用者目前位置。该接收器主要由接收机及天线构成,一般 GPS 接收机价格低廉,只接收信号而不发射信号,但可提供全球 24 小时的定位服务,也不受天候状况的影响,由于采用展频(高速跳频)技术,更不易受到别人信号的干扰。

GPS 接收机的性能:GPS 接收机无论其体积大小,有许多组件关系到它的性能。例如以可同时接收卫星数量而言,有些 GPS 接收机是四卫星级的,有些是六卫星级的,而目前 GPS 则大多数是 12 卫星级的。其中尚有同步及异步接收之分。大体上卫星数量的多寡和锁定数据的速度有关。当 GPS 安装在交通工具一类天空被遮蔽的地点时,必须使用外接天线来接收来自卫星的信号。通常 GPS 卫星的频率因为高达 1.6 GHz,它的天线通常不会太大。有些天线具有信号放大的线路,可以接续较长的电缆线到 GPS 接收机,这一类的天线通长体积会比较大些。

3. 全球卫星定位系统的应用

全球卫星定位系统是 20 世纪产生的一项高技术,在 21 世纪将会被广泛应用到许多领域,在物流领域全球卫星定位系统将会越来越普遍地应用于各个环节,包括用于汽车自定位、跟踪调度、陆地救援;用于内河及远洋船队最佳航程和安全航线的测定、航向的实时调度、监测及水上救援;用于空中交通管理、精密进场着陆、航路导航和监视;用于铁路运输管理;用于军事物流等。

GPS 是结合卫星和无线技术,应用于导航定位的导航系统,能提供使用者精确的定位、速度及时间。GPS 发展计划是由美国国防部主持,由运输部参与,并将此项技术转移至民间使用,应用在导航定位、精密测量及标准时间等相关作业上。GPS 已广泛应用于人们的日常生活之中,尤其与通讯业的结合深具实际应用的发展潜力,随着卫星科技的进步,GPS 技术及商机正迅速蓬勃地发展。

最早促成卫星导航技术发展的单位是美国与苏联,40 年前美、苏开始发射人造卫星,并运用其对经纬度坐标定位与导航功能,作为敌前侦测与军事通讯等用途。在卫星导航技术发展的同时,美国国防部开始发展一项规划 24 颗导航卫星(NAVSTAR)的"全球卫星定位系统"计划,如图 17-6 所示。

图 17-6 美国 24 颗 NAVSTAR 导航卫星全球定位系统示意

24颗卫星平均分布在6个轨道面,每一个轨道面上各有4颗卫星绕行地球运转,不论在任何地点、任何时间,至少有4颗以上的GPS卫星出现在我们上空中供使用者使用。每颗卫星都对地表发射涵盖本身载轨道面的坐标、运行时间的无线电信号,地面的接收单位可依据这些数据作为定位、导航、地标等精密测量。

GPS的用途十分广泛,举凡需要做地面定位的工作,均可利用GPS来达成。以往GPS之使用都集中在军事用途上,如海陆空军事之导航、潜艇定位、无人驾驶载体作定位遥控、部队移动之监控等。随着时代之变迁,全球卫星定位系统GPS已广泛使用于我们日常生活之中,如卫星导航系统、陆地运输监控、汽车导航及其GPS定位功能之通信手机(cell phone)等。现在最常使用GPS的应用领域大约有以下几方面:资源调查、土地探测,导航定位如汽车定位,航空、航海等导航定位,大地测量、一般测量、制图、货运、救护、消防、警政、营救、精确定时以及有关的军事用途。

GPS的基本应用就是导航与定位,定位方面在上文已描述过,而导航方面就是利用所求出的定位数据来计算。接收机所计算出的任何时刻坐标数据,在GPS里我们都称为一个航点(waypoint),也就是说每个航点所表示的就是一个坐标值,比较重要的航点我们就可以把它储存在接收机内,并编上一个名字,让我们可以辨别。

由于在地球表面上的任何位置,都以不同的坐标值来表示,因此只要知道两个不同航点的坐标数据,接收机就可马上计算出两个航点间的直线距离、相对方位及航行速度,这就是GPS接收机导航数据的来源。

## 二、地理信息系统(GIS)

### 1. 地理信息系统的特征和定义

地理信息系统简称GIS(geographical information system)。它是20世纪60年代开始迅速发展起来的地理学研究技术,是多种学科交叉的产物。地理信息系统是以地理空间数据库为基础,采用地理模型分析方法,适时提供多种空间的和动态的地理信息,为地理研究和地理决策服务的计算机技术系统,具有以下三个方面的特征:

(1) 具有采集、管理、分析和输出多种地理空间信息的能力,具有空间性和动态性;

(2) 以地理研究和地理决策为目的,以地理模型方法为手段,具有区域空间分析、多要素综合分析和动态预测能力,产生高层次的地理信息;

(3) 由计算机系统支持进行空间地理数据管理,并由计算机程序模拟常规的或专门的地理分析方法,作用于空间数据,产生有用信息,完成人类难以完成的任务。

地理信息系统从外部来看,它表现为计算机硬件系统;而其内涵是计算机程序和地理数据组织而成的地理空间信息模型,是一个逻辑缩小的、高度信息化的地理系统。

David J. Cowen 在分析现有地理信息系统定义的基础上,将其归结为以下四类。

(1) 面向数据处理过程的定义。认为地理信息系统由地理数据的输入、存储、查询、分析与输出等子系统组成。过程定义本身很清楚,强调数据的处理流程,但其外延太广泛,不利于将地理信息系统与其他地理数据自动化处理系统分开。

(2) 面向专题应用的定义。在面向过程定义的基础上,按其分析的信息类型来定义地理信息系统,如土地利用信息系统、矿产资源管理信息系统、投资环境评估信息系统、城市交通管理信息系统等。面向专题应用定义有助于描述地理信息系统的应用领域。

(3) 工具箱定义。这种定义基于软件系统分析的观点,认为地理信息系统包括各种复杂的处理空间数据的计算机程序和各种算法。工具箱定义系统地描述了地理信息系统软件应具备的功能,为软件系统的评价提供了基本的技术指标。

(4) 数据库定义。在工具箱定义的基础上,更加强调分析工具和数据库间的连接。一个通用的地理信息系统可看成是许多特殊的空间分析方法与数据管理系统的结合。

综上所述,地理信息系统可定义为:由计算机系统、地理数据和用户组成的,通过对地理数据的集成、存储、检索、操作和分析,生成并输出各种地理信息,从而为土地利用、资源管理、环境监测、交通运输、经济建设、城市规划以及政府各部门行政管理提供新的知识,为工程设计和规划、管理决策服务。

2. 地理信息系统组成

(1) 硬件组成部分。

① 计算机主机,包括屏幕、键盘、鼠标等。

② 输入设备,包括数字化仪、扫描仪、测绘仪器等。

③ 存储设备,包括软盘、硬盘、磁带和光盘等。

④ 输出设备,包括显示器、绘图机、打印机等。

(2) 计算机软件系统。

GIS 软件主要有 ESRI 公司的 ARC/INFO,MapInfo 公司的 MapInfo,Autodesk 公司的 AutoCAD Map 和 Autodesk World 等国外软件及 GeoStar,

MapCAD,CityStar 等国产软件。这些都基于 Windows98/NT 平台的比较优秀的 GIS 软件，以其各自的特点应用于不同领域，并向着各自的方向前进。MapInfo 公司的 MapInfo Professional 是目前世界上比较完备、功能强大、全面直观的桌面地理信息系统。

GIS 的计算机软件系统可以按功能分为以下五个部分。

① 数据输入。数据是 GIS 的血液。数据输入的目的是将现有的地图、航空相片、遥感图像、文本资料等转换成 GIS 可以处理与接收的数字形式，使系统能够识别、管理和分析。

② 数据管理。数据管理部分是 GIS 的心脏。在 GIS 的核心部分，有一个巨大的地理数据库，它必须能管理存储于 GIS 中的一切数据，具有数据库的定义、维护、查询、通信等功能。

③ 空间分析。空间分析是 GIS 的大脑，它是 GIS 区别于一般事务数据库和其他一些系统的重要特征。它通过对 GIS 中空间数据的分析和运算，为 GIS 的具体应用提供分析处理后的信息。

④ 数据输出。将 GIS 中的数据经过分析、转换、处理、组织，以某种用户可以理解的形式(如报表、地图等)提供给用户，GIS 还可以直接通过 Internet 传给网络用户。这就是 GIS 数据输出部分的任务。

⑤ 应用模块。这是指应用于某种特定任务的 GIS 软件模块，在 GIS 的基础软件(或称工具软件)中是不具备的，但往往是用户关心的。如房地产管理、自然灾害分析等。这部分软件可以根据不同的用户目的，导致完全不同的功能，如城市规划的应用模块和水资源调查的应用模块，在功能上就完全不一样。GIS 的这一部分是为用户的事务性工作直接服务的，往往带有辅助决策的性质。

(3) 地理数据。

数据是 GIS 的血液，没有数据 GIS 就无法运行。地理数据是具有空间定位的自然、社会、人文、经济等方面的数据，可以是图形、图像、文本、表格、数字、声音等，是用户通过数字化仪、扫描仪等设备输入到 GIS 的地理数据库中的。

GIS 中数据的质量直接影响到 GIS 分析结果的可靠性。由于数据是随着时间不断老化的，为了使 GIS 能有效、可靠地发挥作用，GIS 地理数据库中的数据必须被不断地更新。更新数据就需要投入，因此，GIS 是需要不断的资金投入的。否则，如果 GIS 中的数据是"垃圾"，那么其输出的结果也将是"垃圾"，不会因为昂贵的设备和高级的技术人才而改变数据的质量。

GIS 的数据输入部分主要任务是把存在于地图、遥感相片等载体的空间数据转换成描述目标的空间位置、几何形态以及与其他目标的空间关系的数据。例如描述一幢房子位置和形状的坐标数据。空间数据通常是通过测绘手段获取的(包括地图、遥感、GPS 等)。属性数据是指描述空间目标的社会或自然属性的数据,如房子的房主、建筑年代、建筑材料等。在建立 GIS 的最初阶段,数据采集和转变的经费往往高达整个系统的 70%~80%。

(4) 管理和操作人员。

任何先进技术的引进和开发应用,都必须拥有掌握该技术的人才。对 GIS 的管理和操作人员,应进行培训,使他们能以与传统手工操作不同的、新的方式进行思维和工作。

如果只是盲目地引入 GIS 软件,买一些硬件设备,由几个热心的人进行开发、管理和使用,是难以产生应有的效益的,必须有稳定的组织机构来进行 GIS 的开发、管理和使用。

3. GIS 技术的应用

GIS 应用于物流分析,主要是指利用 GIS 强大的地理数据功能来完善物流分析技术。国外公司已经开发出利用 GIS 为物流分析提供专门分析的工具软件。完整的 GIS 物流分析软件集成了车辆路线模型、最短路径模型、网络物流模型、分配集合模型和设施定位模型等。GIS 与相关信息技术的结合是一门综合性技术。GIS 应用需要利用和集成其他技术,同时其他信息技术的应用也需要 GIS。

GPS 被认为是 21 世纪影响人类社会的 12 大技术之一。然而,GPS 离不开 GIS,必须与 GIS 结合。特别是智能化汽车和道路系统(IVHS)的建设,将为 GIS 和 GPS 应用开辟新的途径。

根据 GIS 所应用的领域不同可将其划分为:地籍信息系统(CIS)、基于影像的信息系统(IBIS)、土地信息系统(LIS)、自然资源管理信息系统(NRMIS)、市场分析信息系统(MAIS)、规划信息系统(PIS)、空间信息系统(SIS)、空间决策信息系统(SDIS)、城市信息系统(UIS)和交通运输地理信息系统(GIST)等。尽管现存的地理信息系统软件很多,但对于它的应用,归纳概括起来有两种情况。一是利用 GIS 系统来加工和管理用户的数据;二是在 GIS 的基础上,利用它的二次开发技术开发用户专用的地理信息系统。以下是一些具体的应用方式:

(1) 地理信息系统。作为空间数据库管理系统,GIS 目前采用野外数字测图、手工和扫描数字化、遥感与摄影测量等方式采集空间数据,并有效地对这些数据进行数据库管理、更新、维护、进行快速查询检索,以多种方式输出决策所需的地理空间信息。

(2) GIS 在综合分析评价与模拟预测中的应用。GIS 可以综合分析现实世界各个侧面的思维评价结果,得到综合分析评价结果;也可以模拟自然过程、决策和倾向的发展,对比不同决策方案的效果以及可能产生的后果,以作出最优决策,避免和预防不良后果的发生。

(3) GIS 的空间查询和空间分析功能的应用。这种应用以原始图为输入,而查询和分析结果则是以原始图经过空间操作后生成的新图件来表示,在空间定位上仍与原始图一致。因此,也可将其称为空间变换。这种空间变换包括叠置分析、缓冲区分析、拓扑空间查询、空间集合分析(逻辑交运算、逻辑并运算、逻辑差运算)等。

(4) GIS 在专题地图制图中的应用。地理信息系统的发展是从地图制图开始的,因而 GIS 的主要功能之一是用于地图制图,建立地图数据库。与传统手工制图方式相比,利用 GIS 建立起地图数据库,可以达到一次投入、多次产出的效果。它不仅可以为用户输出全要素地形图,而且可以根据用户需要分层输出各种专题。

(5) 建立专题信息系统和区域信息系统。专题信息系统如水资源管理信息系统、矿产资源信息系统、草场资源信息系统、水土流失信息系统和目前上海正在建立的煤气管网 GIS 等。区域信息系统主要以区域综合研究和全面的信息服务为目标,可以有不同的规模,其特点是数据种类多,功能齐全,通常具有较强的开放性。

(6) GIS 与遥感图像处理系统相结合的应用。遥感数据是地理信息系统重要信息源,目前大多数 GIS 系统已嵌入图像处理功能,并把它作为一个子模块。

## 第四节　通信与网络技术设备

### 一、计算机网络概述

**1. 计算机网络的定义**

计算机网络是利用通信链路(传输介质)和通信设备把分散在不同地点的具有独立功能的多个计算机系统互联起来,按网络通信协议相互通信,在网络软件控制下实现网络资源共享和数据通信的系统。

**2. 计算机网络的类型**

根据网络的覆盖范围来划分网络类型,通常可划分为局域网、城域网、广域网等类型。

(1) 局域网络。简称 LAN,它是属于某一个单位在某一个小范围内(即某一幢大楼、某一个建筑物、物流公司的某一个办事处)组建的计算机网络,一般在 10 km 范围内。该网络具有组网方便、使用灵活、操作简单等特点。它起源于 20 世纪 80 年代初期,是随着微型计算机的大量使用而迅速发展起来的一种新型的网络技术。

(2) 广域网络。简称 WAN,它是一种涉及范围较大的远距离计算机网络,即一个地区、一个省、一个自治区、一个国家以及它们之间甚至全世界建立的计算机网络。因此,又将广域网称为远程网。因为广域网传输的距离远,所以传输的装置和介质由电信部门提供。例如,长途电话线、微波和卫星通道、光缆通道等,也有使用专线电缆的。广域网络是由多个部门或多个国家联合建立,规模大,能够实现较大范围内的资源共享。

(3) 城域网。指介于广域网和局域网之间的一种网络。

3. 计算机网络的组成

计算机网络的结构包括两个部分:数据通信系统(通信子网)和数据处理系统(资源子网),如图 17-7 所示。

图 17-7 计算机网络结构的典型模型

资源子网负责数据处理,向网络用户提供各种网络资源和网络服务。它包括以下内容:

① 主计算机。主计算机是连接于网络上、供用户使用的计算机的集合,用来运行用户的应用程序,为用户提供资源和服务,又称结点,一般由具有较高性能的计算机担任。

② 服务器。对数据文件进行有效存储、读取以及传输,并执行读、写、访问控制以及数据管理等操作。

③ 终端。直接面向用户,实现人-机对话,并通过它与网络进行联系。包括键盘、显示器、电话、传真和微机。

④ 通信控制设备。包括集中器(HUB)、信号变换器(如调制解调器)等。

## 二、局域网、广域网的组成及特性

局域网一般由服务器、用户工作站、传输介质三部分组成,如图 17-8 所示。

图 17-8　局域网硬件组成示意

运行网络 OS,提供硬盘、文件数据及打印机共享等服务功能,是网络控制的核心。从应用来说,较高配置的普通 486 以上的兼容机都可以用于文件服务器,但从提高网络的整体性能尤其是从网络的系统稳定性来说,还是选用专用服务器为宜。目前常见的网络操作系统主要有 Netware,Unix 和 Windows NT 三种。

广域网是指覆盖范围广、传输速率相对较低,以数据通信为主要目的的数据通信网。广域网组成见图 17-9。通常,公共数据通信网是由政府通信部门来建立和管理的,这也是它区别于局域网的重要标志之一。很多国家的通信部门建立了公共电话交换数据网(CSPDN)、公共分组交换数据网(PSPDN)、数字数

图 17-9　广域网组成

据网(DDN)、综合业务数字网(ISDN)和帧中继网(FR)等,以此为基础提供电路交换数据传送业务、分组交换数据传送业务、租用电路数据传送业务、帧中继数据传送业务和利用公共电话网的数据传达业务。中国的邮电部门已建立PSPDN和DDN,并开放了分组数据、租用电路和部分的帧中继服务。

### 三、传输介质的选择

传输介质主要是指计算机网络中发送者和接收者之间的物理通路,其中有通信电缆,也有无线信道,如微波线路和卫星线路。而局域网的典型传输介质是双绞线、同轴电缆和光缆。

1. 双绞线

双绞线是由按规则螺旋结构排列的两根绝缘线组成,见图17-10。线是铜质的或者是用铜包着的钢,可以用于传输模拟、数字信号,既可以用于点到点的应用,也可以用于多点的应用。双绞线分非屏蔽双绞线 UTP(unshielded twisted pair)和屏蔽双绞线 STP(shielded twisted pair)两种。目前,在局域网中,大多数使用的是UTP。双绞线是两根绝缘导线互相绞结在一起的一种通用的传输介质,它可减少线间电磁干扰,适用于模拟、数字通信等。在局域网中,UTP被广泛采用,其传输速率取决于芯线质量、传输距离、驱动和接收信号的技术等。如令牌环网采用第三类UTP,传输速率最高可达 16 Mbps;10Base—T采用的三类UTP,速率达 10 Mbps;100Base—T采用的五类UTP,传输速率达 100 Mbps。

屏蔽双绞线

非屏蔽双绞线

图17-10 双绞线

UTP价格较低,传输速率满足使用要求,适于办公大楼、学校、商厦等干扰较小的环境中使用,但不适于噪声大、电磁干扰强的恶劣环境中使用。

## 2. 同轴电缆

同轴电缆由一空心金属圆管（外导体）和一根硬铜导线（内导体）组成，如图 17-11 所示。内导体位于金属圆管中心，内外导体间用聚乙烯塑料垫片绝缘。

在局域网中使用的同轴电缆共有 75 Ω，50 Ω 和 93 Ω 三种。RG59 型 75 Ω 电缆是共用天线电视系统（CATV）采用的标准电缆，它常用于传输频分多路 FDM 方式产生的模拟信号，频率可达 300～400 MHz，称作宽带传输，也可用于传输数字信号。50 Ω 同轴电缆分粗缆（RG-8 型或 RG-11 型）和细缆（RG-58 型）两种。粗缆抗干扰性能好，传输距离较远；细缆价格低，传输距离较近，传输速率一般为 10 Mbps，适用于以太网。RG-62 型 93 Ω 电缆是 Arcnet 网采用的同轴电缆，通常只适用于基带传输，传输速率为 2～20 Mbps。

图 17-11 同轴电缆

## 3. 光缆

光缆是光纤电缆的简称，是传送光信号的介质，它由纤芯、包层和外部一层的增强强度的保护层构成，如图 17-12 所示。纤芯是采用二氧化硅掺以锗、磷等材料制成，呈圆柱形。外面包层用纯二氧化硅制成，它将光信号折射到纤芯中。光纤分单模和多模两种，单模只提供一条光通路，多模有多条光通路。单模光纤容量大，价格较贵，目前单模光纤芯连包层尺寸约 8.3 $\mu m$/125 $\mu m$，多模纤芯常用的为 62.5 $\mu m$/125 $\mu m$。光纤只能作单向传输，如需双向通信，则应成对使用。

图 17-12 光缆结构示意

光缆是目前计算机网络中最有发展前途的传输介质，它的传输速率可高达1 000 Mbps,误码率低,衰减小,传播延时很小,并有很强的抗干扰能力,适宜在泄漏信号、电气干扰信号严重的环境中使用,所以备受人们青睐。光缆适用于点—点链路,所以常应用于环状结构网络。缺点是成本较高,还不能普遍使用。

## 四、电子数据交换(EDI)技术

**1. 定义**

EDI 是指按照统一规定的一套通用标准格式,将标准的经济信息,通过通信网络传输,在贸易伙伴的电子计算机系统之间进行数据交换和自动处理。图17-13是通用 EDI 系统组成示意图。

图17-13 EDI 系统结构示意

实施 EDI 潜在益处很多。最主要的益处是减少了公司文档方面的工作,提高了数据传输速度和准确性,使领导层把更多精力集中在战略决策方面。同时,实施 EDI 能降低运营成本。此外,由于实施 EDI 提高了数据传输速度和准确性,扩大信息含量,缩短了订货采购提前期,使得库存水平降低,大大地降低了库存费用。

**2. EDI 标准**

美国是 EDI 的发源地,20世纪70年代初期,美国的一些公司出于提高事务处理效率,从而提高竞争力的目的,开始在公司与公司之间交换电子数据。随着使用电子交换数据的公司越来越多,发现各个系统互不相容,系统内的组织和系统外的组织无法进行电子数据交换,于是需要有一种共同的交流标准。现行的各种 EDI 标准就是共同的交流标准,是数据交换的翻译,它使得遵循这一标准的企业与组织能进行电子数据交换(EDI 作业流程见图 17-14 所示)。发送方在自己的计算机系统中输入商业文件,然后通过对照转换成平台文件,再通过翻译形成标准文件,对标准文件加封后传输,接收方收到加封文件后解封,变成标准文件,再翻译成平台文件,然后通过对照形成用户文件。

EDI 标准主要分为以下几个方面:

① 基础标准;
② 代码标准;
③ 报文标准;
④ 单证标准;
⑤ 管理标准;
⑥ 应用标准;
⑦ 通信标准;
⑧ 安全保密标准。

图 17-14　EDI 作业流程图

EDI 的标准有许多,广泛应用的有 ANSI X.12 和 UN/EDIFACT,其中 ANSI X.12 是由美国国家标准委员会制定并颁布实施的,而 UN/EDIFACT (EDI for administration commerce and transport)是由欧洲贸易委员会制定并颁布实施的,目前国际间应用最广泛,我国也已加入了"亚洲 EDIFACT 理事会"。另外还有一些行业 EDI 标准,如食品行业、汽车行业、零售行业等。

3. EDI 系统的类型

到目前为止,使用最多的 EDI 系统主要有两种:一是单对多 EDI 系统;二是价值增值网络(VAN)。

单对多 EDI 系统中的"单"往往是大型的制造商、大型零售商。其优点是系统的拥有者具有控制整个系统的能力,缺点是系统的建立、管理及维护需花很高的费用。

价值增值系统(value-added Network,VAN),或称第三方系统。它是目前最受欢迎的 EDI 系统,在这个系统中,所有的顾客、供货商信息都经过第三方系统。同单对多系统相比,VAN 具有很多优点:

① 不同时性,对于单对多系统,只有发送方与接收方同时开机时,信息的传输才能完成,而 VAN 则不同,它为每个接收方准备了一个邮件箱(mailbox),第三方把发送方的信息转到相应接收方的邮件箱中,因此,接收方可以随时查看自己的邮箱;

② 第三方向用户提供了一些易学易使的应用系统,相比复杂的 EDI 标准而言,可以降低用户的启动费用,减少培训费用;

③ 用户选择面广,在第三方系统中,有许多供货商或客户以供选择;

④ 第三方系统包含单对多,一个顾客多个供货商系统一样可以通过 VAN 来完成,而且用户不必花费大量资金管理维护 EDI 系统。

4. EDI 在互联网时代的发展和应用

实施 EDI 存在的最大问题仍然是启动费用和运营费用偏高,建立 EDI 系统需要巨大的资金,运行 EDI 需要专线连接,文件格式是专门的标准文件格式,这一切都不利于 EDI 的发展。信息技术和互联网的发展为 EDI 带来新的发展机遇。目前提出的发展方案主要有两种:一是在互联网上实施 EDI 代替通过 VAN 实施 EDI;二是实施互联网上的电子商务取代 EDI。

(1) EDI 在供应链管理过程中的应用。

EDI 是一种信息管理或处理的有效手段,它是对供应链上的信息流进行运作的有效方法。EDI 的目的是充分利用现有计算机及通信网络资源,提高贸易伙伴间通信的效益,降低成本。

(2) EDI 技术在我国的应用现状以及发展前景。

EDI 应用获益最大的是零售业、制造业和配送业。在这些行业中的供应链上应用 EDI 技术使传输发票、订单过程中达到了很高的效率。零售业、制造业和运输业所采用的 EDI 应用主要是发票和订单处理,而这些业务代表了他们的核心业务活动:采购和销售。EDI 在密切贸易伙伴关系方面有潜在的优势。

目前,我国 EDI 的应用尚处于起步阶段,同国外相比还有很大差距。随着社会主义市场经济体系的逐步建立,国内市场将同国际接轨并融为一体,逐渐成为国际市场的一部分。为了保持和增强我国在国际市场上的贸易竞争能力,促进我国供应链管理的不断发展,我们必须迎头赶上世界电子信息产业发展的潮流,不失时机地大力发展 EDI 技术。

## 小结和学习重点

- 条形码的分类和标准及其适用范围
- 射频电子标签的特点和标准

物流设施与设备

- GPS/GIS 在物流系统中的应用及其相关设施
- 通信与网络技术的系统和设备
- EDI 系统和标准

通过对本章的学习,可以熟悉多项现代物流信息技术,包括条形码技术、RFID 技术、GPS/GIS 系统、EDI 系统等,分别介绍了其特点、应用范围和相关标准。现代物流信息系统正向着标准化、网络化和一体化方向发展。随着网络和通信技术的进一步发展,电子订货系统(EOS)、全球卫星定位系统(GPS)以及电子商务更多地融入,带动了供应链上下游之间的信息交换和物流流动。因此,要使企业具有一体化的全球物流信息系统,不仅要求企业的运行机制要适应一体化物流要求,还需要硬件和软件技术的支持。

【案例分析】

### 小小 RFID 标签带来加拿大商业革命

德国世界杯球赛的球票上使用了一种无线电频率识别(RFID)标签技术,这种技术可以防止足球流氓进入球场。世界杯的 320 万张球票都含有 RFID 标签,标签上含有购票者的个人信息。球迷在入场时,工作人员将球票上的标签放在入口处的接收阅读器上识别,持票人的名字自动进入足球流氓数据库进行对比,可以有效防止足球流氓进入球场。

其实,RFID 技术的用途很广泛。目前,零售业、制造业、保安、娱乐业等许多行业都在使用这种新技术,以实时跟踪移动物品。许多事实已经证明,该技术的普及使用将大大降低生产运营成本,提高生产效率,创造新的市场机会。一些专家甚至认为,RFID 技术将会引起公司运转方式上的一场革命。

2 年前,加拿大安大略省机动车管理机构开始使用 RFID 技术,在其 6 000 多个事故详细资料的文件夹中加装了 RFID 标签,这样通过一个阅读器就可以便捷地查阅到所需的文件。该机构负责人约翰·安格里斯表示,使用该技术后节省了半个人力。从经济效益的角度来看,最初投入了 5 万加元,而半个人力一年就可以省下 2.5 万加元。

加拿大福特公司也利用 RFID 技术来跟踪制造过程中的每辆卡车的行踪。通过这种实时跟踪,操作控制人员可以在巨大的制造区域里掌握每辆卡车的制造进度和所处位置等信息。

最近,这种技术在零售业领域也受到了重视,沃尔玛连锁店开始使用它统计货物的存量。RFID技术的另一个用处是防盗,一些公司已经开始在手提电脑上加装标签以防盗窃。

2年前,该芯片的价格是40加分,但现在已降至10加分以内。专家表示,随着该技术的不断发展,这种标签的价格将会进一步下降,其使用范围将会大大扩展。

RFID标签技术制造商的目标是进一步降低成本,最终在商店里用RFID标签取代现在广泛使用的条形码标签。这样,从商品入库一直到顾客付钱的整个过程中,商家都能够跟踪商品的行踪,使得商家既可以实时掌握货物的存量,又可以实时了解顾客的购物趋向。例如,商家可以使用RFID标签轻易地统计顾客拿起商品和将其放回货架的次数,或者这种商品放在普通货架处和放在特别推销处的销售量区别。

多伦多EPC电子技术公司的CEO阿尔特·史密斯表示,他希望有一天能够将所有的RFID系统连接成一个世界范围的网络。他说:"这将是一个物品的互联网。"

可以预料,RFID技术不仅能够改变大商场的供应链,而且还将改变整个商业的运作方式,引发一场彻底的商业革命。

**思考题**
1. RFID技术可以应用在哪些场合?
2. 目前制约RFID技术发展的主要因素有哪些?

# 练习与思考

**(一) 名词解释**
条形码　RFID　GIS　GPS　计算机网络　EDI

**(二) 填空题**
1. 目前,条形码阅读器的种类比较多,按光源分有_____、_____、_____;按物理结构分为_____、_____、_____;按扫描方式分有_____、_____、_____等。常见的条形码阅读器有_____、_____和_____等。
2. 射频标识系统一般包括三个构件:_____、_____、_____。
3. 计算机网络根据网络的覆盖范围,通常可划分为_____、_____、_____等类型。
4. 局域网的典型传输介质通常采用_____、_____和_____。

### (三) 简答题

1. 现代物流对物流信息技术有哪些基本要求？
2. 简述条形码技术在物流领域的应用。
3. 简述射频识别技术的基本原理。
4. 简述 GPS 的原理。
5. 简述 GIS 的定义及组成。
6. 为什么我们国内 GPS 行业发展缓慢？

## 部分参考答案

### (二) 填空题

1. 普通光　CCD　激光　手持式　固定式　有固定光束　移动光束　光笔扫描器　手持式 CCD 扫描器　激光扫描器
2. 天线　无线收发器（带解码器）　RFID 标签
3. 局域网　城域网　广域网
4. 双绞线　同轴电缆　光缆

# 参考文献

1. 王国华,《中国现代物流大全》C册《现代物流技术与装备》,中国铁道出版社,2004年
2. 孟初阳,《物流设施与设备》,机械工业出版社,2003年
3. 周全申,《现代物流技术与装备实务》,中国物资出版社,2002年
4. 魏国辰,《物流机械设备的运用与管理》,中国物资出版社,2002年
5. 张晓川,《现代仓储物流技术与装备》,化工出版社,2003年
6. 真虹、朱云仙,《物流装卸与搬运》,中国物资出版社,2004年
7. 关强、胡永举,《交通运输技术管理》,人民交通出版社,2004年
8. 陈伟兴,《装卸搬运车辆》,人民交通出版社,2001年
9. 明平顺,《汽车运输专用车辆》,人民交通出版社,1998年
10. 孙凤英,《物流技术与管理》,机械工业出版社,2004年
11. 蒋正雄、刘鼎铭,《集装箱运输学》,人民交通出版社,2002年
12. 宗蓓华、真虹,《港口装卸工艺学》,人民交通出版社,2003年
13. 姜宏,《物流运输技术与实务》,人民交通出版社,2003年
14. 沈志云,《交通运输工程学》,人民交通出版社,2001年
15. 陈宏勋,《管道物料输送与工程应用》,化学工业出版社,2003年
16. 王绍周,《管道运输工程》,机械工业出版社,2004年
17. 严大凡,《输油管道设计与管理》,石油工业出版社,1986年
18. 李峻利,《运输工程》,人民交通出版社,1994年
19. 陈涣江,《汽车运用基础》,机械工业出版社,2002年
20. 刘昌棋,《物流配送中心设计》,机械工业出版社,2001年
21. 秦明森,《物流技术手册》,中国物资出版社,2002年
22. 朱学敏,《起重机械》,机械工业出版社,2003年
23. 倪庆兴、王涣勇,《起重机械》,上海交通大学出版社,1990年
24. 孙凤兰、马喜川,《包装机械概论》,印刷出版社,1998年
25. 钱难能,《当代测试技术》,华东化工学院出版社,1992年
26. 陈国琴、任顺妹、林玳玳,《国际包装》,对外经济贸易大学出版社,1994年

27. 现代物流管理课题组,《运输与配送管理》,广东经济出版社,2002年
28. 宋远方,《供应链管理与信息技术》,经济科学出版社,2000年
29. 薛华成,《管理信息系统》第三版,清华大学出版社,2002年
30. 邓爱民、张国方,《物流工程》,机械工业出版社,2002年
31. 《机械工程师手册》,机械工业出版社,2000年
32. 中华人民共和国交通部统计公告,2005年
33. 中华人民共和国民航总局统计公告,2005年

图书在版编目(CIP)数据

物流设施与设备/张弦主编.—上海：复旦大学出版社,2006.11(2021.1 重印)
(复旦卓越·21 世纪物流管理系列教材)
ISBN 978-7-309-05190-2

Ⅰ.物… Ⅱ.张… Ⅲ.物流-设备管理 Ⅳ.F252

中国版本图书馆 CIP 数据核字(2006)第 120190 号

物流设施与设备
张　弦　主编
责任编辑/李　华

复旦大学出版社有限公司出版发行
上海市国权路 579 号　邮编：200433
网址：fupnet@fudanpress.com　　http://www.fudanpress.com
门市零售：86-21-65102580　　团体订购：86-21-65104505
外埠邮购：86-21-65642846　　出版部电话：86-21-65642845
江苏句容市排印厂

开本 787×960　1/16　印张 25.75　字数 486 千
2021 年 1 月第 1 版第 9 次印刷
印数 23 701—24 800

ISBN 978-7-309-05190-2/F·1176
定价：35.00 元

如有印装质量问题,请向复旦大学出版社有限公司出版部调换
版权所有　　侵权必究

# 复旦博学：经济管理类主要教材

**复旦博学·大学管理类系列教材** 管理学：原理与方法(第四版)，周三多；《管理学原理与方法》电子教案，管理学——教与学导引，周三多；管理心理学(第四版)，苏东水；国际市场营销管理(第二版)，薛求知；国际商务管理(第二版)，薛求知；人力资源开发与管理(第三版)，胡君辰 郑绍濂；会计学原理(第三版)，张文贤；会计学原理习题指南，张文贤；现代企业管理(第二版)，王方华；企业战略管理(第二版)，王方华；新编组织行为学教程(第三版)，胡爱本；生产与运营管理(第二版)，龚国华；生产与营运管理案例精选，龚国华；质量管理学(第三版)，龚益鸣；货币银行学通论(第二版)，万解秋；市场调查教程，范伟达；市场营销学(第二版)，王方华；电子商务管理，黄立明；现代企业财务，张阳华；现代投资学原理，万解秋；现代企业管理案例选，芮明杰；纳税会计，贺志东；有效管理IT投资，黄丽华等译。

**复旦博学·经济学系列** 高级政治经济学—社会主义总论，蒋学模；高级政治经济学—社会主义本体论，蒋学模；世界经济新论，庄起善；世界经济新论习题指南，庄起善；国际经济学，华民；统计学原理(第四版)，李洁明；国际贸易教程(第三版)，尹翔硕；经济学基础教程(第二版)，伍柏麟；经济思想史教程，马涛；《资本论》教程简编，洪远朋；经济博弈论(第三版、十一五)，谢识予；经济博弈论习题指南，谢识予；古代中国经济思想史，叶世昌；经济社会学(第二版)，朱国宏；新编公共财政学——理论与实践，唐朱昌；社会主义市场经济论，顾钰民；经济法原理，胡志民；现代西方人口理论，李竞能；投资经济学(第二版)，金德环；计量经济学教程，谢识予；当代西方经济学流派(第二版)，蒋自强、史晋川。

**复旦博学·金融学系列** 国际金融新编(第三版)，姜波克；国际金融新编习题指南(第二版)，姜波克；现代公共财政学(第二版)，胡庆康 杜莉；现代公共财政学习题指南，胡庆康；现代货币银行学教程(第二版)，胡庆康；现代货币银行学教程习题指南(第二版)，胡庆康；国际经贸实务(第二版)，胡涵钧；国际金融管理学，朱叶；中央银行学教程，童适平；中国金融体制的改革与发展，胡海鸥；电子金融学，杨青；行为金融学，饶育蕾；金融市场学教程，霍文文。

**复旦博学·21世纪经济管理类研究生系列** 高级计量经济学，谢识予；产业经济学，干春晖；现代企业战略，王玉；规制经济学，曲振涛；中高级公共经济学，毛程连；金融博弈论，陈学彬。

**复旦博学·21世纪人力资源管理丛书** 劳动经济学，曾湘泉；人力资源管理概论，彭剑锋；组织行为学，孙健敏；社会保障概论，郑功成；战略人力资源审计，杨伟国；组织文化，石伟；组织设计与管理，许玉林；工作分析，付亚和；绩效管理，付亚和；员工福利管理，仇雨临；

职业生涯管理，**周文霞**；薪酬管理原理，**文跃然**；员工招聘与人员配置，**王丽娟**；培训与开发理论及技术，**徐芳**；人员测评与选拔，**萧鸣政**；国际人力资源管理，**林新奇**；员工关系管理，**程延园**。

**复旦博学·财政学系列**中国税制（第二版），**杜莉**；税收筹划，**王兆高**；政府预算管理学，**马海涛**；国际税收，**杨斌**；比较税制，**王乔**；比较财政学，**杨志勇**；国有资产管理学，**毛程连**；资产评估学，**朱萍**；政府绩效管理，**马国贤**。

**复旦博学·广告学系列**现代广告学（第六版、送课件），**何修猛**；广告学原理（第二版、十一五、送课件），**陈培爱**；广告策划创意学（第三版、十一五、送课件），**余明阳**；广告媒体策划，**纪华强**；现代广告设计（第二版），**王肖生**；广告案例教程（第二版），**何佳讯**；广告文案写作教程（第二版、送课件），**丁柏铨**；广告运作策略，**刘绍庭**；广告调查与效果评估（第二版），**程士安**；广告法规管理（第二版），**吕蓉**；广告英语教程，**张祖忻**；色彩与表现，**王肖生**。

**复旦博学·会计、财务管理、审计及内部控制系列**会计制度设计（十五规划），**李凤鸣**；会计信息系统，**薛云奎**；政府与非营利组织会计（十五规划），**赵建勇**；会计理论，**葛家树**；中级财务会计（第二版），**张天西**；管理会计，**吕长江**；高级财务会计（十一五规划），**储一昀**；财务管理，**欧阳令南**；国际会计，**王松年**；成本会计（十一五规划），**王立彦**；房地产企业会计，**钱逢胜**；保险公司会计，**张卓奇**；证券公司会计，**瞿灿鑫**；审计理论与案例，**刘华**；内部控制案例**朱荣恩**；审计学原理，**李凤鸣**；内部会计控制制度设计，**赵保卿**；财务金融学，**张玉明**；公司理财，**刘爱东**；中级财务管理（十一五规划），**傅元略**；高级财务管理（十一五规划），**刘志远**；国际财务管理，**张俊瑞**；财务控制，**朱元午**；财务分析，**张俊民**；财务会计（十一五规划），**张天西**；会计英语，**叶建芳**；战略管理会计，**夏宽云**；银行会计（第二版），**贺瑛**。

**复旦博学·工程管理系列**房地产管理学（十一五规划），**谭术魁**；房地产金融，**邓宏乾**；房地产法，**陈耀东**；国际工程承包管理，**李惠强**；工程项目投资与融资，**郑立群**；房地开发企业会计，**冯浩**；房地产估价，**卢新海**；房地产市场营销，**王爱民**；工程经济学，**杨克磊**；工程造价与管理，**李惠强**；投资经济学，**张宗新**、**杨青**；财务管理概论，**彭浩涛**。

**复旦博学·21世纪国际经济与贸易系列**世界经济学，**黄梅波**；国际结算，**叶陈刚 叶陈云**；国际经济合作，**湛柏明**；国际服务贸易学，**程大中**。

**复旦博学·21世纪旅游管理系列**旅游经济学原理，**罗明义**；现代饭店经营管理，**唐德鹏**；饭店人力资源管理，**吴中祥**；旅游文化学，**章海荣**；生态伦理与生态美学，**章海荣**；旅游策划，**沈祖祥**；猴岛密码，**沈祖祥**。

**复旦博学·微观金融学系列**证券投资分析，**邵宇等**；投资学，**张宗新**；公司金融，**朱叶**。

**复旦博学·21世纪管理类创新课程系列**咨询学、品牌学教程、品牌管理学，**余明阳**；知识管理，**易凌峰**。

# 复旦卓越:适用于高职高专、实践型本科

**复旦卓越·经济学系列** 微观经济学,宏观经济学,金融学教程,**杨长江**等;国际商务单证实务,**刘伟奇**;市场经济法律教程,**田立军**。

**复旦卓越·21世纪管理学系列** 市场营销学教程(十一五、送课件),**王妙**;市场营销学实训(送课件),**王妙**;应用统计学(第二版、十一五),**张梅琳**;质量管理教程(送课件),**岑咏霆**;人力资源管理教程,**袁蔚**;管理经济学教程,**毛军权**;人力资源管理实务,**顾沉珠**;中小企业管理,**杨加陆**;艺术市场学概论,**李万康**;现代公共关系学(第二版),**何修猛**;人力资源管理(第三版、送课件),**杨顺勇**等;连锁经营管理(送课件),**杨顺勇**;品质管理(送课件),**周东梅**;商业银行实训教程(送课件),**宋羽**。

**复旦卓越·保险学系列** 保险学,**龙玉洋**;工程保险理论与实务,**龙玉洋**;汽车保险理论与实务,**龙玉国**;财产保险,**付菊**;保险英语,**刘亚非**;保险公司会计(第二版、送课件),**候旭华**。

**复旦卓越·21世纪物流管理系列教材** 总顾问 **朱道立** 现代物流管理(送课件),**黄中鼎**;商品学,**郭洪仙**;供应链管理(送课件),**杨晓雁**;运输管理学(送课件),**刘小卉**;仓储与配送管理(十一五),**邹星根**;物流设施与设备,**张弦**;物流管理信息系统(送课件),**刘小卉**;第三方物流教程,**骆温平**;供应链管理习题与案例,**胡军**。

**复旦卓越·21世纪会展系列** 会展概论,**龚平**;会展营销,**胡平**;会展经济,**陈来生**;会展设计,**王肖生**;会展策划,**许传宏**;会展实务,**张龙德**;会展文案,**毛军权**;博览学,**余明阳**。

**复旦卓越·会计学系列** 基础会计(第二版),**瞿灿鑫**;银行外汇业务会计,**陈振婷**;成本管理会计,**乐艳芳**;管理会计学,**李敏**;财务管理学,**孙琳**;小企业会计电算化,**毛华扬**;审计学,**王英姿**。

**复旦卓越·金融学新系** 金融学,**刘玉平**;国际金融学,**贺瑛**;中央银行学,**付一书**;金融市场学,**许文新**;商业银行学,**戴小平**;保险学,**徐爱荣**;证券投资学,**章劼**;金融法学,**张学森**;金融英语,**刘文国**;国际金融实用教程,**马晓青**。

**复旦卓越·国际经济与贸易系列** 国际结算(第二版),**贺瑛**;国际贸易,**陈霜华**;国际贸易实务(英语),**黄锡光**;外贸英语函电(英语),**葛萍**;国际商务谈判,**窦然**。

**新编经济学系列教材** 现代西方经济学(微观经济学)(第三版),**宋承先 许强**;现代西方经济学(宏观经济学)(第三版),**宋承先 许强**;现代西方经济学习题指南(微观)(第四版),**尹伯成**;现代西方经济学习题指南(宏观)(第四版),**尹伯成**;微观经济学教程,**黄亚钧**;公共经济学教程,**华民**;社会主义市场经济学教程,**伍柏麟**;电子商务概论,**赵立平**;项目管理,**毕星**;保险学原理,**彭喜锋**;证券投资分析(第二版),**胡海鸥**;市场营销学(第三版)**徐**

鼎亚;《资本论》脉络(第二版),**张薰华**;环境经济学概论,**严法善**;高级宏观经济学,**袁志刚**;高级微观经济学,**张军**。

**MBA 系列教材** 公司财务,**欧阳光中**;管理沟通,**苏勇**;物流和供应链管理,**朱道立**;管理经济学,**袁志刚**;概率论与管理统计基础,**周概容**;市场营销管理,**芮明杰**;投资学,**陈松男**;跨国银行管理,**薛求知**;企业战略管理教学案例精选,**许晓明**;人力资源开发与管理教学案例精选,**胡君辰**;组织行为学,**胡君辰**。

**通用财经类教材** 投资银行学,**贝政新**;证券投资通论,**贝政新**;现代国际金融学,**刘剑**;金融风险与银行管理,**徐镇南**;中央银行概论,**万解秋**;现代企业财务管理(第二版),**俞雪华**;保险学,**姚海明**;国际经济学(第二版),**王志明**等;财务报表分析,**欧阳光中**;国际贸易实用教程,**徐立青**;网络金融,**杨天翔**等;实用会计,**张旭霞**等。

请登录 http://www.fudanpress.com

内有所有复旦版图书全书目、内容提要、目录、封面及定价,有图书推荐、最新图书信息、最新书评、精彩书摘,还有部分免费的电子图书供大家阅读。

可以参加网上教学论坛的讨论,交流教学方法。

可以网上报名参编教材、主编教材、投稿出书。

填写网上调查表,可由院系统一免费借阅教材样书,教师可免费获得教材电子样书,免费获得邮寄的精品书目,并可免邮费购书一次。

请登录 http://edu.fudanpress.com

复旦大学出版社教学服务网,内有大部分教材的教学课件,请授课老师登陆本网站下载多媒体教学资源。